アルペンローゼ

第4巻

小学館文庫

目次

——アルペンローゼ　第４巻——

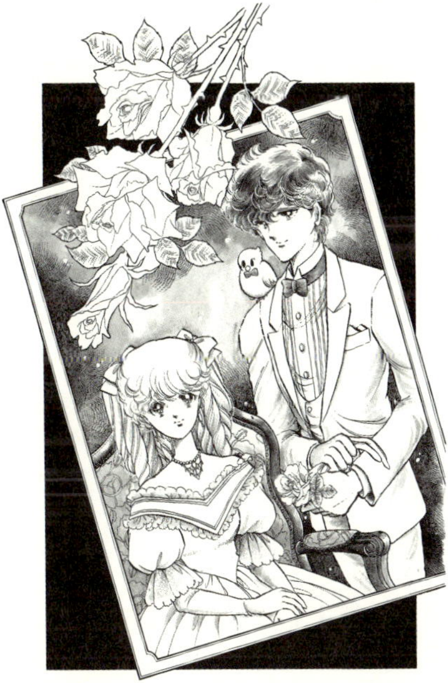

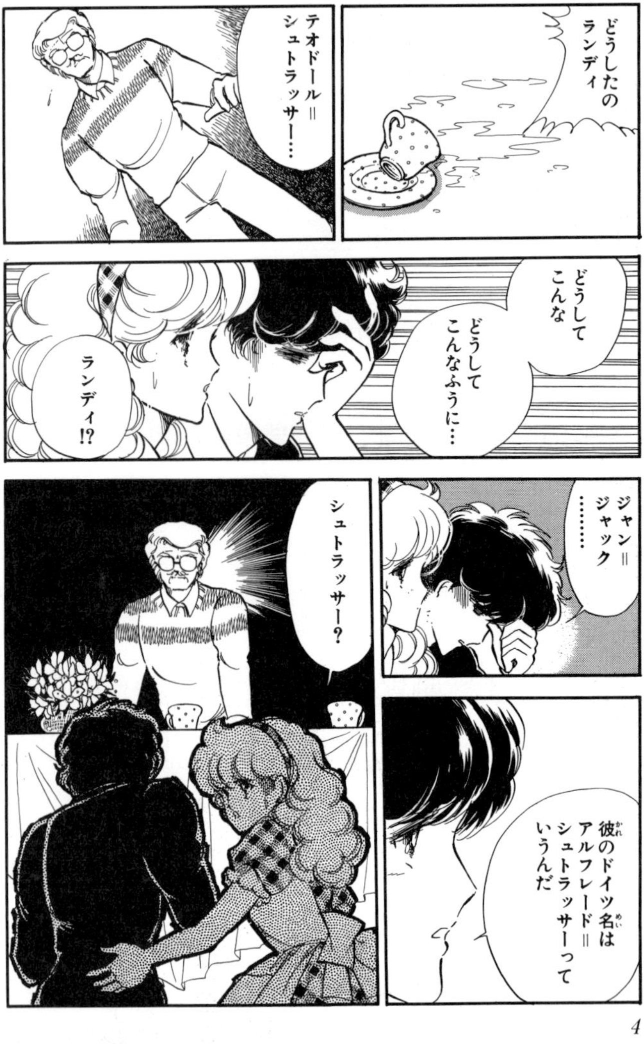
どうしたの
ランディ
テオドール＝
シュトラッサー…
どうして
こんな
どうして
こんなふうに…
ランディ!?
ジャン＝
ジャック
………
シュトラッサー?
彼のドイツ名は
アルフレード＝
シュトラッサーって
いうんだ

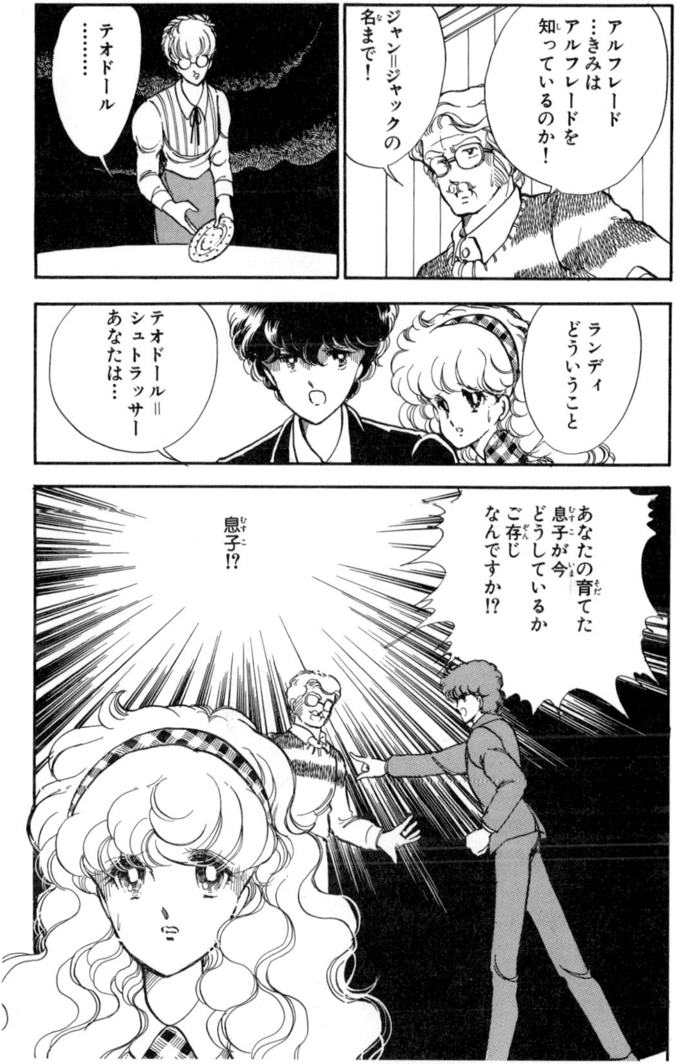
アルフレード…きみはアルフレードを知っているのか！
ジャン＝ジャックの名まで！
テオドール………
ランディどういうこと
テオドール＝シュトラッサーあなたは…
あなたの育てた息子が今どうしているかご存じなんですか!?
息子!?

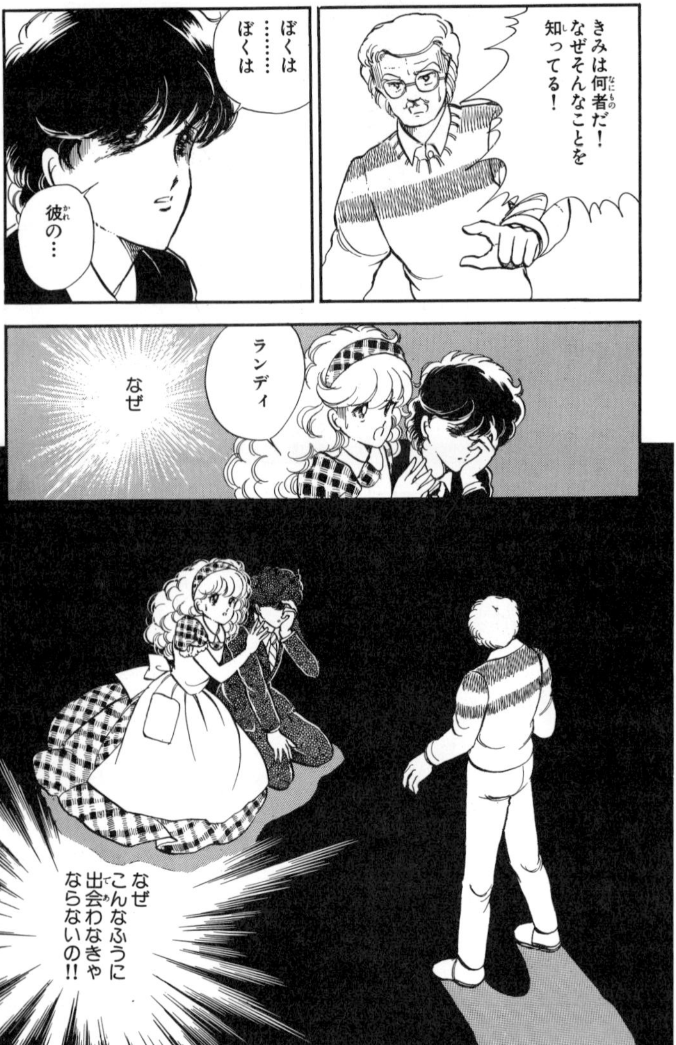

きみは何者だ!
なぜそんなことを
知ってる!
ぼくは……
ぼくは
彼の…
ランディ
なぜ
なぜ
こんなふうに
出会わなきゃ
ならないの!!

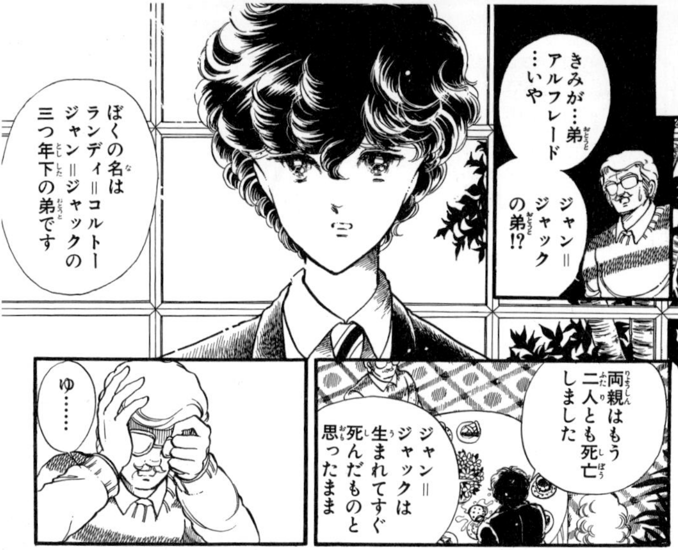
きみが…弟
アルフレード
…いや
ジャン＝ジャックの弟!?
ぼくの名はランディ＝コルトー
ジャン＝ジャックの三つ年下の弟です
両親はもう二人とも死亡しました
ジャン＝ジャックは生まれてすぐ死んだものと思ったまま
ゆ……

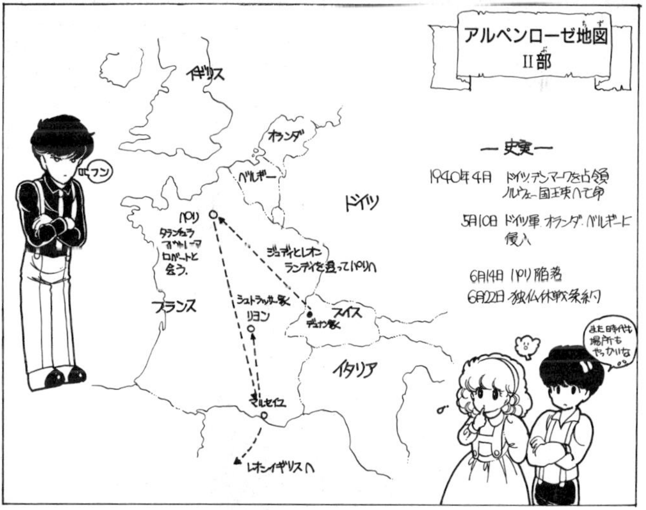
アルペンローゼ地図
II部
イギリス
オランダ
ベルギー
ドイツ
パリ
タランチュラ オルレーマ ロバートと会う.
ジュディとレオン ランディを追ってパリへ
フランス
シュトラウザー家
リヨン
スイス
デュナン家
イタリア
マルセイユ
レオンイギリスへ
フン
— 史実 —
1940年4月 ドイツ.デンマークを占領
ノルウェー国王英へ亡命
5月10日 ドイツ軍.オランダ.ベルギーに侵入
6月14日 パリ陥落
6月22日 独仏休戦条約
また時代も場所もやっかいな

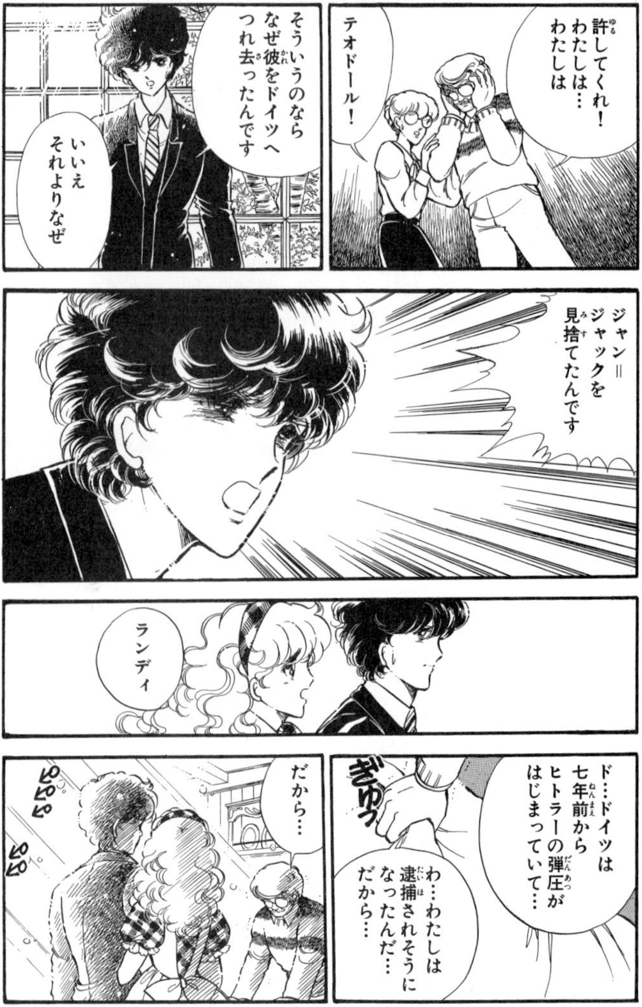
許してくれ！わたしは…わたしは
テオドール！
そういうのならなぜ彼をドイツへつれ去ったんです
いいえそれよりなぜ
ジャン＝ジャックを見捨てたんです
ランディ
ド…ドイツは七年前からヒトラーの弾圧がはじまっていて…
ぎゅっ
わ…わたしは逮捕されそうになったんだ…だから…
だから…
ピクピク
ピクピク

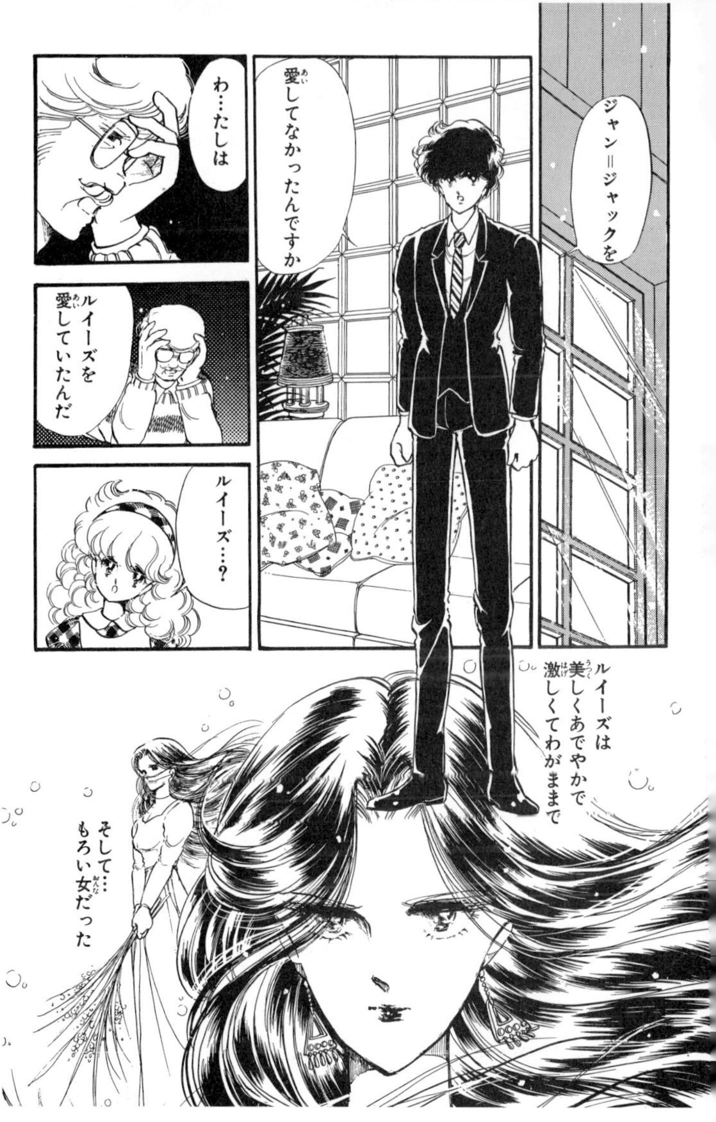
ジャン＝ジャックを
愛してなかったんですか
わ…たしは
ルイーズを愛していたんだ
ルイーズ…？
ルイーズは美しくあでやかで激しくてわがままで
そして…もろい女だった

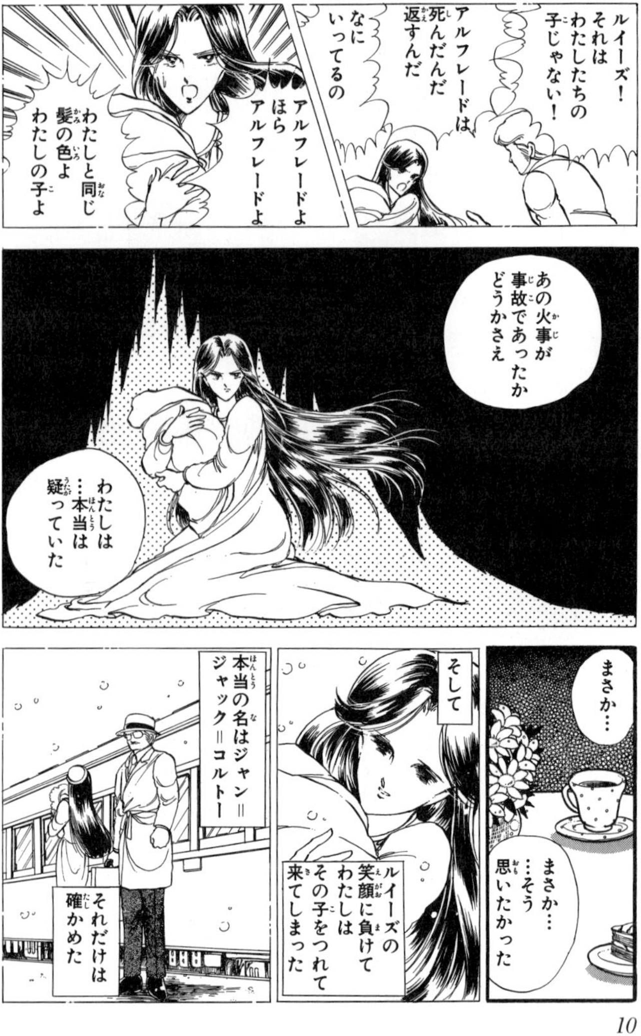
ルイーズ！それはわたしたちの子じゃない！
アルフレードは死んだんだ返すんだ
なにいってるの
アルフレードよほらアルフレードよ
わたしと同じ髪の色よわたしの子よ
あの火事が事故であったかどうかさえ
わたしは…本当は疑っていた
まさか…
まさか…そう思いたかった
そして
ルイーズの笑顔に負けてわたしはその子をつれて来てしまった
本当の名はジャン＝ジャック＝コルトー
それだけは確かめた

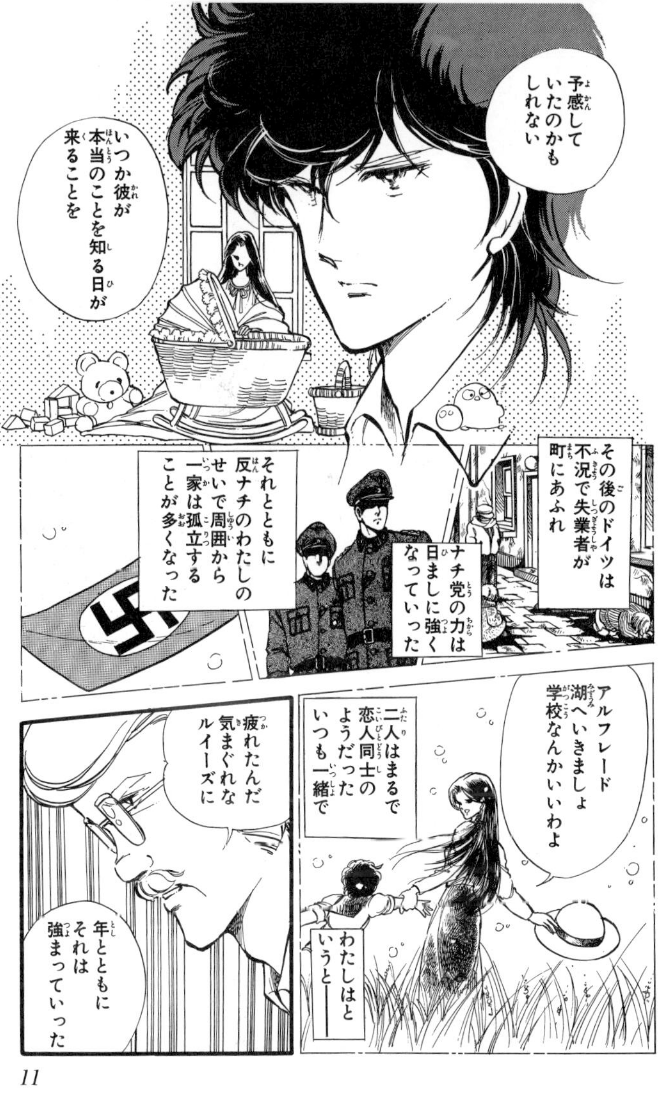
予感していたのかもしれない
いつか彼が本当のことを知る日が来ることを
その後のドイツは不況で失業者が町にあふれ
ナチ党の力は日ましに強くなっていった
それとともに反ナチのわたしのせいで周囲から一家は孤立することが多くなった
アルフレード湖へいきましょ学校なんかいいわよ
二人はまるで恋人同士のようだったいつも一緒で
わたしはというと——
疲れたんだ気まぐれなルイーズに
年とともにそれは強まっていった

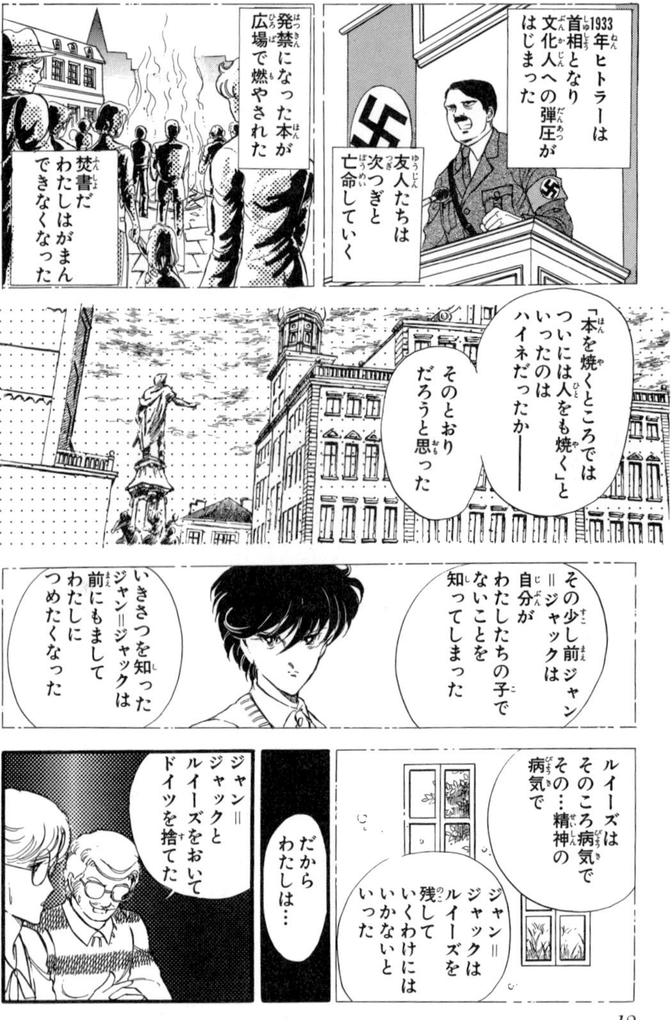
1933年ヒトラーは首相となり文化人への弾圧がはじまった
友人たちは次つぎと亡命していく
発禁になった本が広場で燃やされた
焚書だ わたしはがまんできなくなった
「本を焼くところではついには人をも焼く」といったのはハイネだったか――
そのとおりだろうと思った
その少し前ジャン＝ジャックは自分がわたしたちの子でないことを知ってしまった
いきさつを知ったジャン＝ジャックは前にもましてわたしにつめたくなった
ルイーズはそのころ病気でその…精神の病気で
ジャン＝ジャックはルイーズを残していくわけにはいかないといった
だからわたしは…
ジャン＝ジャックとルイーズをおいてドイツを捨てた

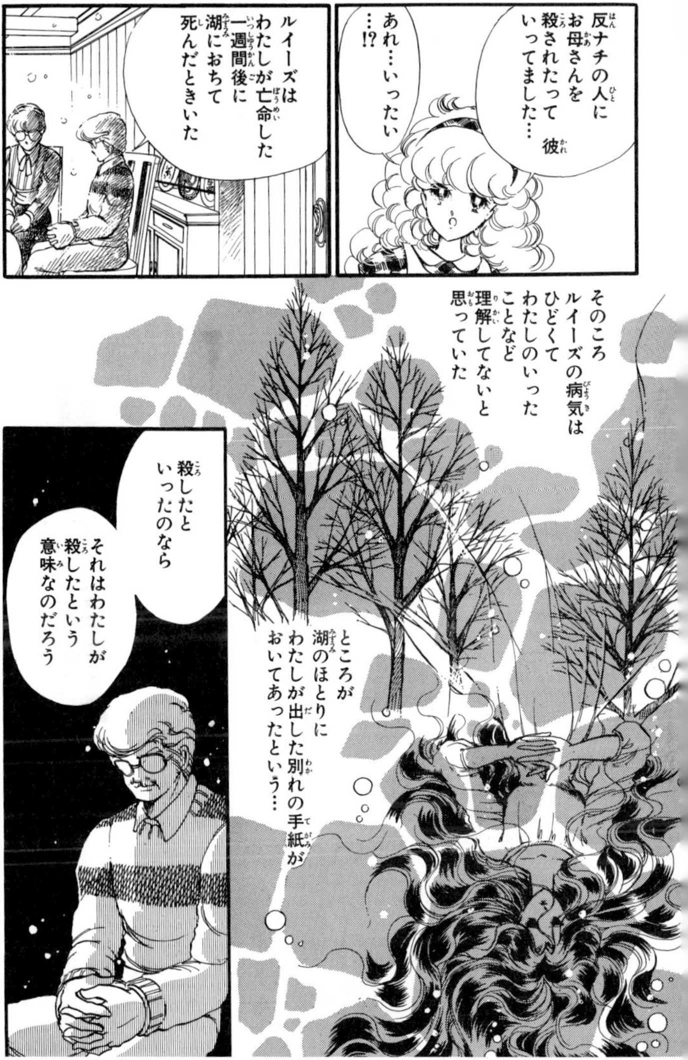
反ナチの人にお母さんを殺されたっていってました… 彼
あれ…いったい…!?
ルイーズはわたしが亡命した一週間後に湖におちて死んだときいた
そのころルイーズの病気はひどくてわたしのいったことなど理解してないと思っていた
ところが湖のほとりにわたしが出した別れの手紙がおいてあったという…
殺したといったのなら
それはわたしが殺したという意味なのだろう

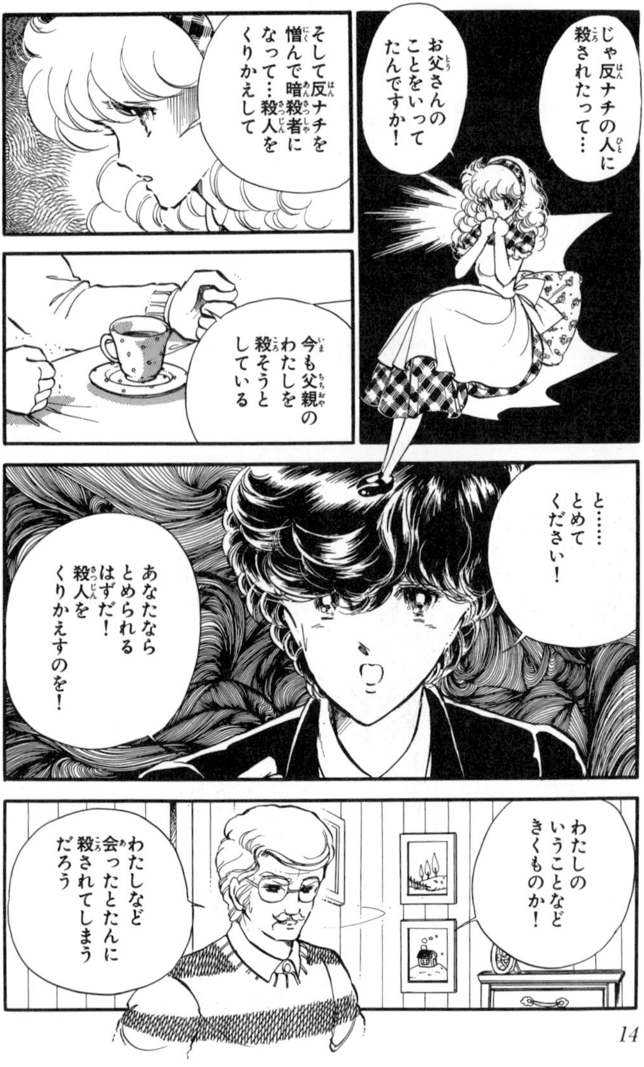
じゃ反ナチの人に殺されたって…
お父さんのことをいってたんですか!
そして反ナチを憎んで暗殺者になって…殺人をくりかえして
今も父親のわたしを殺そうとしている
と……とめてください!
あなたならとめられるはずだ! 殺人をくりかえすのを!
わたしのいうことなどきくものか!
わたしなど会ったとたんに殺されてしまうだろう

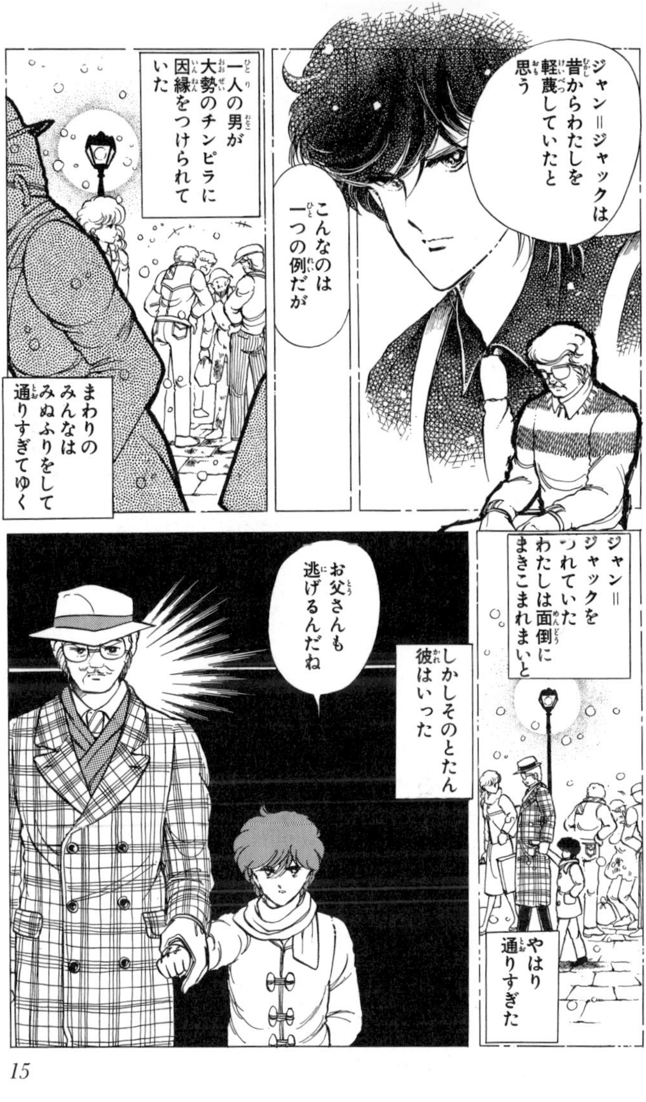
ジャン＝ジャックは昔からわたしを軽蔑していたと思う
こんなのは一つの例だが
一人の男が大勢のチンピラに因縁をつけられていた
まわりのみんなはみぬふりをして通りすぎてゆく
ジャン＝ジャックをつれていたわたしは面倒にまきこまれまいと
やはり通りすぎた
しかしそのとたん彼はいった
お父さんも逃げるんだね

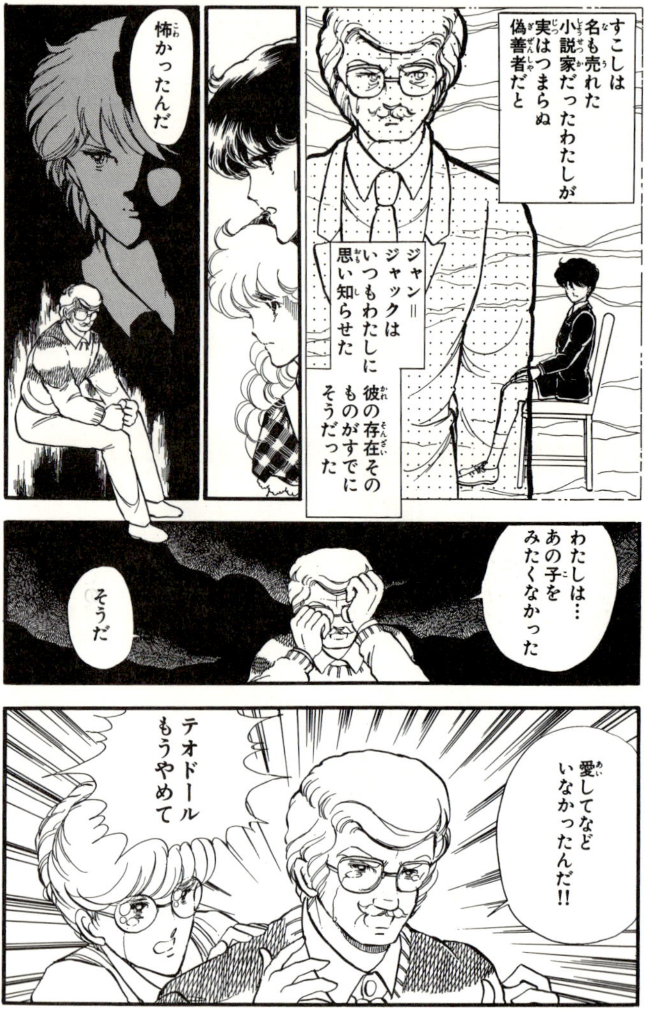
すこしは名も売れた小説家だったわたしが実はつまらぬ偽善者だと
ジャン＝ジャックはいつもわたしに思い知らせた
彼の存在そのものがすでにそうだった
怖かったんだ
わたしは…あの子をみたくなかった
そうだ
愛してなどいなかったんだ!!
テオドールもうやめて

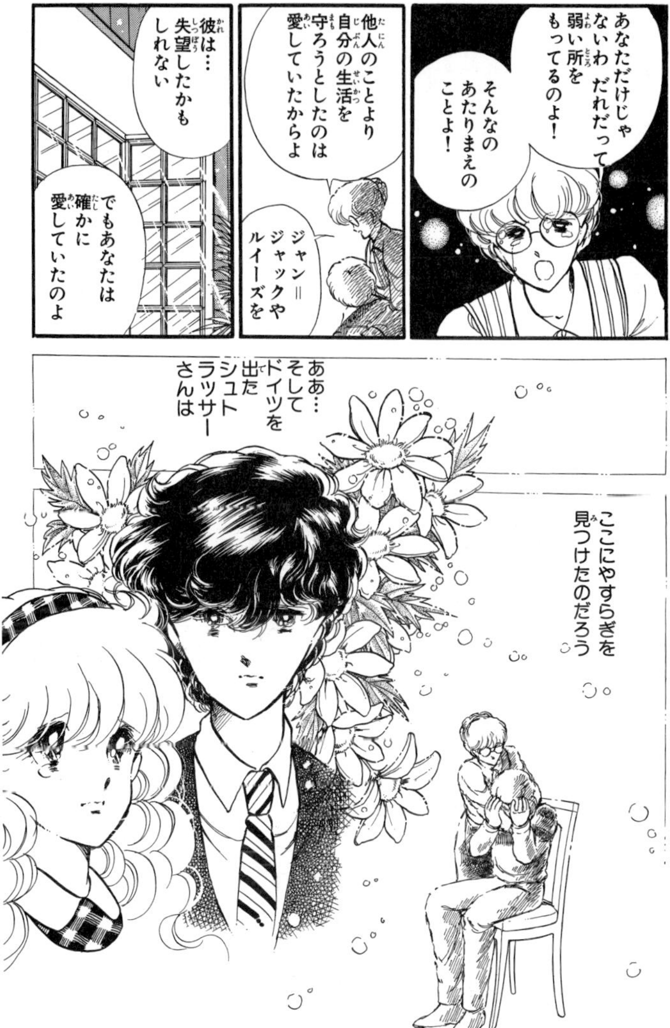
あなただけじゃないわ だれだって弱い所をもってるのよ！
そんなのあたりまえのことよ！
他人のことより自分の生活を守ろうとしたのは愛していたからよ
ジャン＝ジャックやルイーズを
彼は…失望したかもしれない
でもあなたは確かに愛していたのよ
ああ…そしてドイツを出たシュトラッサーさんは
ここにやすらぎを見つけたのだろう

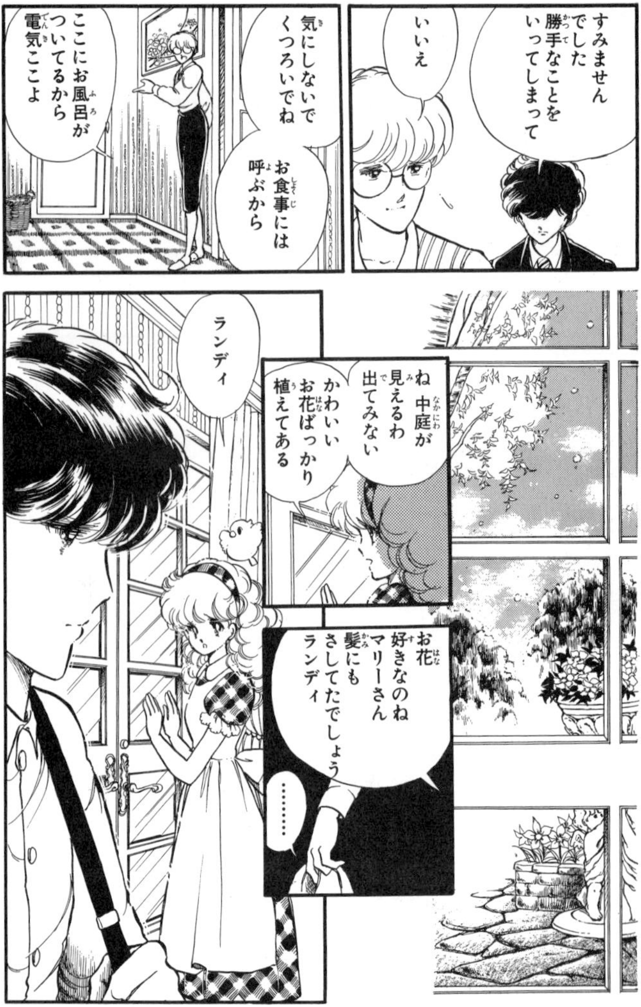
すみませんでした
勝手なことをいってしまって
いいえ
気にしないでくつろいでね
お食事には呼ぶから
ここにお風呂がついてるから電気ここよ
ね 中庭が見えるわ出てみない
かわいいお花ばっかり植えてある
ランディ
お花好きなのねマリーさん髪にもさしてたでしょうランディ
……

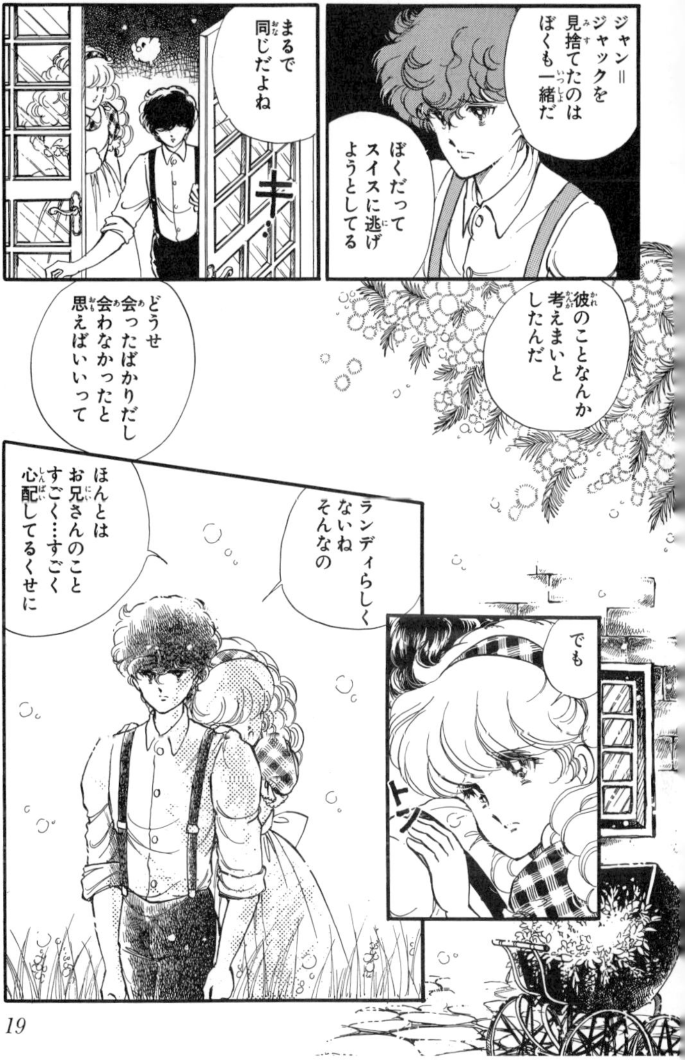
ジャン＝ジャックを見捨てたのはぼくも一緒だ
ぼくだってスイスに逃げようとしてる
まるで同じだよね
彼のことなんか考えまいとしたんだ
どうせ会ったばかりだし会わなかったと思えばいいって
でも
トン
ランディらしくないねそんなの
ほんとはお兄さんのことすごく…すごく心配してるくせに

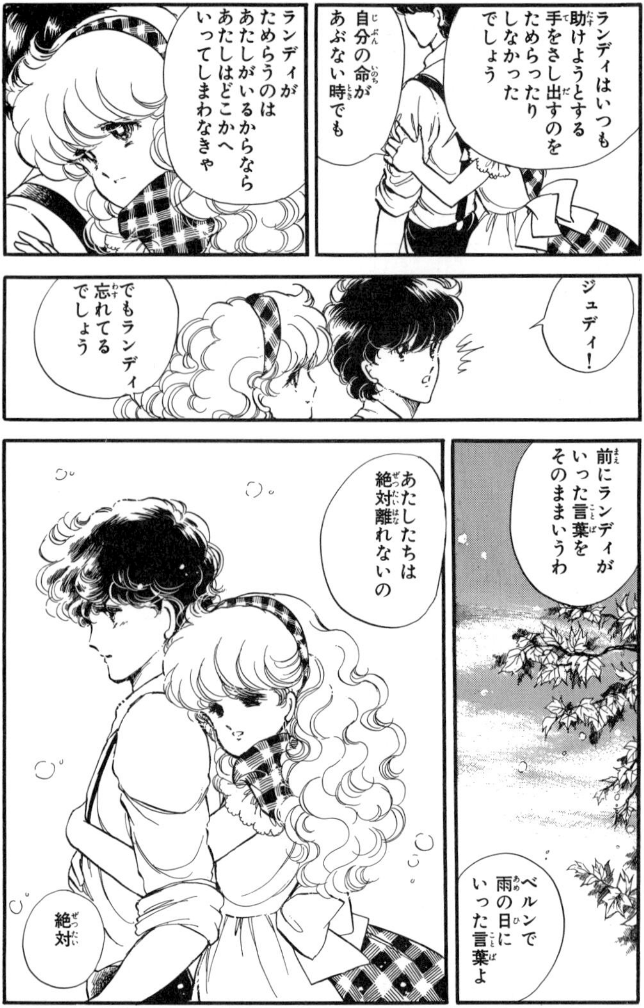

ランディはいつも助けようとする手をさし出すのをためらったりしなかったでしょう
自分の命があぶない時でも
ランディがためらうのはあたしがいるからならあたしはどこかへいってしまわなきゃ
ジュディ!
でもランディ忘れてるでしょう
前にランディがいった言葉をそのままいうわ
ベルンで雨の日にいった言葉よ
あたしたちは絶対離れないの
絶対

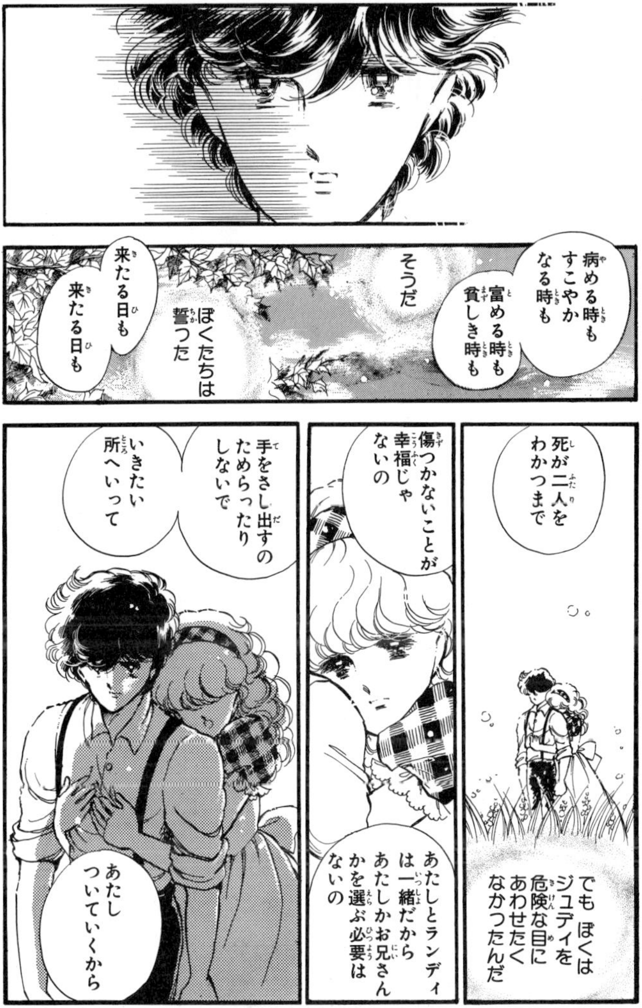
病める時も すこやかなる時も
富める時も 貧しき時も
そうだ
ぼくたちは誓った
来たる日も 来たる日も
死が二人をわかつまで
でも ぼくはジュディを危険な目にあわせたくなかったんだ
傷つかないことが幸福じゃないの
あたしとランディは一緒だから あたしかお兄さんかを選ぶ必要はないの
手をさし出すのためらったりしないで
いきたい所へいって
あたし ついていくから

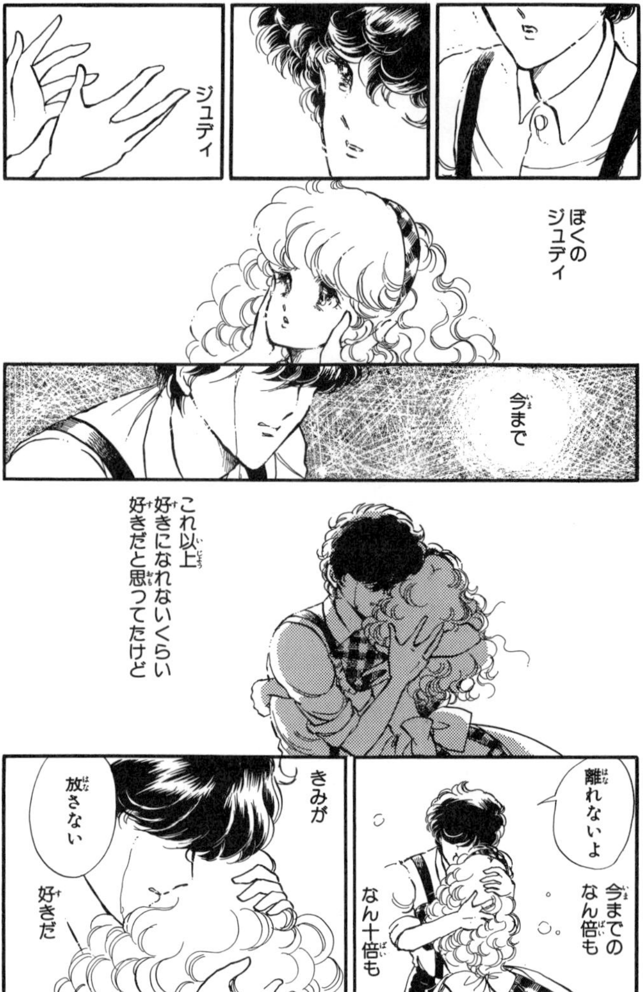
ジュディ
ぼくのジュディ
今まで
これ以上好きになれないくらい好きだと思ってたけど
離れないよ
今までのなん倍も
なん十倍も
きみが
放さない
好きだ

ぼくのジュディ

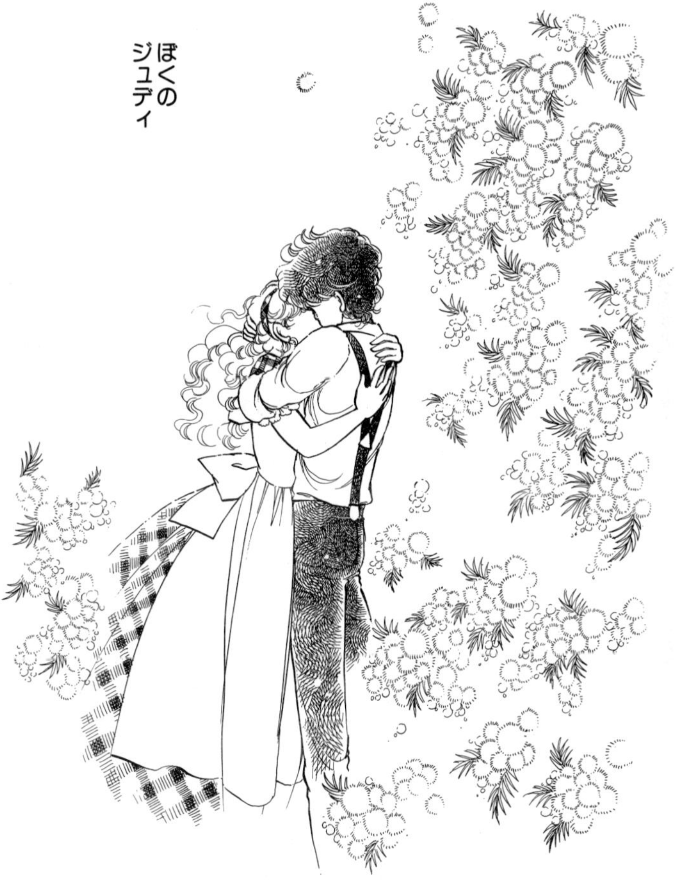

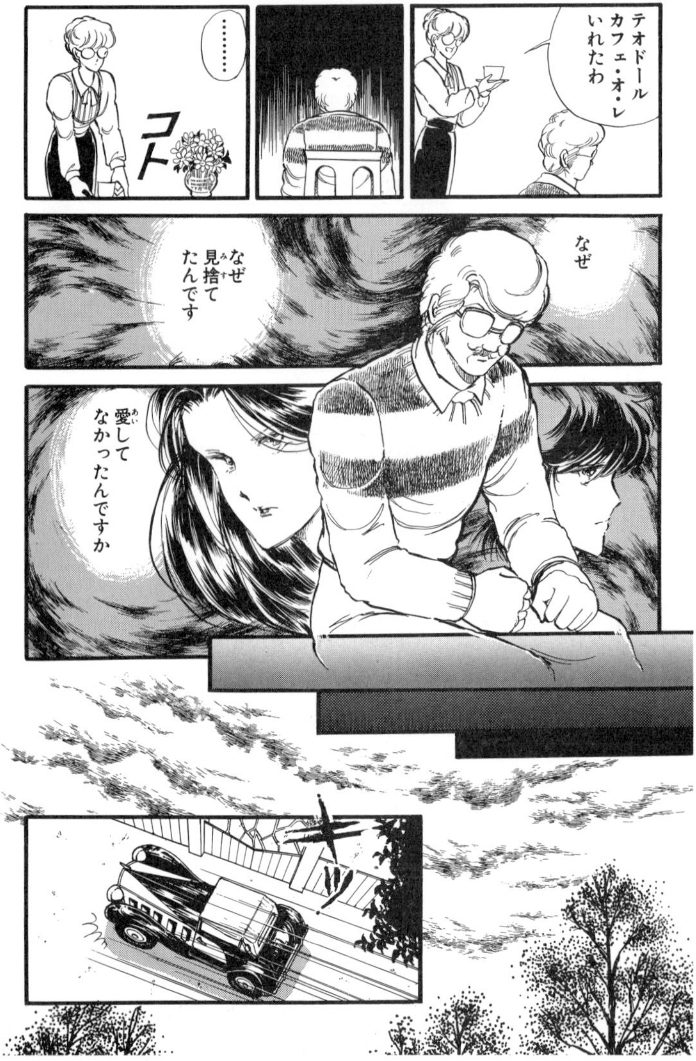
テオドール
カフェ・オ・レ
いれたわ
……
コト
なぜ
なぜ
見捨てたんです
愛してなかったんですか
キッ

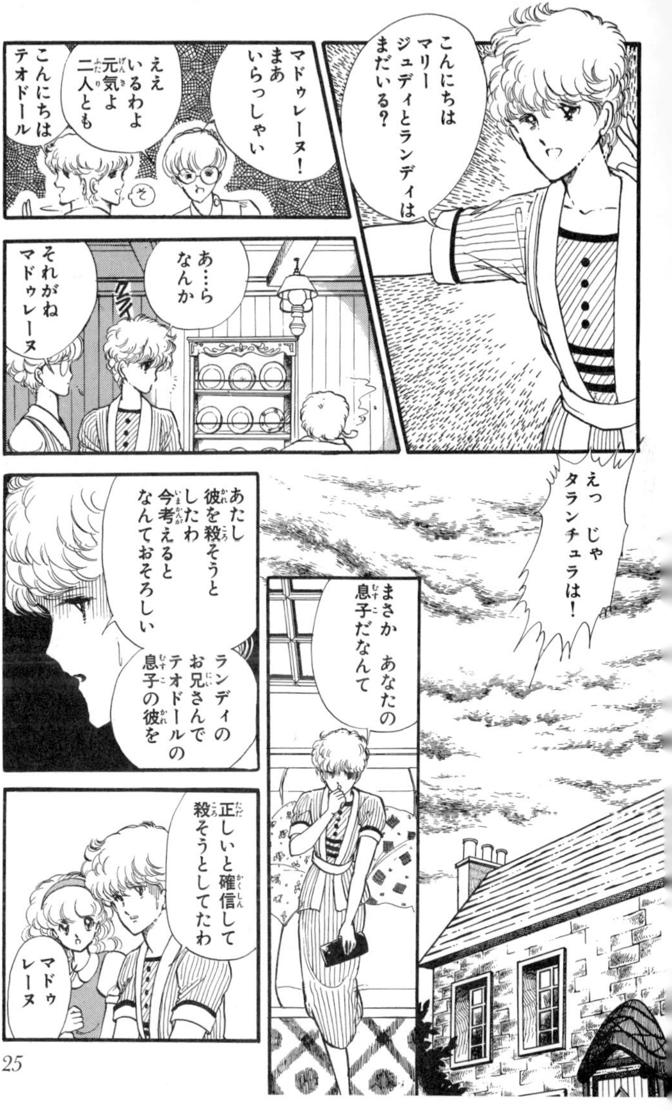
こんにちは マリー ジュディとランディは まだいる？
マドゥレーヌ！ まあ いらっしゃい
ええ いるわよ 元気よ 二人とも
そ
こんにちは テオドール
あ…ら なんか
それがね マドゥレーヌ
えっ じゃ タランチュラは！
まさか あなたの 息子だなんて
あたし 彼を殺そうと したわ 今考えると なんておそろしい
ランディの お兄さんで テオドールの 息子の彼を
正しいと確信して 殺そうとしてたわ
マドゥ レーヌ

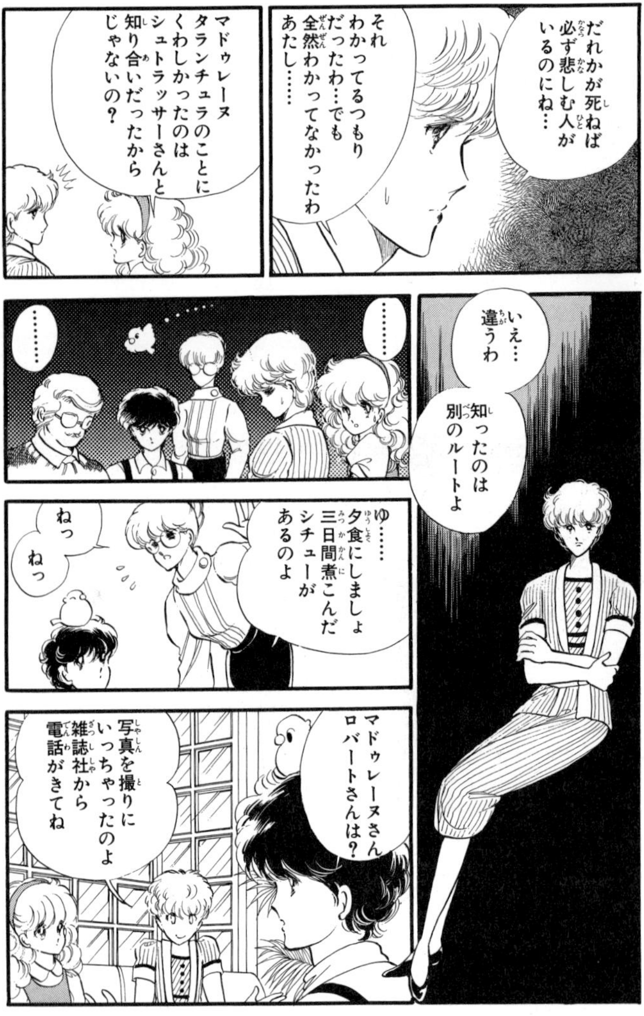
だれかが死ねば必ず悲しむ人がいるのにね…
それわかってるつもりだったわ…でも全然わかってなかったわあたし……
マドゥレーヌタランチュラのことにくわしかったのはシュトラッサーさんと知り合いだったからじゃないの？
いえ…違うわ
知ったのは別のルートよ
……
……
ゆ……夕食にしましょ三日間煮こんだシチューがあるのよ
ねっ ねっ
マドゥレーヌさんロバートさんは？
写真を撮りにいっちゃったのよ雑誌社から電話がきてね

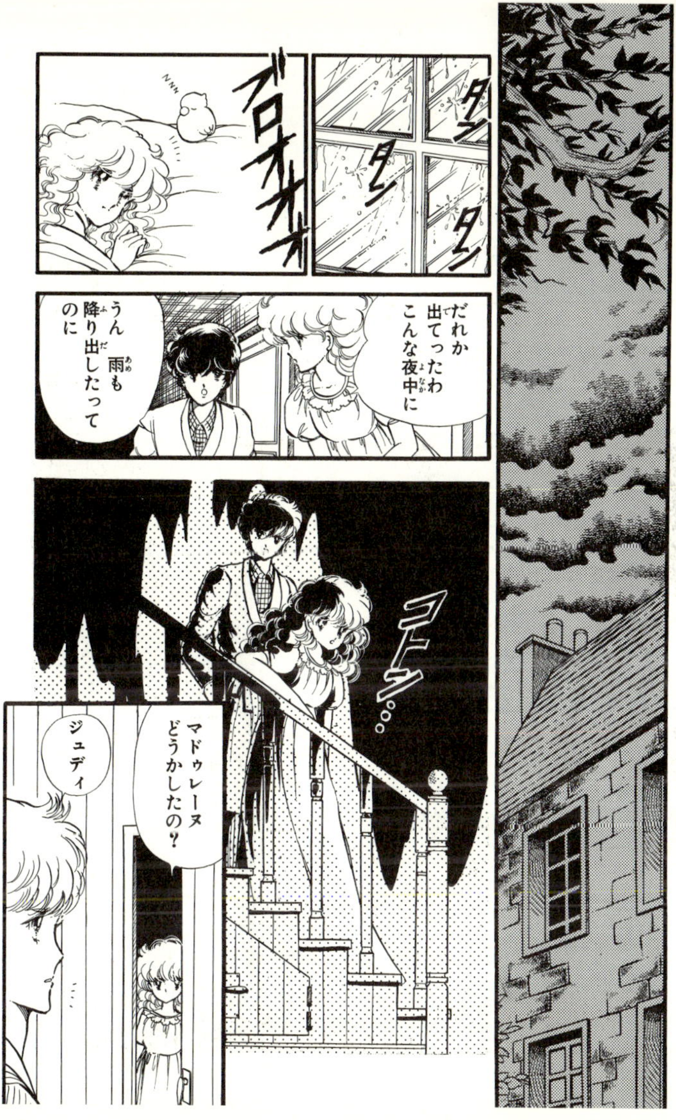
タン
タン
タン
ブロオオオ
だれか 出てったわ こんな夜中に
うん 雨も降り出したってのに
ゴトン…
マドゥレーヌ どうかしたの？
ジュディ

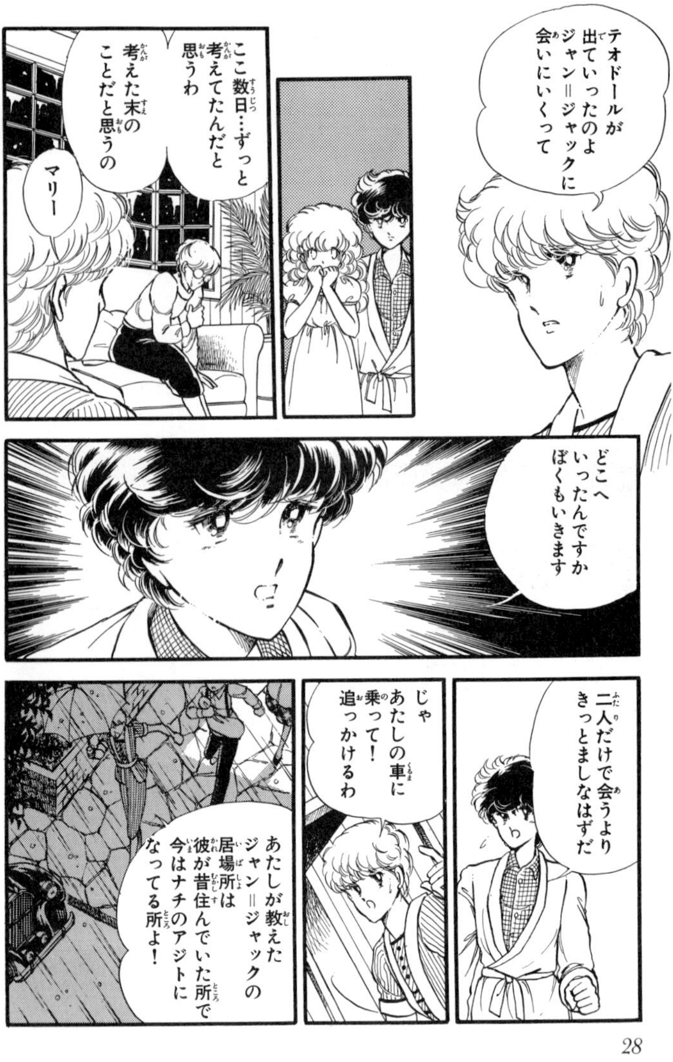
テオドールが出ていったのよジャン＝ジャックに会いにいくって
ここ数日…ずっと考えてたんだと思うわ考えた末のことだと思うの
マリー
どこへいったんですかぼくもいきます
二人だけで会うよりきっとましなはずだ
じゃあたしの車に乗って！追っかけるわ
あたしが教えたジャン＝ジャックの居場所は彼が昔住んでいた所で今はナチのアジトになってる所よ！

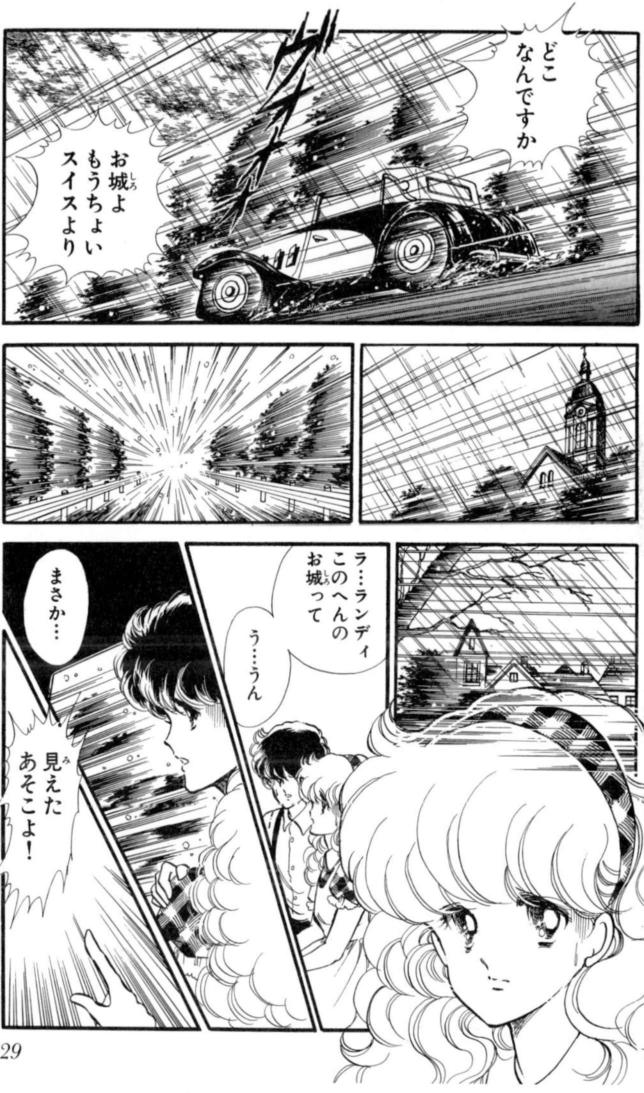
どこなんですか
お城よ もうちょい スイスより
ラ…ランディ このへんのお城って
う…うん
まさか…
見えた あそこよ!

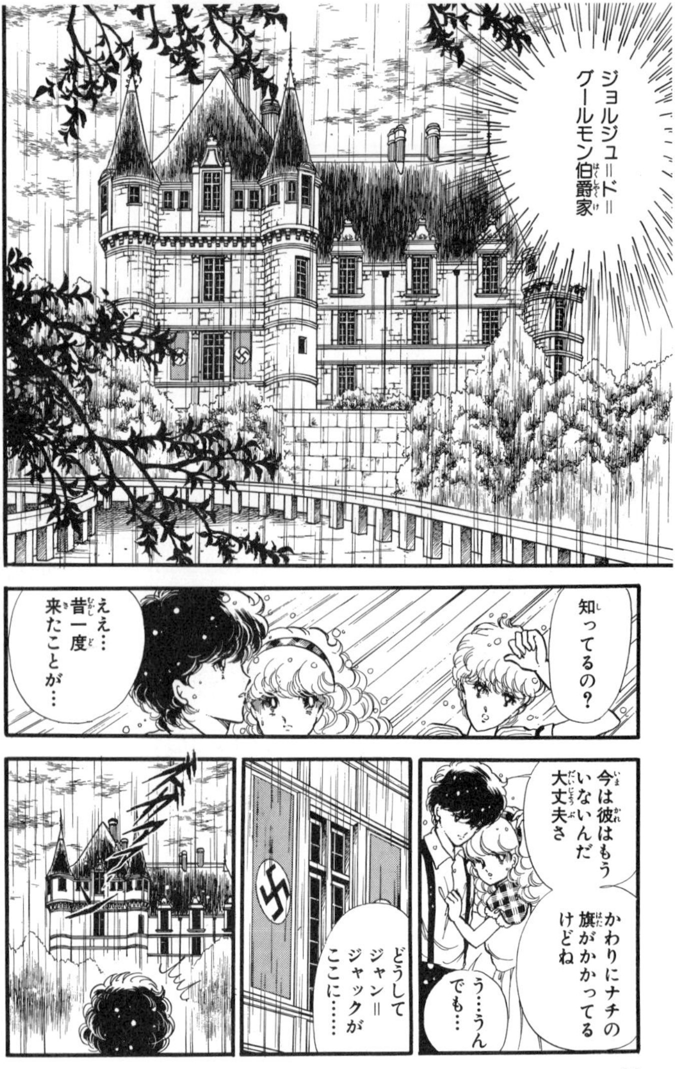

ジョルジュ=ド=グールモン伯爵家
知ってるの？
ええ…昔一度来たことが…
今は彼はもういないんだ大丈夫さ
かわりにナチの旗がかかってるけどね
う…うんでも…
どうしてジャン=ジャックがここに……

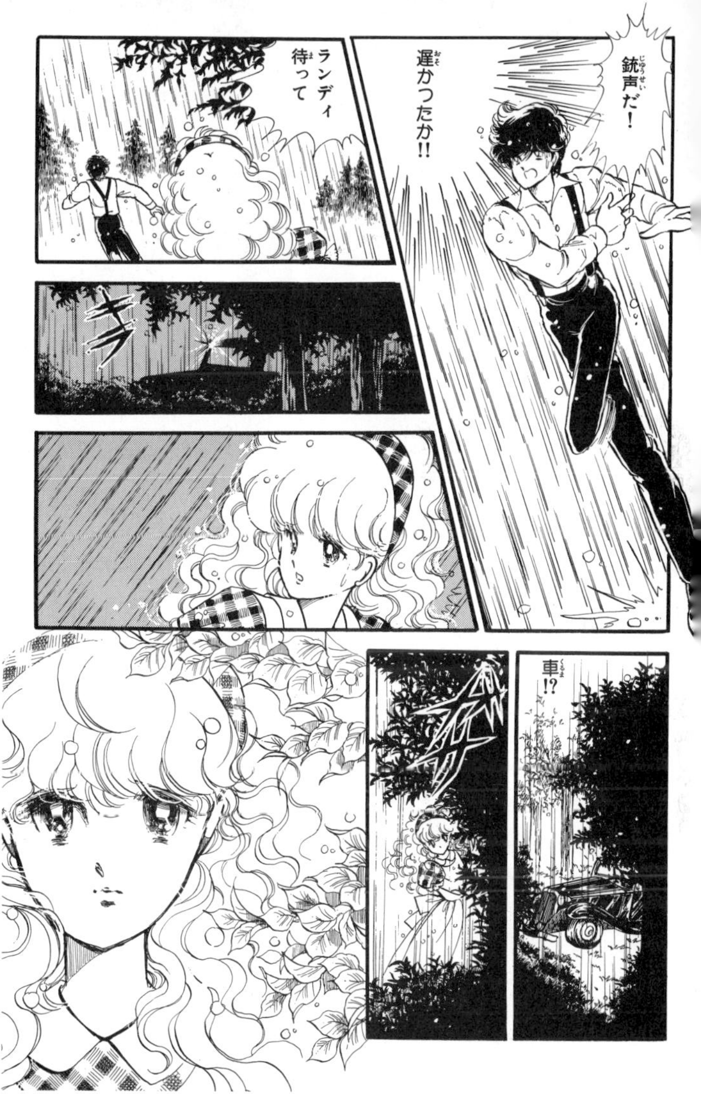
銃声だ！
遅かつたか!!
ランディ
待って
キラ
車!?

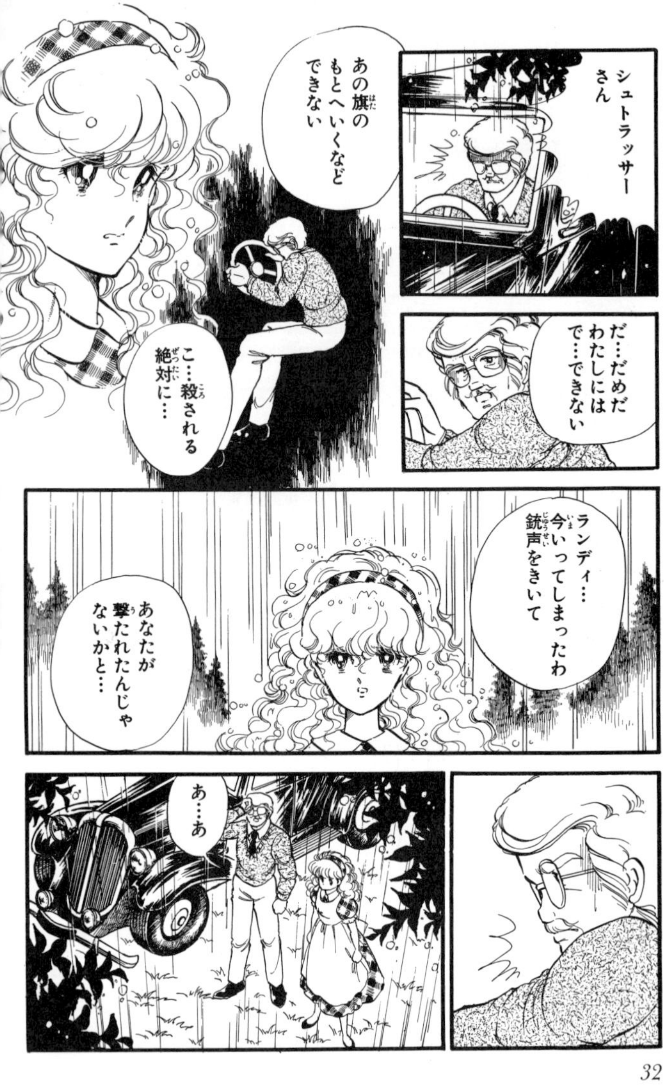
シュトラッサーさん
だ…だめだ
わたしには
で…できない
あの旗のもとへいくなどできない
こ…殺される
絶対に…
ランディ…
今いってしまったわ
銃声をきいて
あなたが撃たれたんじゃないかと…
あ…あ

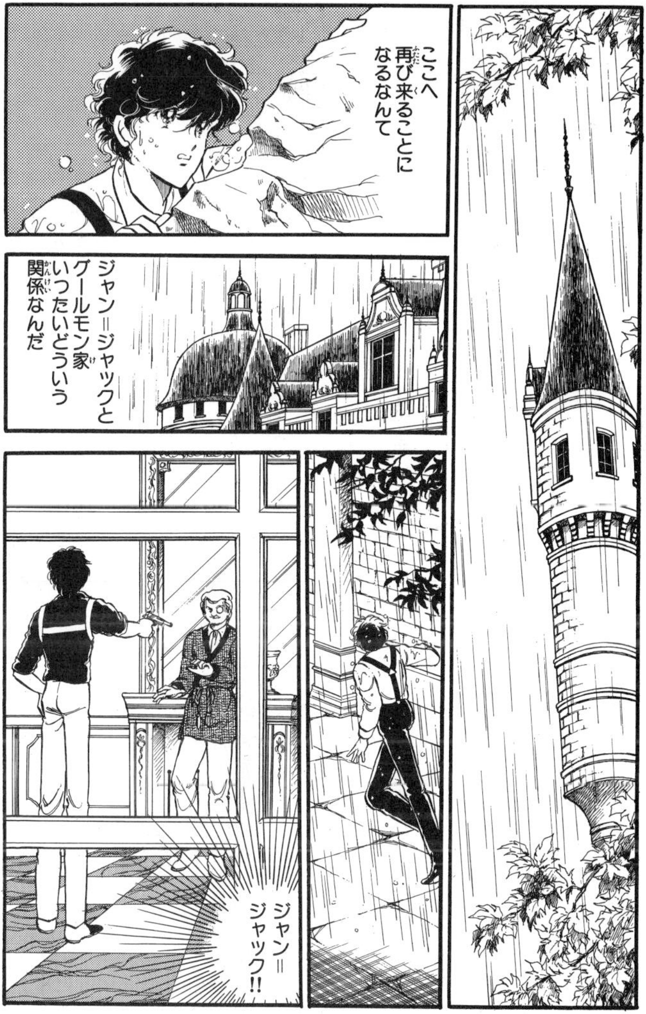
ここへ
再び来ることに
なるなんて
ジャン＝ジャックと
グールモン家
いったいどういう
関係なんだ
ジャン＝
ジャック!!

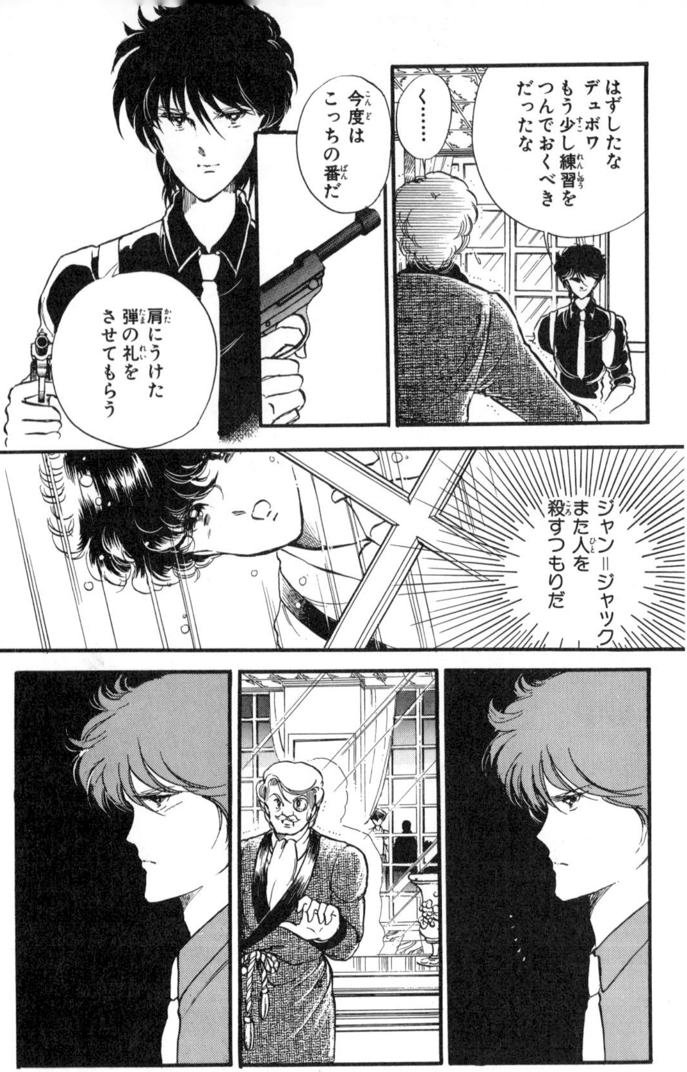
はずしたな
デュボワ
もう少し練習をつんでおくべきだったな
く……
今度はこっちの番だ
肩にうけた弾の礼をさせてもらう
ジャン＝ジャック
また人を殺すつもりだ

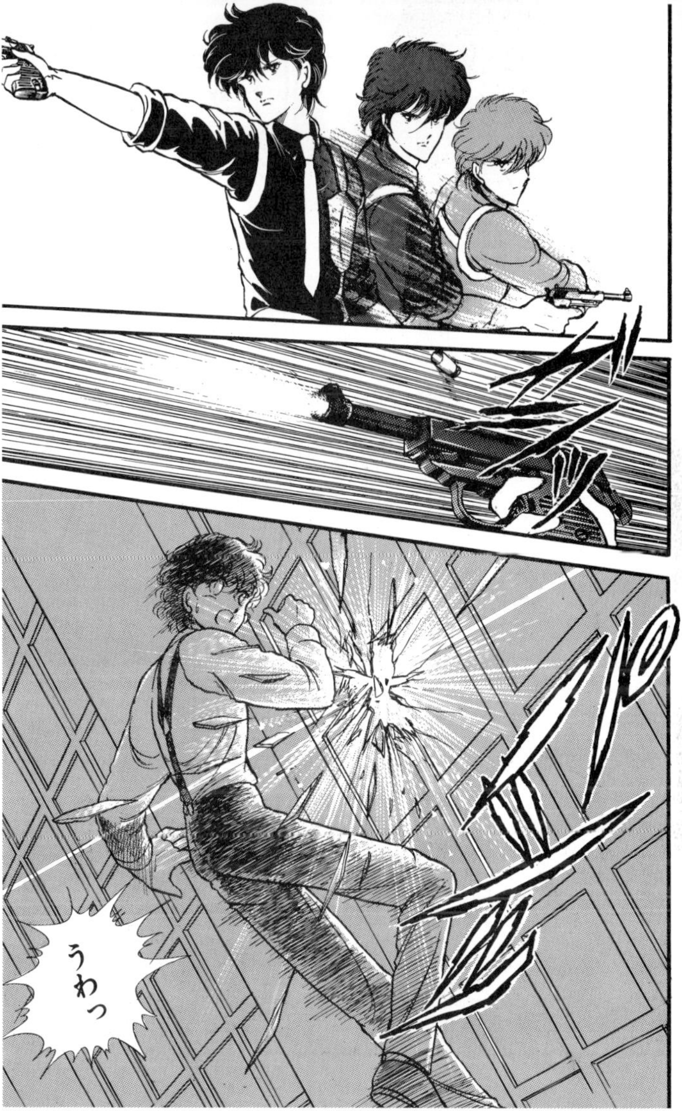
うわっ

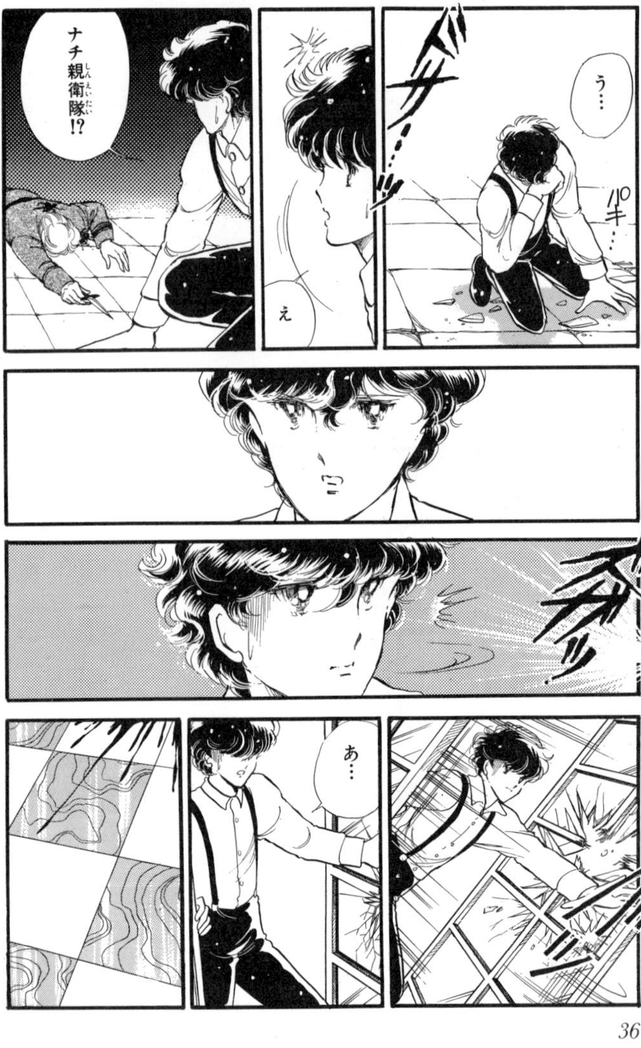
う…
パキ…
ドサ…ッ
え
ナチ親衛隊!?
ダダッ
あ…

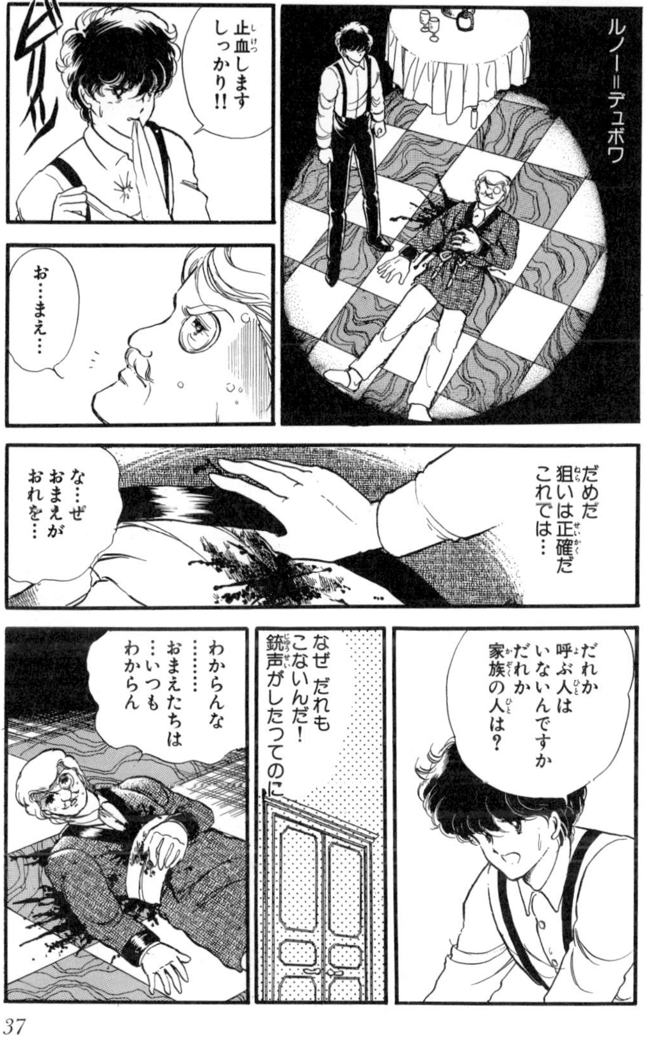
ルノー＝デュボワ
止血します
しっかり!!
お…まえ…
だめだ
狙いは正確だ
これでは…
な…ぜ
おまえが
おれを…
だれか
呼ぶ人は
いないんですか
だれか
家族の人は？
なぜ だれも
こないんだ!
銃声がしたってのに
わからんな
………
おまえたちは
…いつも
わからん

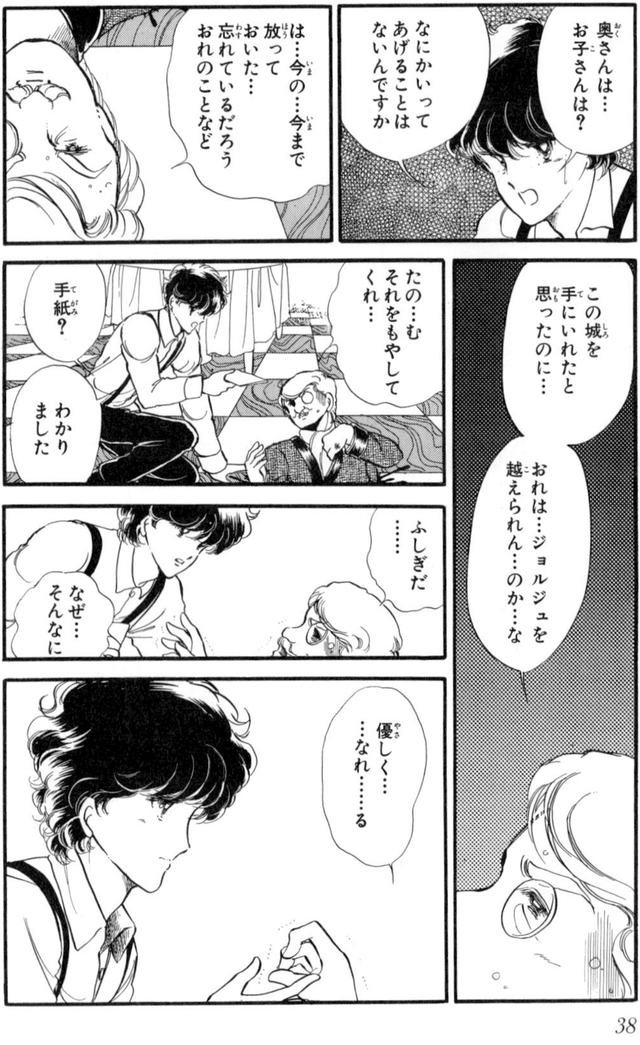
奥さんは…お子さんは？
なにかいってあげることはないんですか
は…今の…今まで放っておいた…忘れているだろうおれのことなど
この城を手にいれたと思ったのに…
おれは…ジョルジュを越えられん…のか…な
たの…むそれをもやしてくれ…
手紙？
わかりました
ふしぎだ……
なぜ…そんなに
優しく……なれ……る

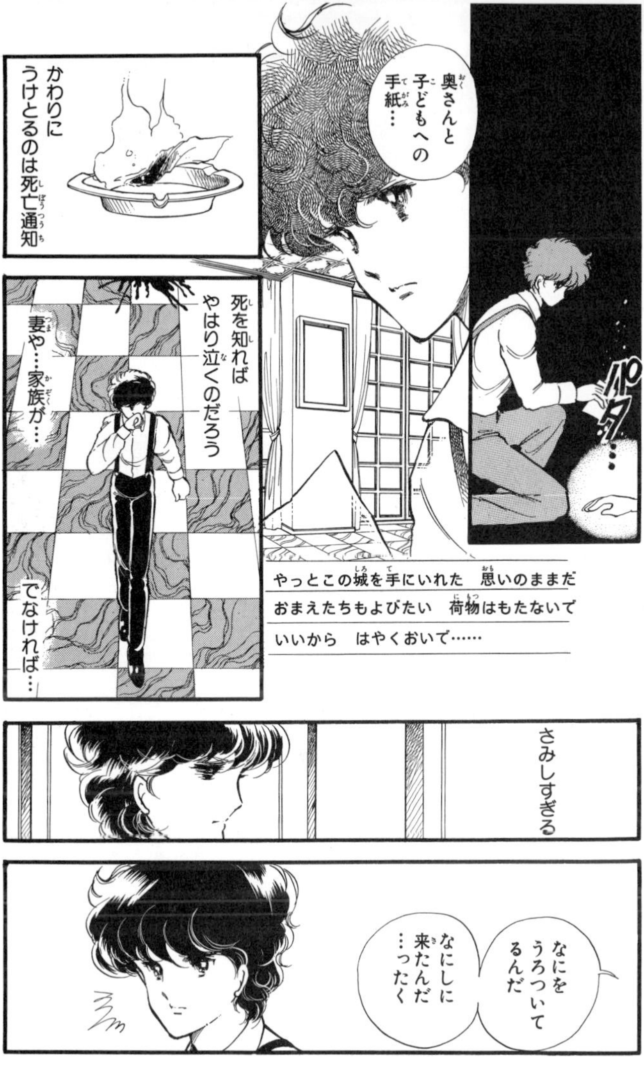
パタ…
奥さんと子どもへの手紙…
かわりにうけとるのは死亡通知
やっとこの城を手にいれた　思いのままだ　おまえたちもよびたい　荷物はもたないでいいから　はやくおいで……
死を知ればやはり泣くのだろう
妻や…家族が…
でなければ…
さみしすぎる
なにをうろついてるんだ
なにしに来たんだ…ったく

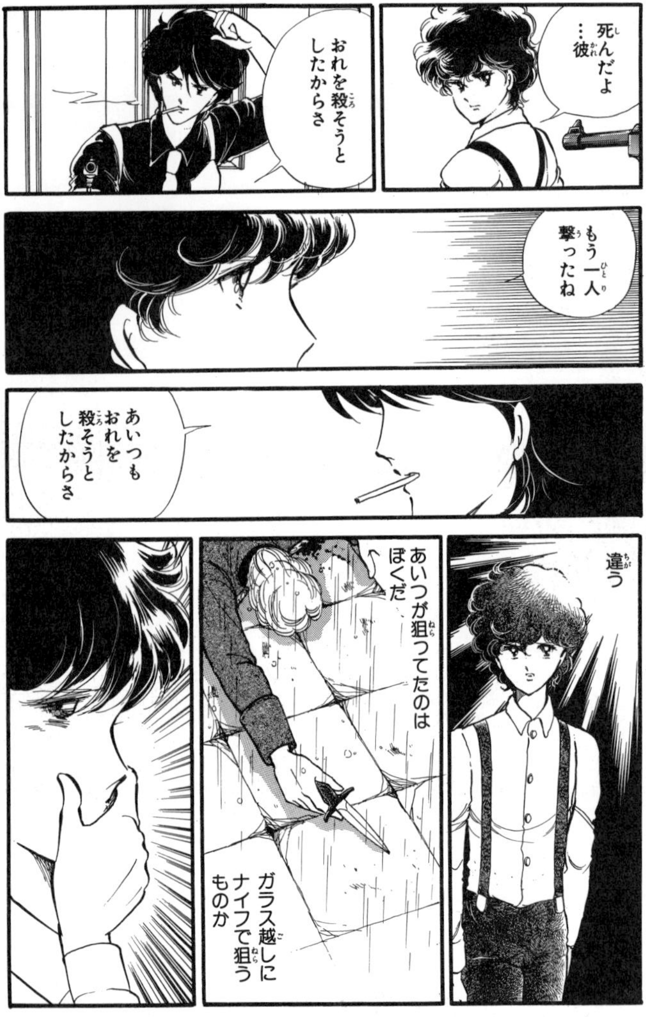
死んだよ…彼
おれを殺そうとしたからさ
もう一人撃ったね
あいつもおれを殺そうとしたからさ
違う
あいつが狙ってたのはぼくだ
ガラス越しにナイフで狙うものか

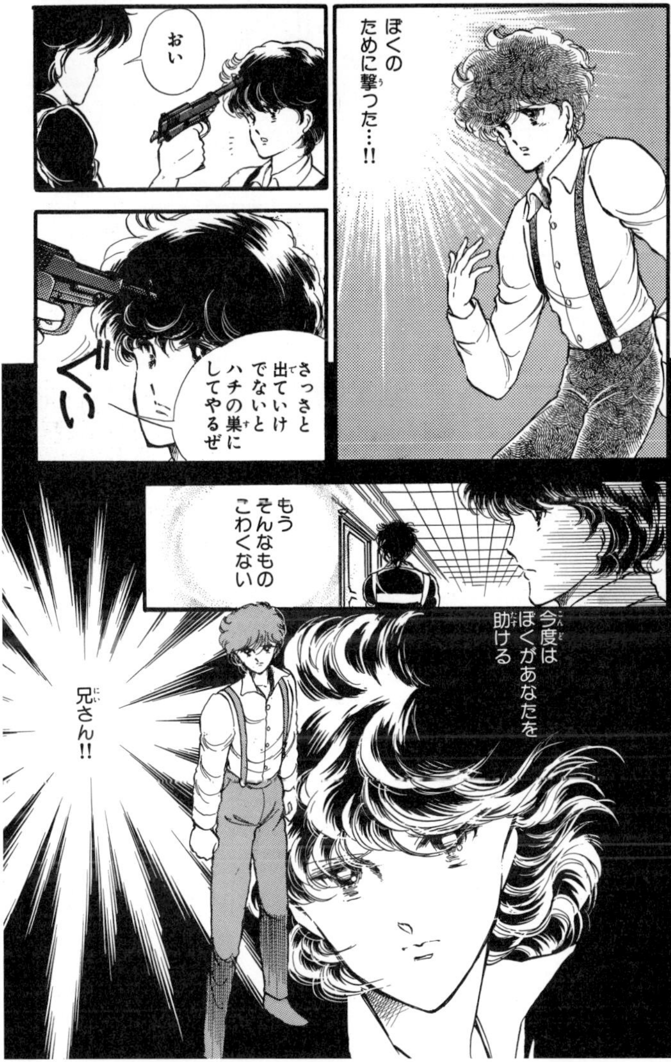
ぼくのためにに撃った…!!
おい
ぐい
さっさと出ていけでないとハチの巣にしてやるぜ
もうそんなものこわくない
今度はぼくがあなたを助ける
兄さん!!

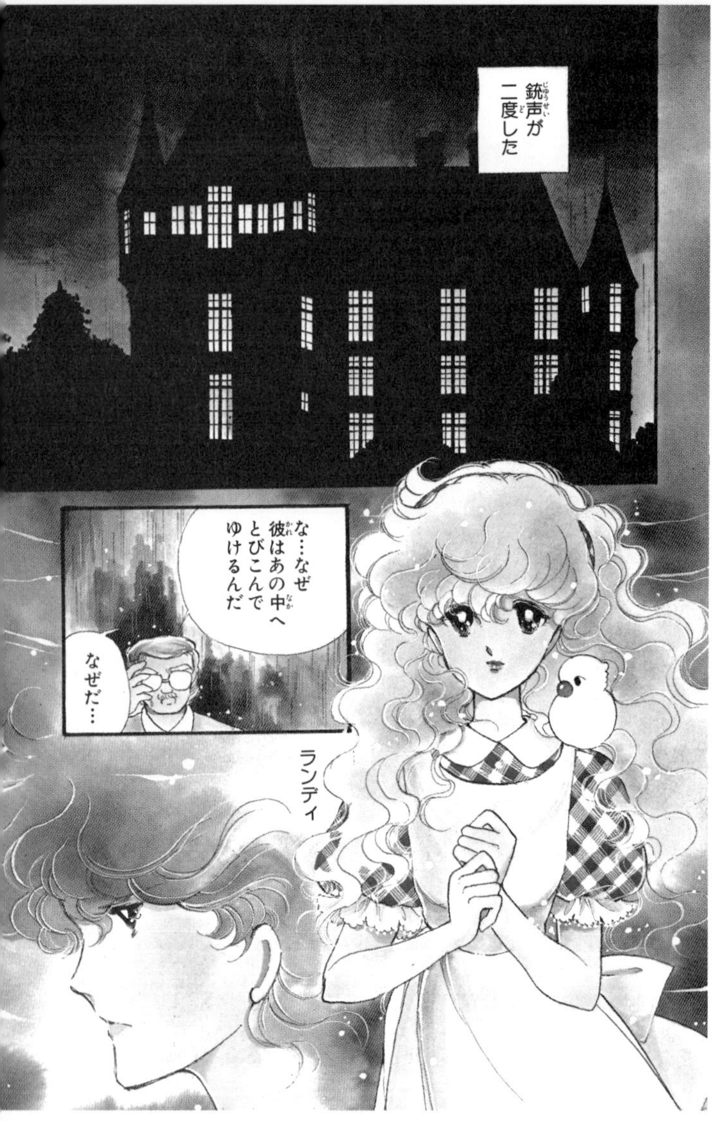
銃声が二度した
な…なぜ彼はあの中へとびこんでゆけるんだ
なぜだ…
ランディ

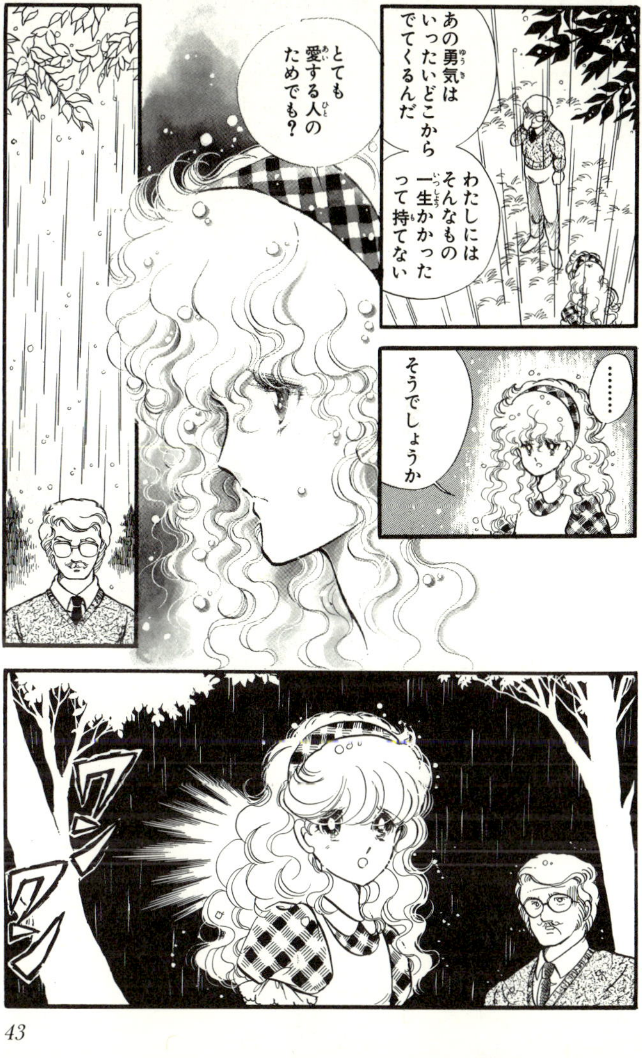

あの勇気はいったいどこからでてくるんだ
わたしにはそんなもの一生かかったって持てない
とても愛する人のためでも?
……
そうでしょうか

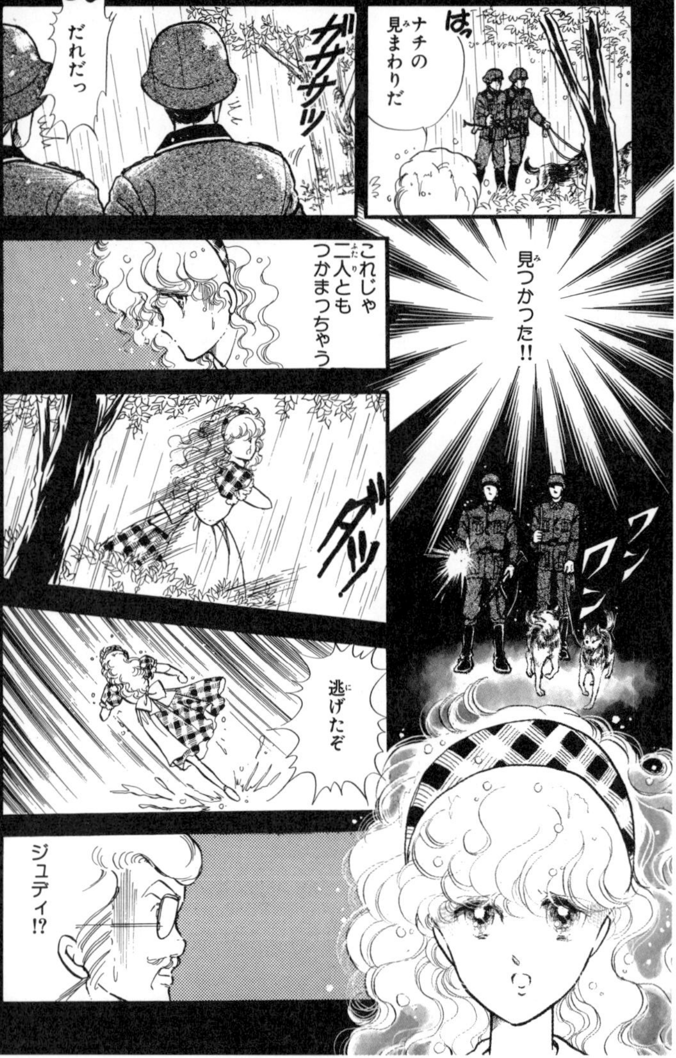

はっ
ナチの見まわりだ
ガサガサッ
だれだっ
見つかった!!
ワンワン
これじゃ二人ともつかまっちゃう
ダッ
逃げたぞ
ジュディ!?

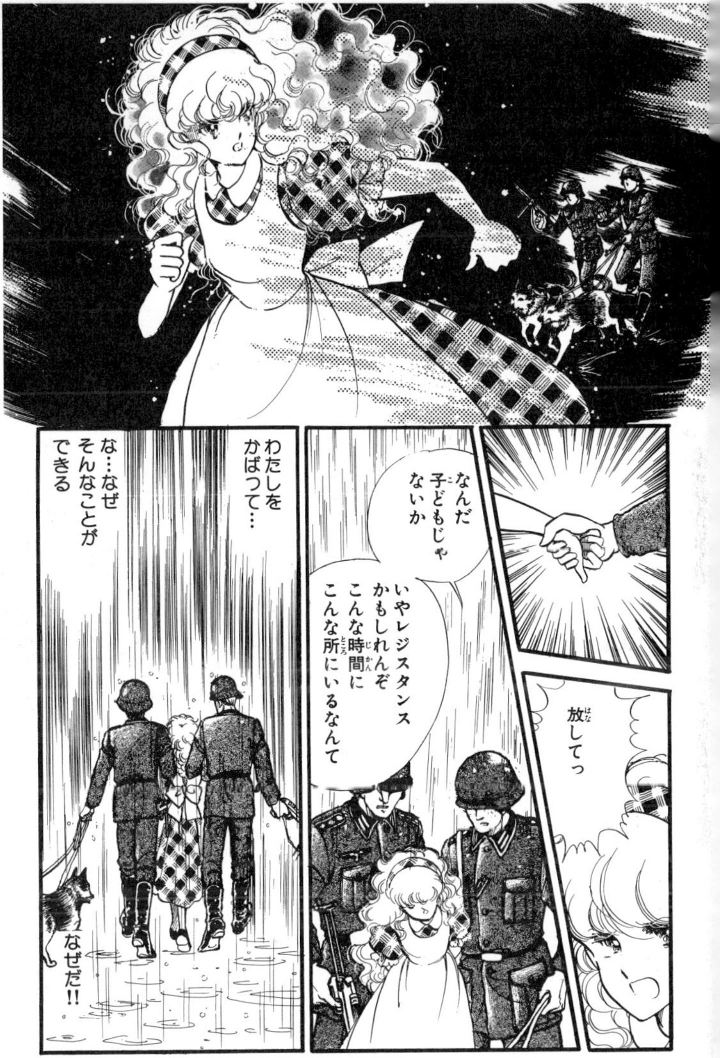
放してっ
なんだ子どもじゃないか
いやレジスタンスかもしれんぞこんな時間にこんな所にいるなんて
わたしをかばって…
な…なぜそんなことができる
なぜだ!!

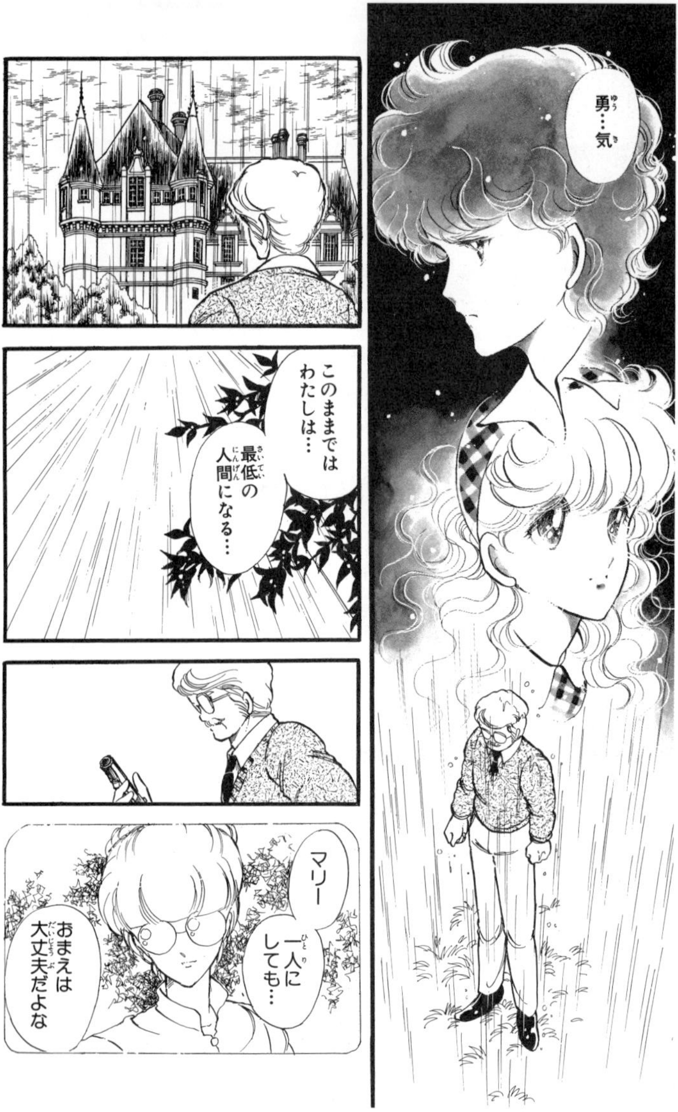
勇・・・気
このままでは
わたしは…
最低の
人間になる…
マリー
一人にしても…
おまえは
大丈夫だよな

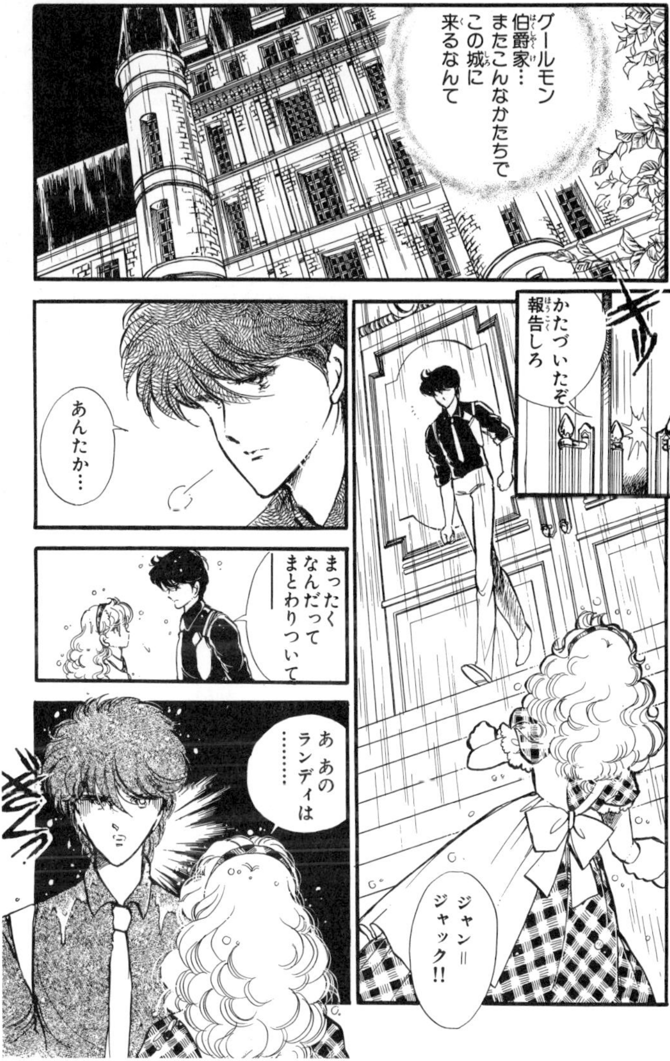

グールモン伯爵家…
またこんなかたちで
この城に
来るなんて
かたづいたぞ
報告しろ
ジャン＝
ジャック!!
あんたか…
まったく
なんだって
まとわりついて
——
あ あの
ランディは
………

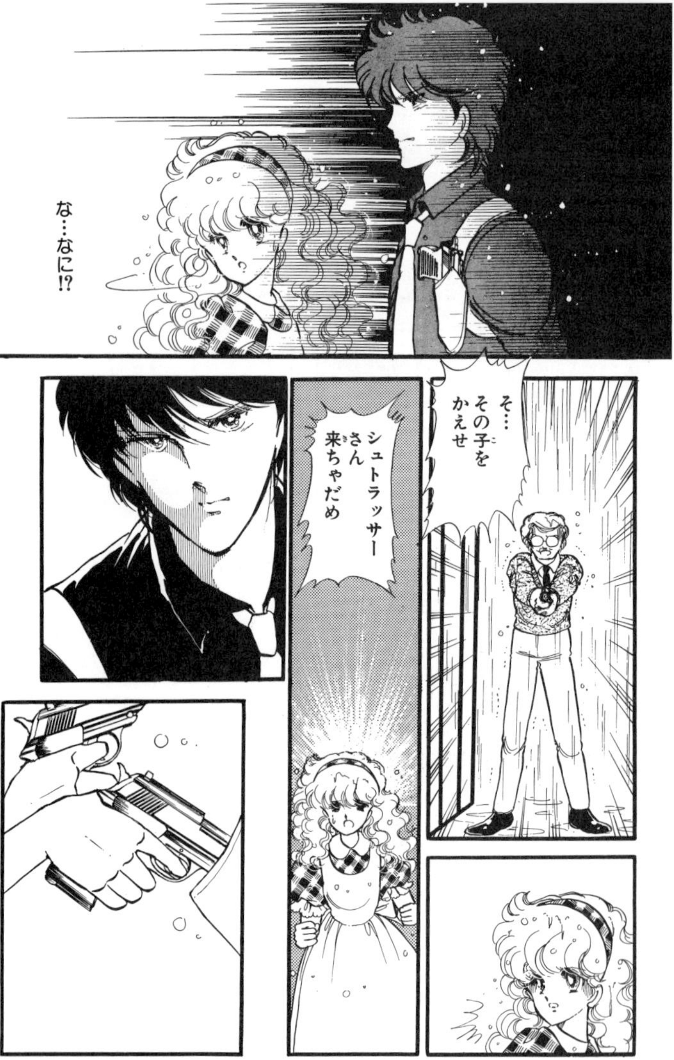
な…なに!?
そ…その子をかえせ
シュトラッサーさん来ちゃだめ

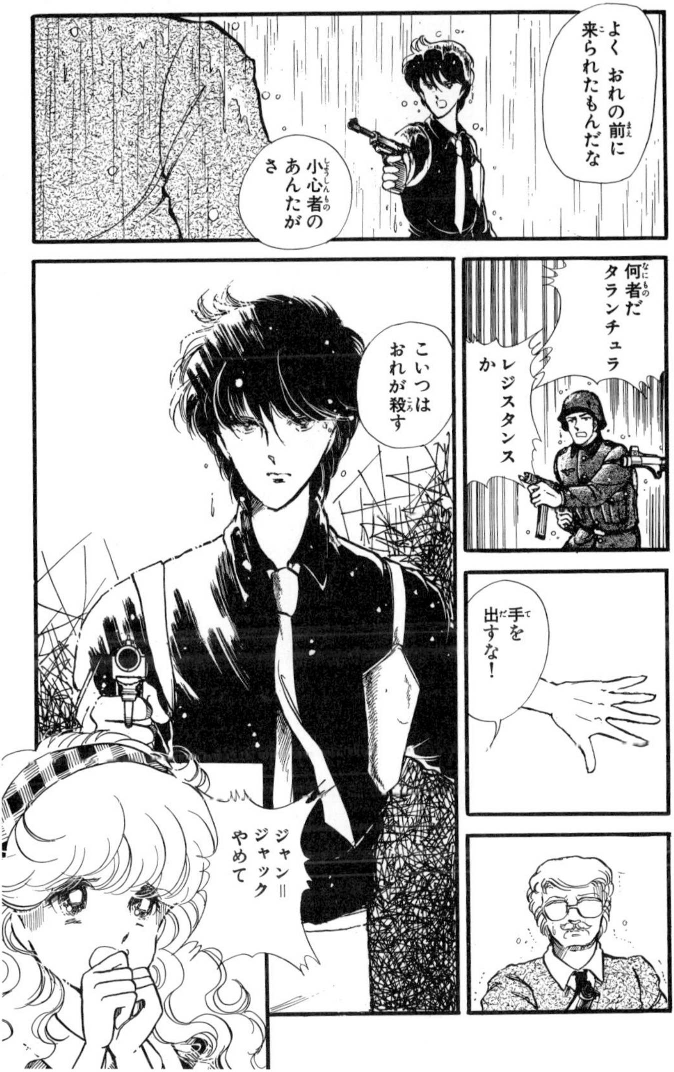
よく おれの前に来られたもんだな
小心者のあんたがさ
何者だ タランチュラ
レジスタンスか
手を出すな!
こいつはおれが殺す
ジャン＝ジャック やめて

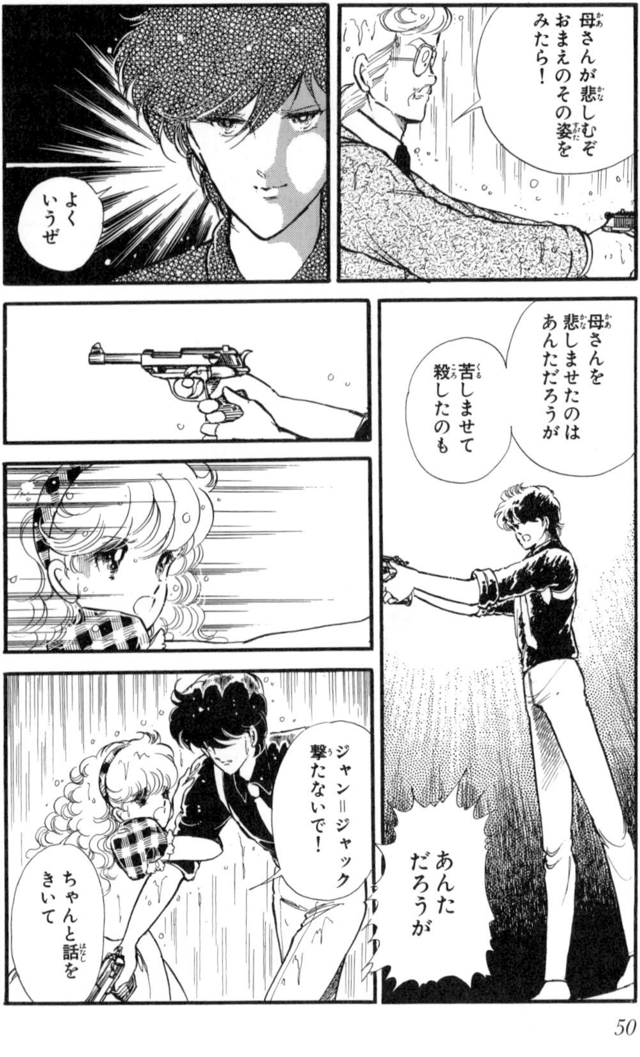
母さんが悲しむぞ
おまえのその姿をみたら！
よくいうぜ
母さんを悲しませたのはあんただろうが
苦しませて殺したのも
あんただろうが
ジャン＝ジャック撃たないで！
ちゃんと話をきいて

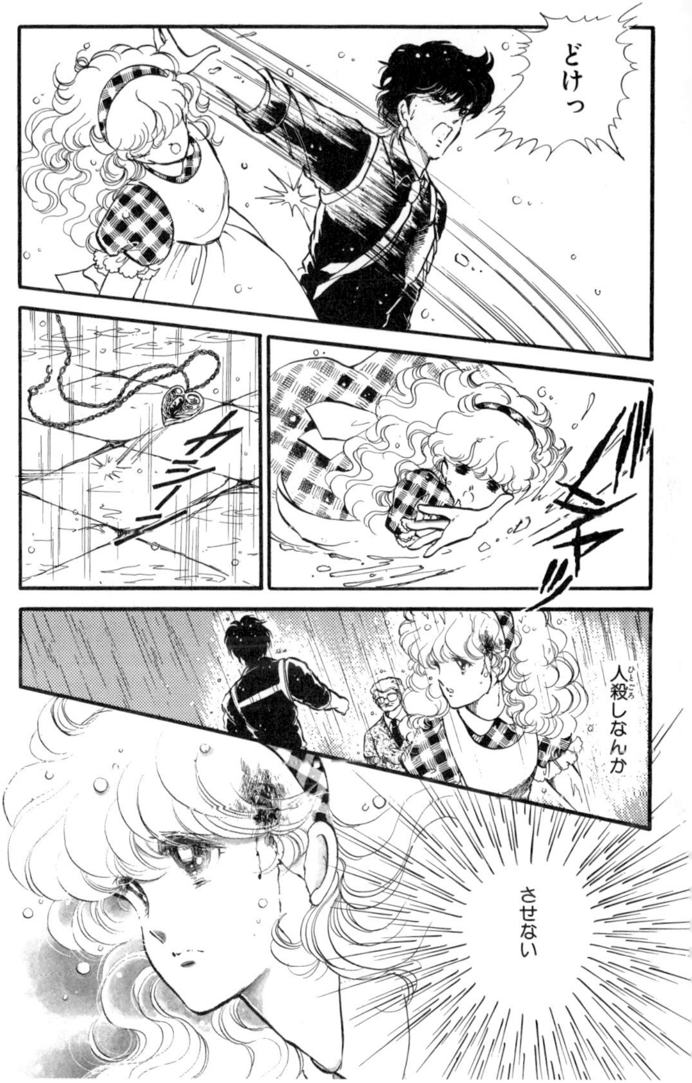
どけっ
人殺しなんか
させない

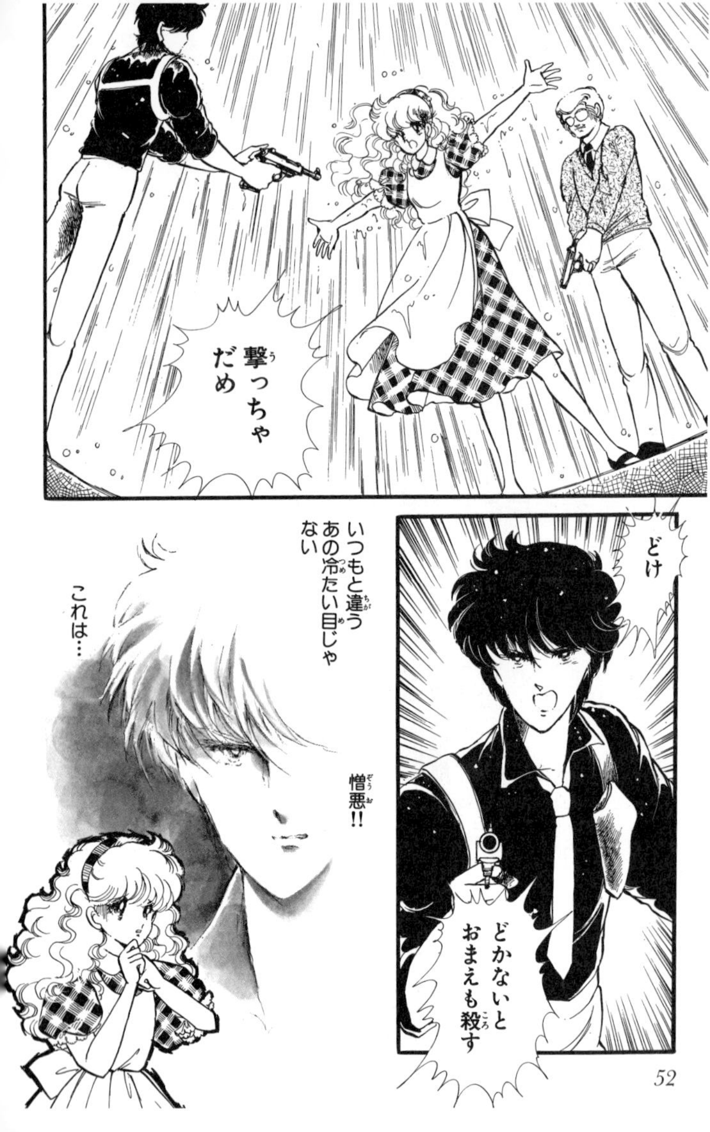

撃っちゃだめ
どけ
どかないとおまえも殺す
いつもと違うあの冷たい目じゃない
これは…
憎悪!!

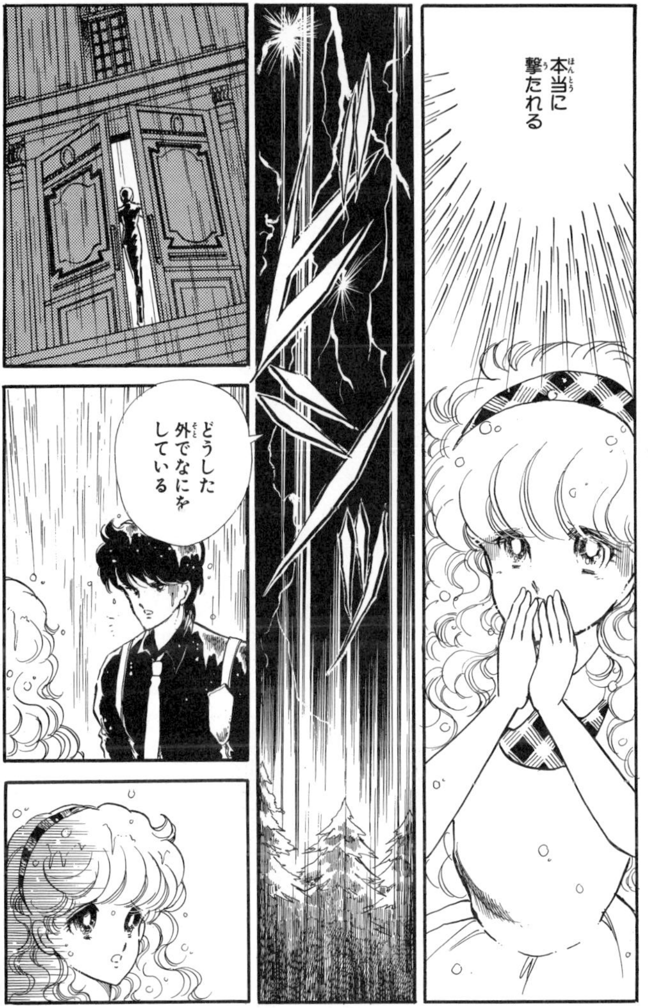
本当に撃たれる
どうした外でなにをしている

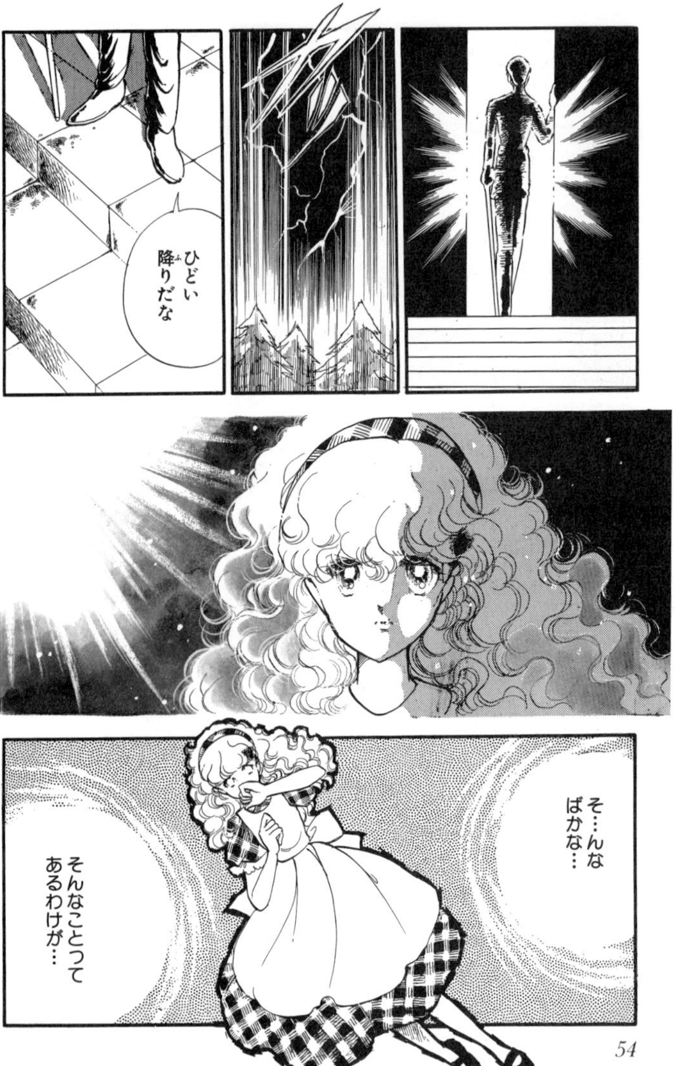
ひどい
降りだな
そ…んな
ばかな…
そんなことって
あるわけが…

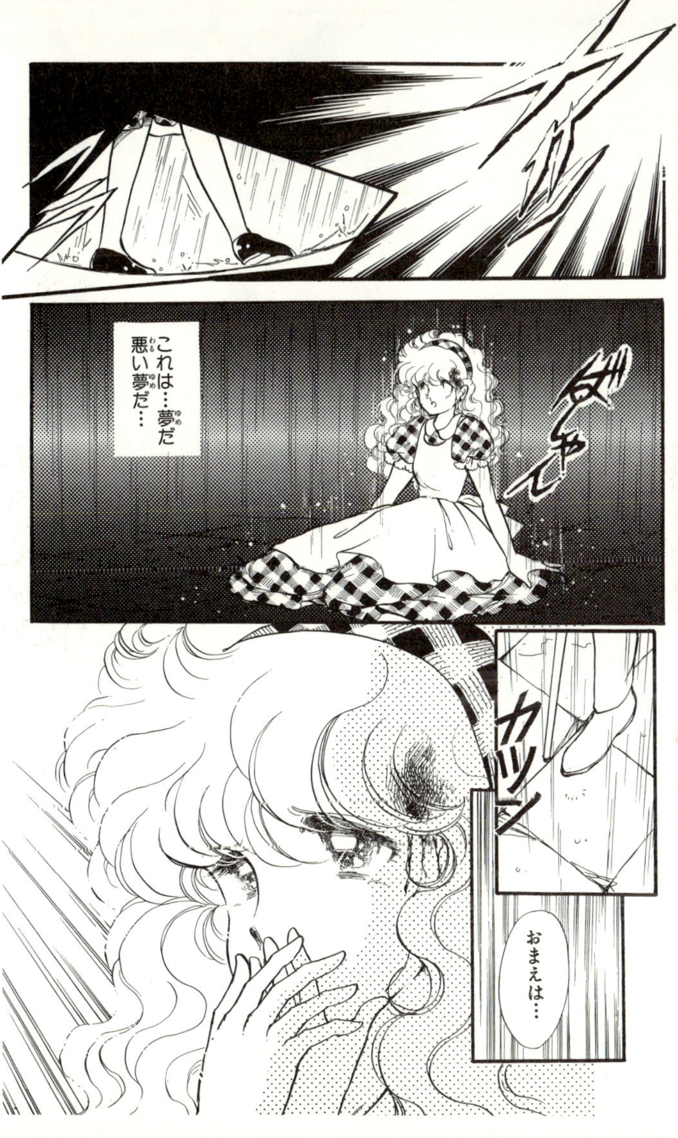
これは…夢だ
悪い夢だ…
カツン
おまえは…

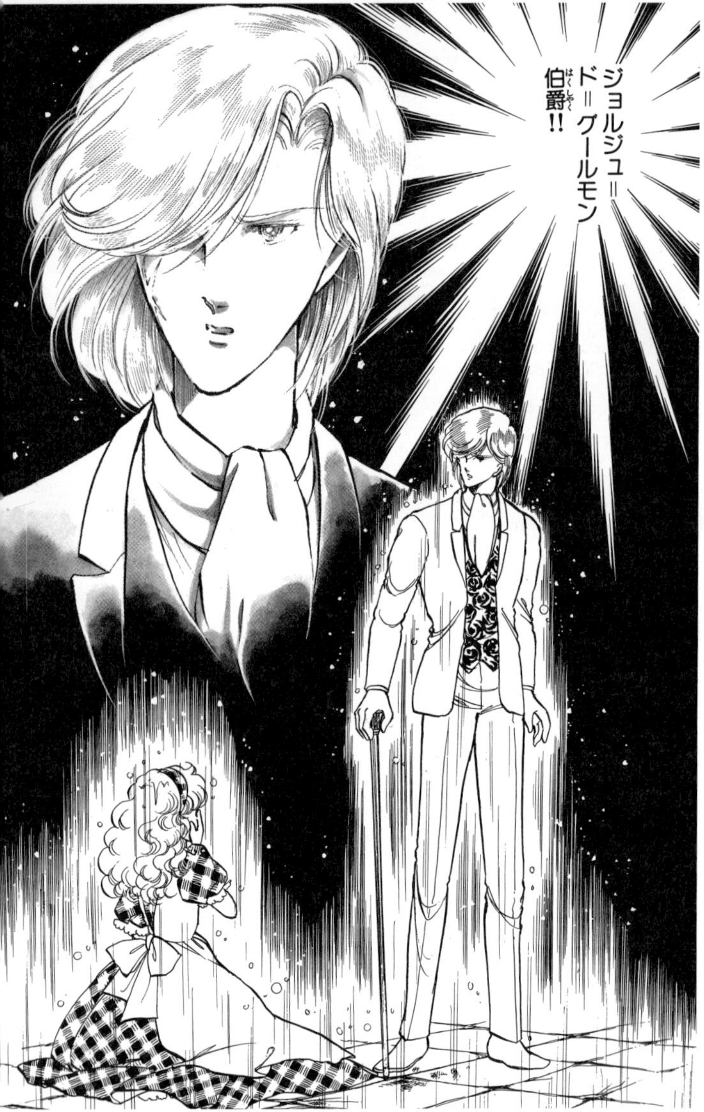
ジョルジュ＝ド＝グールモン伯爵!!

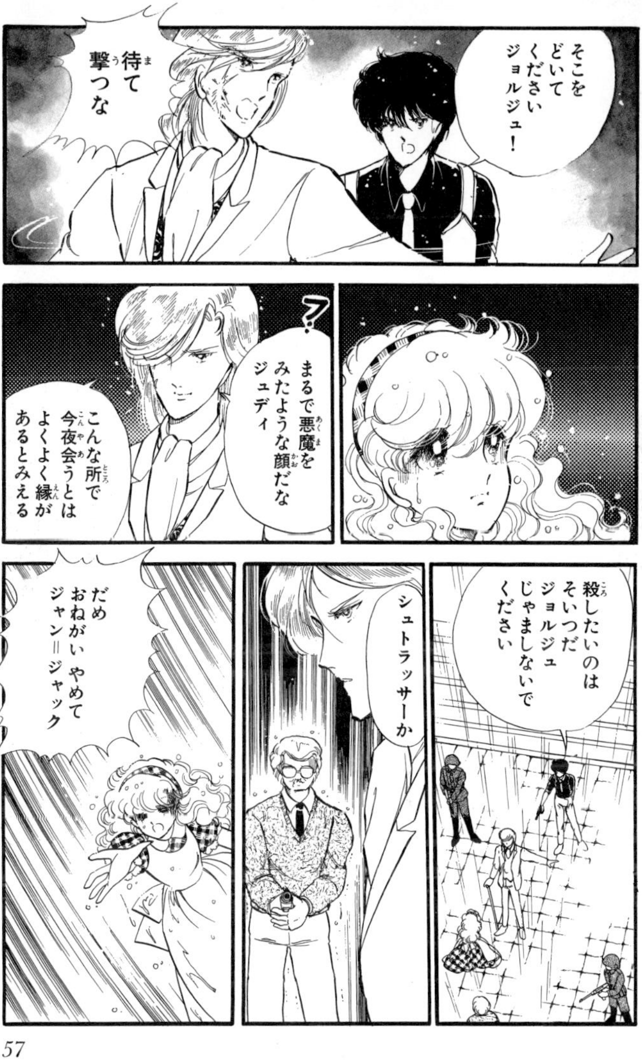
そこをどいてくださいジョルジュ!
待て撃つな
?
まるで悪魔をみたような顔だなジュディ
こんな所で今夜会うとはよくよく縁があるとみえる
殺したいのはそいつだジョルジュじゃましないでください
シュトラッサーか
だめおねがい やめてジャン＝ジャック

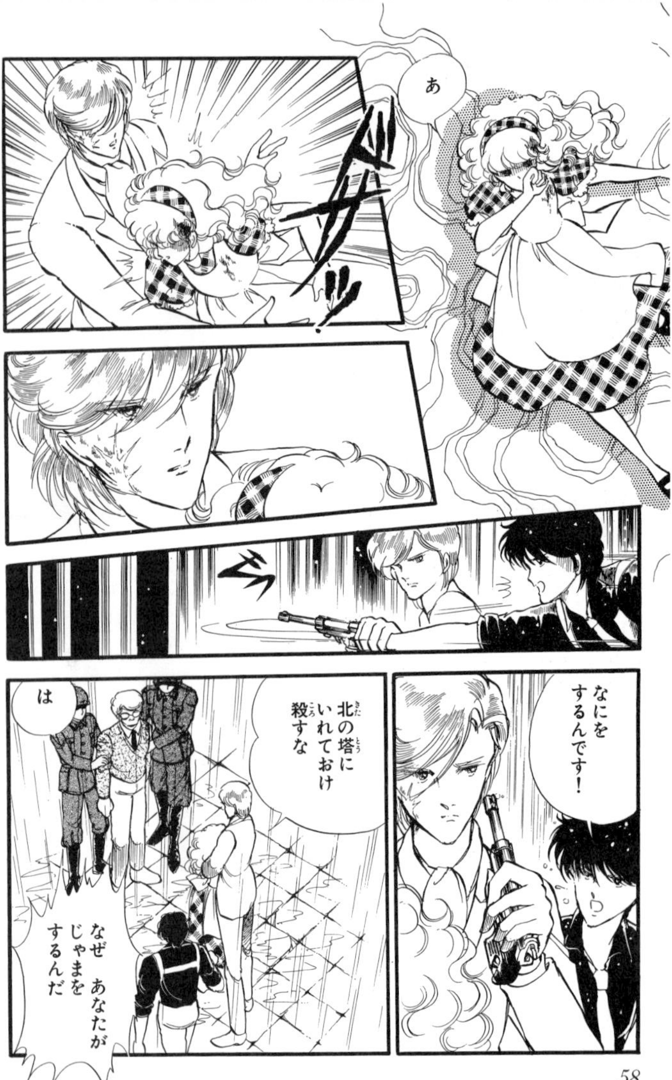
あ
バサッ!
なにをするんです!
北の塔にいれておけ殺すな
は
なぜ あなたがじゃまをするんだ

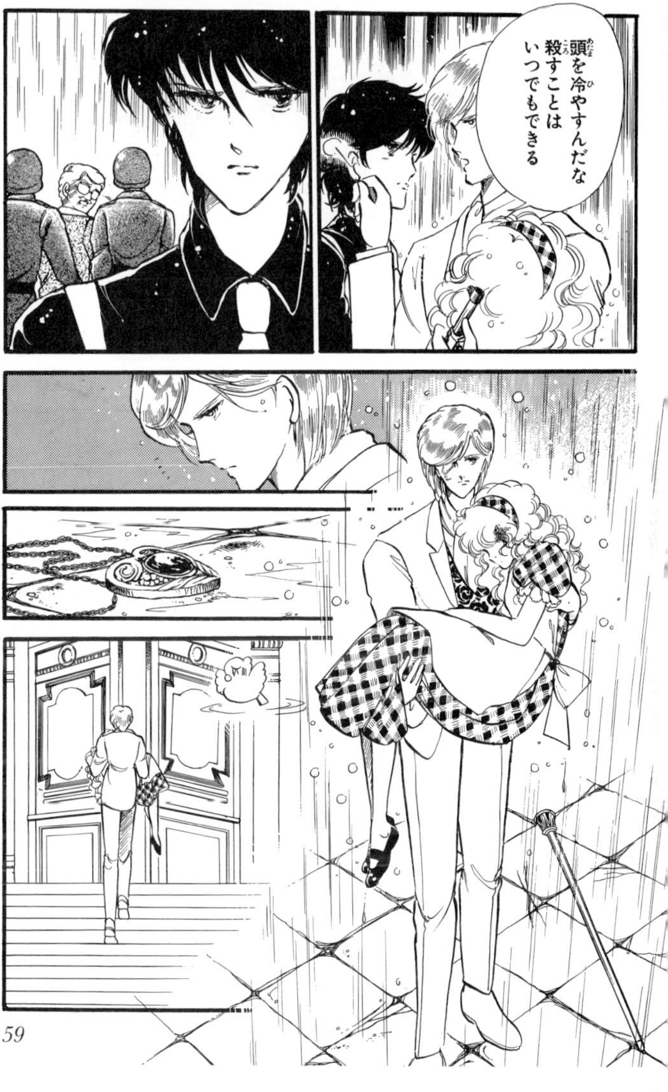
頭を冷やすんだな
殺すことは
いつでもできる

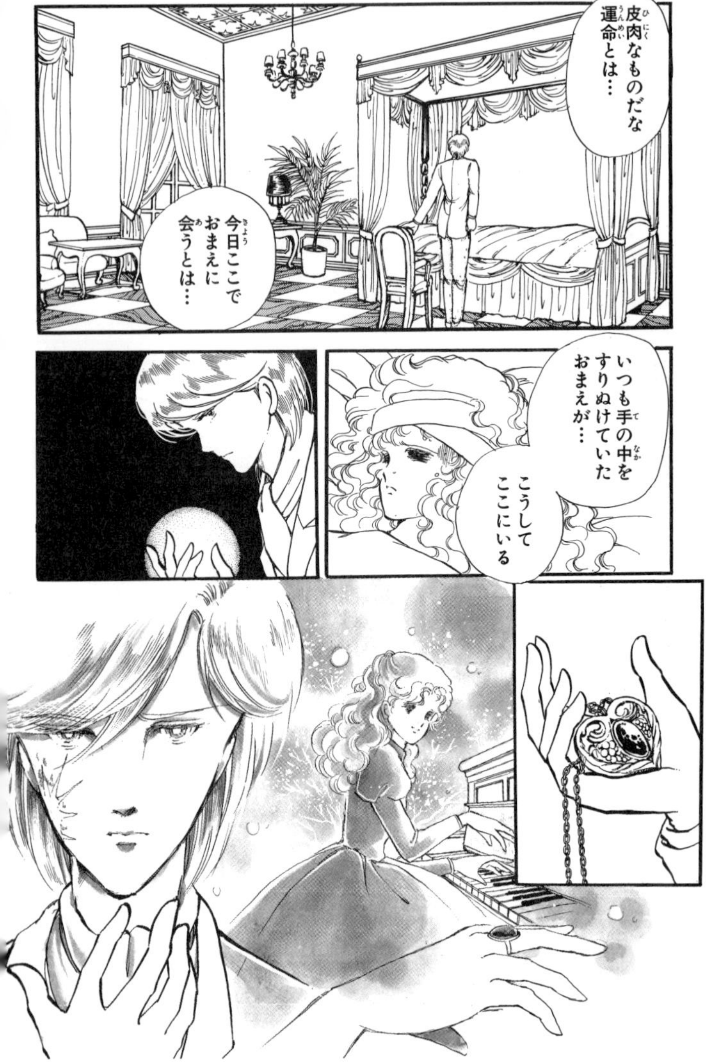
皮肉なものだな 運命とは…
今日ここでおまえに会うとは…
いつも手の中をすりぬけていたおまえが…
こうしてここにいる

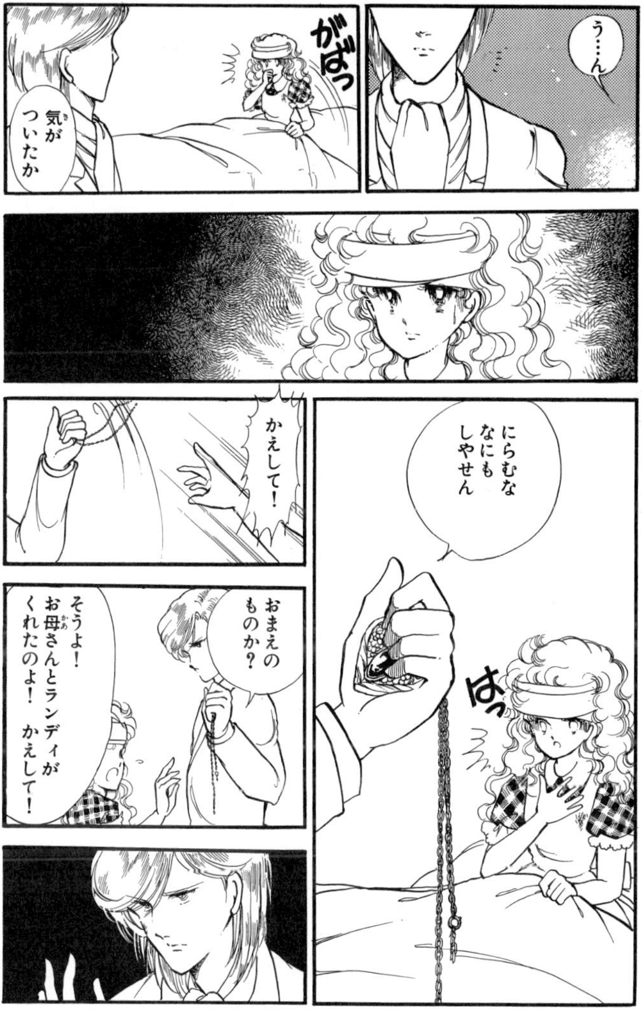

う…ん
がばっ
気がついたか
かえして!
にらむななにもしやせん
はっ
おまえのものか?
そうよ! お母さんとランディがくれたのよ! かえして!

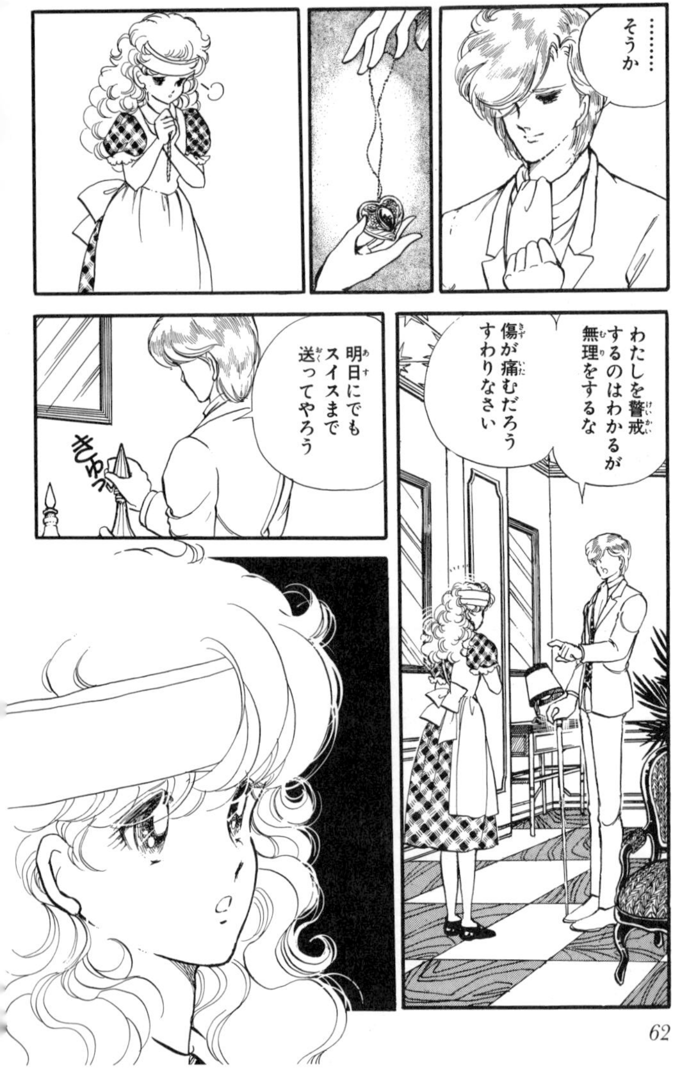

……そうか
わたしを警戒するのはわかるが
無理をするな
傷が痛むだろう
すわりなさい
明日にでもスイスまで送ってやろう
きゅっ

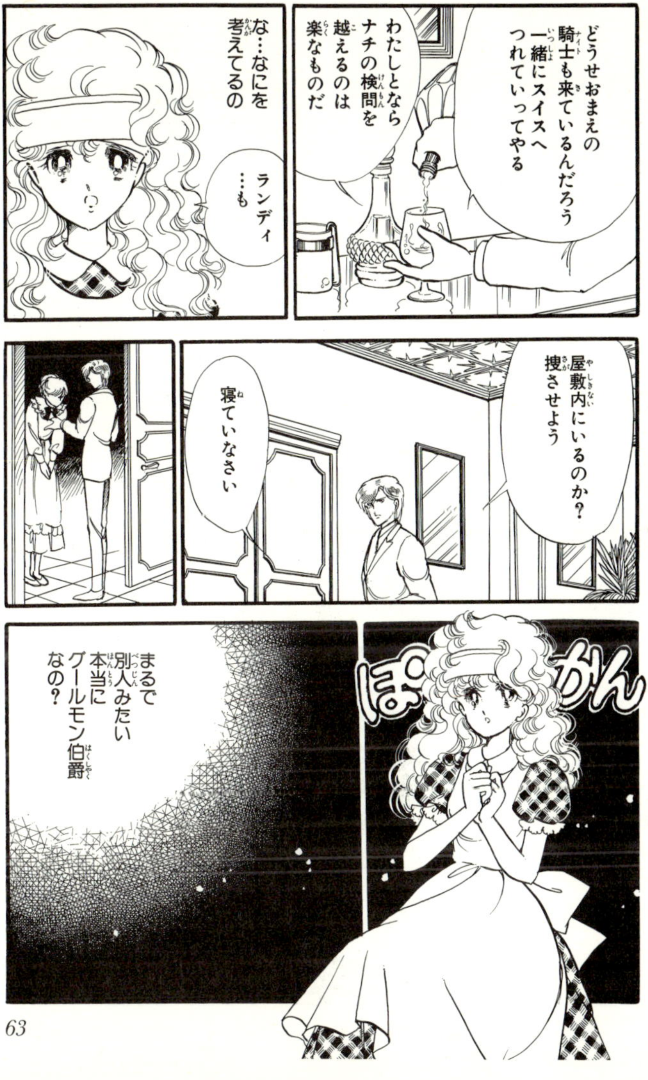
どうせおまえの騎士も来ているんだろう一緒にスイスへつれていってやる
わたしとならナチの検問を越えるのは楽なものだ
ランディ…も
な…なにを考えてるの
屋敷内にいるのか？捜させよう
寝ていなさい
ぽかん
まるで別人みたい本当にグールモン伯爵なの？

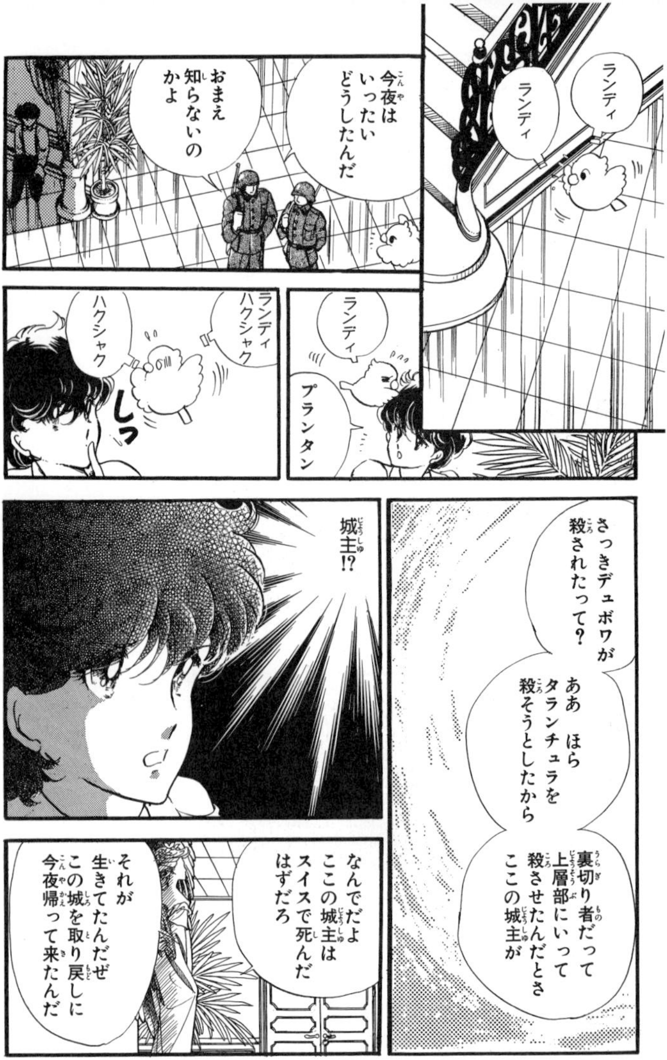
ランディ
ランディ
今夜はいったいどうしたんだ
おまえ知らないのかよ
ランディ
プランタン
ランディハクシャク
ハクシャク
しっ
さっきデュボワが殺されたって?
ああ ほら タランチュラを殺そうとしたから
裏切り者だって上層部にいって殺させたんだとさ ここの城主が
城主!?
なんでだよ ここの城主はスイスで死んだはずだろ
それが生きてたんだぜ この城を取り戻しに今夜帰って来たんだ

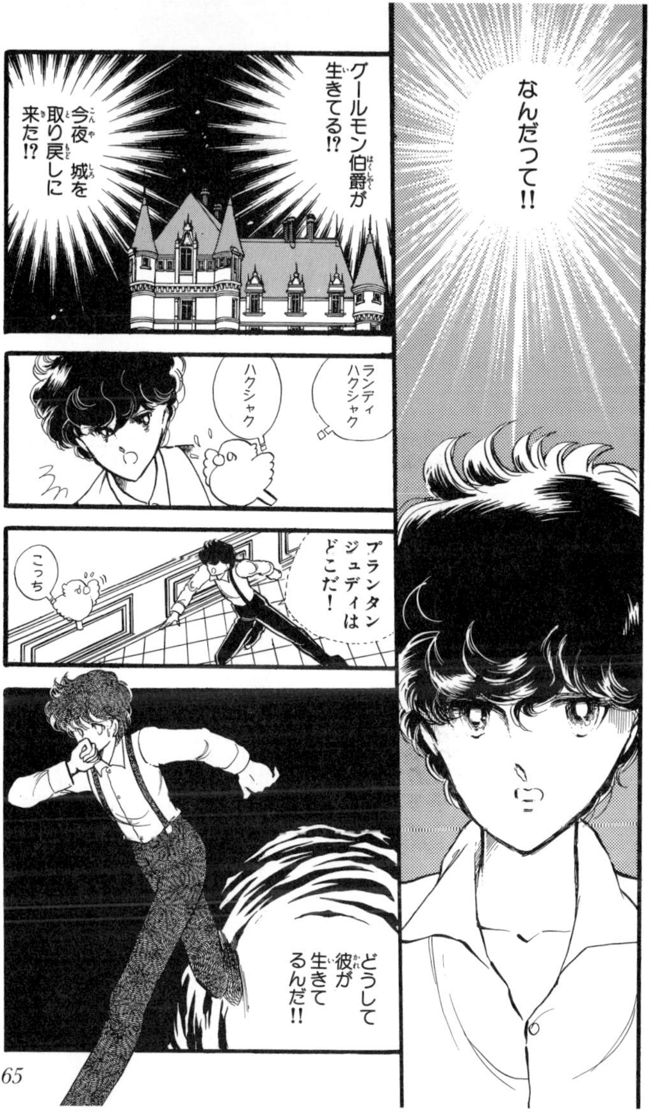
なんだって!!
グールモン伯爵が生きてる!?
今夜 城を取り戻しに来た!?
ランディ ハクシャク
ハクシャク
プランタン ジュディはどこだ!
こっち
どうして彼が生きてるんだ!!

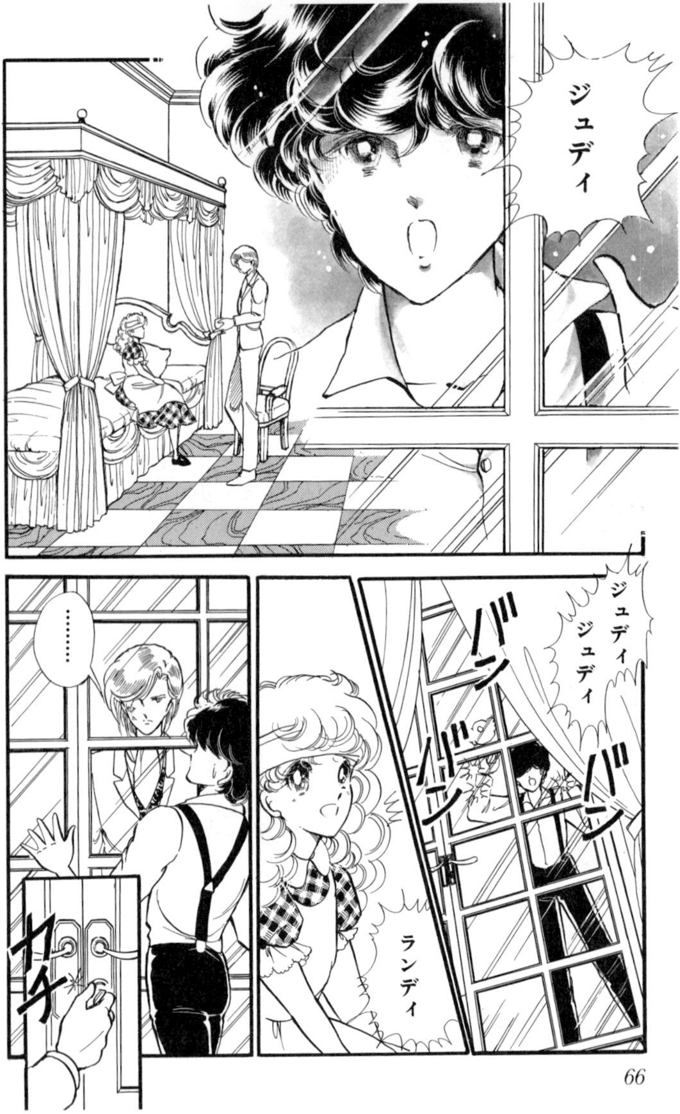
ジュディ
ジュディ
ジュディ
バン
バン
バン
ランディ
……………
カチ

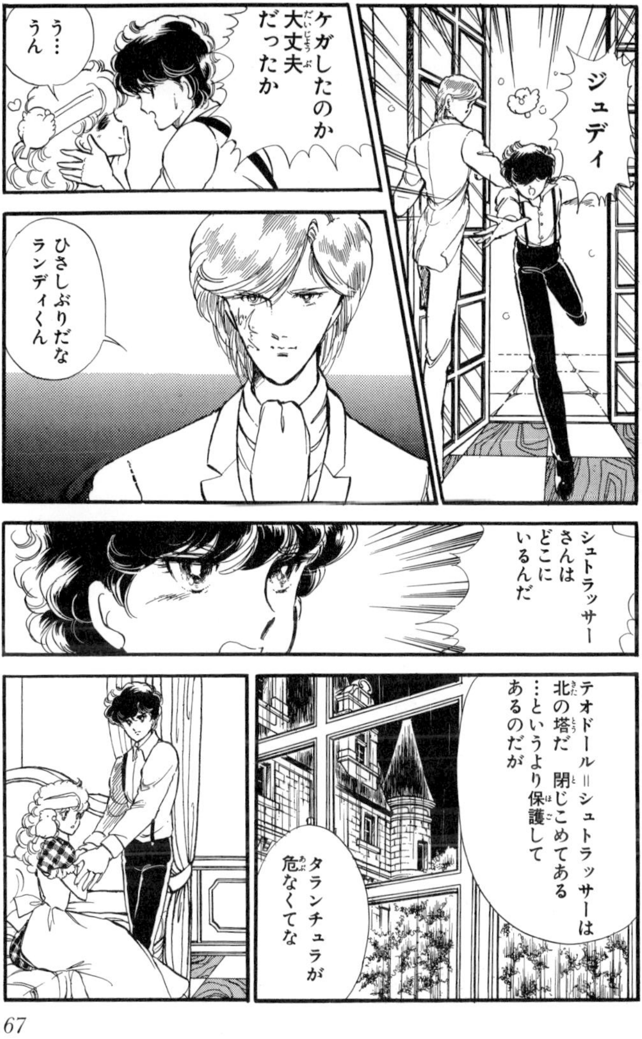
ジュディ
ケガしたのか
大丈夫だったか
う…
うん
ひさしぶりだな
ランディくん
シュトラッサーさんはどこにいるんだ
テオドール＝シュトラッサーは北の塔だ 閉じこめてある
…というより保護してあるのだが
タランチュラが危なくてな

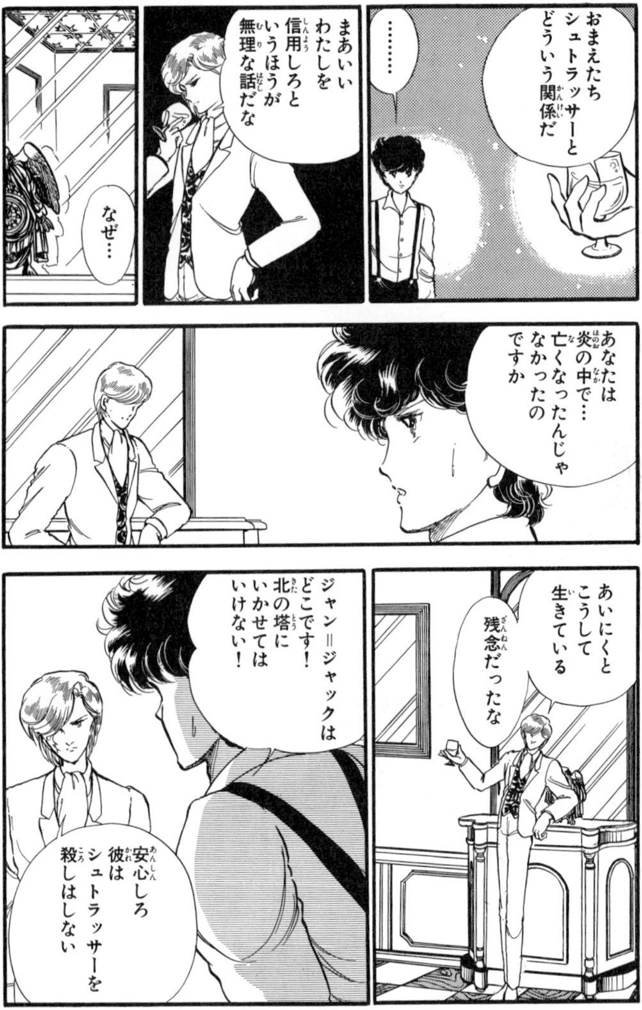
おまえたち シュトラッサーと どういう関係だ
……
まあいい わたしを 信用しろと いうほうが 無理な話だな
なぜ…
あなたは 炎の中で… 亡くなったんじゃ なかったの ですか
あいにくと こうして 生きている
残念だったな
ジャン=ジャックは どこです! 北の塔に いかせては いけない!
安心しろ 彼は シュトラッサーを 殺しはしない

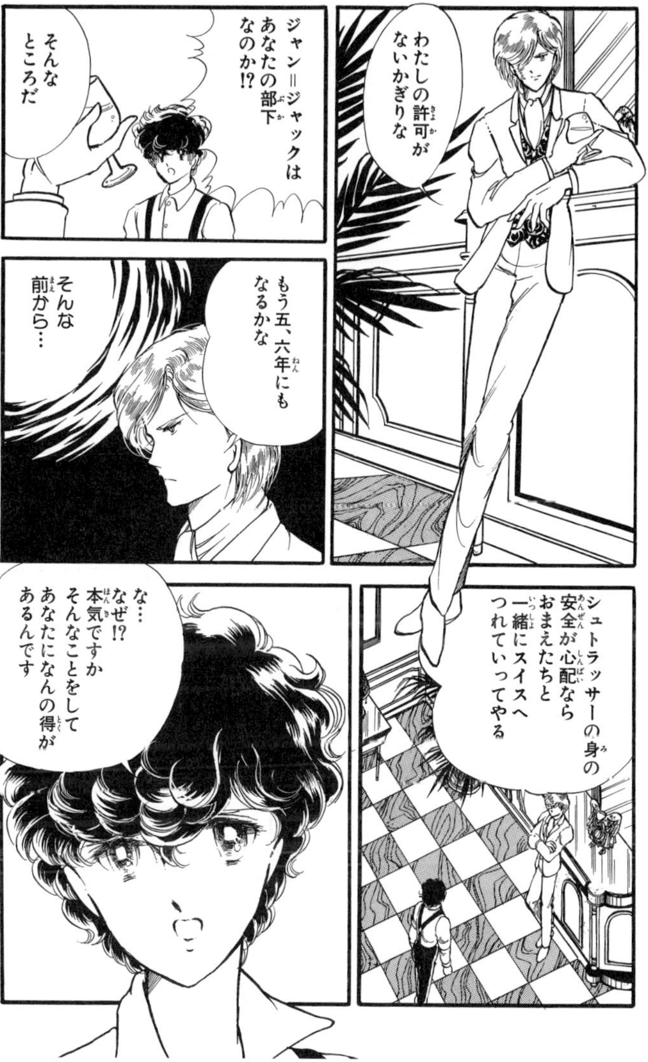
わたしの許可がないかぎりな
ジャン＝ジャックはあなたの部下なのか!?
そんなところだ
もう五、六年にもなるかな
そんな前から…
シュトラッサーの身の安全が心配ならおまえたちと一緒にスイスへつれていってやる
な…なぜ!? 本気ですか そんなことをしてあなたになんの得があるんです

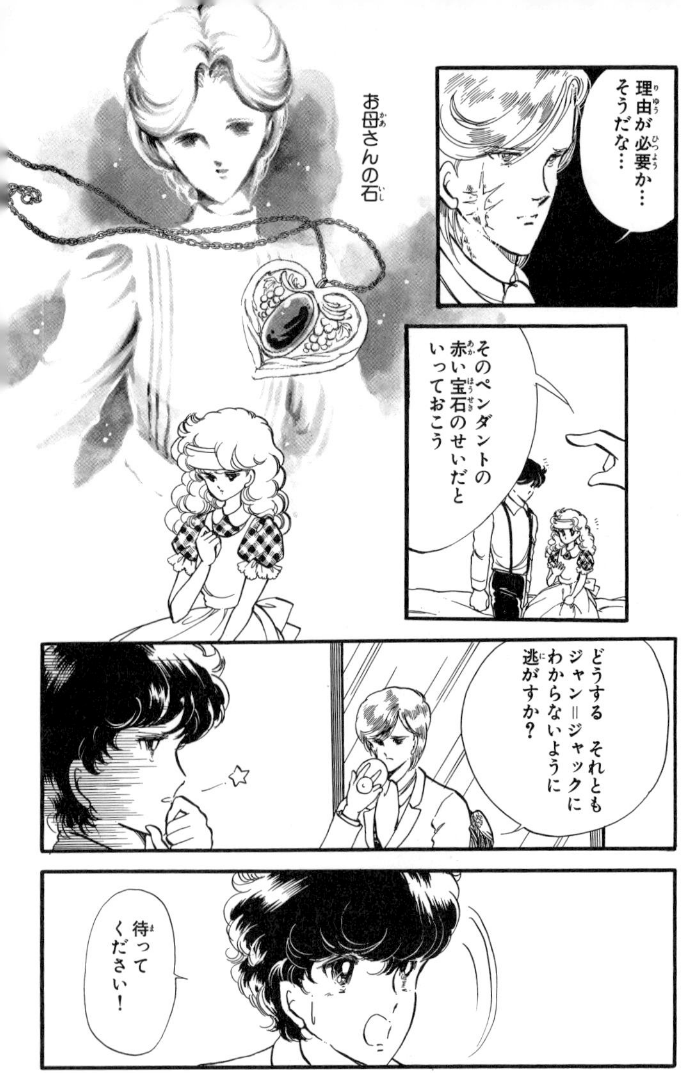
理由が必要か…
そうだな…
お母さんの石
そのペンダントの赤い宝石のせいだといっておこう
どうする それともジャン＝ジャックにわからないように逃がすか？
待ってください！

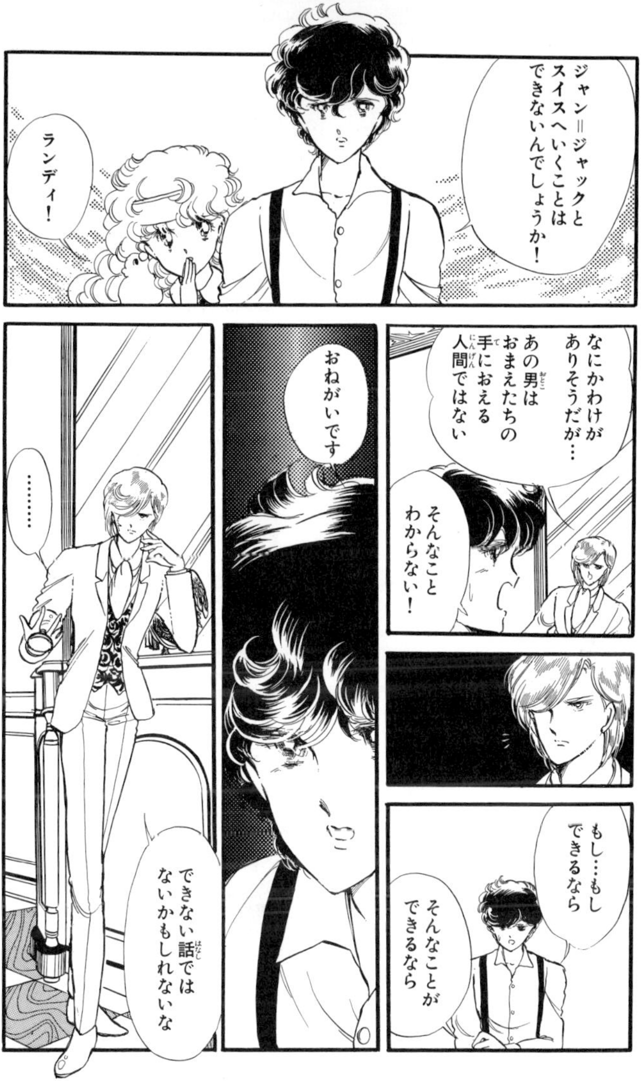
ジャン＝ジャックとスイスへいくことはできないんでしょうか！
ランディ！
なにかわけがありそうだが…あの男はおまえたちの手におえる人間ではない
そんなことわからない！
おねがいです
……………
もし…もしできるなら
そんなことができるなら
できない話ではないかもしれないな

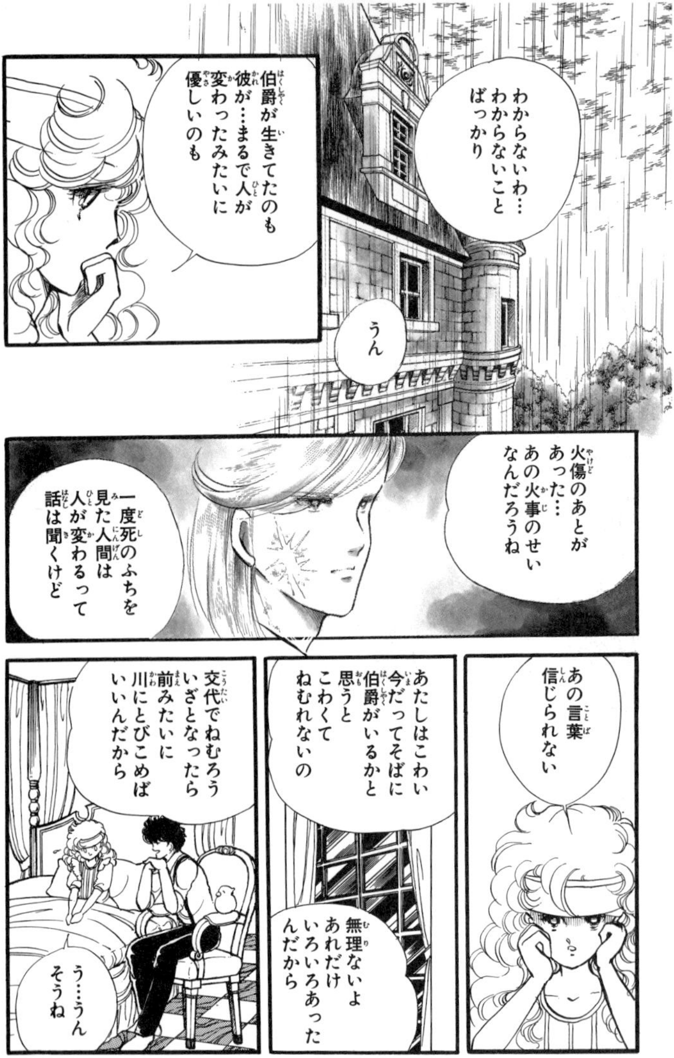
わからないわ…わからないことばっかり
うん
伯爵が生きてたのも彼が…まるで人が変わったみたいに優しいのも
火傷のあとがあった…あの火事のせいなんだろうね
一度死のふちを見た人間は人が変わるって話は聞くけど
あの言葉信じられない
あたしはこわい今だってそばに伯爵がいるかと思うとこわくてねむれないの
無理ないよあれだけいろいろあったんだから
交代でねむろういざとなったら前みたいに川にとびこめばいいんだから
う…うんそうね

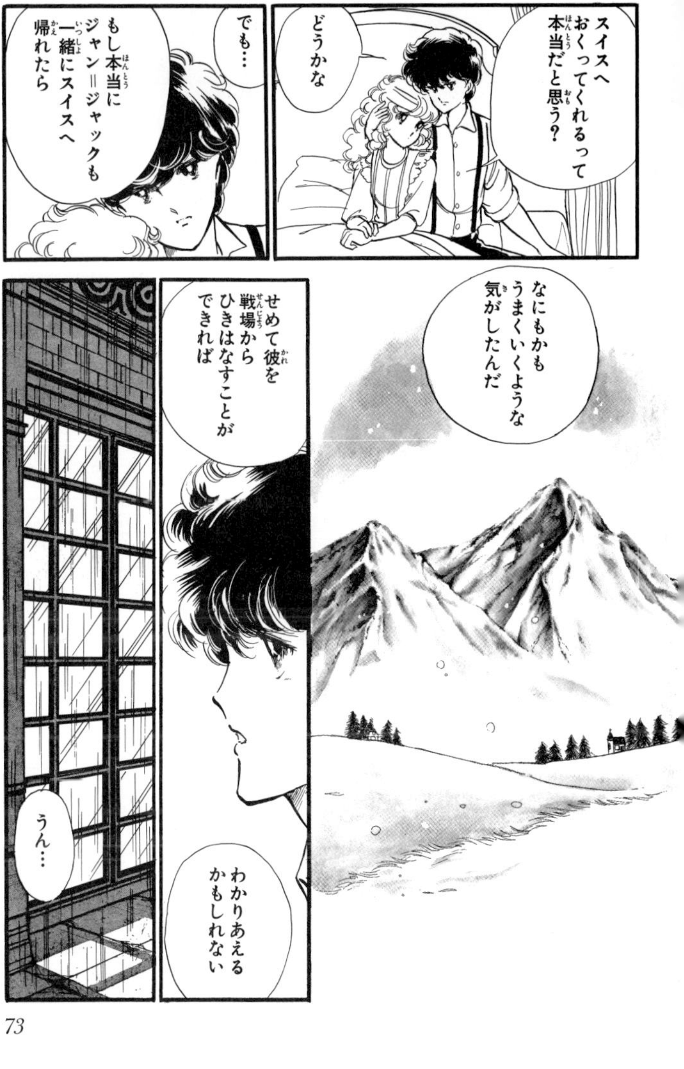
スイスへ おくってくれるって 本当だと思う?
どうかな
でも…
もし本当に ジャン＝ジャックも 一緒にスイスへ 帰れたら
なにもかも うまくいくような 気がしたんだ
せめて彼を 戦場から ひきはなすことが できれば
わかりあえる かもしれない
うん…

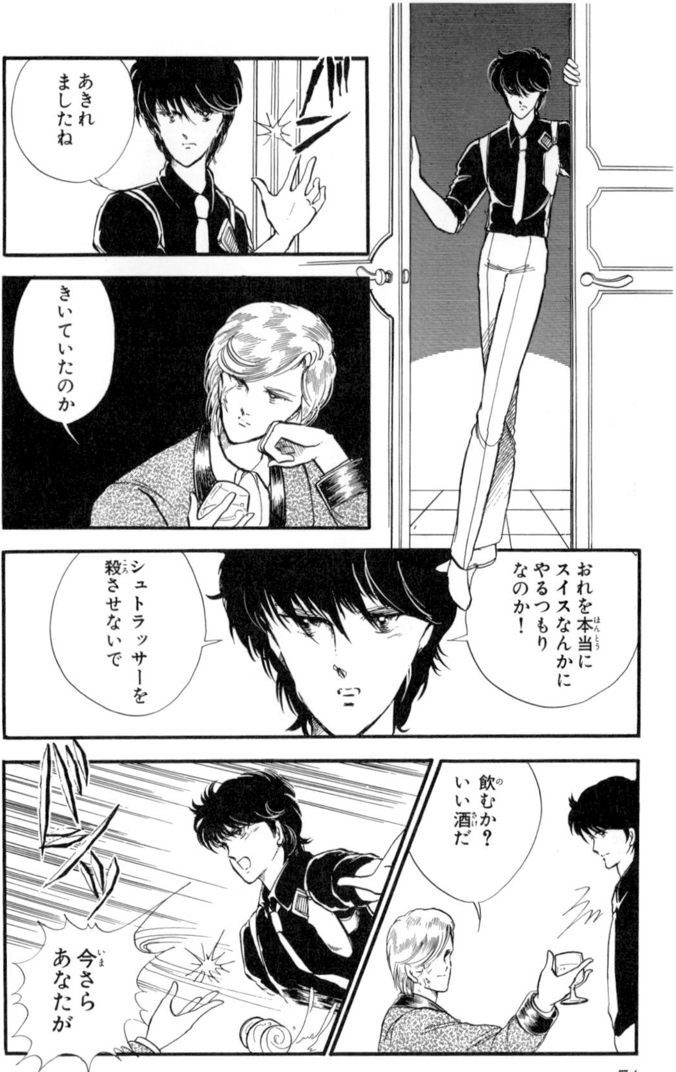
あきれましたね
きいていたのか
おれを本当にスイスなんかにやるつもりなのか!
シュトラッサーを殺させないで
飲むか? いい酒だ
今さらあなたが

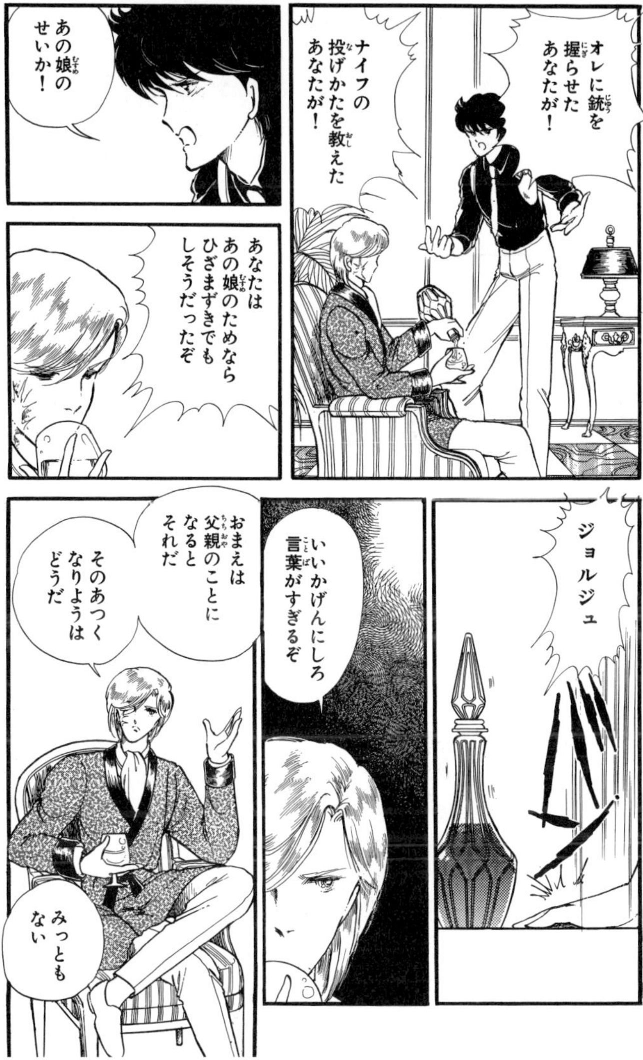
オレに銃を握らせたあなたが!
ナイフの投げかたを教えたあなたが!
あの娘のせいか!
あなたはあの娘のためならひざまずきでもしそうだったぞ
ジョルジュ
いいかげんにしろ言葉がすぎるぞ
おまえは父親のことになるとそれだ
そのあつくなりようはどうだ
みっともない

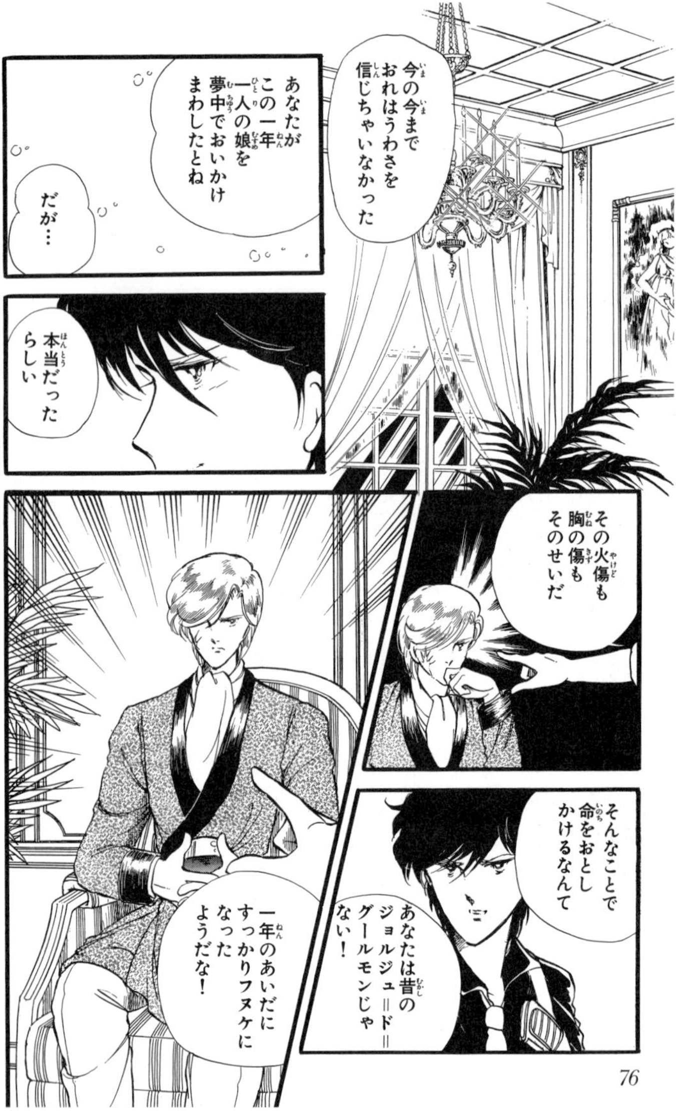
今の今まで
おれはうわさを
信じちゃいなかった
あなたが
この一年
一人の娘を
夢中でおいかけ
まわしたとね
だが…
本当だった
らしい
その火傷も
胸の傷も
そのせいだ
そんなことで
命をおとし
かけるなんて
あなたは昔の
ジョルジュ＝ド＝
グールモンじゃ
ない！
一年のあいだに
すっかりフヌケに
なった
ようだな！

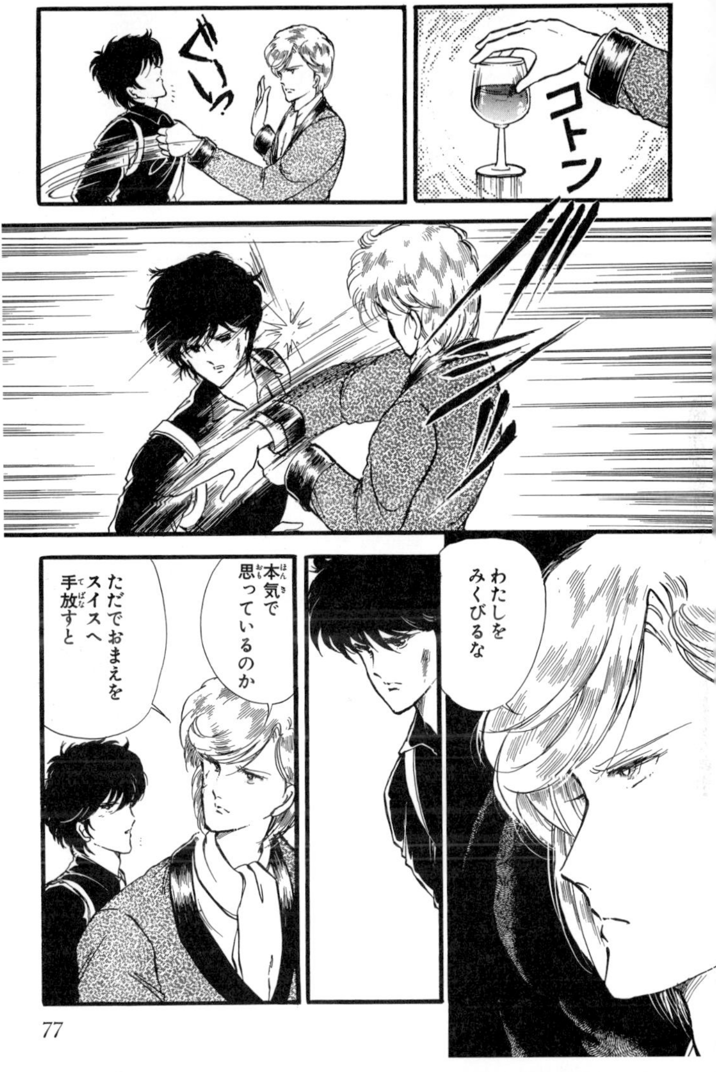
コトン
ぐいっ
わたしを
みくびるな
本気で
思っているのか
ただでおまえを
スイスへ
手放すと

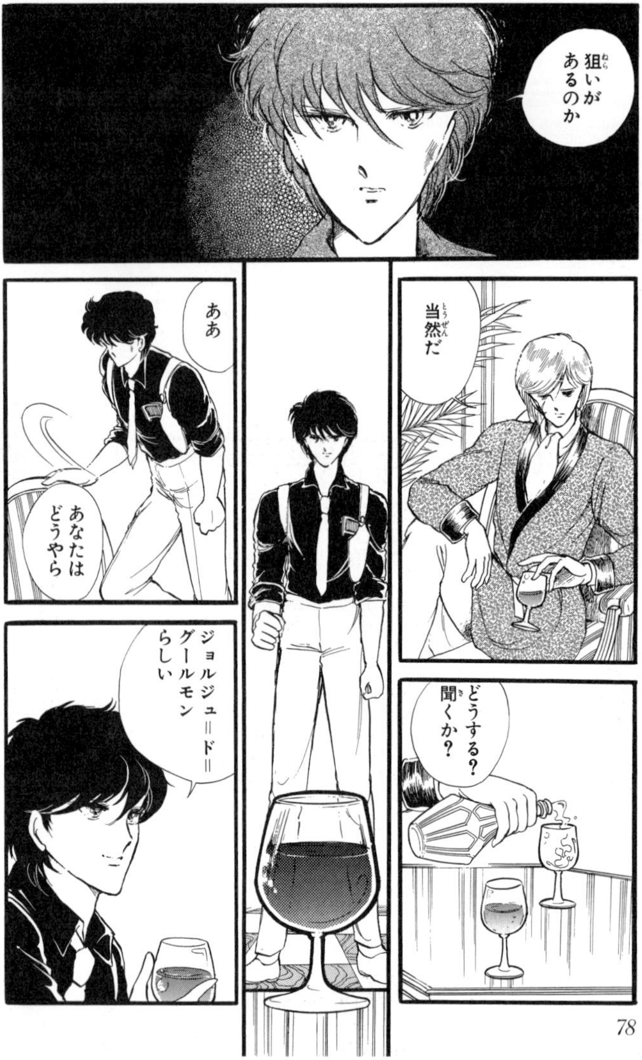

狙いがあるのか
当然だ
どうする？聞くか？
ああ
あなたはどうやら
ジョルジュ＝ド＝グールモンらしい

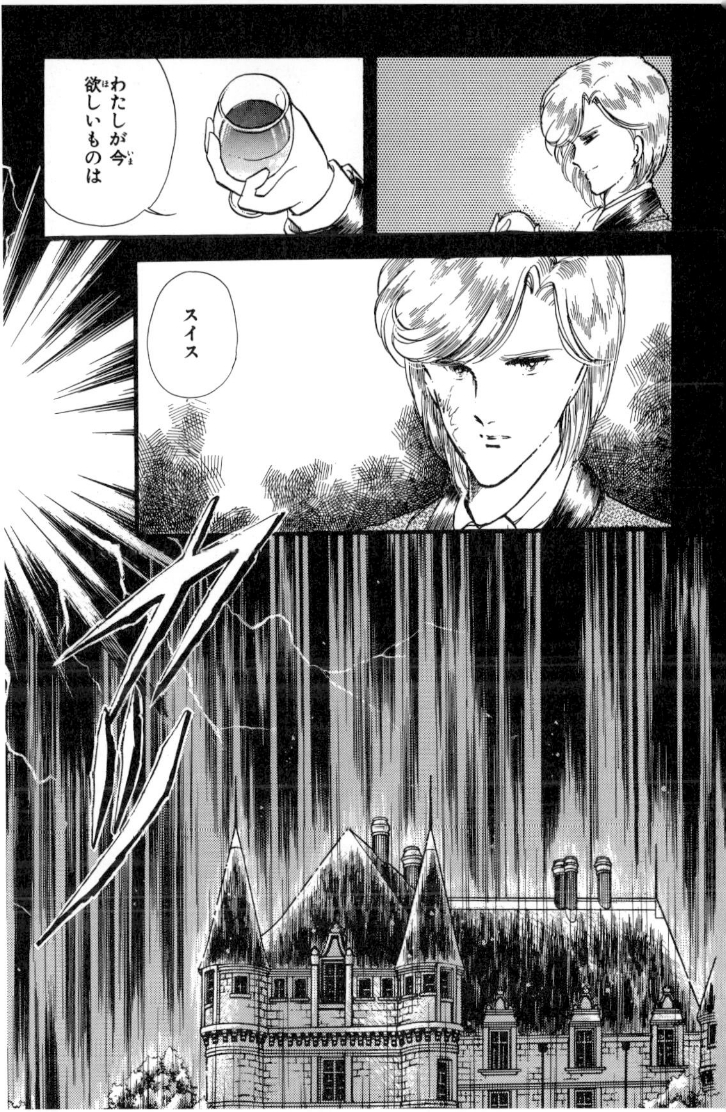
わたしが今欲しいものは
スイス

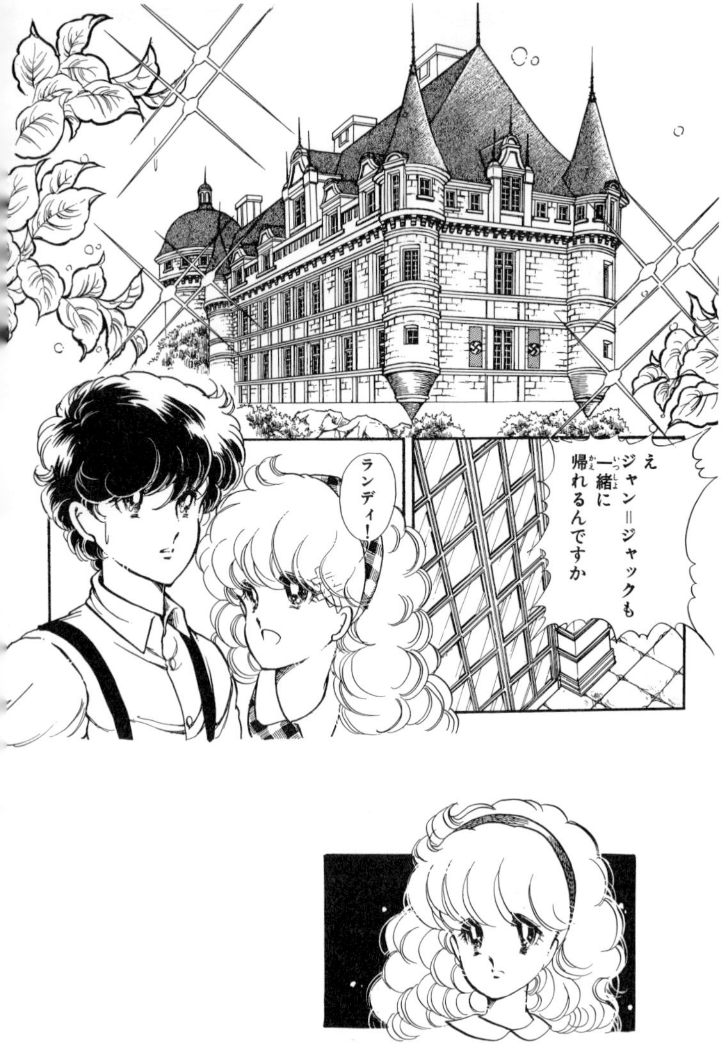
え
ジャン＝ジャックも
一緒に
帰れるんですか
ランディ！

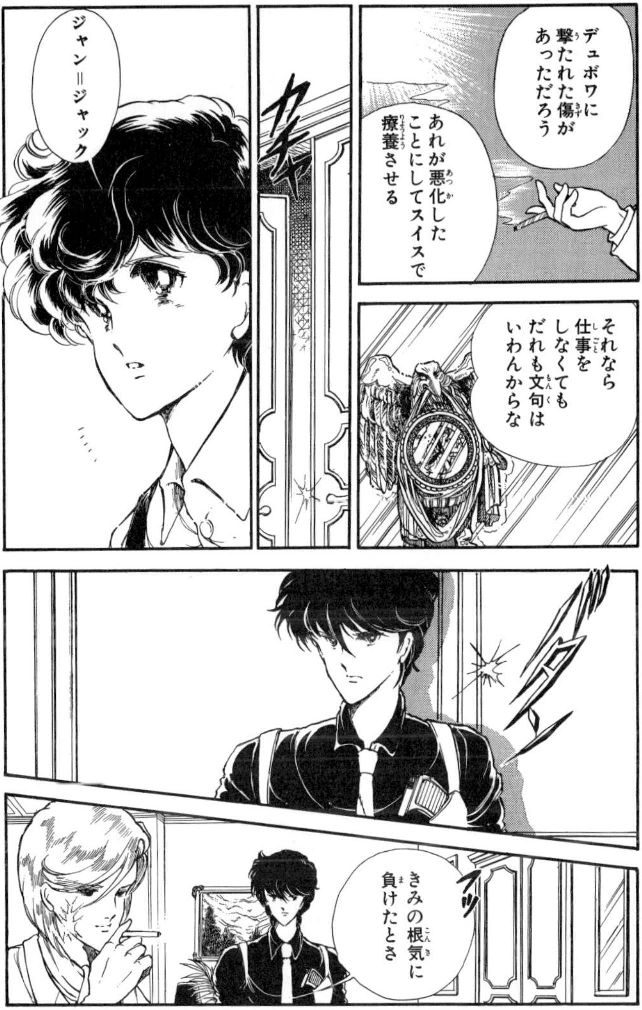
デュボワに撃たれた傷があっただろう
あれが悪化したことにしてスイスで療養させる
それなら仕事をしなくてもだれも文句はいわんからな
カチャ
ジャン＝ジャック
フッ
きみの根気に負けたとさ

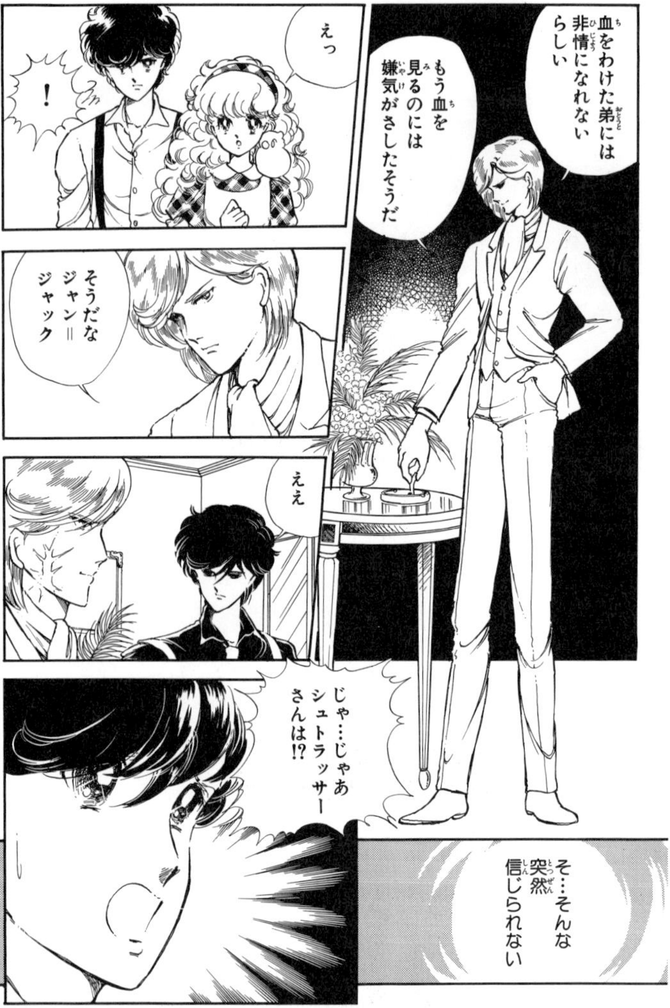
血をわけた弟には非情になれないらしい
もう血を見るのには嫌気がさしたそうだ
えっ
!
そうだなジャン＝ジャック
ええ
じゃ…じゃあシュトラッサーさんは!?
そ…そんな突然信じられない

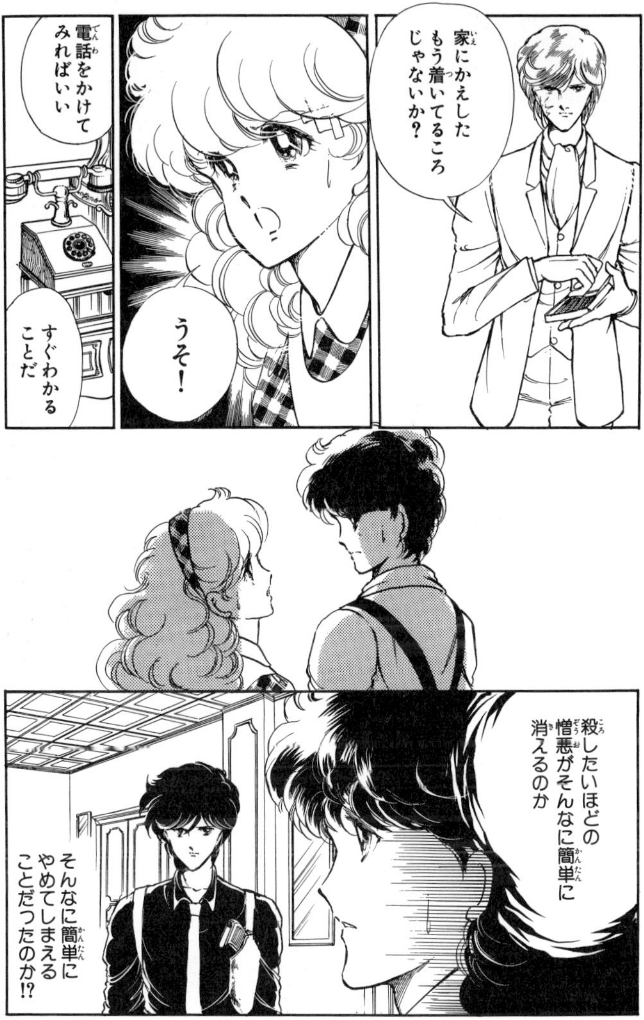
家にかえした
もう着いてるころ
じゃないか？
うそ！
電話をかけて
みればいい
すぐわかる
ことだ
殺したいほどの
憎悪がそんなに簡単に
消えるのか
そんなに簡単に
やめてしまえる
ことだったのか!?

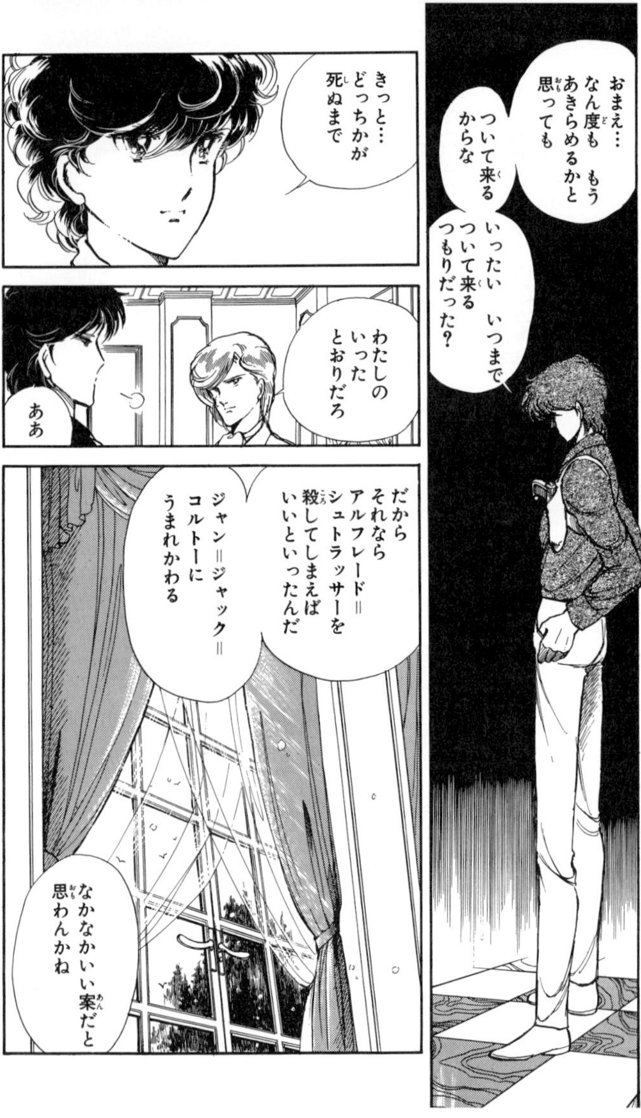
おまえ… なん度も もう あきらめるかと 思っても
ついて来るからな
いったい いつまで ついて来る つもりだった？
きっと… どっちかが 死ぬまで
わたしの いった とおりだろ
ああ
だから それなら アルフレード＝シュトラッサーを 殺してしまえば いいといったんだ
ジャン＝ジャック＝コルトーに うまれかわる
なかなかいい案だと 思わんかね

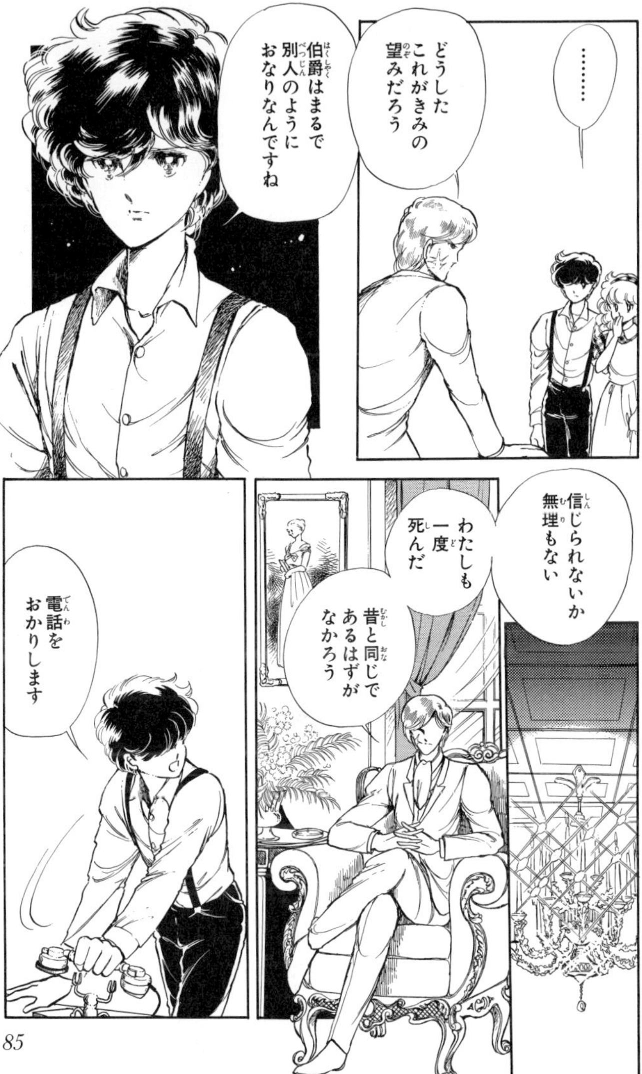
……
どうした
これがきみの
望みだろう
伯爵はまるで
別人のように
おなりなんですね
信じられないか
無理もない
わたしも
一度
死んだ
昔と同じで
あるはずが
なかろう
電話を
おかりします

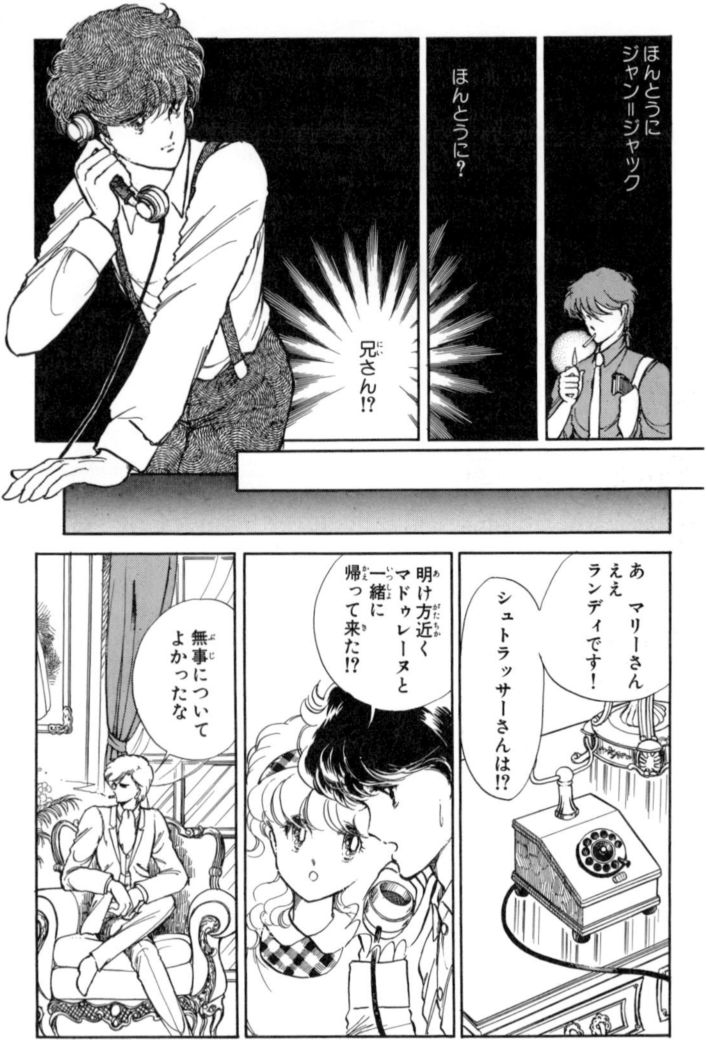
ほんとうに ジャン=ジャック
ほんとうに?
兄さん!?
あ マリーさん ええ ランディです!
シュトラッサーさんは!?
明け方近く マドゥレーヌと 一緒に 帰って来た!?
無事について よかったな

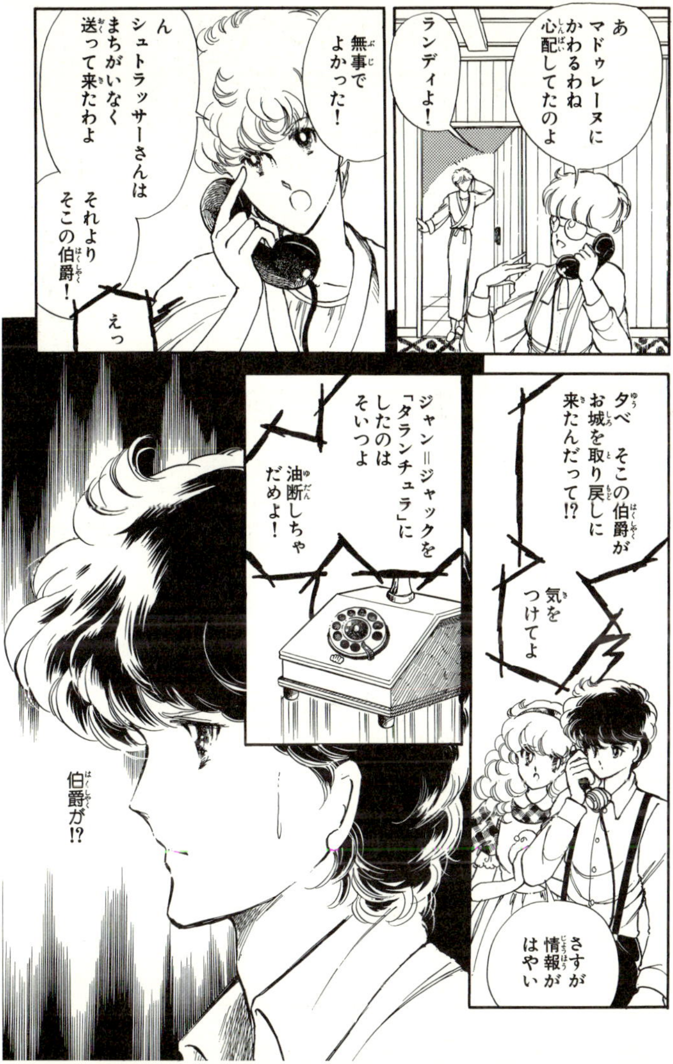
あ
マドゥレーヌにかわるわね
心配してたのよ
ランディよ!
無事でよかった!
ん
シュトラッサーさんはまちがいなく送って来たわよ
それよりそこの伯爵!
えっ
夕べ　そこの伯爵がお城を取り戻しに来たんだって!?
気をつけてよ
ジャン=ジャックを「タランチュラ」にしたのはそいつよ
油断しちゃだめよ!
伯爵が!?
さすが情報がはやい

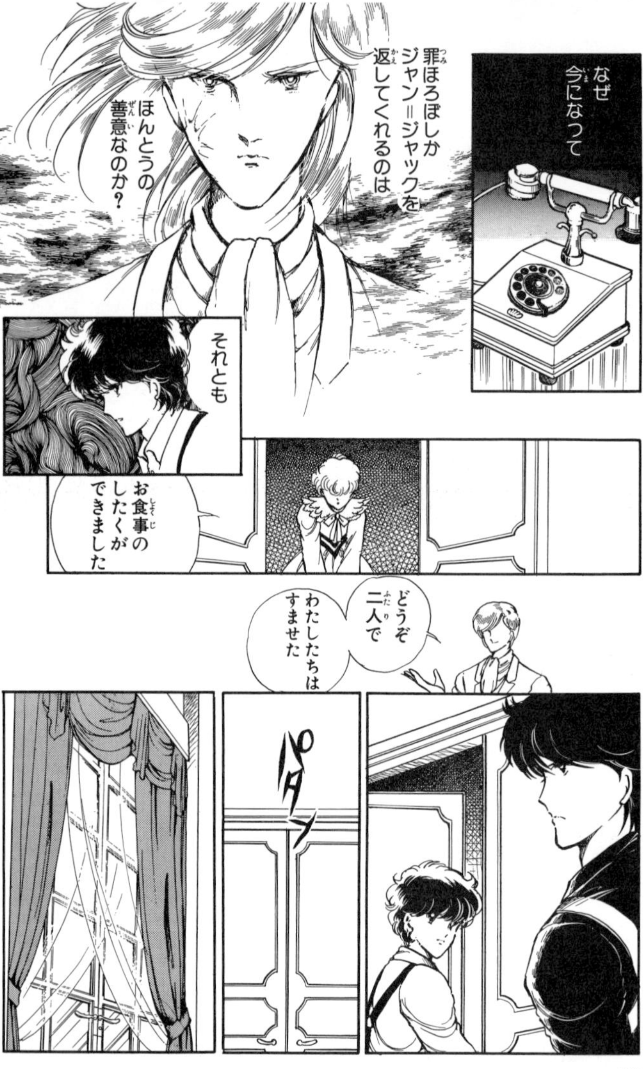
なぜ今になって
罪ほろぼしかジャン=ジャックを返してくれるのは
ほんとうの善意なのか?
それとも
お食事のしたくができました
どうぞ二人で
わたしたちはすませた
パタン

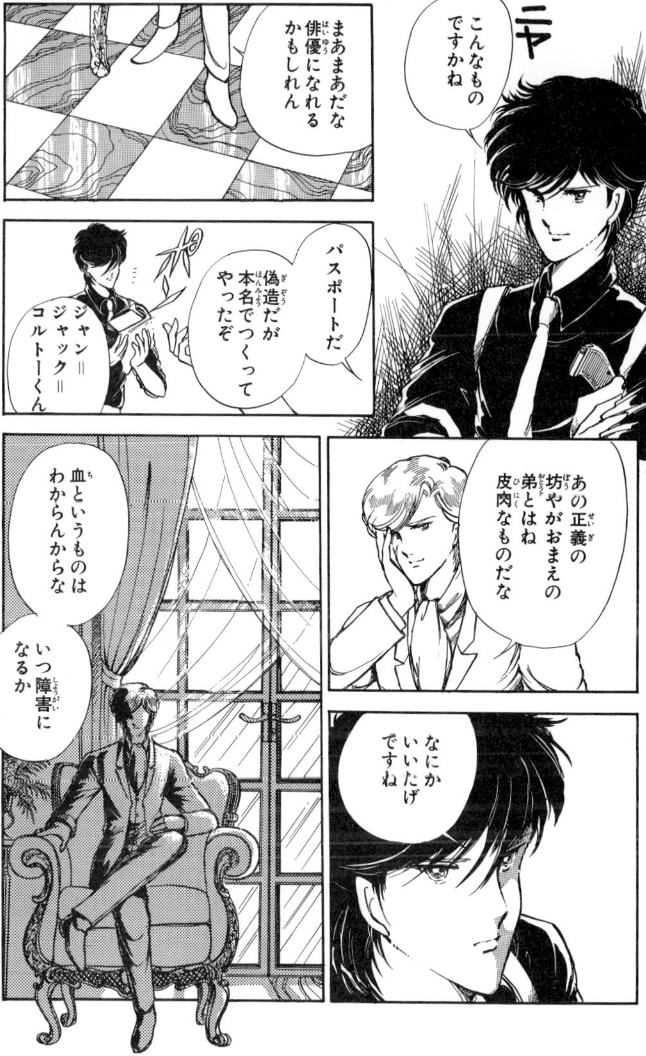
ニヤ
こんなものですかね
まあまあだな 俳優になれるかもしれん
パスポートだ
偽造だが本名でつくってやったぞ
ジャン＝ジャック＝コルトーくん
あの正義の坊やがおまえの弟とはね皮肉なものだな
血というものはわからんからな
いつ障害になるか
なにかいいたげですね

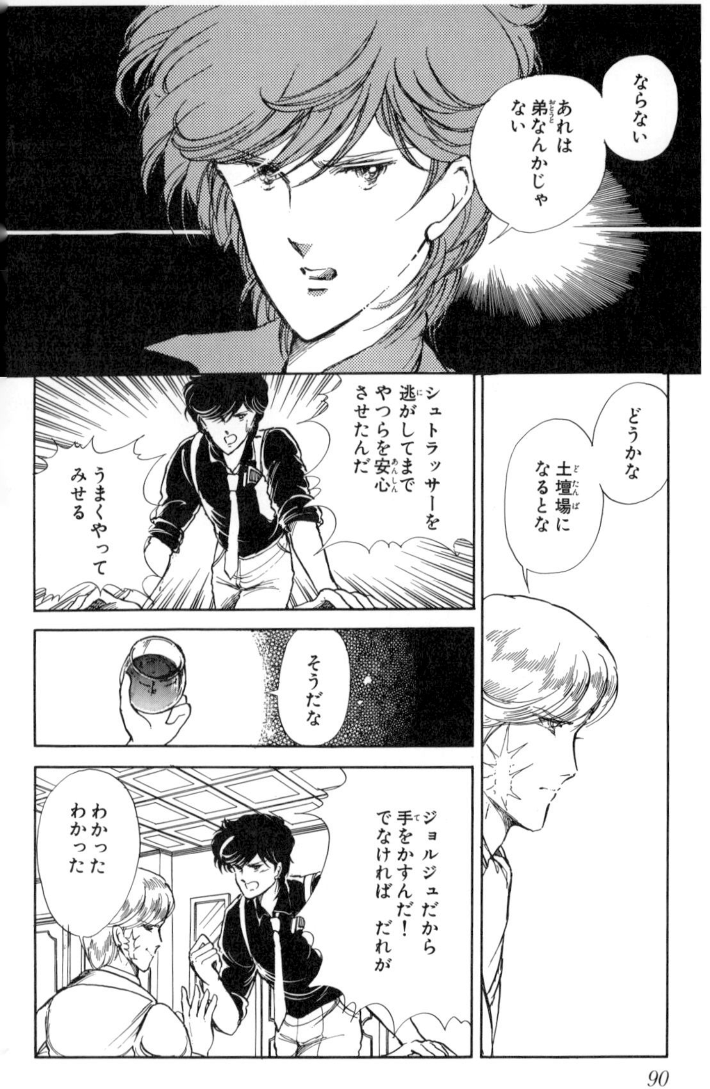

ならない
あれは弟なんかじゃない
どうかな
土壇場になるとな
シュトラッサーを逃がしてまでやつらを安心させたんだ
うまくやってみせる
そうだな
ジョルジュだから手をかすんだ! でなければ だれが
わかった わかった

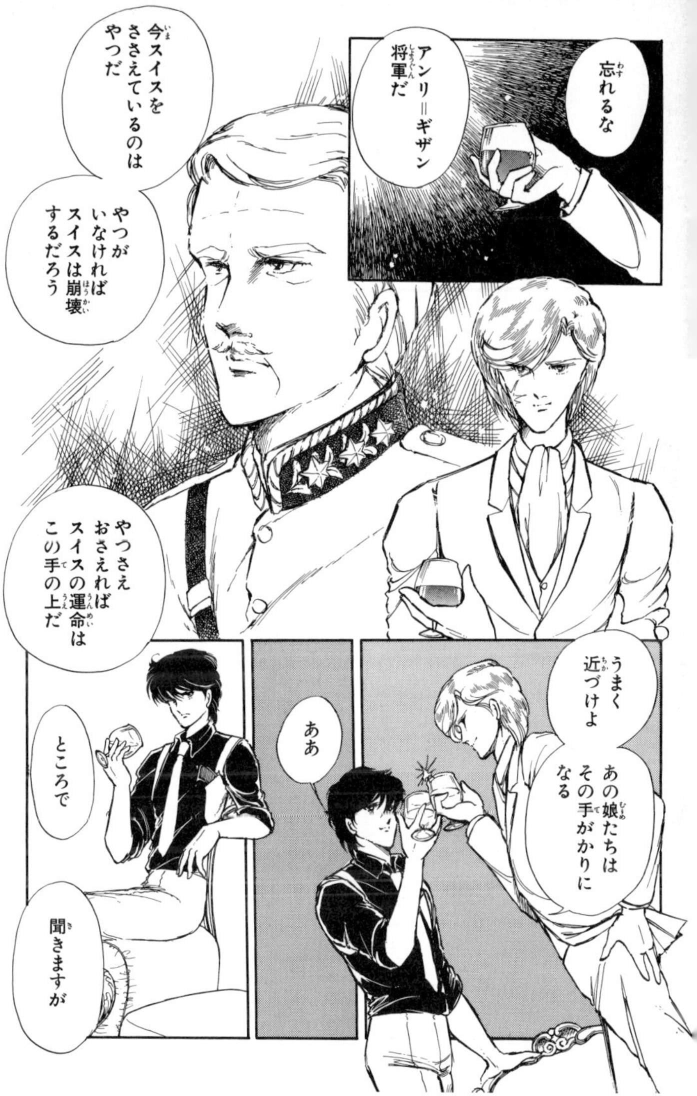
忘れるな
アンリ＝ギザン将軍だ
今スイスをささえているのはやつだ
やつがいなければスイスは崩壊するだろう
やつさえおさえればスイスの運命はこの手の上だ
うまく近づけよ
あの娘たちはその手がかりになる
ああ
ところで
聞きますが

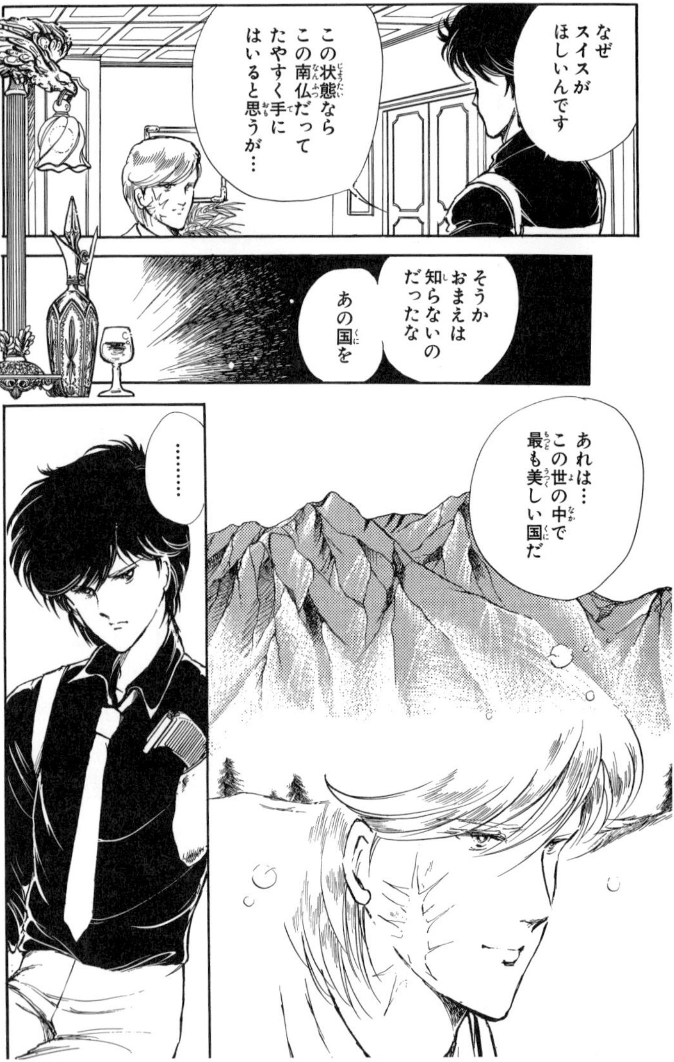
なぜ
スイスが
ほしいんです
この状態なら
この南仏だって
たやすく手に
はいると思うが…
そうか
おまえは
知らないの
だったな
あの国を
あれは…
この世の中で
最も美しい国だ
………

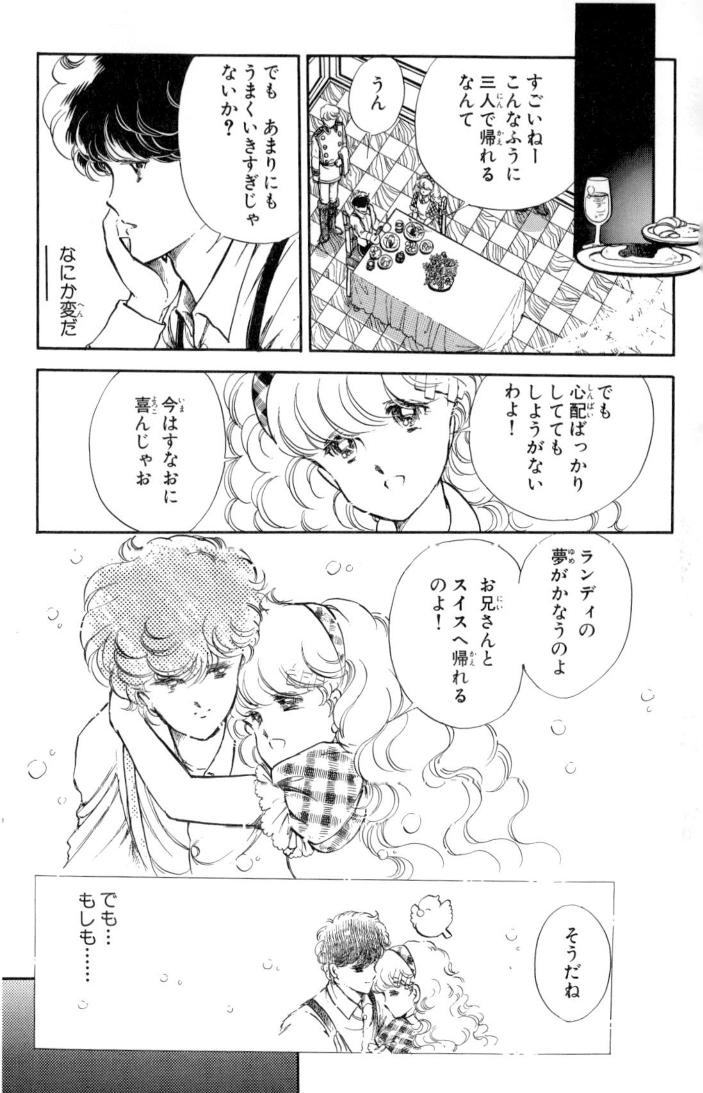
すごいねー こんなふうに 三人で帰れる なんて
うん
でも あまりにも うまくいきすぎじゃ ないか？
なにか変だ
でも 心配ばっかり してても しようがない わよ！
今はすなおに 喜んじゃお
ランディの 夢がかなうのよ
お兄さんと スイスへ帰れる のよ！
そうだね
でも… もしも……

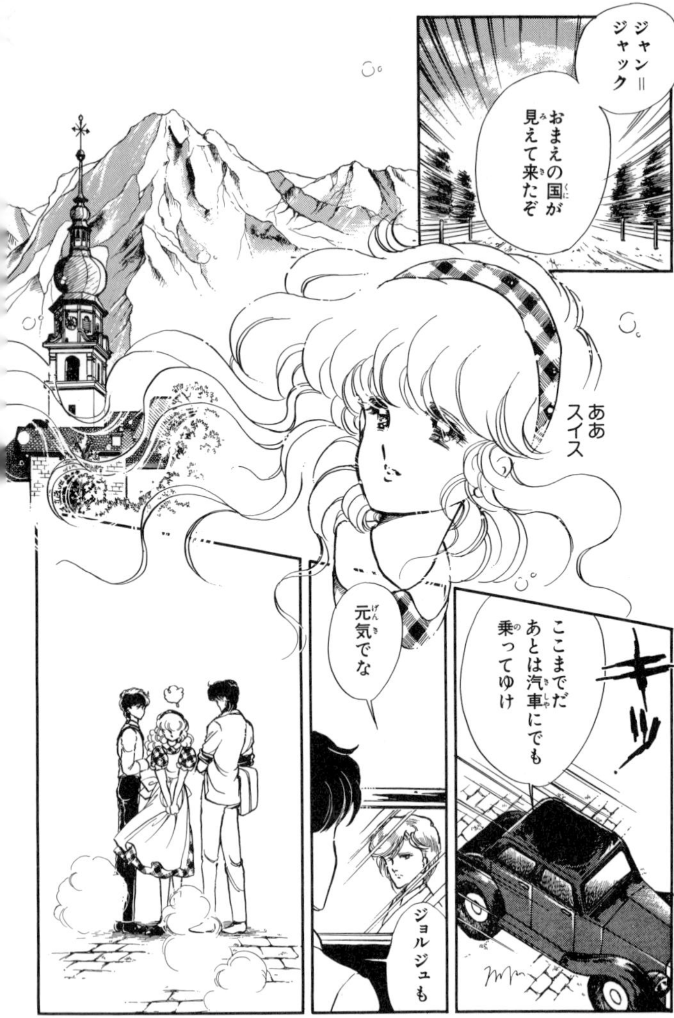
ジャン＝ジャック
おまえの国が見えて来たぞ
ああ スイス
キッ
ここまでだ あとは汽車にでも乗ってゆけ
元気でな
ジョルジュも

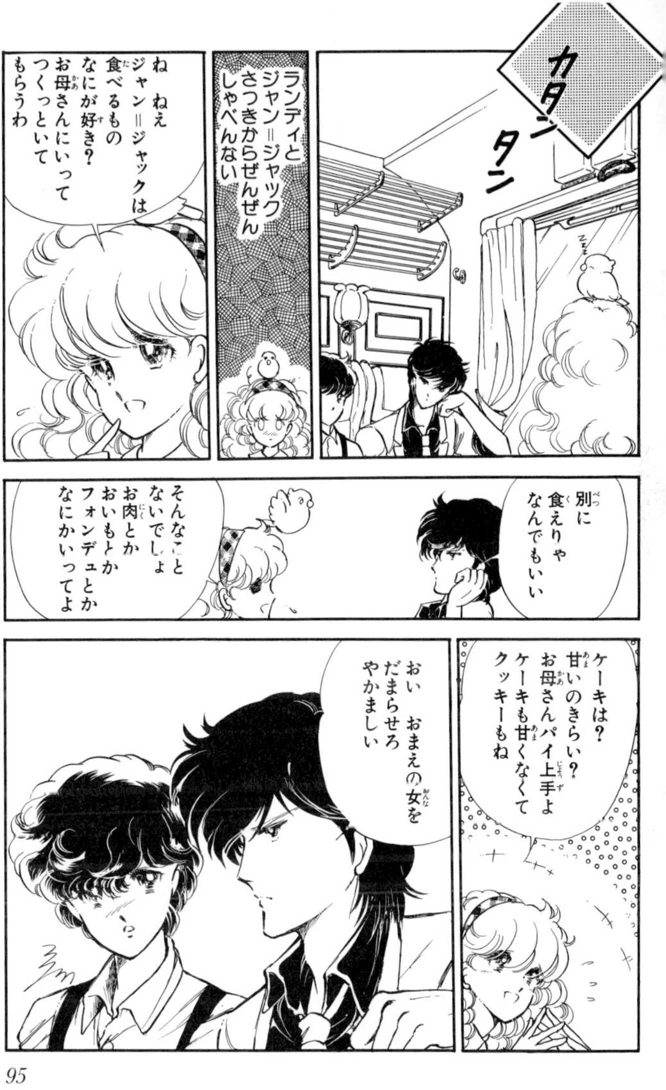

カタン
タン
ランディとジャン=ジャック さっきからぜんぜんしゃべんない
ね ねえ ジャン=ジャックは食べるもの なにが好き? お母さんにいって つくっといて もらうわ
別に 食えりゃ なんでもいい
そんなこと ないでしょ お肉とか おいもとか フォンデュとか なにかいってよ
ケーキは? 甘いのきらい? お母さんパイ上手よ ケーキも甘くなくて クッキーもね
おい おまえの女を だまらせろ やかましい

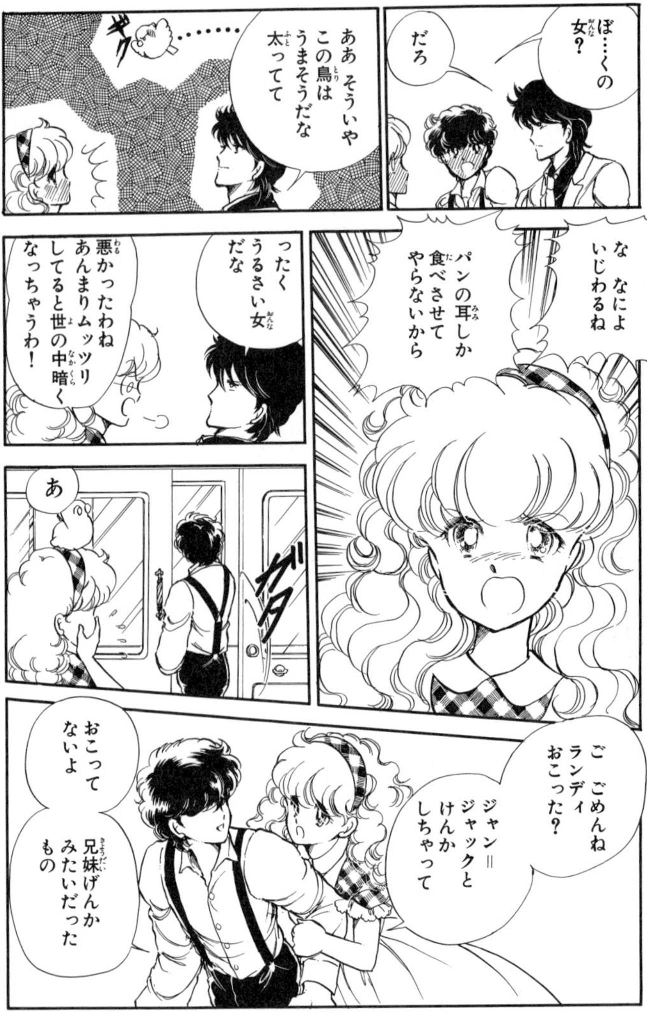
ぼ…くの女？
だろ
ギク
……
ああ そういや この鳥は うまそうだな 太ってて
な なによ いじわるね
パンの耳しか 食べさせて やらないから
ったく うるさい女 だな
悪かったわね あんまりムッツリ してると世の中暗く なっちゃうわ！
あ
ガタ
ご ごめんね ランディ おこった？
ジャン＝ジャックと けんか しちゃって
おこって ないよ
兄妹げんか みたいだった もの

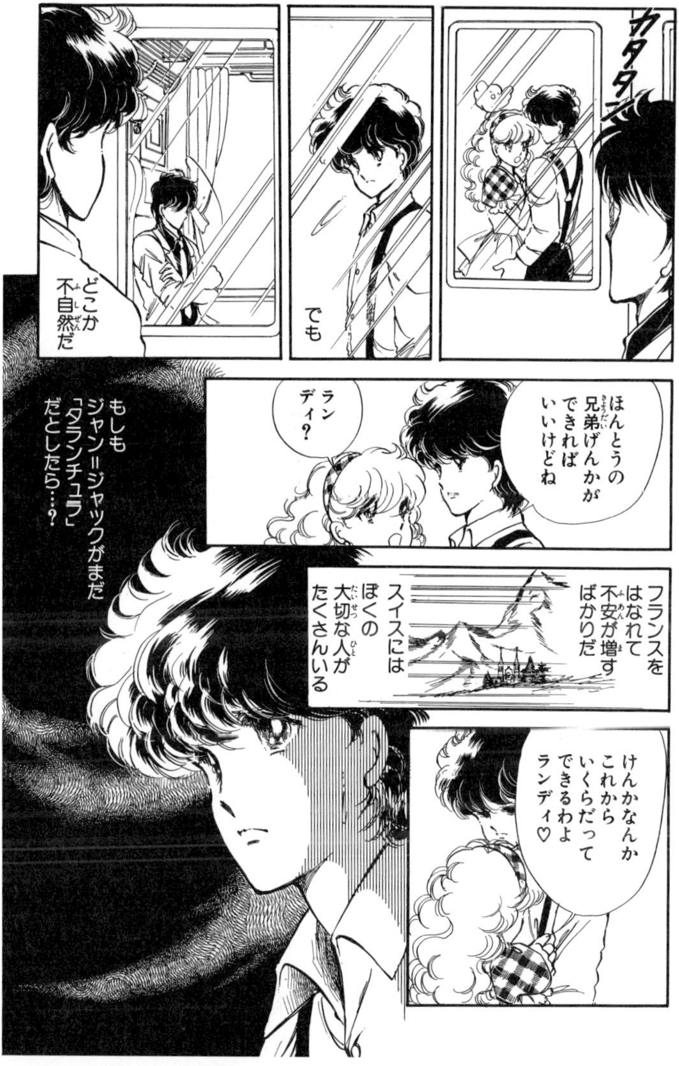
カタタン
でも
どこか不自然だ
ほんとうの兄弟げんかができればいいけどね
ランディ？
フランスをはなれて不安が増すばかりだ
スイスにはぼくの大切な人がたくさんいる
けんかなんかこれからいくらだってできるわよランディ♡
もしもジャン＝ジャックがまだ「タランチュラ」だとしたら…？

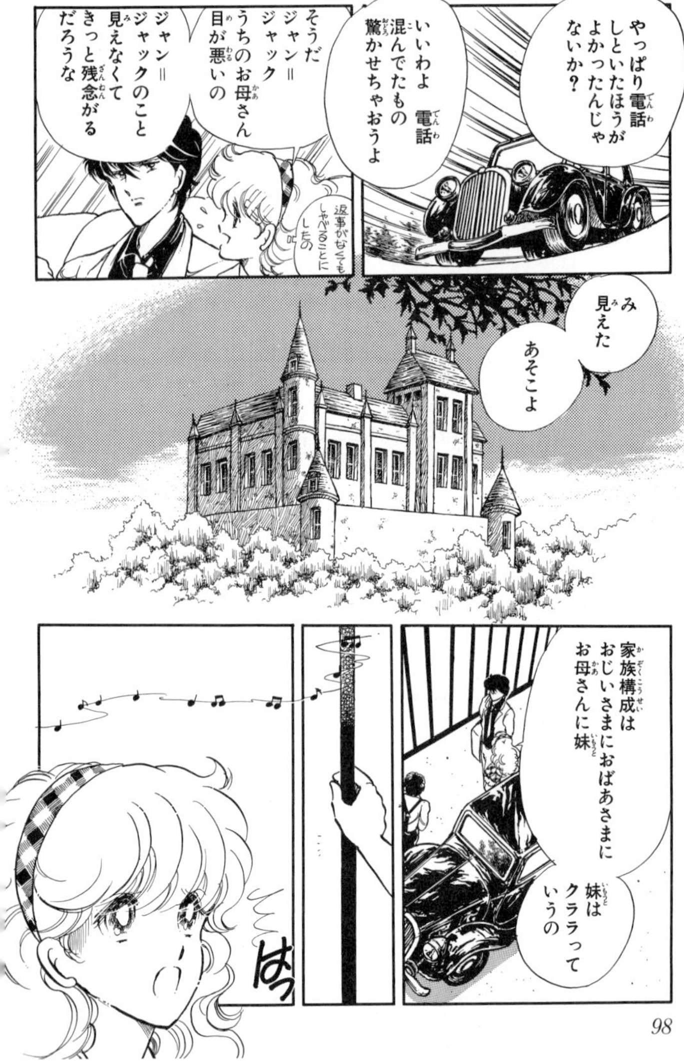

やっぱり電話しといたほうがよかったんじゃないか？
いいわよ 電話 混んでたもの 驚かせちゃおうよ
そうだ ジャン＝ジャック うちのお母さん目が悪いの
返事がなくてもしゃべることにしたの
ジャン＝ジャックのこと見えなくてきっと残念がるだろうな
み 見えた
あそこよ
家族構成はおじいさまにおばあさまにお母さんに妹
妹はクララっていうの
はっ

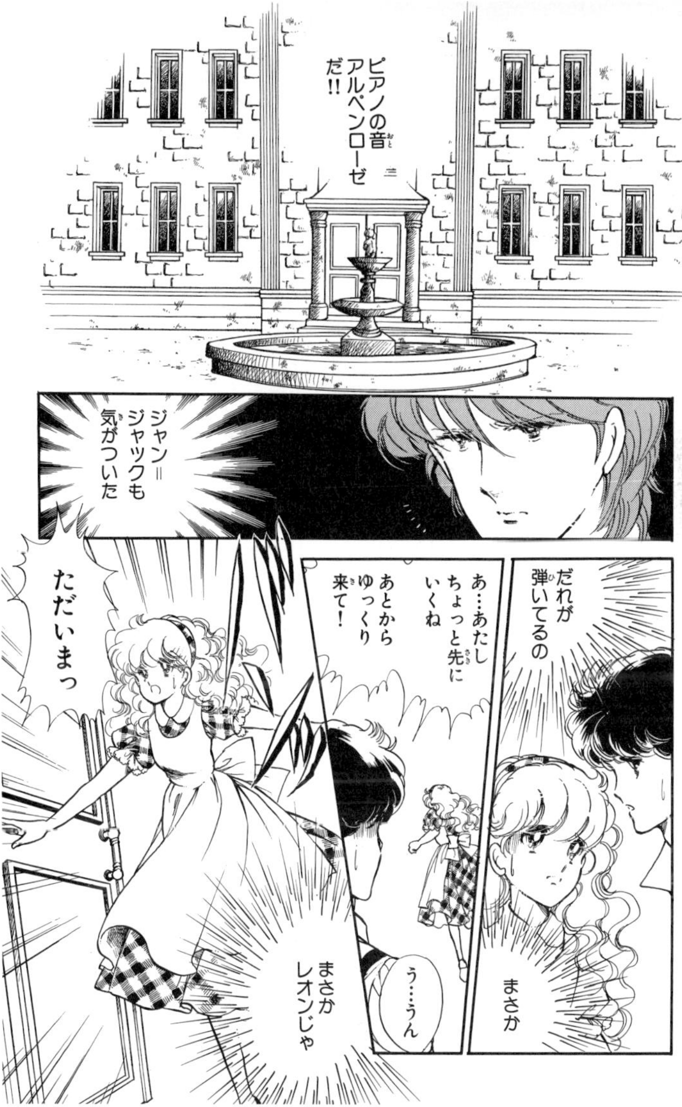
ピアノの音
アルペンローゼだ!!
ジャン=ジャックも気がついた
だれが弾いてるの
まさか
あ…あたしちょっと先にいくね
あとからゆっくり来て!
う…うん
ただいまっ
まさかレオンじゃ

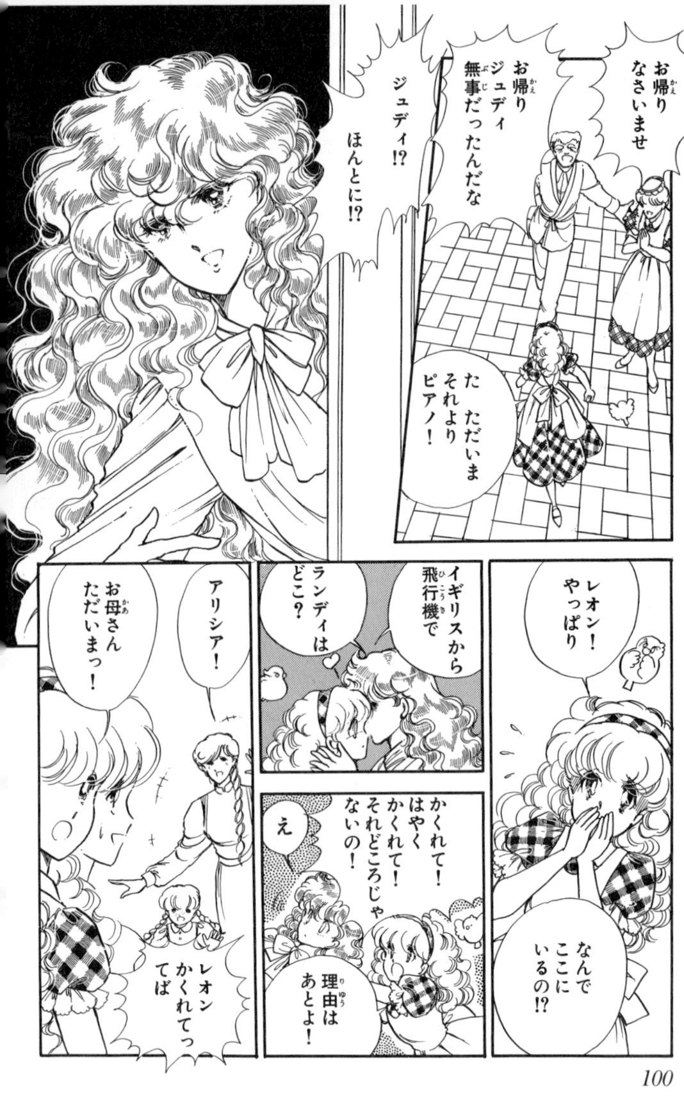

お帰りなさいませ
お帰り ジュディ 無事だったんだな
た ただいま それより ピアノ!
ジュディ!? ほんとに!?
レオン! やっぱり
なんで ここに いるの!?
イギリスから 飛行機で
ランディは どこ?
かくれて! はやく かくれて! それどころじゃ ないの!
え
理由は あとよ!
アリシア!
お母さん ただいまっ!
レオン かくれてっ てば

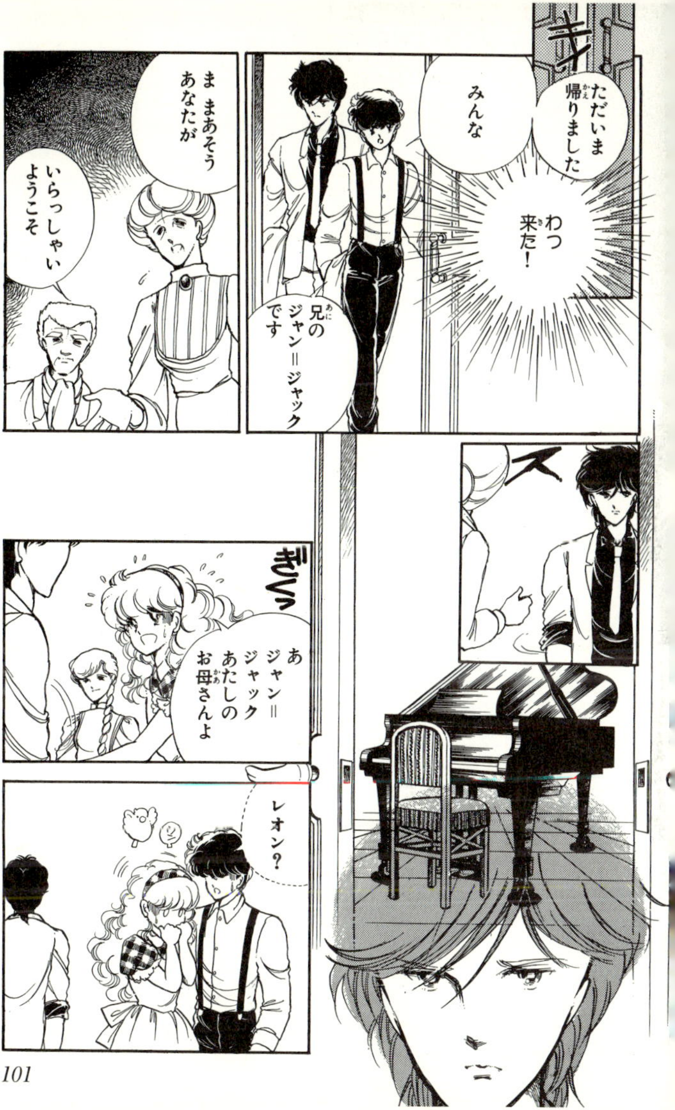
キィ
ただいま帰りました
みんな
わっ来た！
兄のジャン＝ジャックです
まあそうあなたが
いらっしゃいようこそ
ス
ぎくっ
あジャン＝ジャックあたしのお母さんよ
レオン？

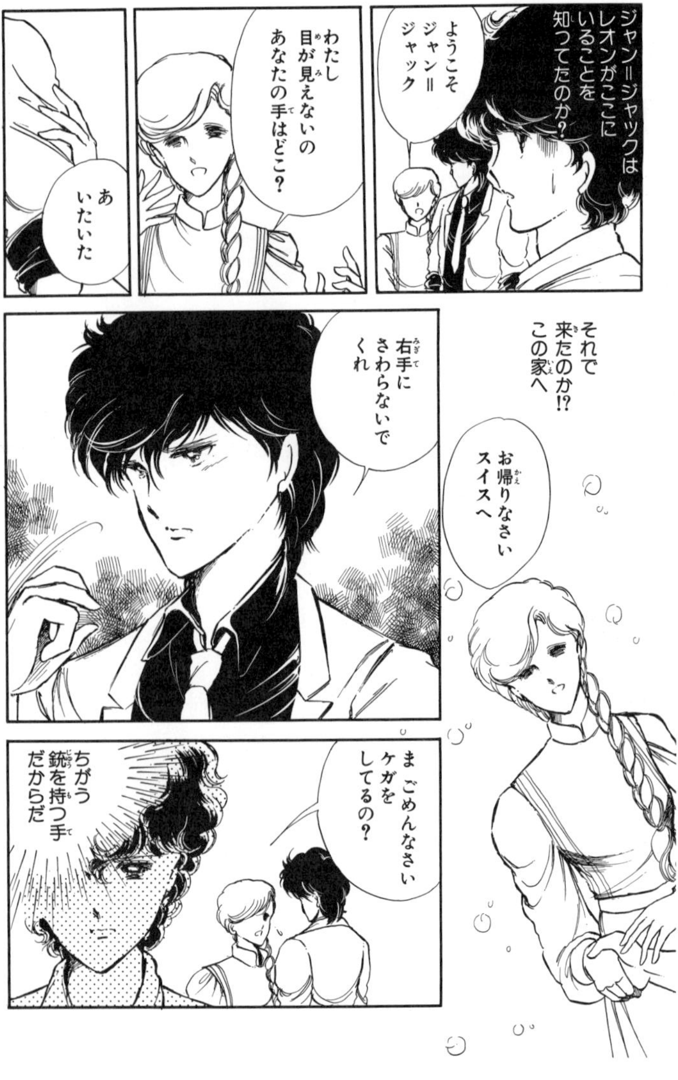
ジャン＝ジャックはレオンがここにいることを知ってたのか?
ようこそジャン＝ジャック
わたし目が見えないのあなたの手はどこ?
あ いたいた
それで来たのか!? この家へ
お帰りなさいスイスへ
右手にさわらないでくれ
ま ごめんなさいケガをしてるの?
ちがう銃を持つ手だからだ

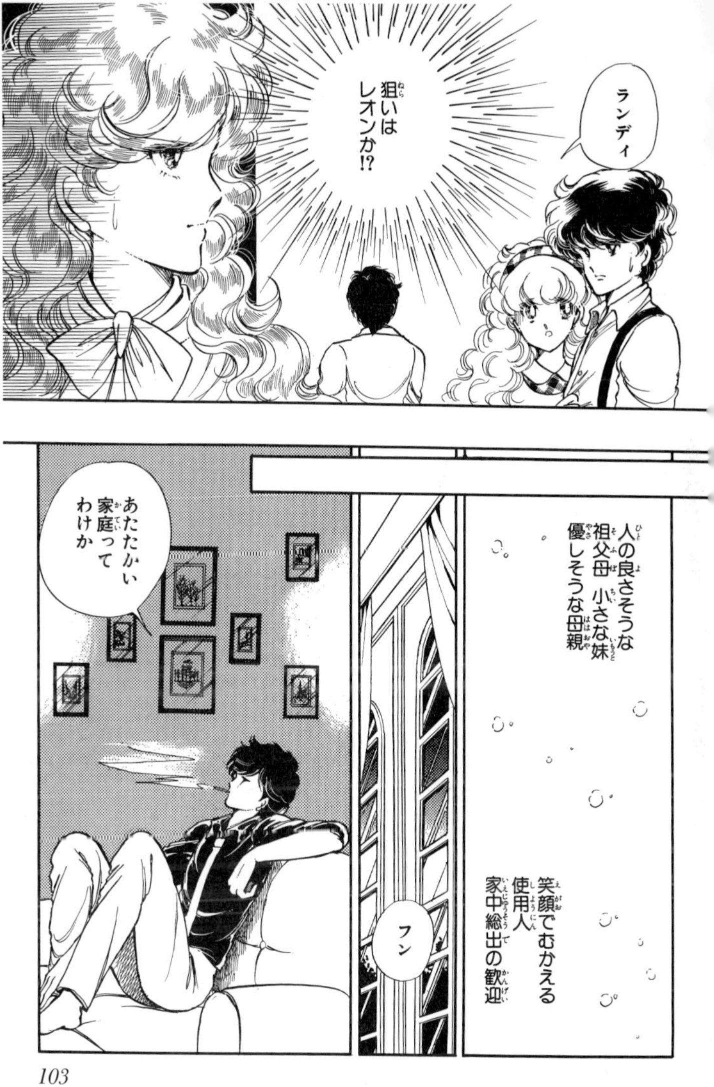
ランディ
狙いはレオンか!?
人の良さそうな祖父母 小さな妹 優しそうな母親
笑顔でむかえる使用人 家中総出の歓迎
フン
あたたかい家庭ってわけか

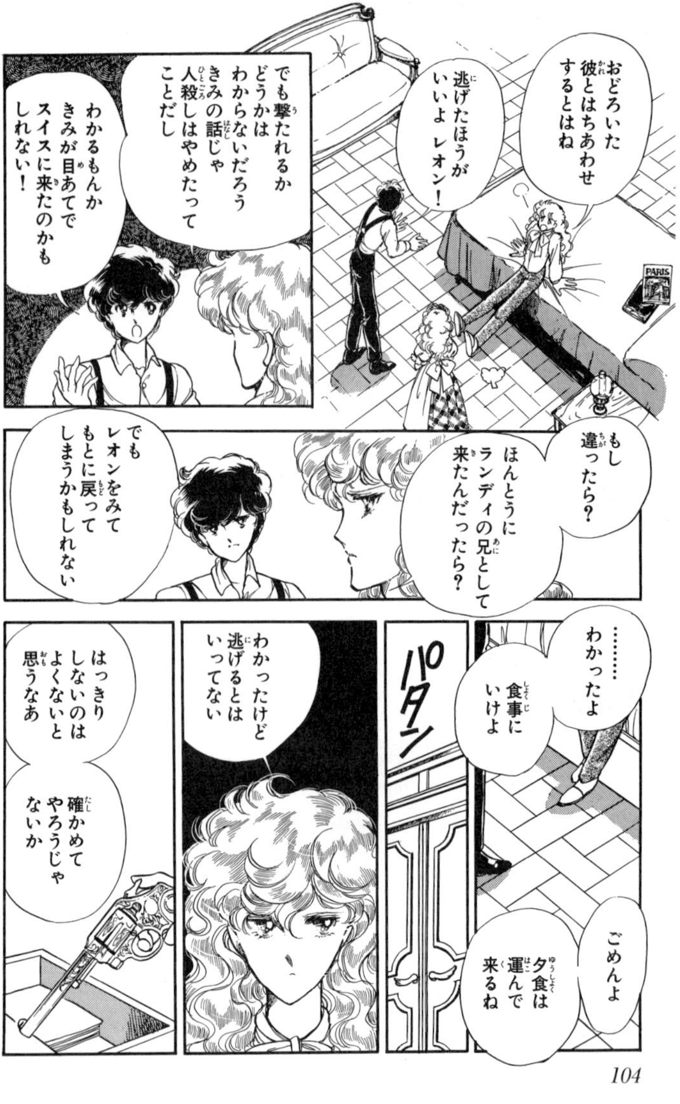
おどろいた彼とはちあわせするとはね
逃げたほうがいいよ　レオン！
PARIS
でも撃たれるかどうかはわからないだろう　きみの話じゃ人殺しはやめたってことだし
わかるもんか　きみが目あてでスイスに来たのかもしれない！
もし違ったら？
ほんとうにランディの兄として来たんだったら？
でもレオンをみてもとに戻ってしまうかもしれない
………わかったよ
食事にいけよ
ごめんよ　夕食は運んで来るね
パタン
わかったけど逃げるとはいってない
はっきりしないのはよくないと思うなあ
確かめてやろうじゃないか

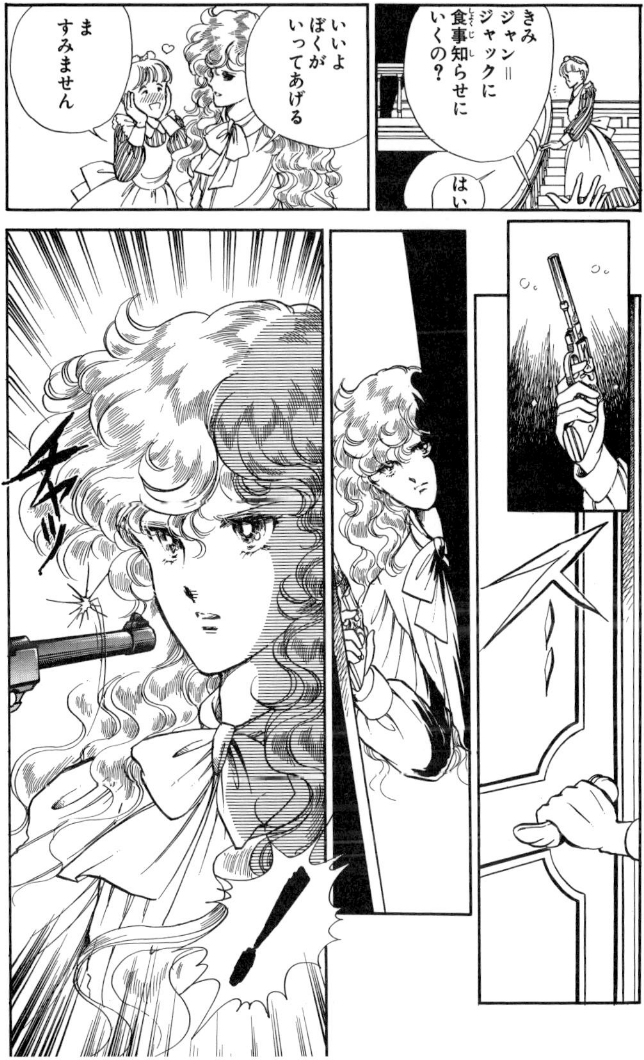
きみ
ジャン＝ジャックに
食事知らせに
いくの？
はい
いいよ
ぼくが
いってあげる
ま
すみません

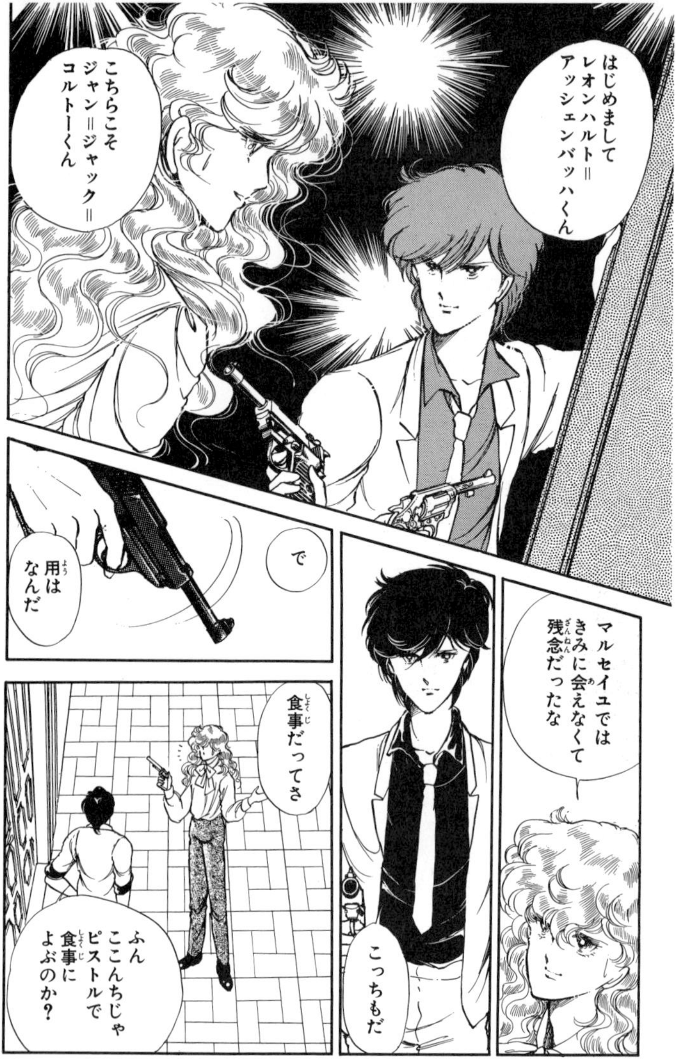
はじめまして レオンハルト＝アッシェンバッハくん
こちらこそ ジャン＝ジャック＝コルトーくん
マルセイユでは きみに会えなくて 残念だったな
こっちもだ
で
用は なんだ
食事だってさ
ふん ここんちじゃ ピストルで 食事に よぶのか？

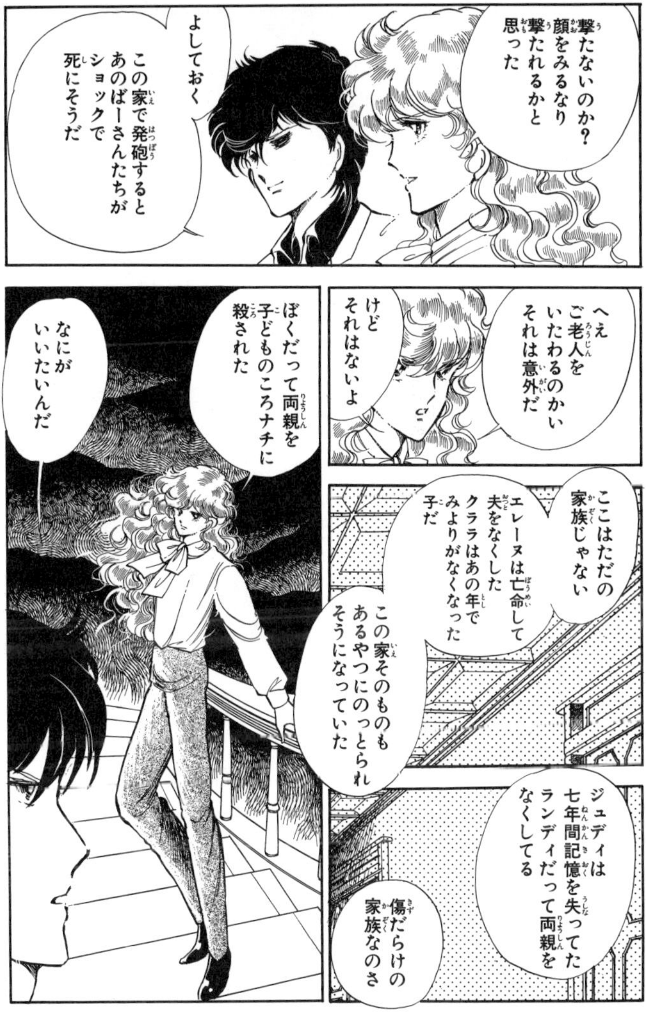
撃たないのか？顔をみるなり撃たれるかと思った
よしておく
この家で発砲するとあのばーさんたちがショックで死にそうだ
へえ ご老人をいたわるのかい それは意外だ
けど それはないよ
ここはただの家族じゃない
エレーヌは亡命して夫をなくした クララはあの年でみよりがなくなった子だ
この家そのものもあるやつにのっとられそうになっていた
ジュディは七年間記憶を失ってた ランディだって両親をなくしてる
傷だらけの家族なのさ
ぼくだって両親を子どものころナチに殺された
なにがいいたいんだ

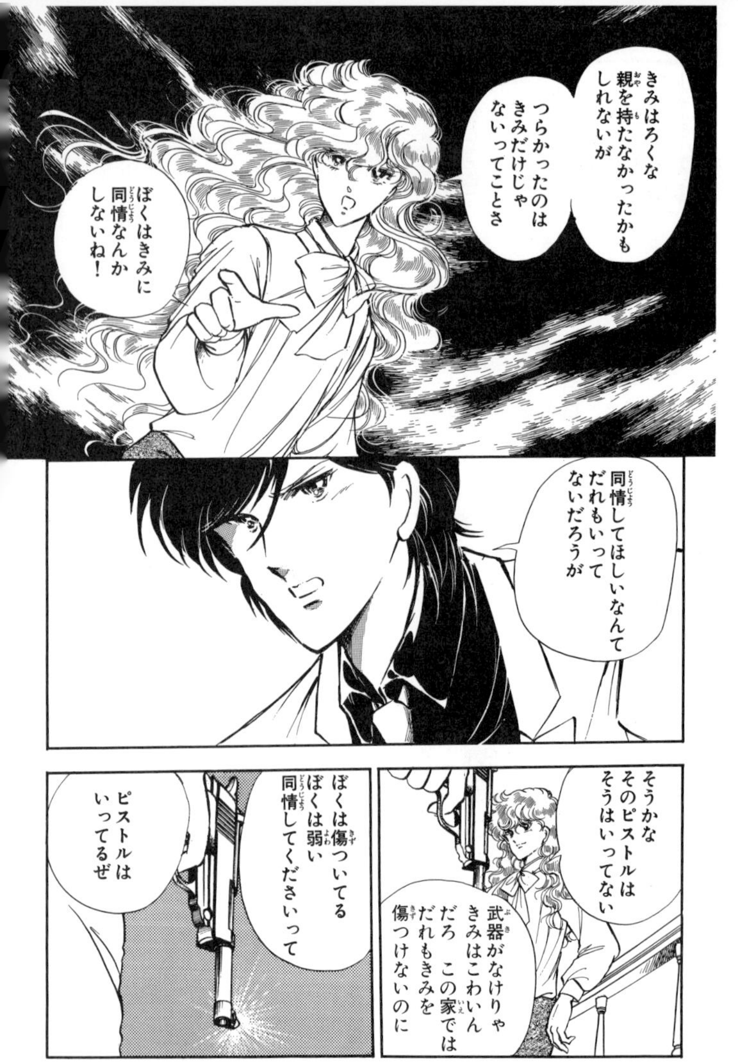

きみはろくな親を持たなかったかもしれないが
つらかったのはきみだけじゃないってことさ
ぼくはきみに同情なんかしないね！
同情してほしいなんてだれもいってないだろうが
そうかなそのピストルはそうはいってない
武器がなけりゃきみはこわいんだろ　この家ではだれもきみを傷つけないのに
ピストルはいってるぜ
ぼくは傷ついてるぼくは弱い同情してくださいって

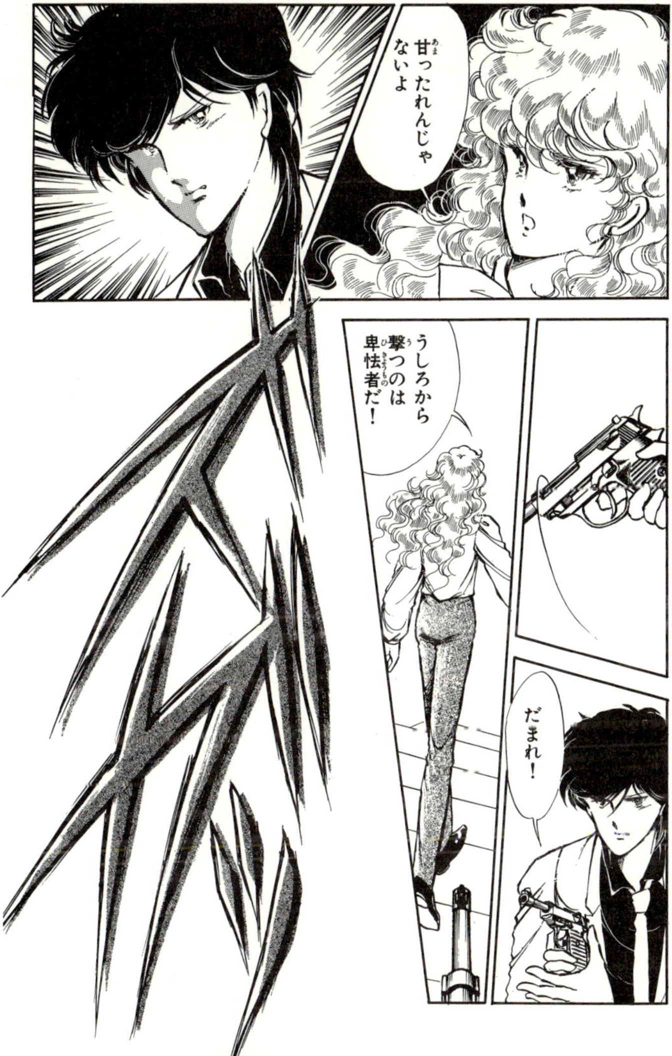
甘ったれんじゃ
ないよ
うしろから
撃つのは
卑怯者だ!
だまれ!

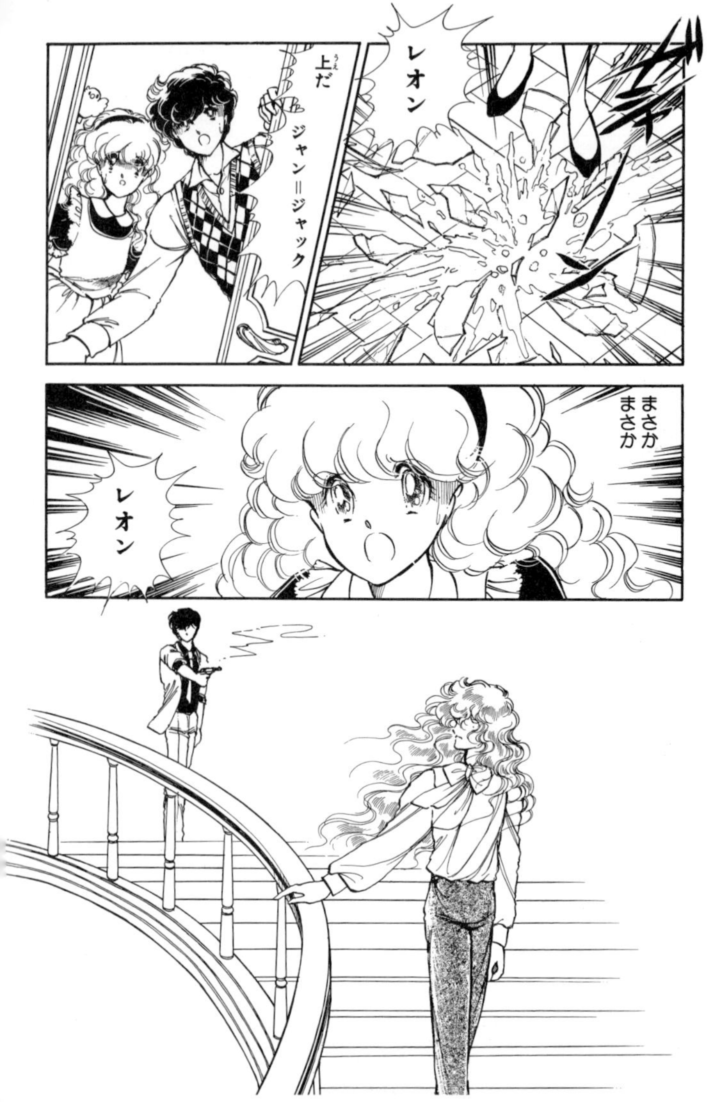
レオン
ガチャーン
上だ
ジャン＝ジャック
まさかまさか
レオン

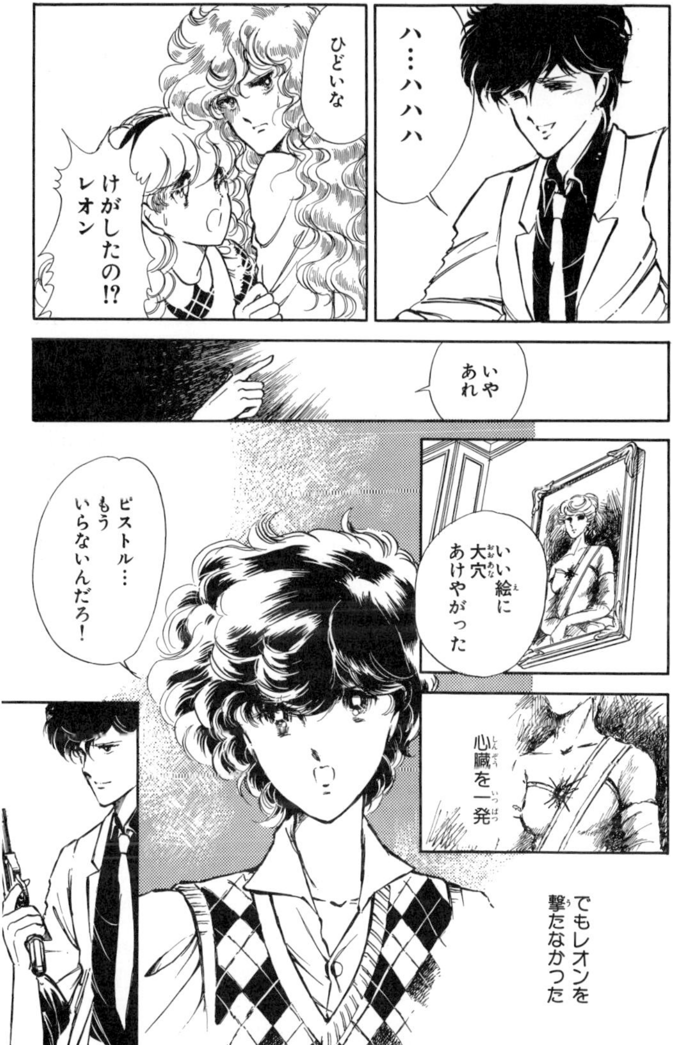
ハ…ハハハ
ひどいな
けがしたの!? レオン
いや あれ
いい絵に 大穴 あけやがった
心臓を一発
ピストル… もう いらないんだろ!
でもレオンを 撃たなかった

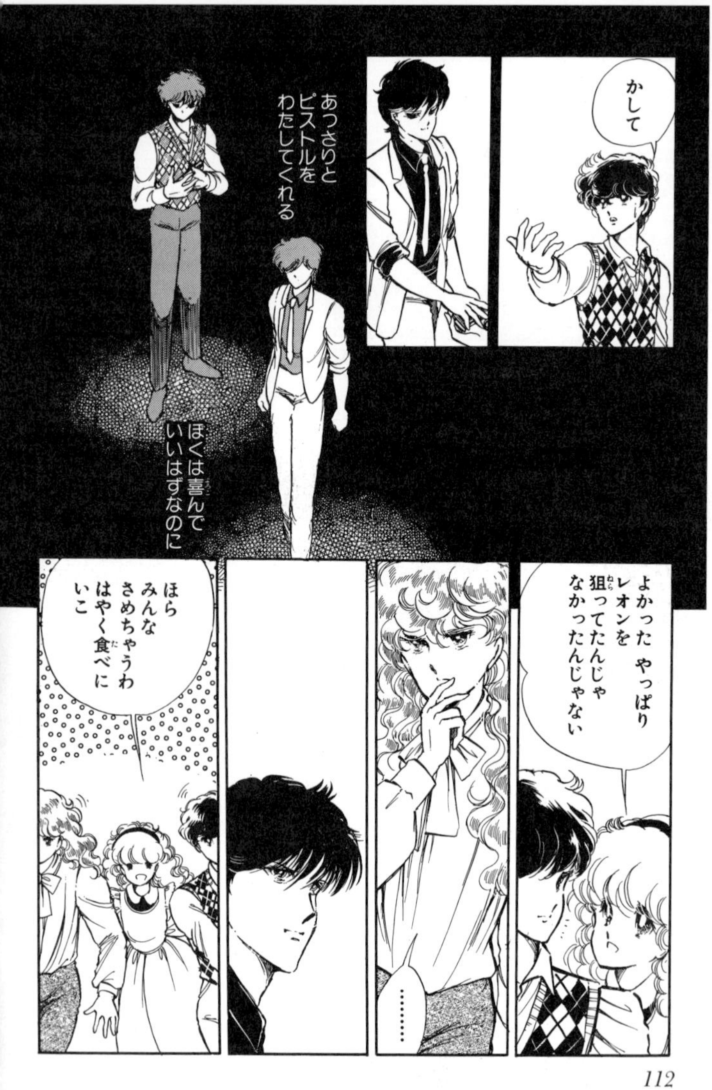
かして
あっさりと
ピストルを
わたしてくれる
ぼくは喜んで
いいはずなのに
よかった やっぱり
レオンを
狙ってたんじゃ
なかったんじゃない
……
ほら
みんな
さめちゃうわ
はやく食べに
いこ

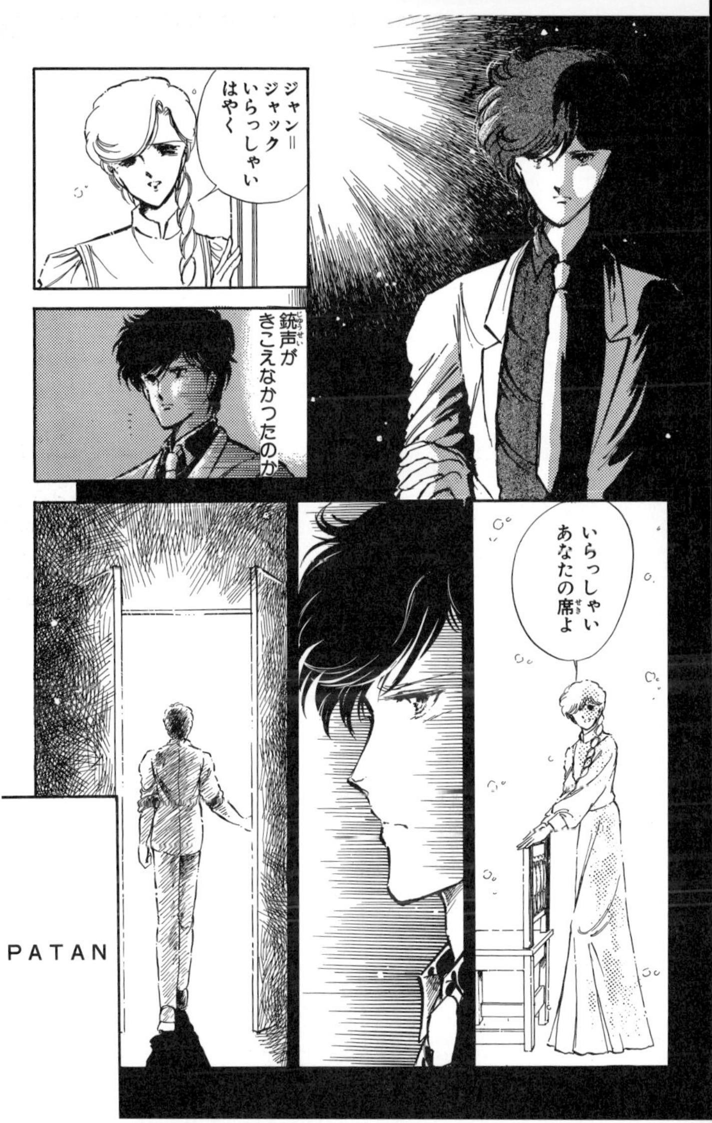

ジャン＝ジャック いらっしゃい はやく
銃声がきこえなかつたのか
いらっしゃい あなたの席よ
PATAN

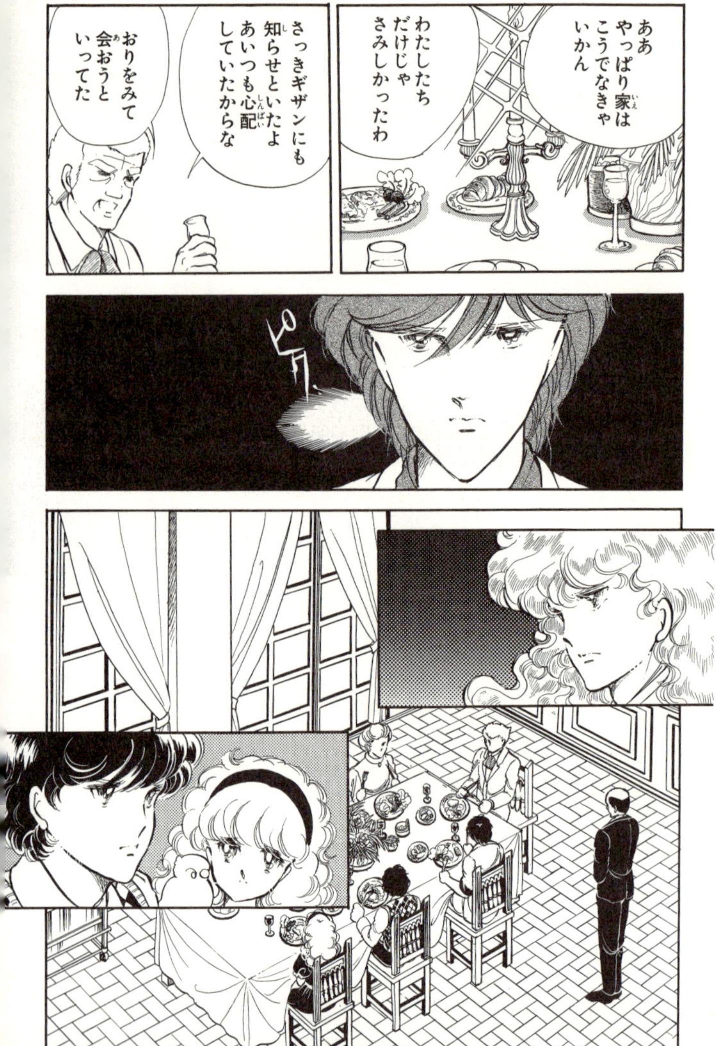
ああ やっぱり家はこうでなきゃいかん
わたしたちだけじゃさみしかったわ
さっきギザンにも知らせといたよ あいつも心配していたからな
おりをみて会おうといってた
ピク

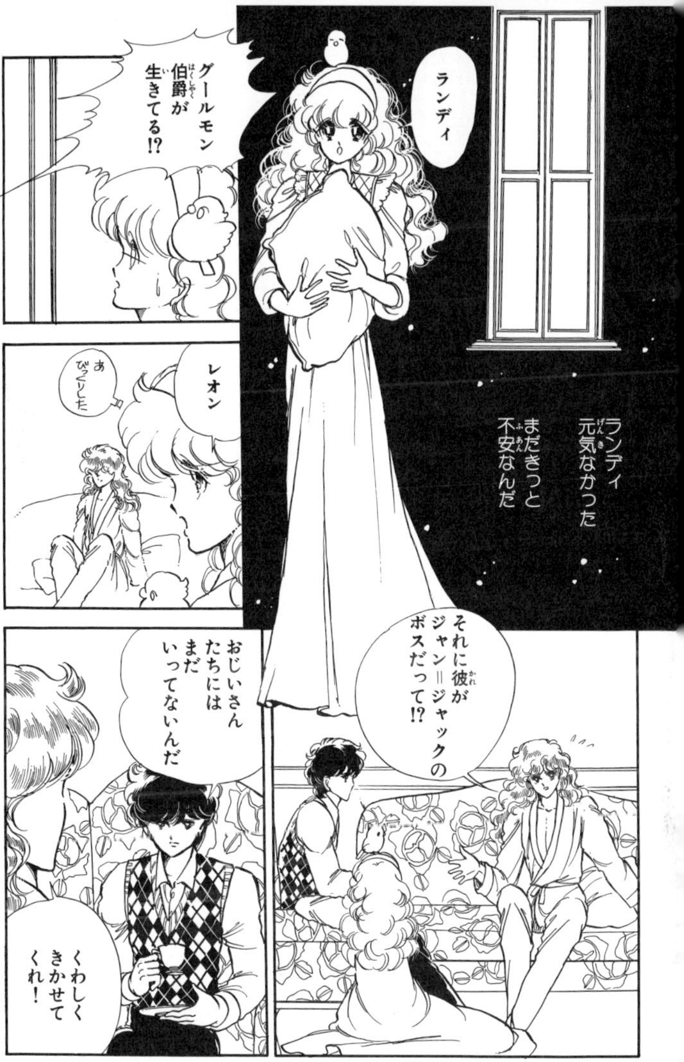
ランディ
ランディ
元気なかった
まだきっと
不安なんだ
グールモン
伯爵が
生きてる!?
レオン
あ
びっくりした
それに彼が
ジャン＝ジャックの
ボスだって!?
おじいさん
たちには
まだ
いってないんだ
くわしく
きかせて
くれ！

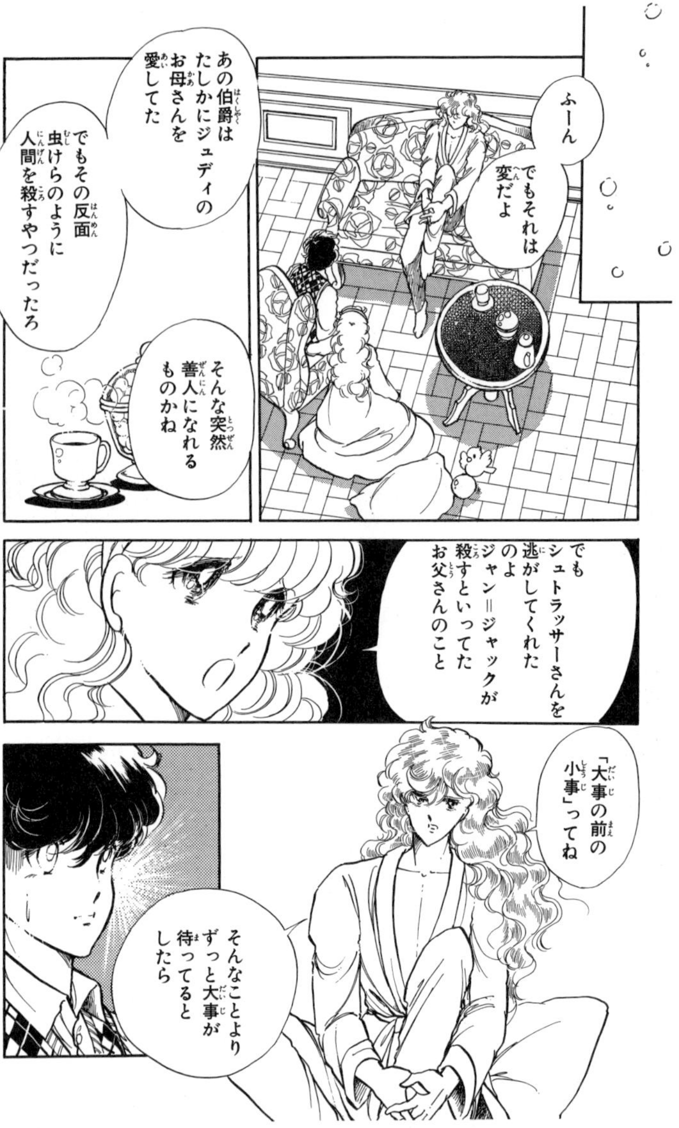
ふーん
でもそれは変だよ
あの伯爵はたしかにジュディのお母さんを愛してた
でもその反面虫けらのように人間を殺すやつだったろ
そんな突然善人になれるものかね
でもシュトラッサーさんを逃がしてくれたのよ ジャン＝ジャックが殺すといってたお父さんのこと
「大事の前の小事」ってね
そんなことよりずっと大事が待ってるとしたら

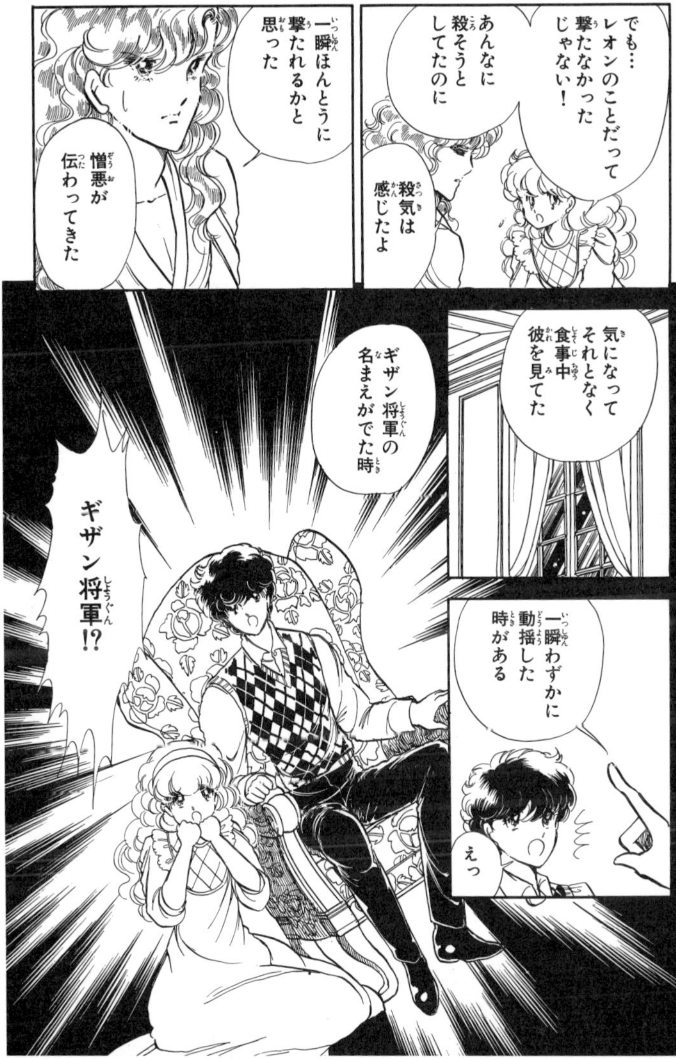
でも…
レオンのことだって
撃たなかった
じゃない！
あんなに
殺そうと
してたのに
殺気は
感じたよ
一瞬ほんとうに
撃たれるかと
思った
憎悪が
伝わってきた
気になって
それとなく
食事中
彼を見てた
ギザン将軍の
名まえがでた時
一瞬わずかに
動揺した
時がある
えっ
ギザン将軍!?

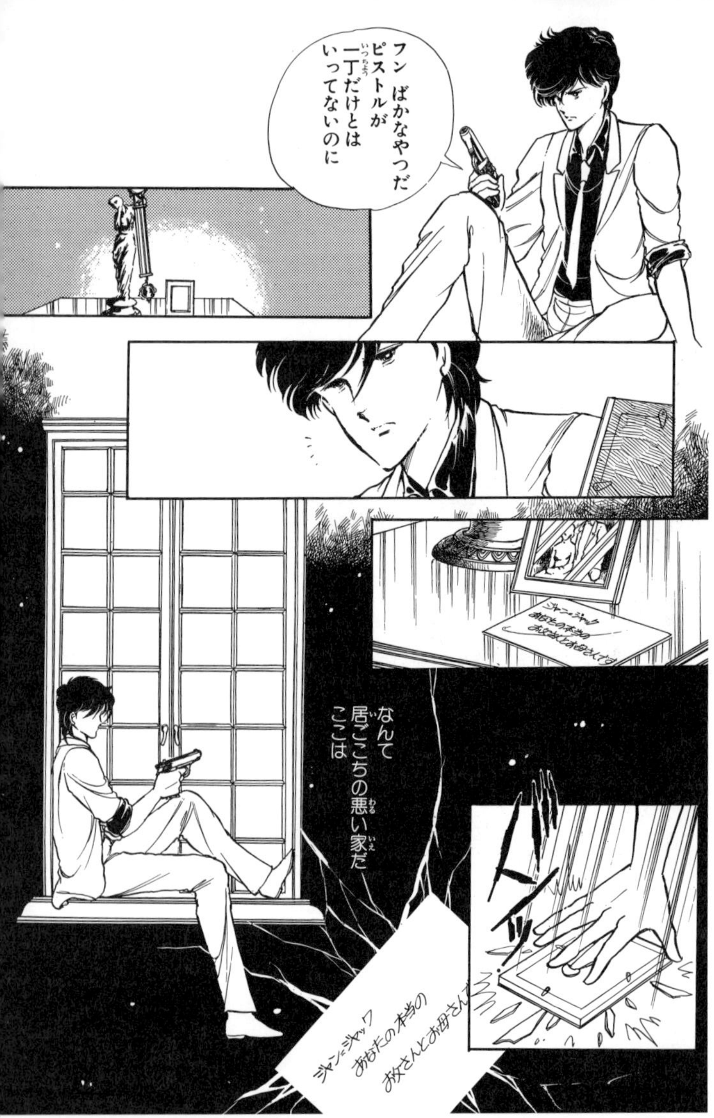
フン ばかなやつだ ピストルが 一丁だけとは いってないのに
なんて居ごこちの悪い家だ ここは
ジャン＝ジャック
あなたの本当の
お父さんとお母さん

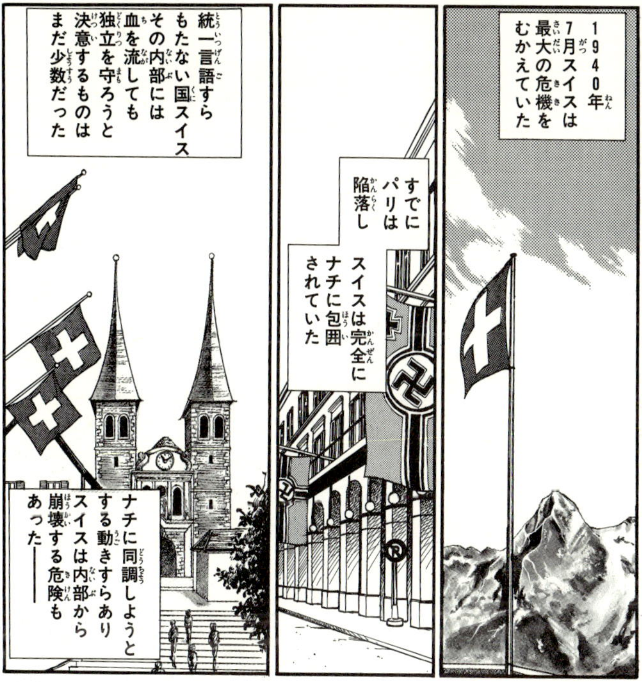

スイスを舞台にして何度後悔したことか。ドイツ.フランス.イギリス.アメリカ
日本.ポーランドやチェコ.それに北アフリカ.といろいろ戦争ものはあるのに
スイスは中立だったから話にあんまり出てこない＝資料がない。
ギザン将軍も想像でかいてたのであとで冷汗ものでした.
歴史的人物はギザン将軍くらいしかでてきませんでしたが.
ドイツのロンメル将軍をかきたかったな〜と思っていました。
結局話がそっちの方向にはいきませんでしたけどね。

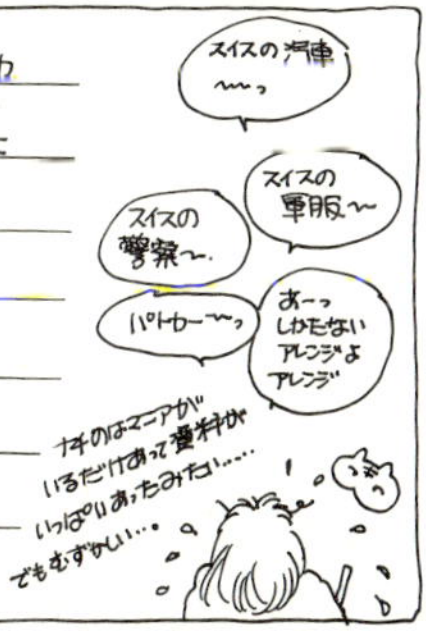

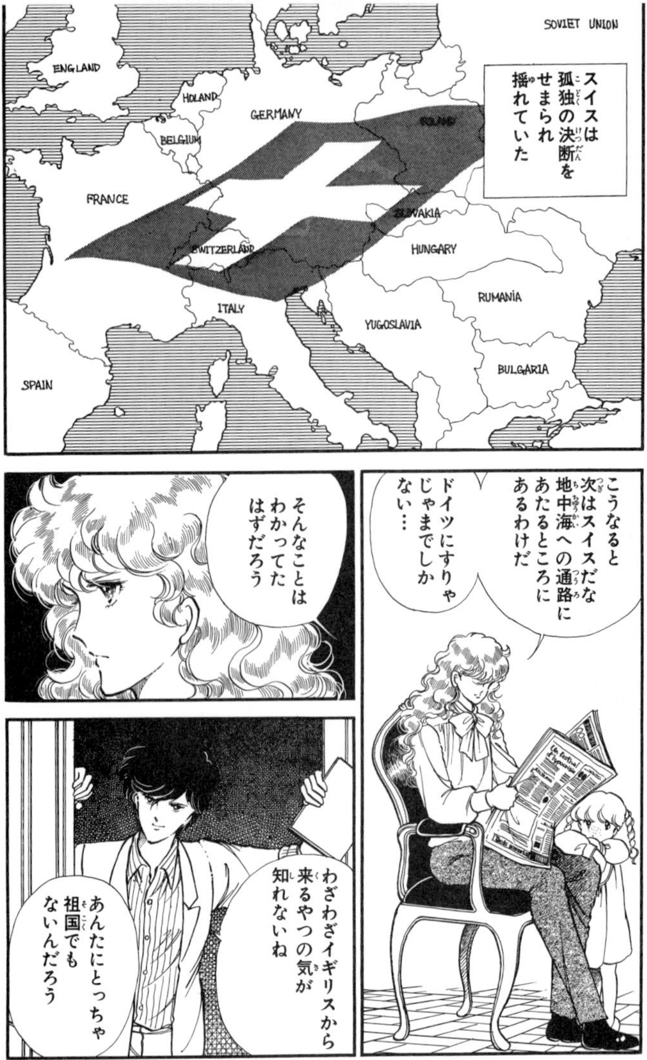
SOVIET UNION
ENGLAND
HOLAND
GERMANY
BELGIUM
FRANCE
SWITZERLAND
HUNGARY
RUMANIA
ITALY
YUGOSLAVIA
BULGARIA
SPAIN
スイスは孤独の決断をせまられ揺れていた
こうなると次はスイスだな地中海への通路にあたるところにあるわけだ
ドイツにすりゃじゃまでしかない…
そんなことはわかってたはずだろう
わざわざイギリスから来るやつの気が知れないね
あんたにとっちゃ祖国でもないんだろう

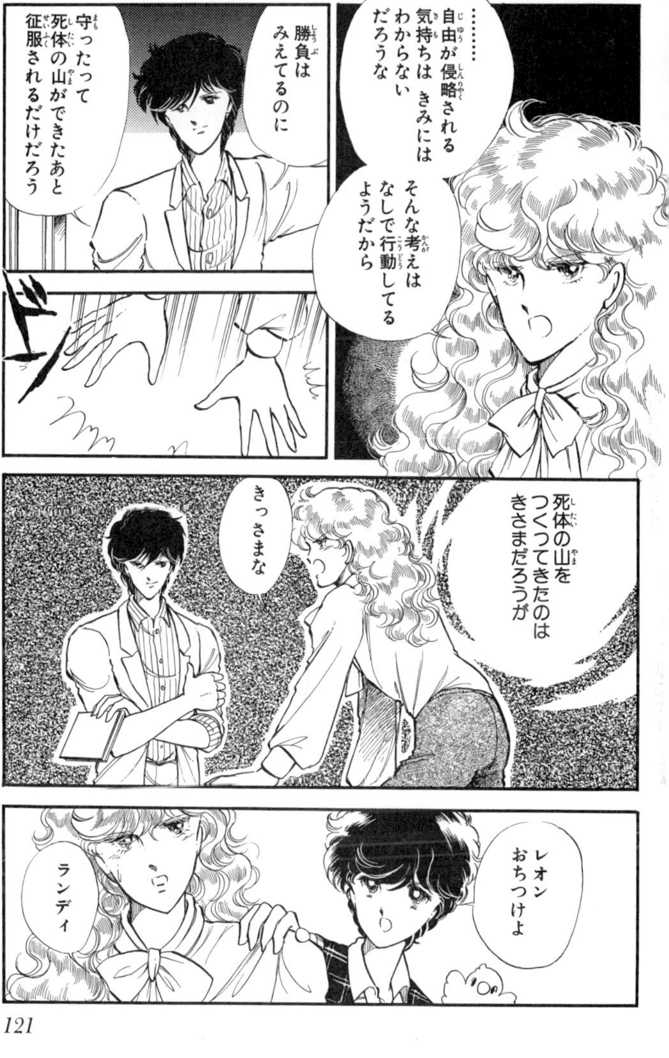

………自由が侵略される気持ちは　きみにはわからないだろうな
そんな考えはなしで行動してるようだから
勝負はみえてるのに
守ったって死体の山ができたあと征服されるだけだろう
死体の山をつくってきたのはきさまだろうが
きっさまな
レオンおちつけよ
ランディ

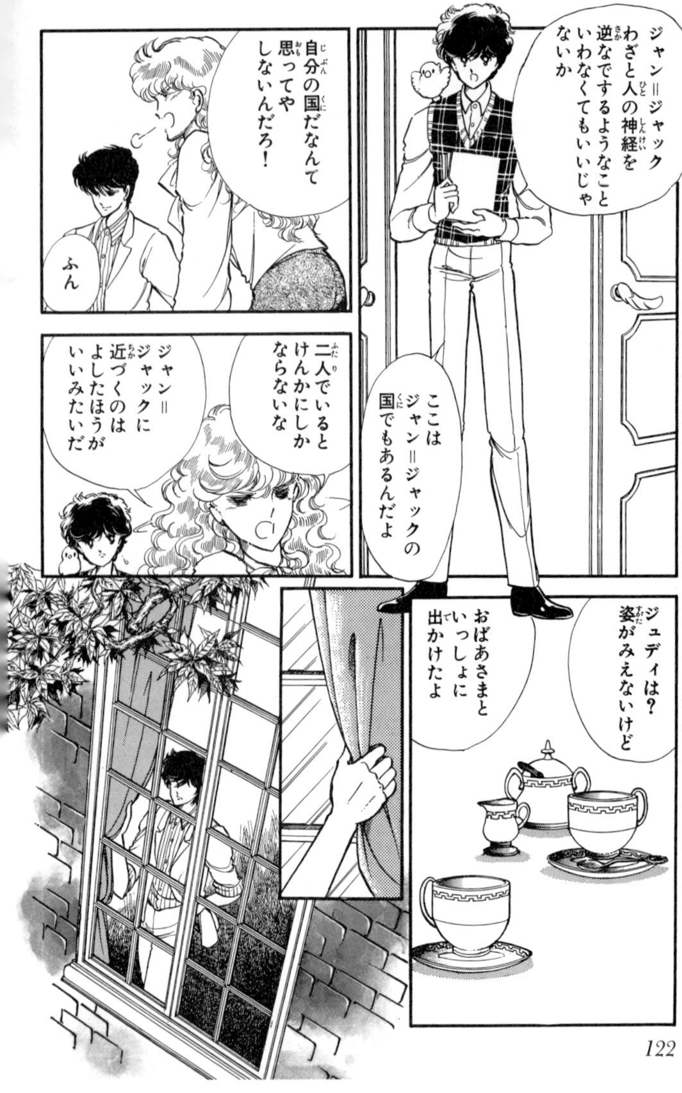

ジャン＝ジャック わざと人の神経を 逆なでするようなこと いわなくてもいいじゃないか
ここは ジャン＝ジャックの 国でもあるんだよ
自分の国だなんて 思ってや しないんだろ！
ふん
二人でいると けんかにしか ならないな
ジャン＝ ジャックに 近づくのは よしたほうが いいみたいだ
ジュディは？ 姿がみえないけど
おばあさまと いっしょに 出かけたよ

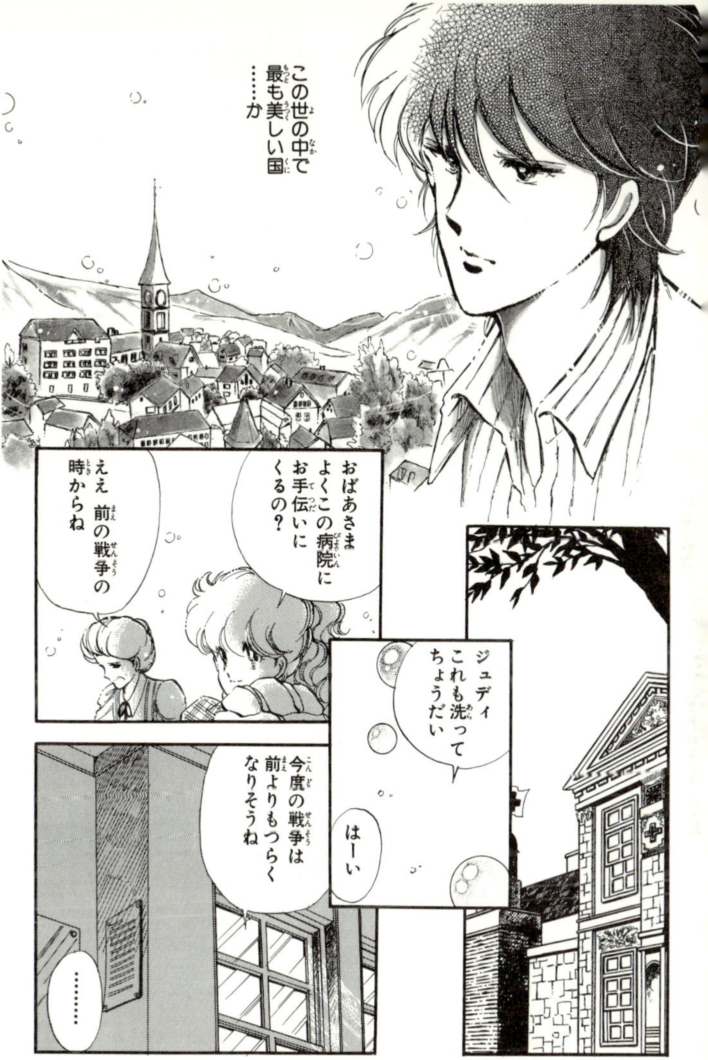

この世の中で最も美しい国……か
ジュディ これも洗ってちょうだい
はーい
おばあさま よくこの病院にくるの?
ええ 前の戦争の時からね
今度の戦争は前よりもつらくなりそうね
……

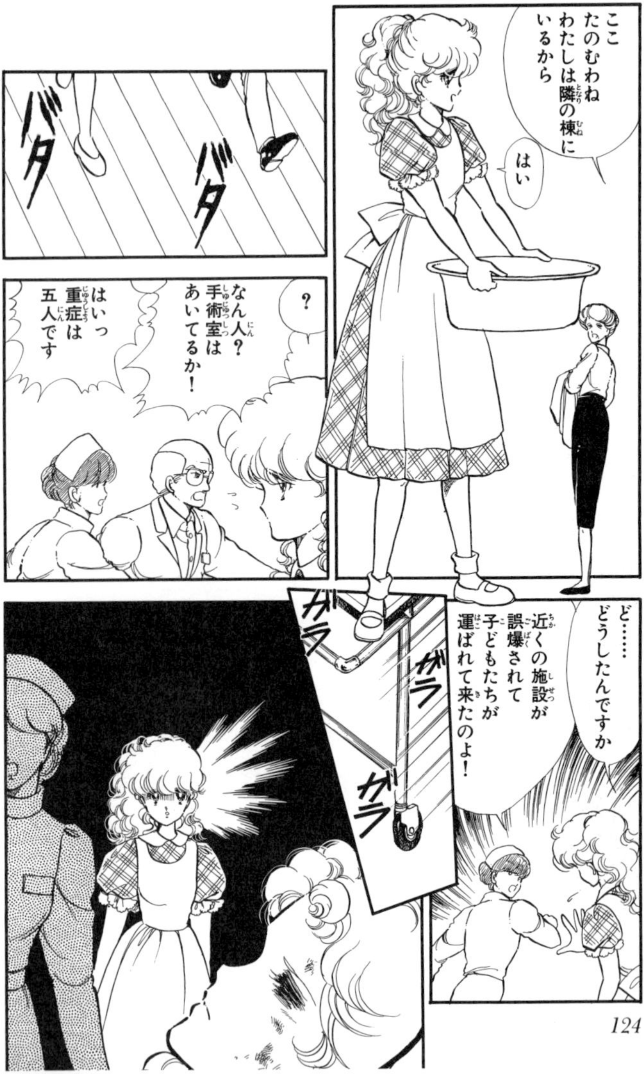
ここ
たのむわね
わたしは隣の棟に
いるから
はい
バタ
バタ
?
なん人?
手術室は
あいてるか!
はいっ
重症は
五人です
ど……
どうしたんですか
近くの施設が
誤爆されて
子どもたちが
運ばれて来たのよ!
ガラ
ガラ
ガラ

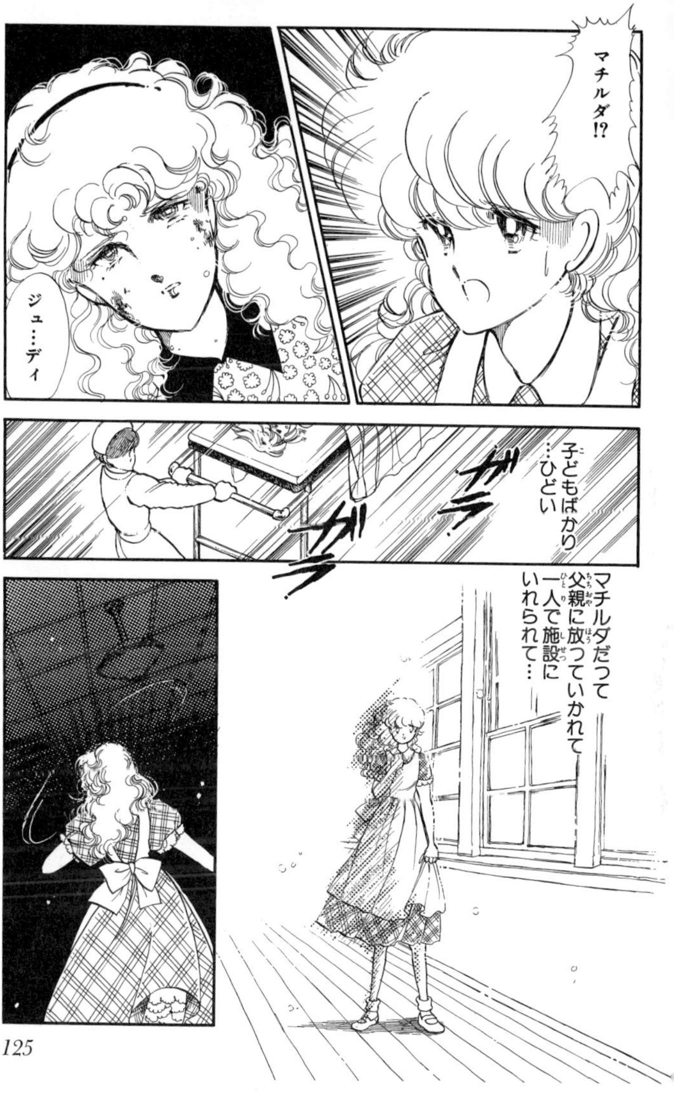
マチルダ!?
ジュ…ディ
ガラ
ガラ
子どもばかり
…ひどい
マチルダだって
父親に放っていかれて
一人で施設に
いれられて…

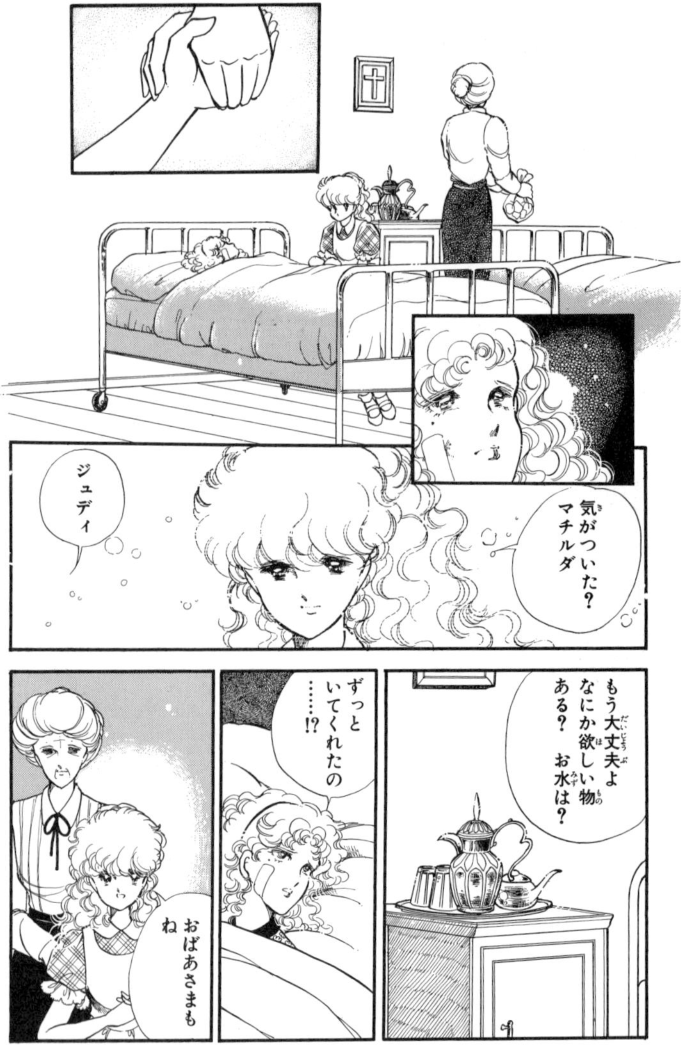

気がついた? マチルダ
ジュディ
もう大丈夫よ なにか欲しい物ある? お水は?
ずっといてくれたの……!?
おばあさまもね

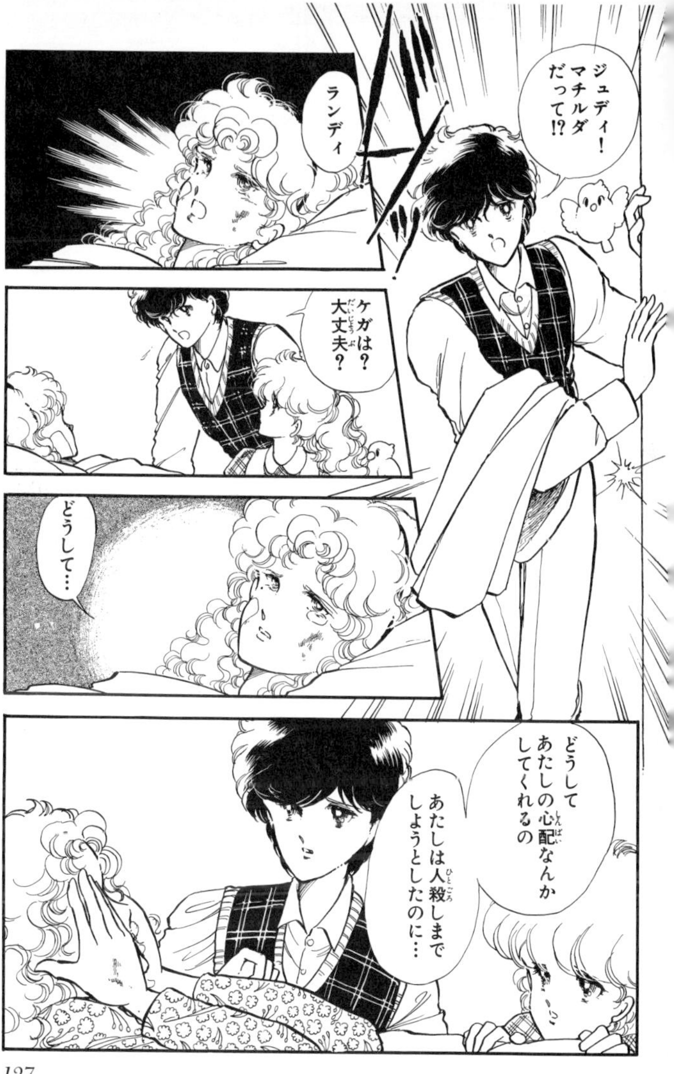
ジュディ！マチルダだって!?
ランディ
ケガは？大丈夫？
どうして…
どうして あたしの心配なんか してくれるの
あたしは人殺しまで しようとしたのに…

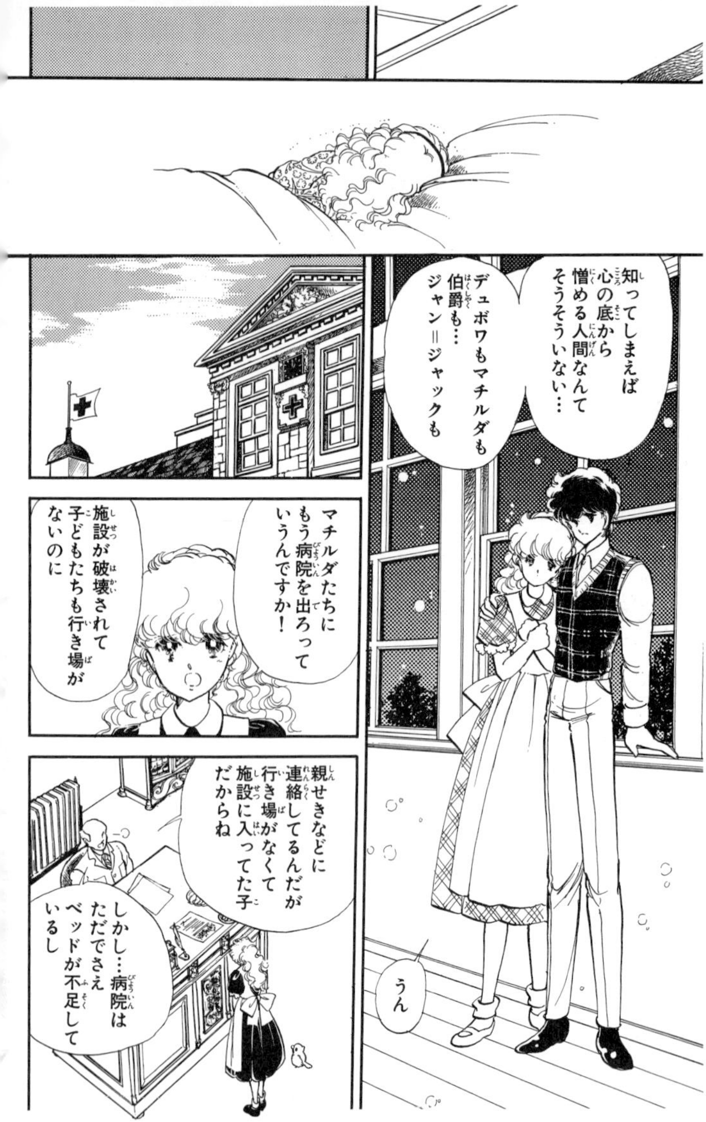
知ってしまえば心の底から憎める人間なんてそうそういない…
デュボワもマチルダも伯爵も…ジャン＝ジャックも
うん
マチルダたちにもう病院を出ろっていうんですか!
施設が破壊されて子どもたちも行き場がないのに
親せきなどに連絡してるんだが行き場がなくて施設に入ってた子だからね
しかし…病院はただでさえベッドが不足しているし

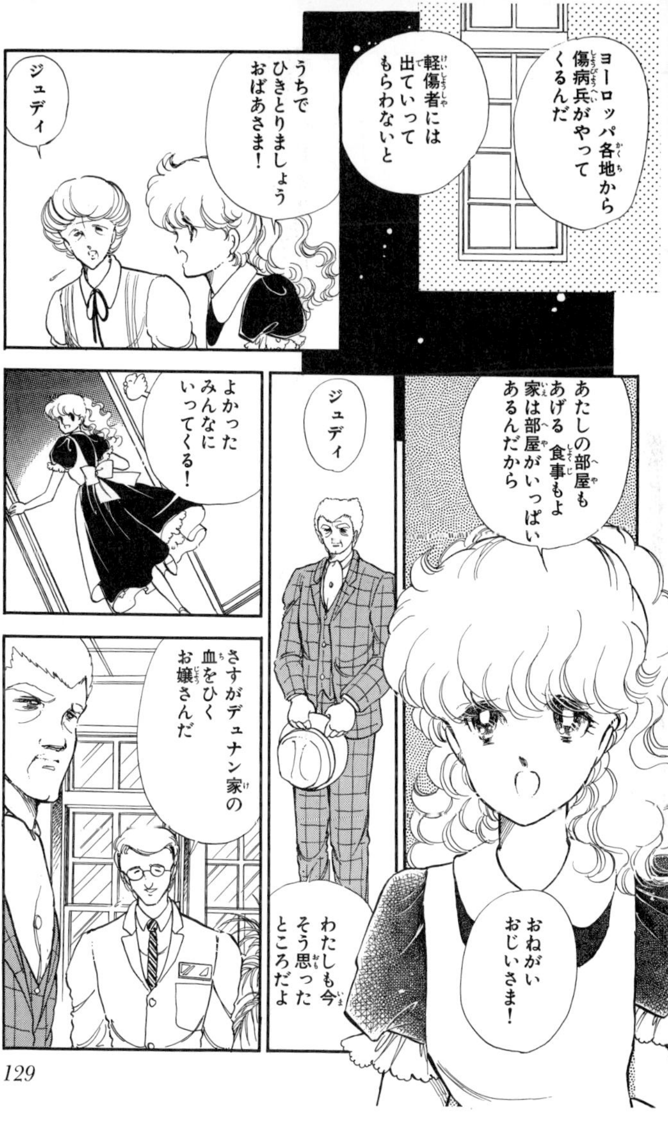
ヨーロッパ各地から傷病兵がやってくるんだ
軽傷者には出ていってもらわないと
うちでひきとりましょうおばあさま!
ジュディ
あたしの部屋もあげる 食事もよ 家は部屋がいっぱいあるんだから
おねがいおじいさま!
ジュディ
わたしも今そう思ったところだよ
よかった みんなにいってくる!
さすがデュナン家の血をひくお嬢さんだ

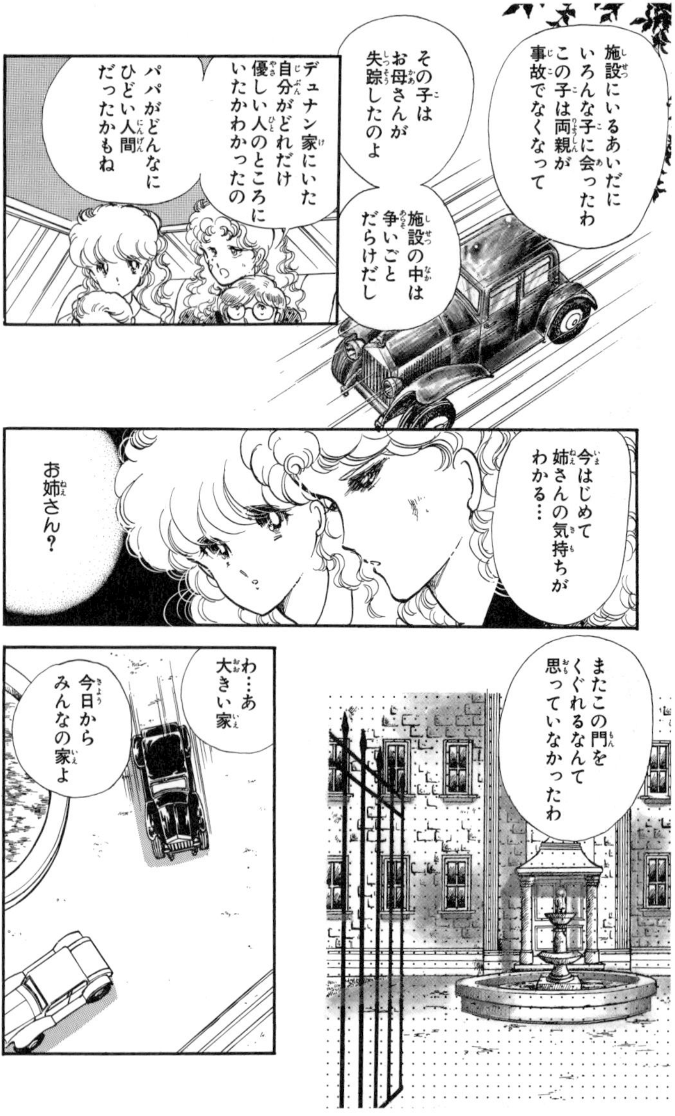
施設にいるあいだにいろんな子に会ったわ この子は両親が事故でなくなって
その子はお母さんが失踪したのよ
施設の中は争いごとだらけだし
デュナン家にいた自分がどれだけ優しい人のところにいたかわかったの
パパがどんなにひどい人間だったかもね
今はじめて姉さんの気持ちがわかる…
お姉さん?
またこの門をくぐれるなんて思っていなかったわ
わ…あ大きい家
今日からみんなの家よ

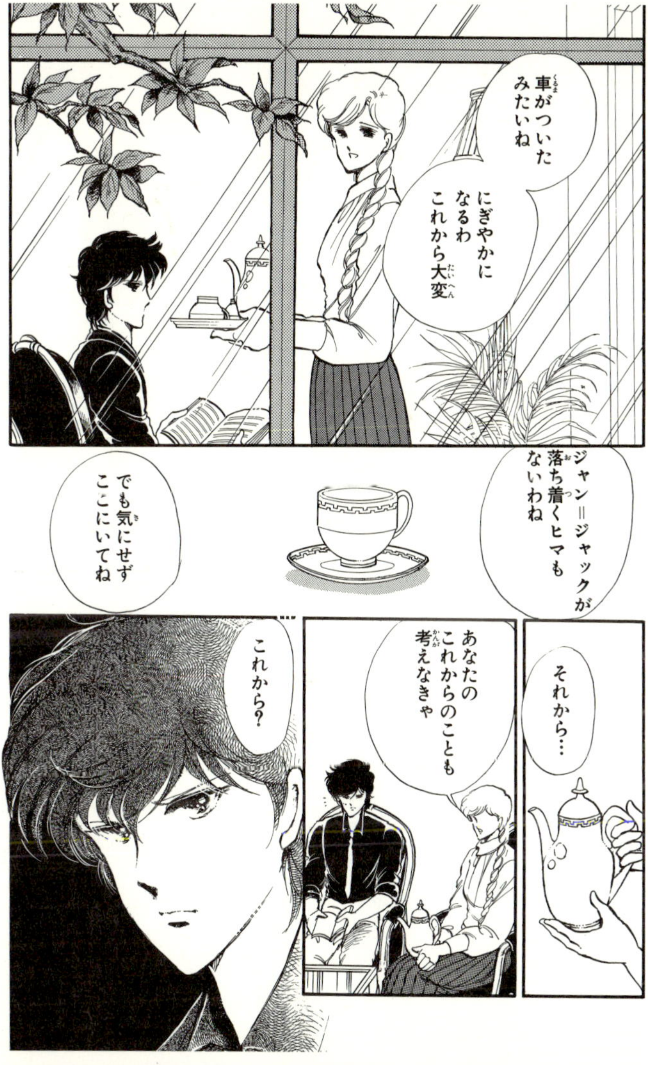

車がついたみたいね
にぎやかになるわ
これから大変
ジャン＝ジャックが落ち着くヒマもないわね
でも気にせずここにいてね
それから…
あなたのこれからのことも考えなきゃ
これから？

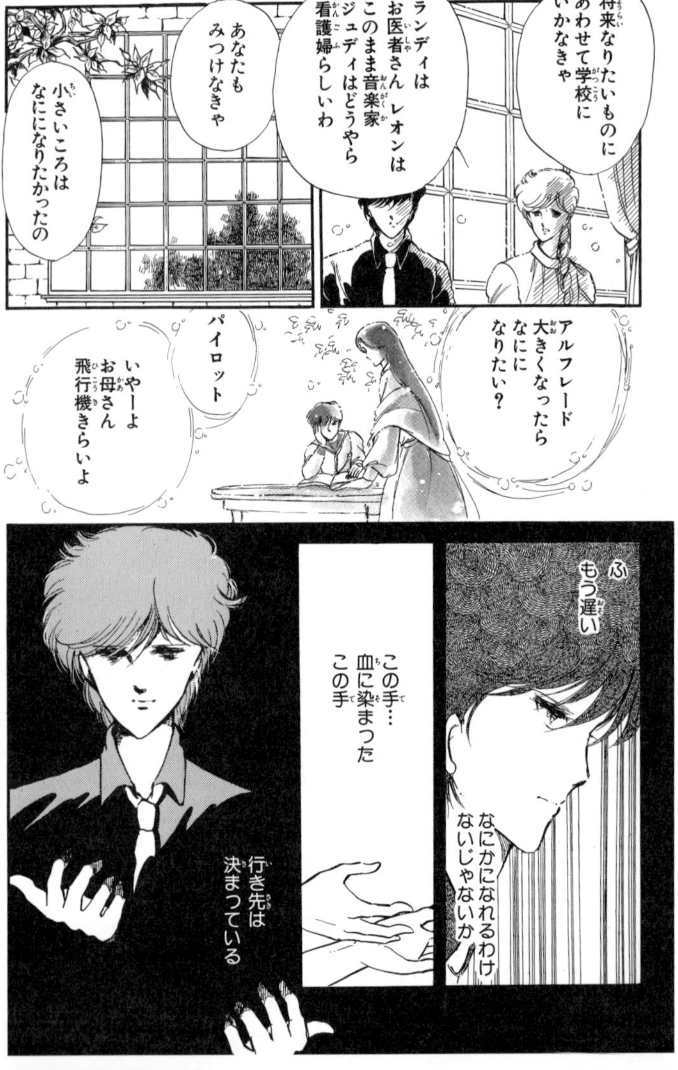

将来なりたいものにあわせて学校にいかなきゃ
ランディはお医者さん レオンはこのまま音楽家 ジュディはどうやら看護婦らしいわ
あなたもみつけなきゃ
小さいころはなにになりたかったの
アルフレード大きくなったらなにになりたい？
パイロット
いやーよお母さん飛行機きらいよ
ふ もう遅い
なにかになれるわけないじゃないか
この手… 血に染まった この手
行き先は決まっている

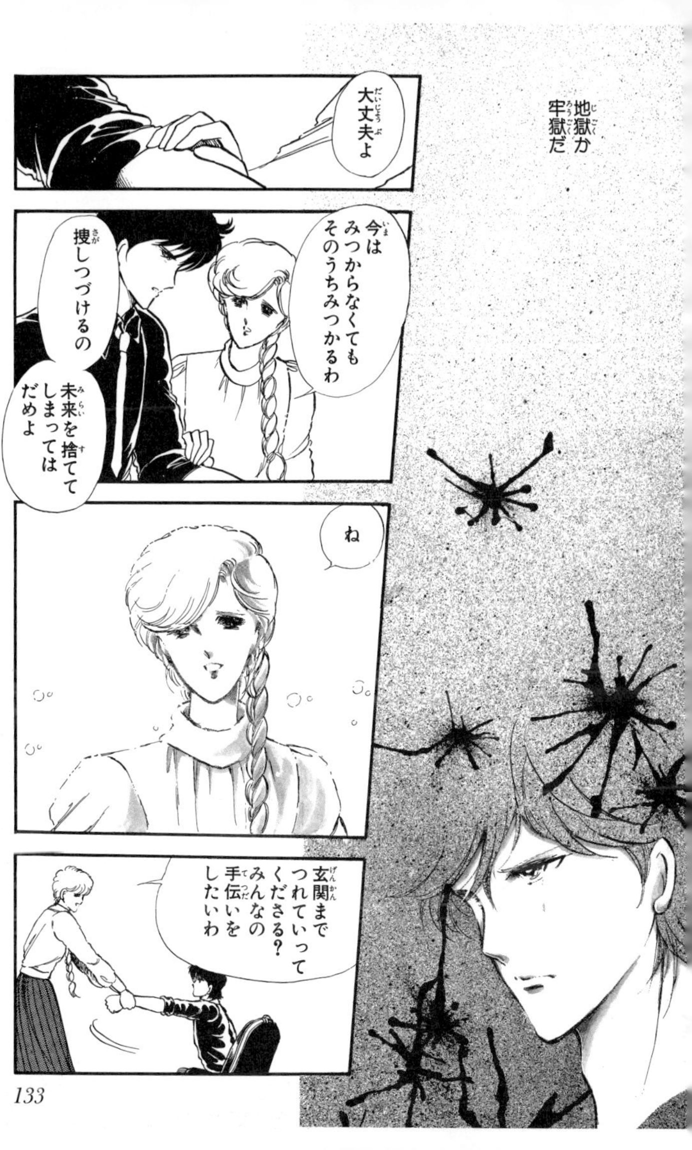
地獄か牢獄だ
大丈夫よ
今はみつからなくてもそのうちみつかるわ
捜しつづけるの
未来を捨ててしまってはだめよ
ね
玄関までつれていってくださる？みんなの手伝いをしたいわ

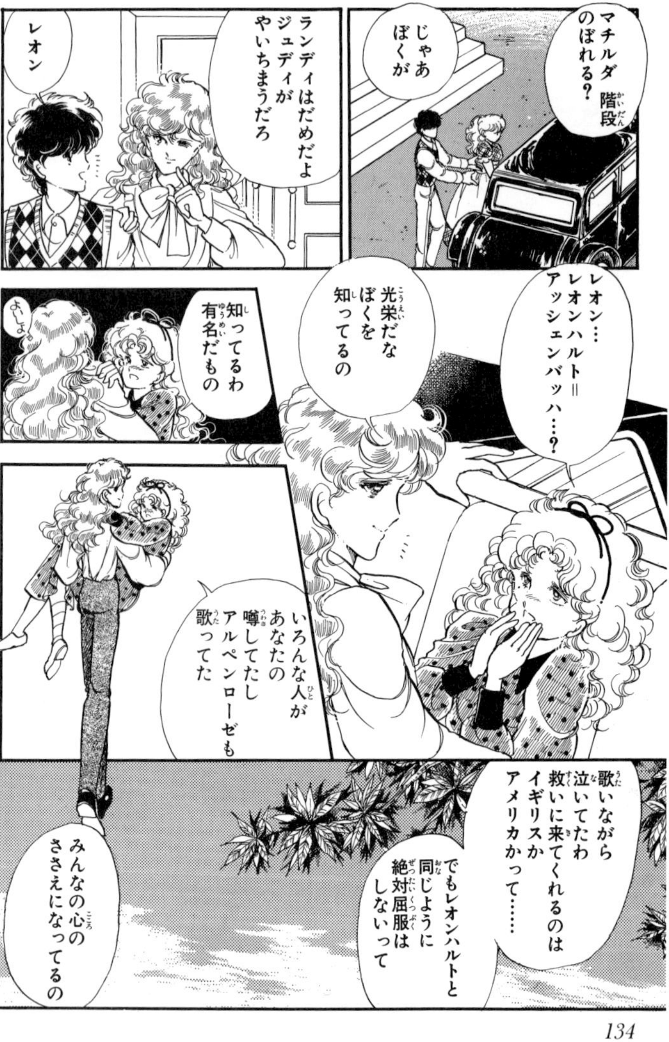
マチルダ 階段のぼれる？
じゃあ ぼくが
ランディはだめだよ ジュディがやいちまうだろ
レオン
……
レオン…レオンハルト＝アッシェンバッハ…？
光栄だな ぼくを知ってるの
知ってるわ 有名だもの
よいしょ
いろんな人が あなたの噂してたし アルペンローゼも歌ってた
歌いながら泣いてたわ 救いに来てくれるのはイギリスかアメリカかって……
でもレオンハルトと同じように絶対屈服はしないって
みんなの心のささえになってるの

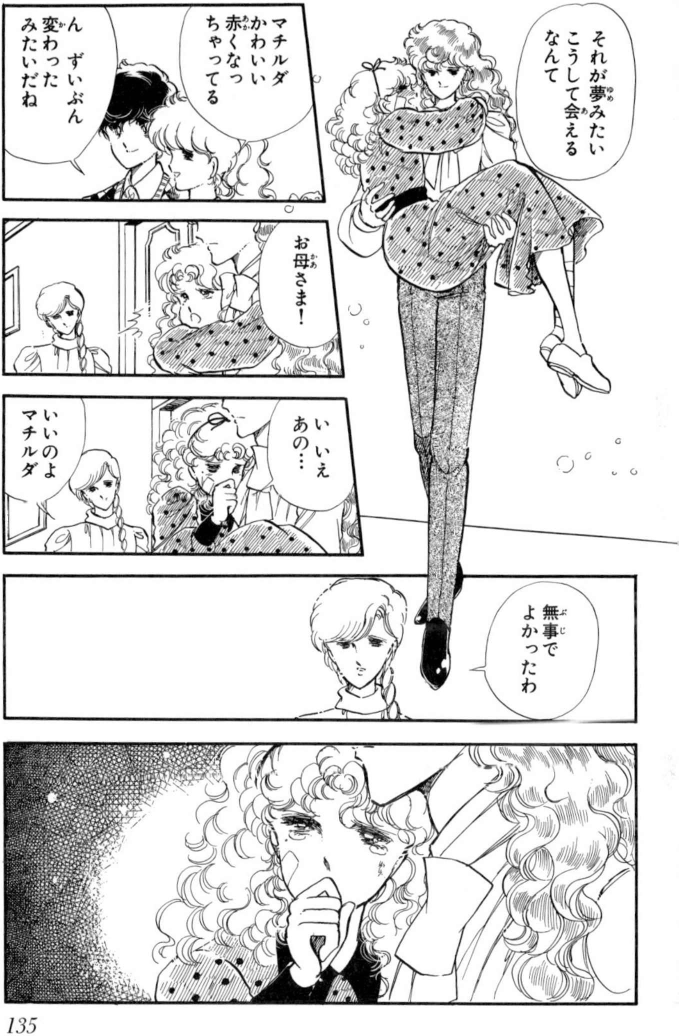
それが夢みたいこうして会えるなんて
マチルダかわいい赤くなっちゃってる
ん ずいぶん変わったみたいだね
お母さま!
いいえ あの…
いいのよマチルダ
無事でよかったわ

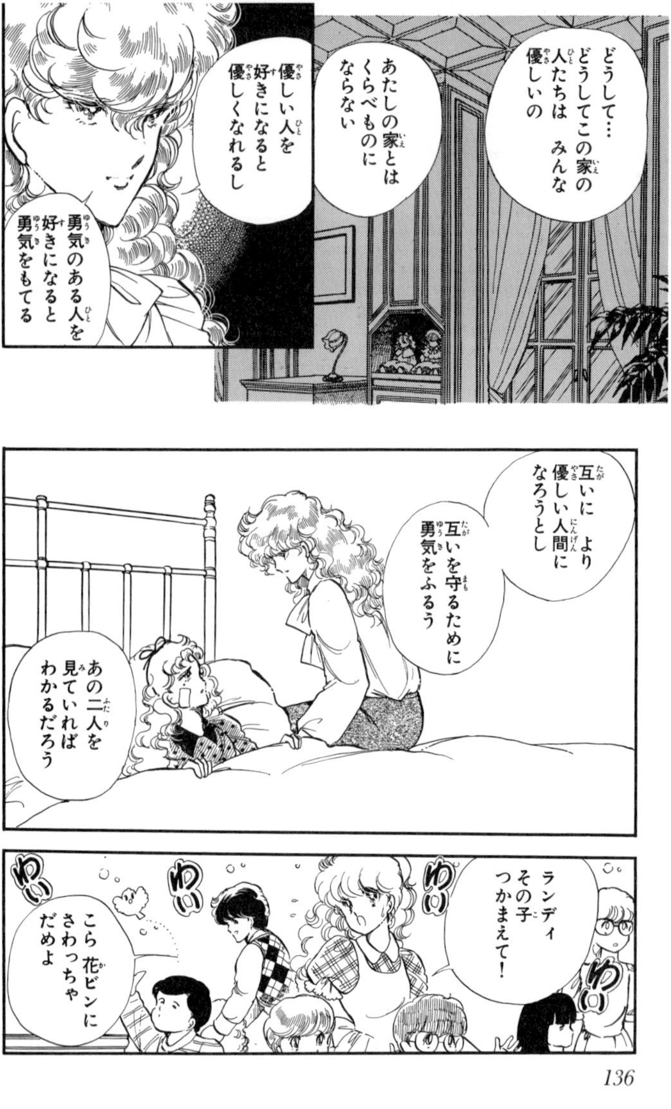
どうして…どうしてこの家の人たちは　みんな優しいの
あたしの家とはくらべものにならない
優しい人を好きになると優しくなれるし
勇気のある人を好きになると勇気をもてる
互いに　より優しい人間になろうとし
互いを守るために勇気をふるう
あの二人を見ていればわかるだろう
わい
わい
ランディその子つかまえて！
わい
わい
こら花ビンにさわっちゃだめよ

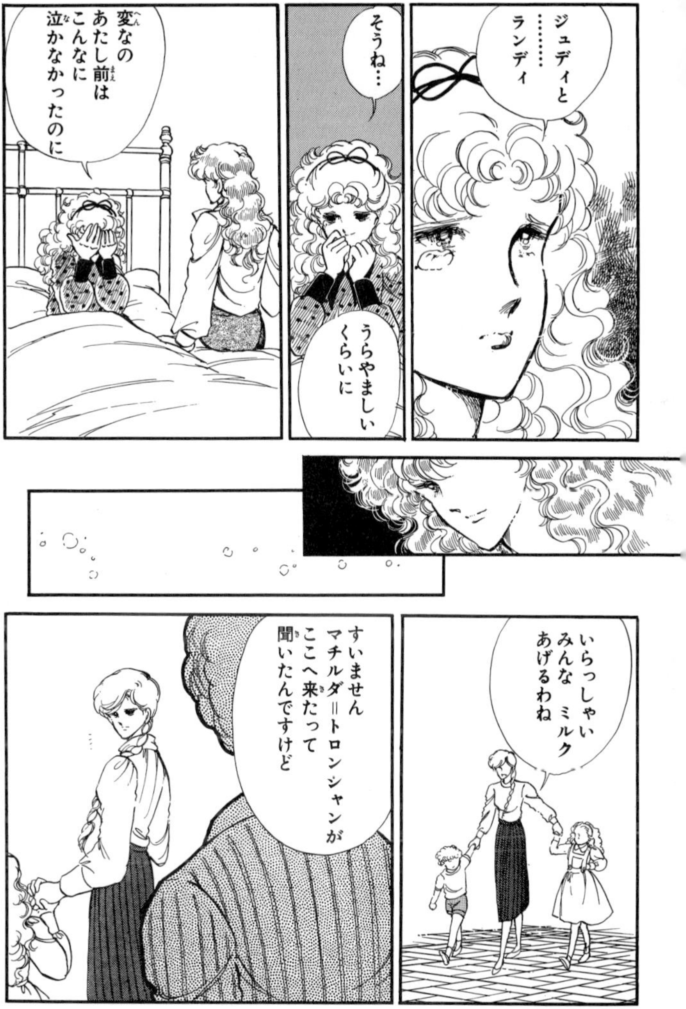
ジュディと……ランディ
そうね…
うらやましいくらいに
変なの あたし前はこんなに泣かなかったのに
いらっしゃい みんな ミルクあげるわね
すいません マチルダ＝トロンシャンがここへ来たって聞いたんですけど

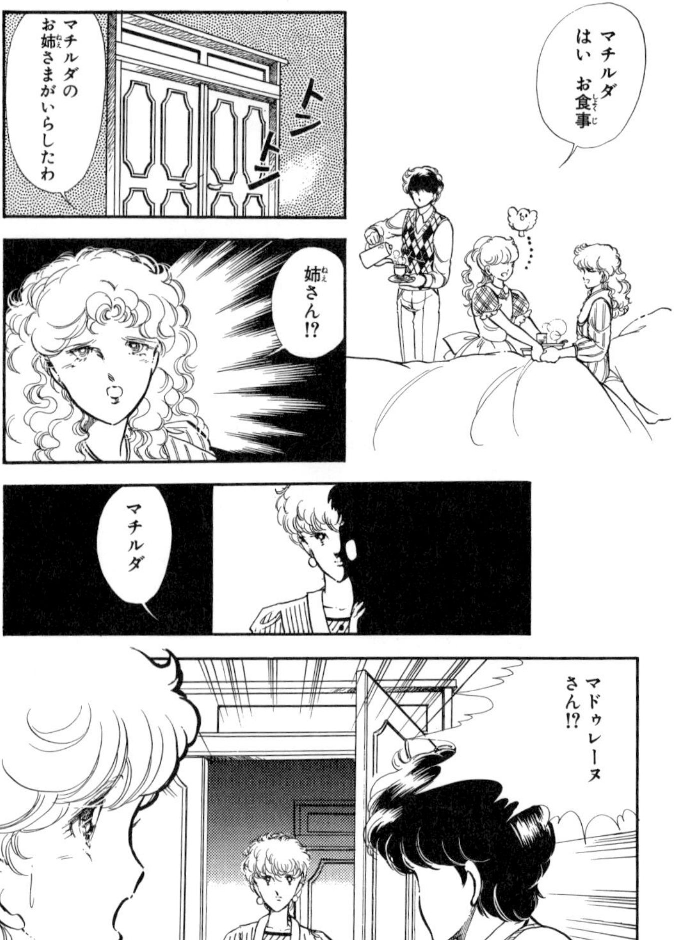
マチルダ はい お食事
トン トン
マチルダのお姉さまがいらしたわ
姉さん!?
マチルダ
マドゥレーヌさん!?

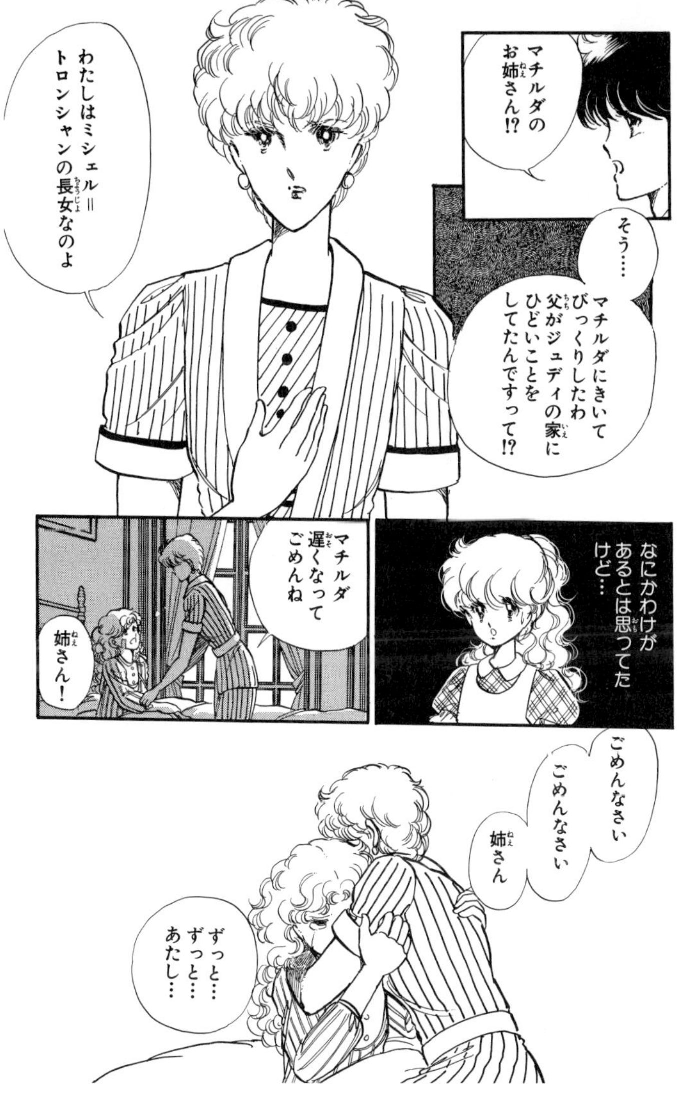
マチルダのお姉さん!?
わたしはミシェル＝トロンシャンの長女なのよ
そう…
マチルダにきいてびっくりしたわ父がジュディの家にひどいことをしてたんですって!?
なにかわけがあるとは思ってたけど…
マチルダ遅くなってごめんね
姉さん!
ごめんなさい
ごめんなさい
姉さん
ずっと…ずっと…あたし…

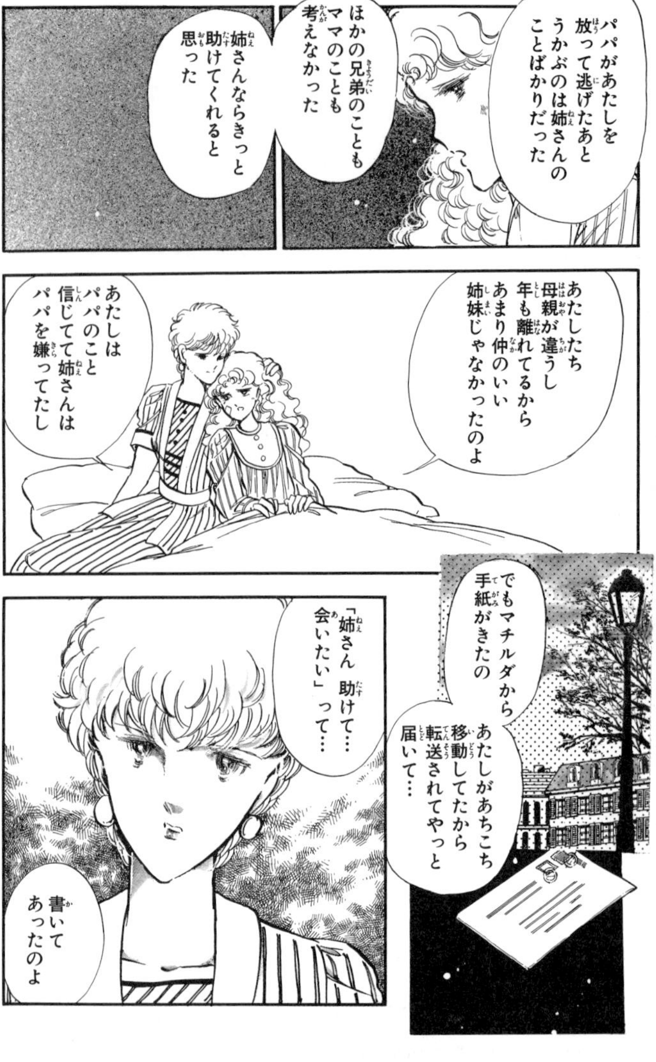
パパがあたしを放って逃げたあとうかぶのは姉さんのことばかりだった
ほかの兄弟のこともママのことも考えなかった
姉さんならきっと助けてくれると思った
あたしたち母親が違うし年も離れてるからあまり仲のいい姉妹じゃなかったのよ
あたしはパパのこと信じてて姉さんはパパを嫌ってたし
でもマチルダから手紙がきたの
あたしがあちこち移動してたから転送されてやっと届いて…
「姉さん 助けて… 会いたい」って…
書いてあったのよ

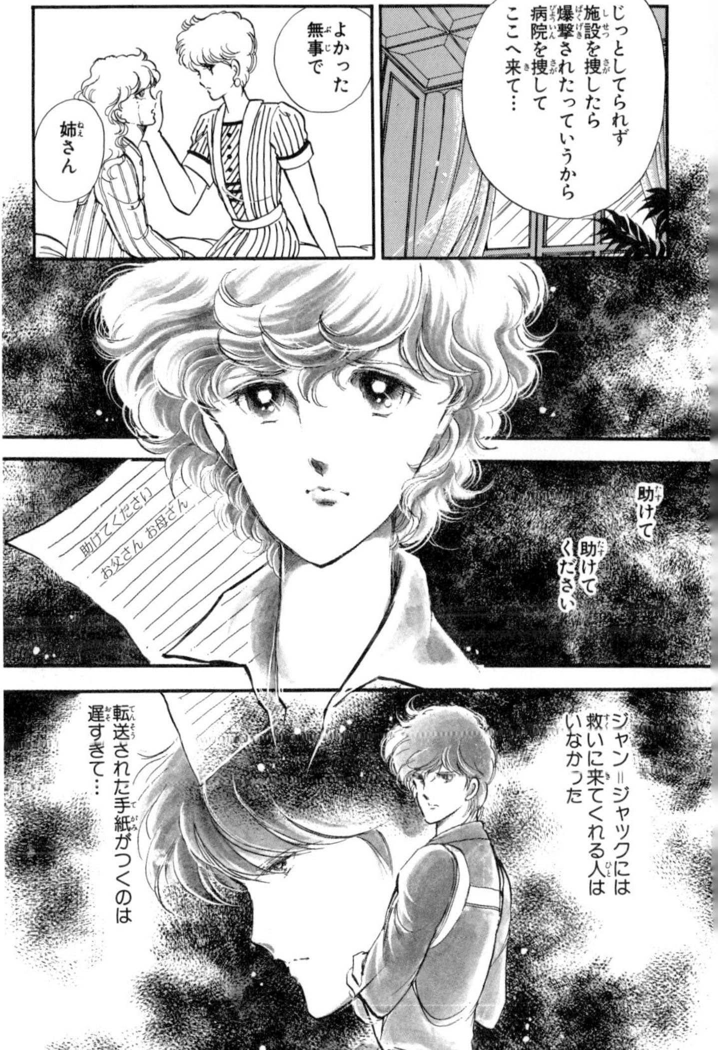
じっとしてられず
施設を捜したら
爆撃されたっていうから
病院を捜して
ここへ来て…
よかった
無事で
姉さん
助けてください
お父さん お母さん
助けて
助けて
ください
ジャン＝ジャックには
救いに来てくれる人は
いなかった
転送された手紙がつくのは
遅すぎて…

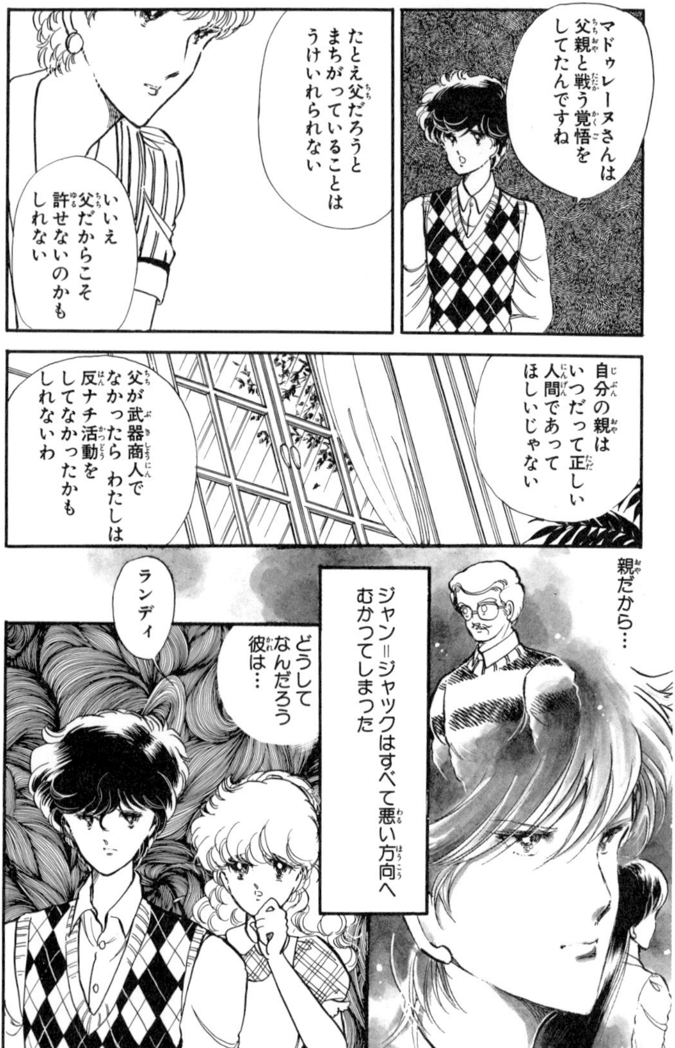
マドゥレーヌさんは父親と戦う覚悟をしてたんですね
たとえ父だろうとまちがっていることはうけいれられない
いいえ 父だからこそ許せないのかもしれない
自分の親はいつだって正しい人間であってほしいじゃない
父が武器商人でなかったら わたしは反ナチ活動をしてなかったかもしれないわ
親だから…
ジャン＝ジャックはすべて悪い方向へむかってしまった
どうしてなんだろう彼は…
ランディ

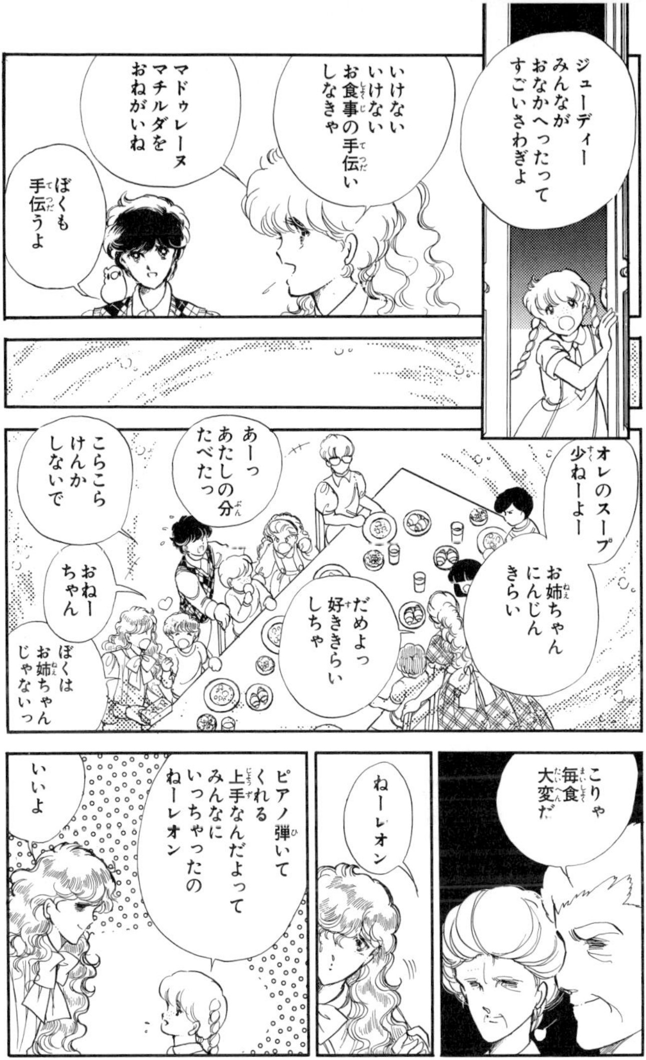

ジューディー みんながおなかへったってすごいさわぎよ
いけない いけない お食事の手伝いしなきゃ
マドゥレーヌ マチルダをおねがいね
ぼくも手伝うよ
オレのスープ少ねーよー
お姉ちゃん にんじんきらい
だめよっ 好ききらいしちゃ
あーっ あたしの分たべたっ
こらこら けんかしないで
おねーちゃん
ぼくはお姉ちゃんじゃないっ
こりゃ毎食大変だ
ねーレオン
ピアノ弾いてくれる 上手なんだよってみんなにいっちゃったの ねーレオン
いいよ

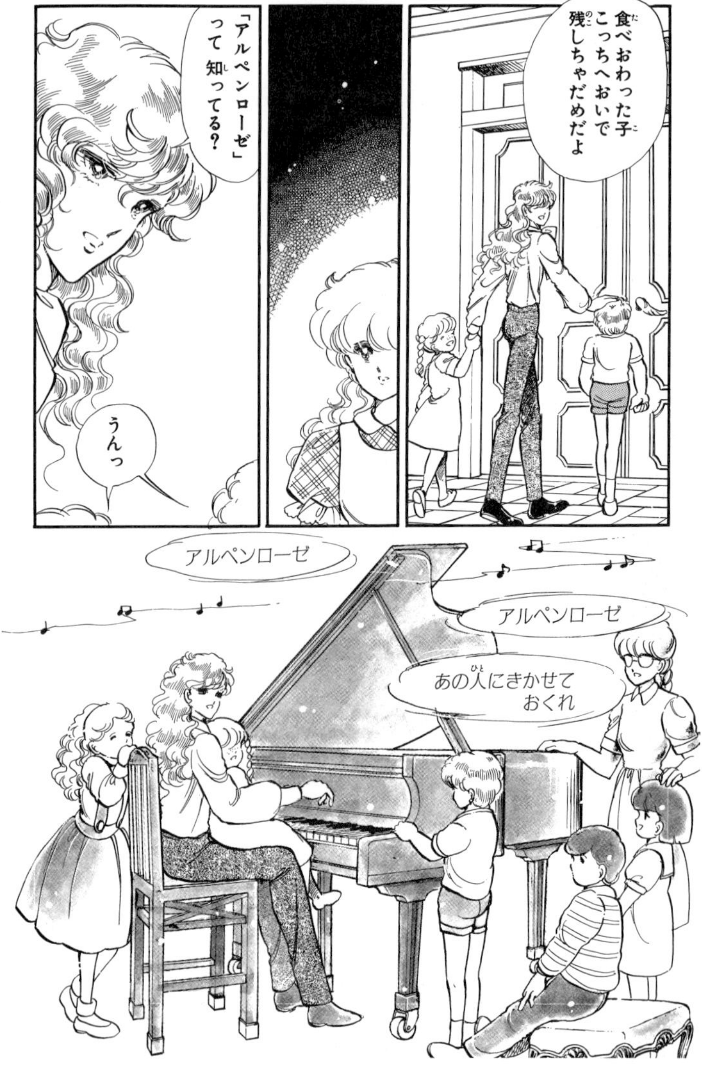
食べおわった子
こっちへおいで
残しちゃだめだよ
「アルペンローゼ」
って 知ってる?
うんっ
アルペンローゼ
アルペンローゼ
あの人にきかせて
おくれ

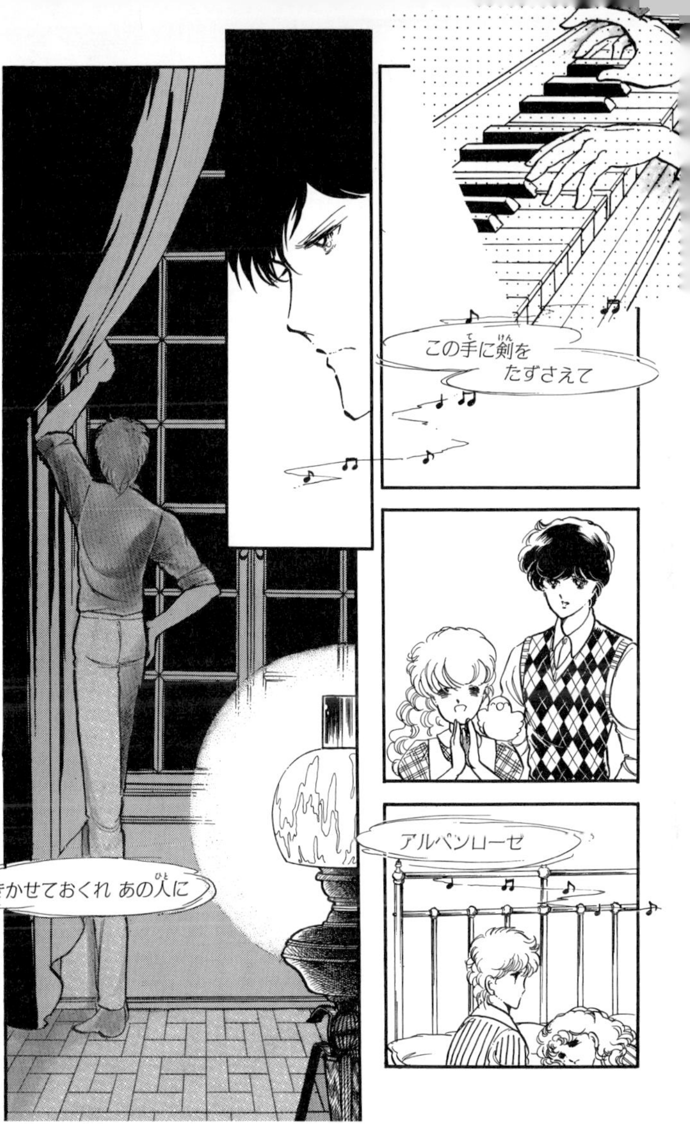
この手に剣を たずさえて
アルペンローゼ
きかせておくれ あの人に

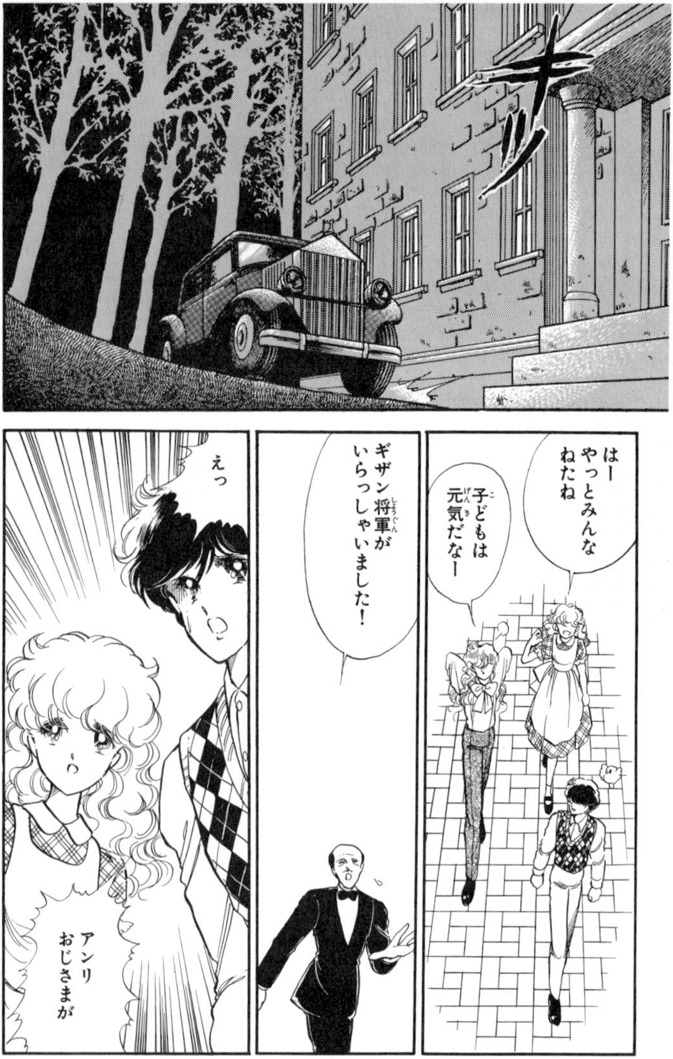
キッ
はー
やっとみんな
ねたね
子(こ)どもは
元気(げんき)だなー
ギザン将軍(しょうぐん)が
いらっしゃいました!
えっ
アンリ
おじさまが

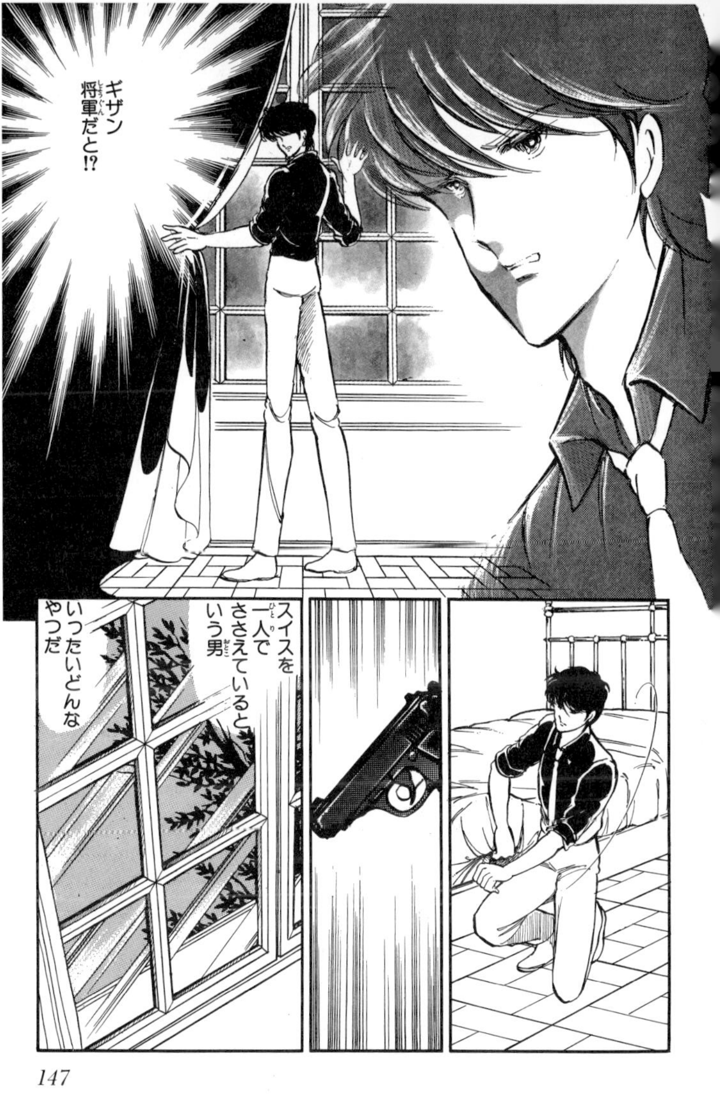
ギザン将軍だと!?
スイスを一人でささえているという男
いったいどんなやつだ

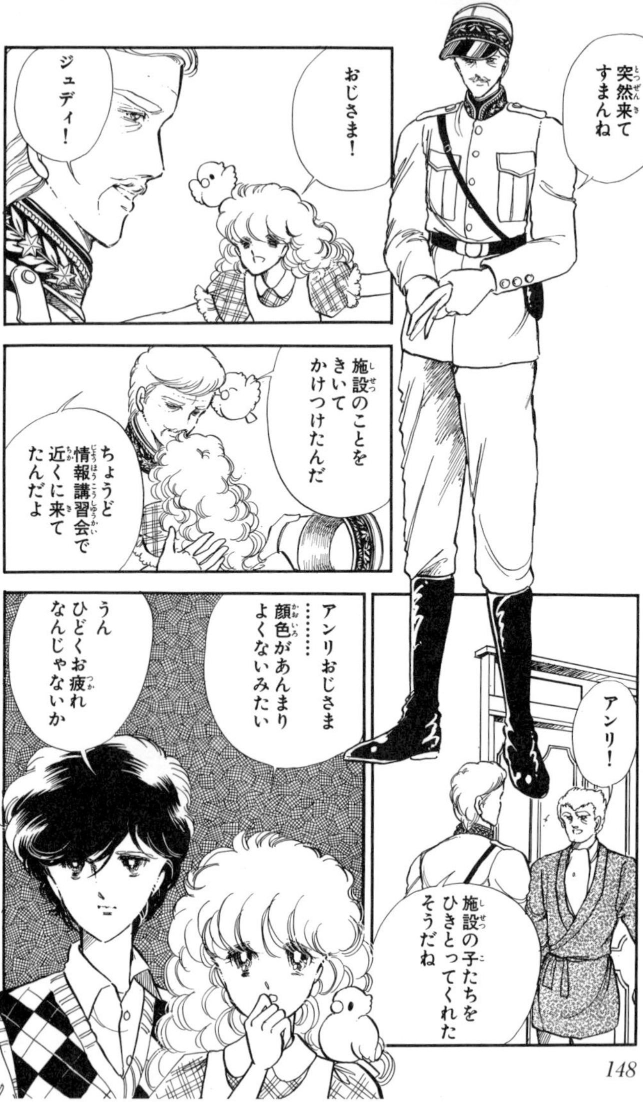
突然来てすまんね
おじさま！
ジュディ！
施設のことをきいてかけつけたんだ
ちょうど情報講習会で近くに来てたんだよ
アンリ！
施設の子たちをひきとってくれたそうだね
アンリおじさま……顔色があんまりよくないみたい
うん ひどくお疲れなんじゃないか

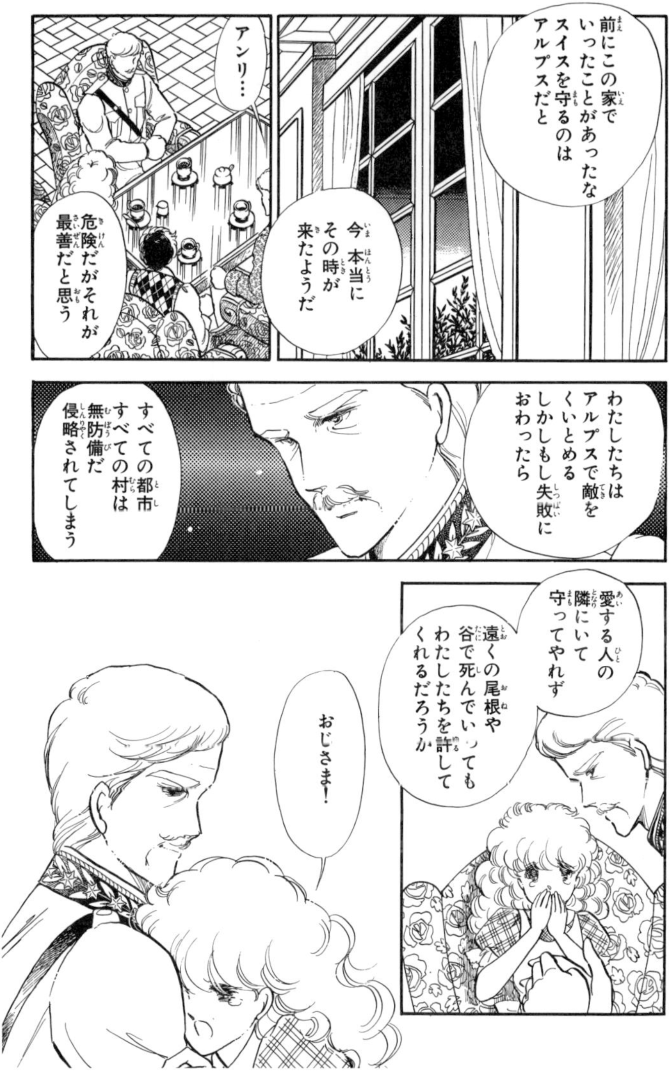
前にこの家でいったことがあったなスイスを守るのはアルプスだと
今本当にその時が来たようだ
アンリ…
危険だがそれが最善だと思う
わたしたちはアルプスで敵をくいとめるしかしもし失敗におわったら
すべての都市すべての村は無防備だ侵略されてしまう
愛する人の隣にいて守ってやれず
遠くの尾根や谷で死んでいってもわたしたちを許してくれるだろうか
おじさま！

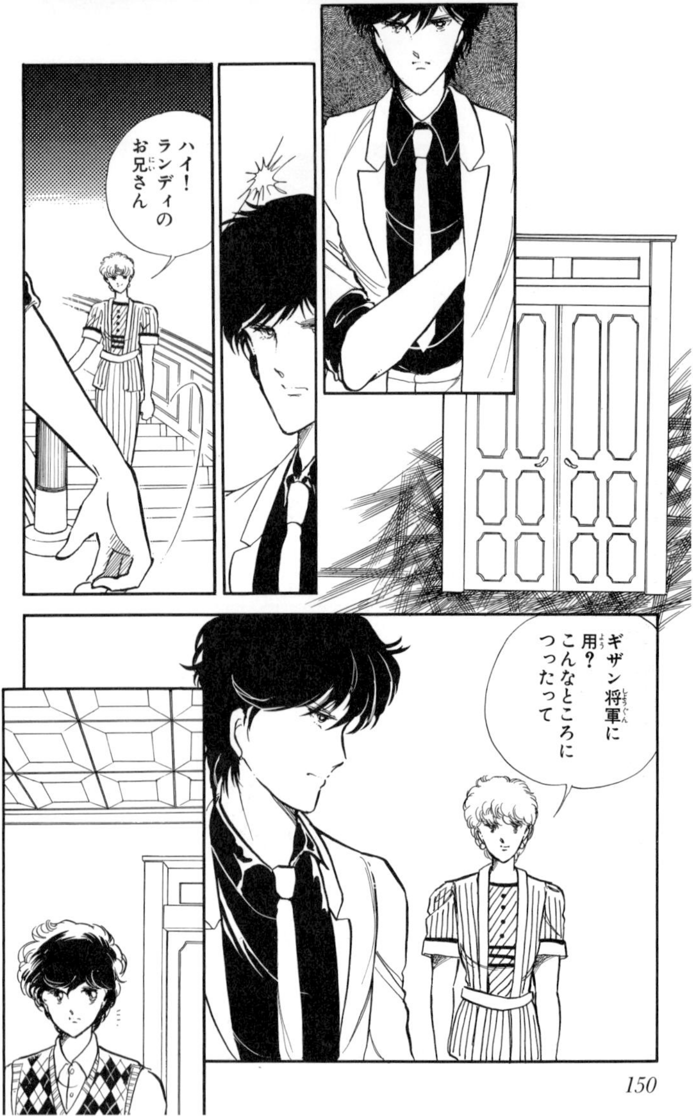
ハイ！
ランディの
お兄さん
ギザン将軍に
用？
こんなところに
つったって

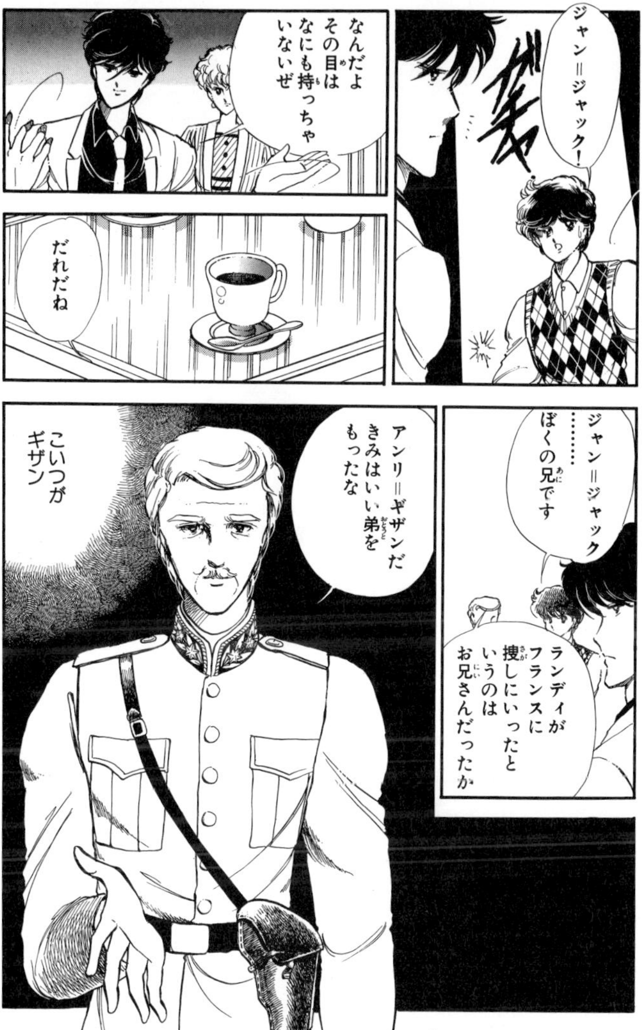
ジャン＝ジャック！
なんだよ その目は なにも持っちゃいないぜ
だれだね
ジャン＝ジャック…… ぼくの兄です
ランディがフランスに捜しにいったというのはお兄さんだったか
アンリ＝ギザンだ きみはいい弟をもったな
こいつがギザン

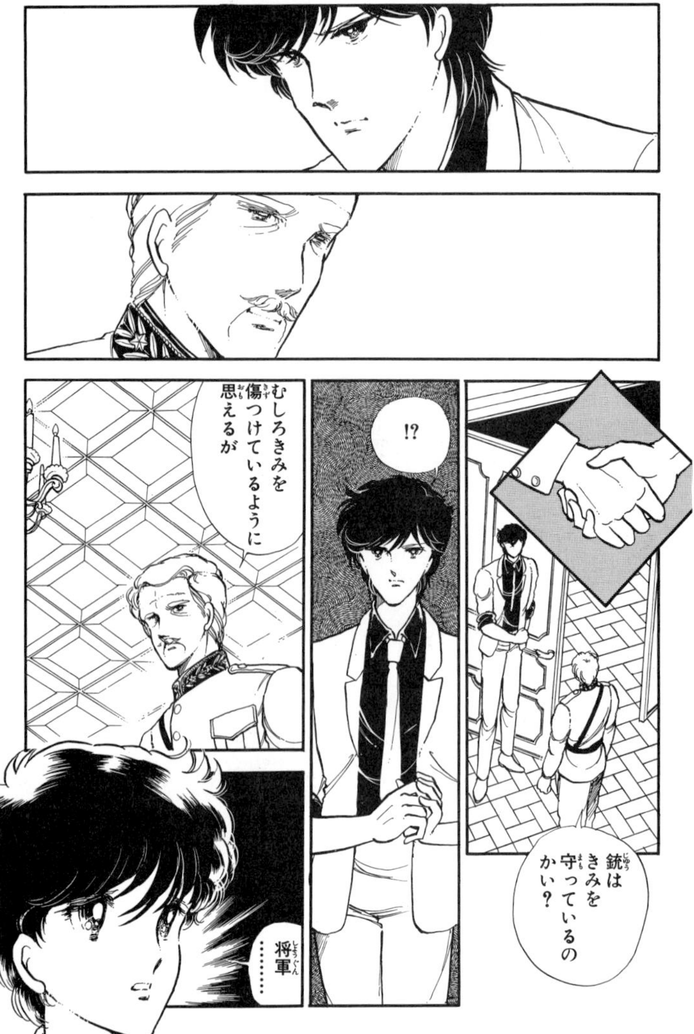
銃はきみを守っているのかい？
!?
むしろきみを傷つけているように思えるが
将軍……

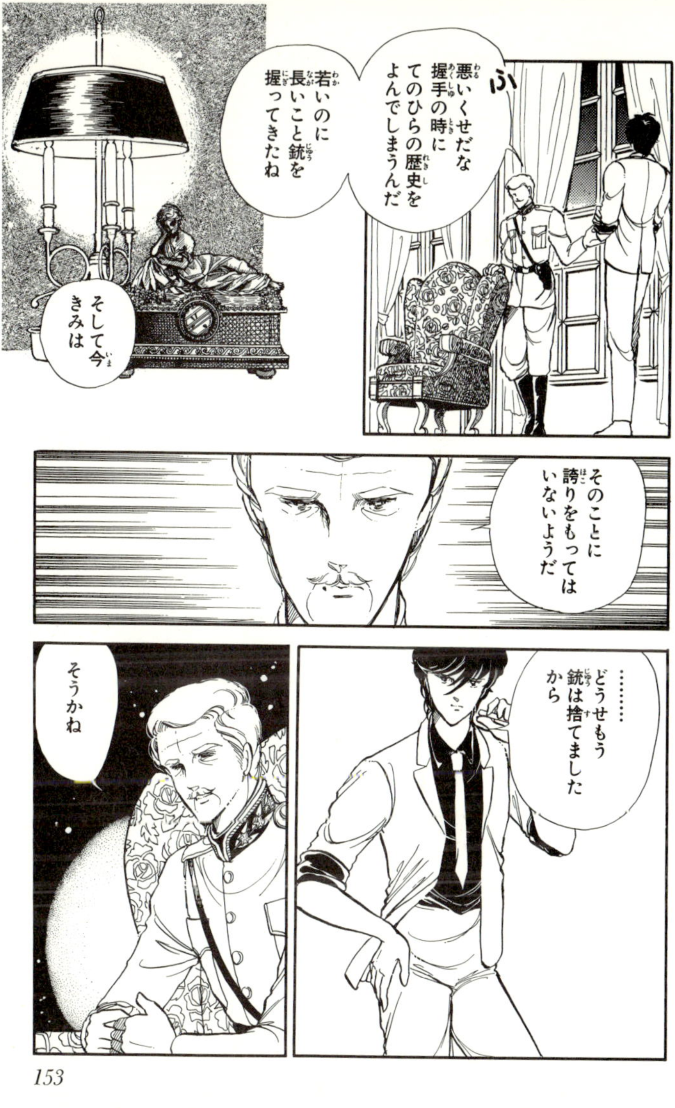
ふ
悪いくせだな
握手の時に
てのひらの歴史を
よんでしまうんだ
若いのに
長いこと銃を
握ってきたね
そして今
きみは
そのことに
誇りをもっては
いないようだ
………
どうせもう
銃は捨てました
から
そうかね

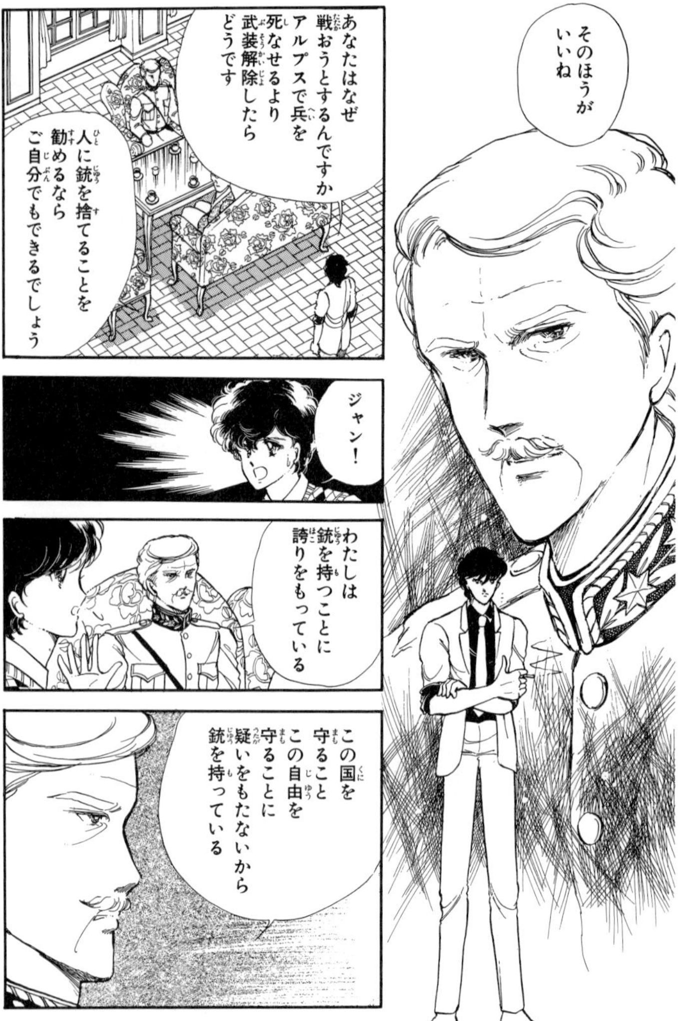

そのほうが いいね
あなたはなぜ 戦おうとするんですか アルプスで兵を 死なせるより 武装解除したら どうです
人に銃を捨てることを 勧めるなら ご自分でもできるでしょう
ジャン!
わたしは 銃を持つことに 誇りをもっている
この国を 守ること この自由を 守ることに 疑いをもたないから 銃を持っている

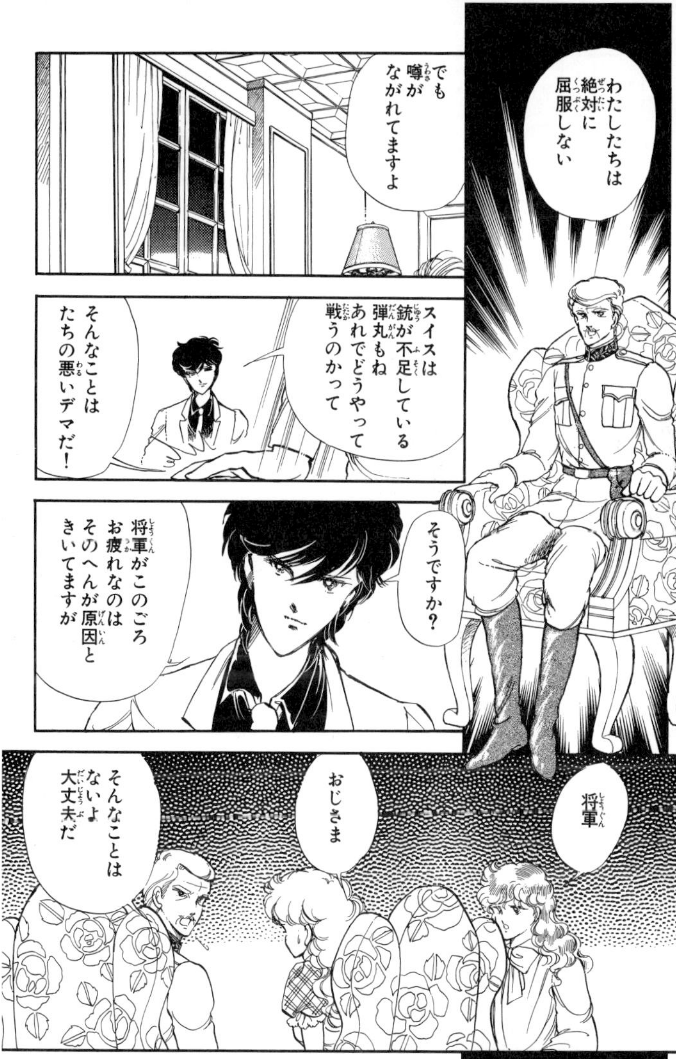

わたしたちは絶対に屈服しない
でも噂がながれてますよ
スイスは銃が不足している弾丸もねあれでどうやって戦うのかって
そんなことはたちの悪いデマだ！
そうですか？
将軍がこのごろお疲れなのはそのへんが原因ときいてますが
将軍
おじさま
そんなことはないよ大丈夫だ

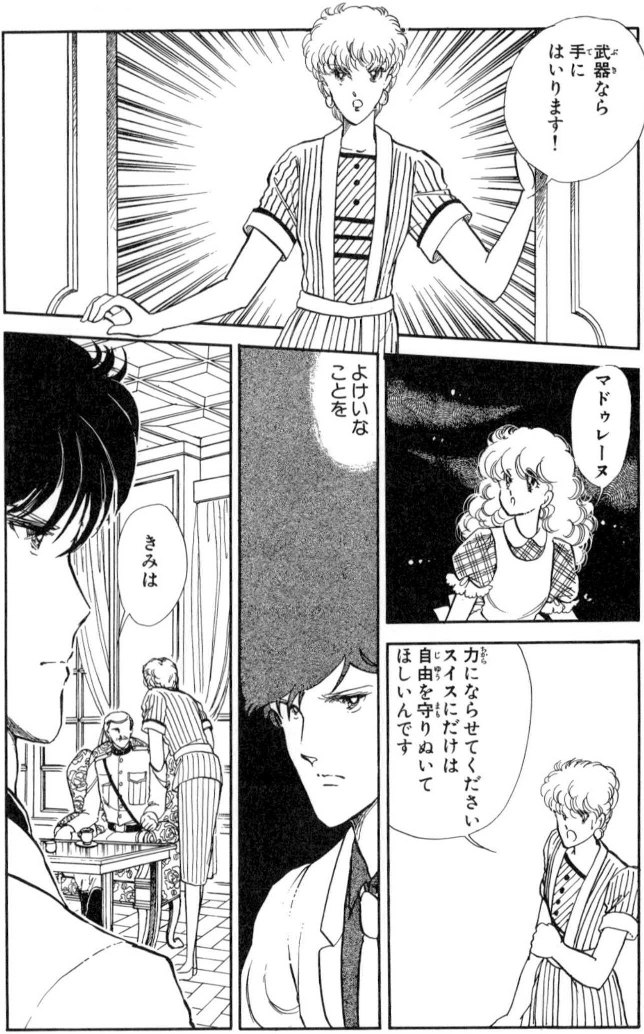

武器なら手にはいります！
マドゥレーヌ
力にならせてくださいスイスにだけは自由を守りぬいてほしいんです
よけいなことを
きみは

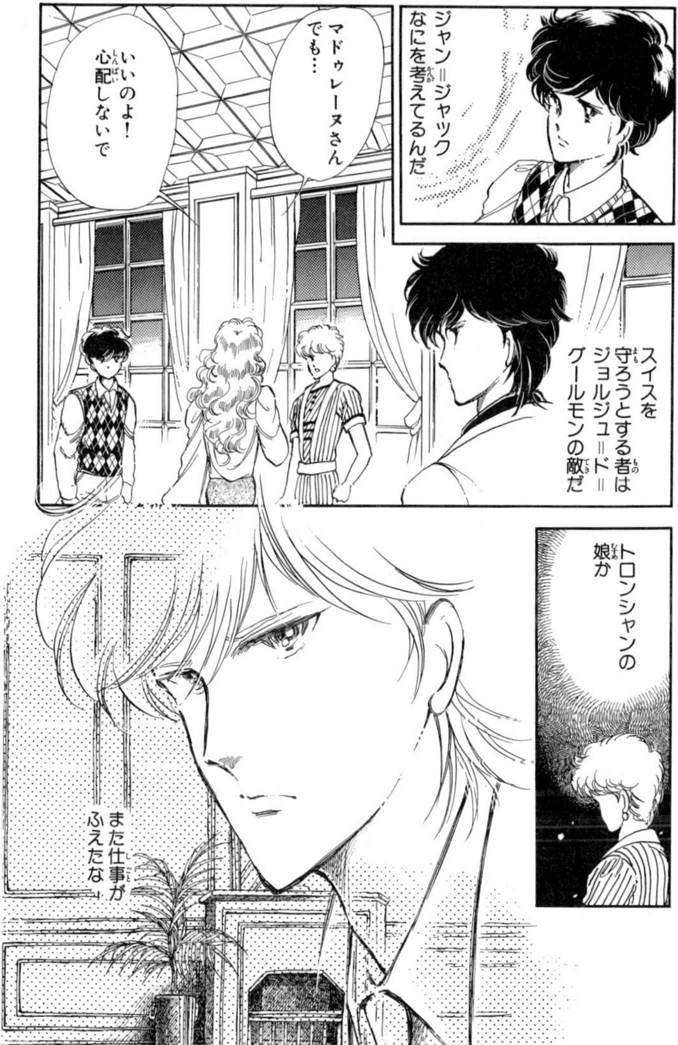
ジャン＝ジャック
なにを考えてるんだ
マドゥレーヌさん
でも…
いいのよ！
心配しないで
スイスを
守ろうとする者は
ジョルジュ＝ド＝
グールモンの敵だ
トロンシャンの
娘か
また仕事が
ふえたな

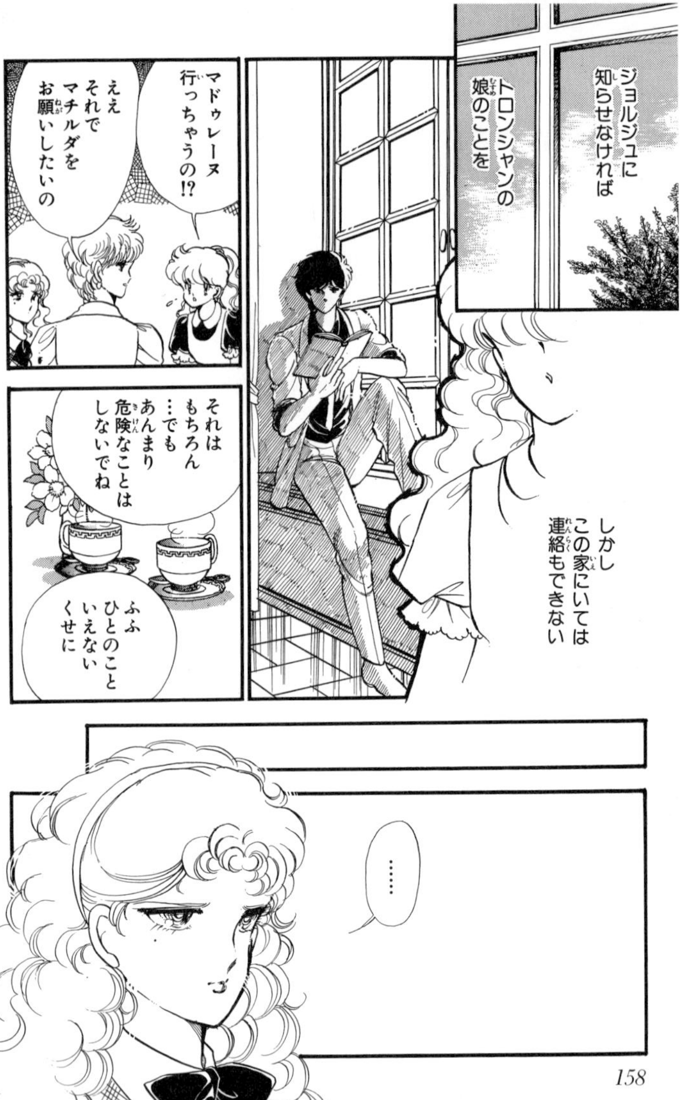
ジョルジュに知らせなければ
トロンシャンの娘のことを
しかしこの家にいては連絡もできない
マドゥレーヌ行っちゃうの!?
ええそれでマチルダをお願いしたいの
それはもちろん…でもあんまり危険なことはしないでね
ふふひとのこといえないくせに
……

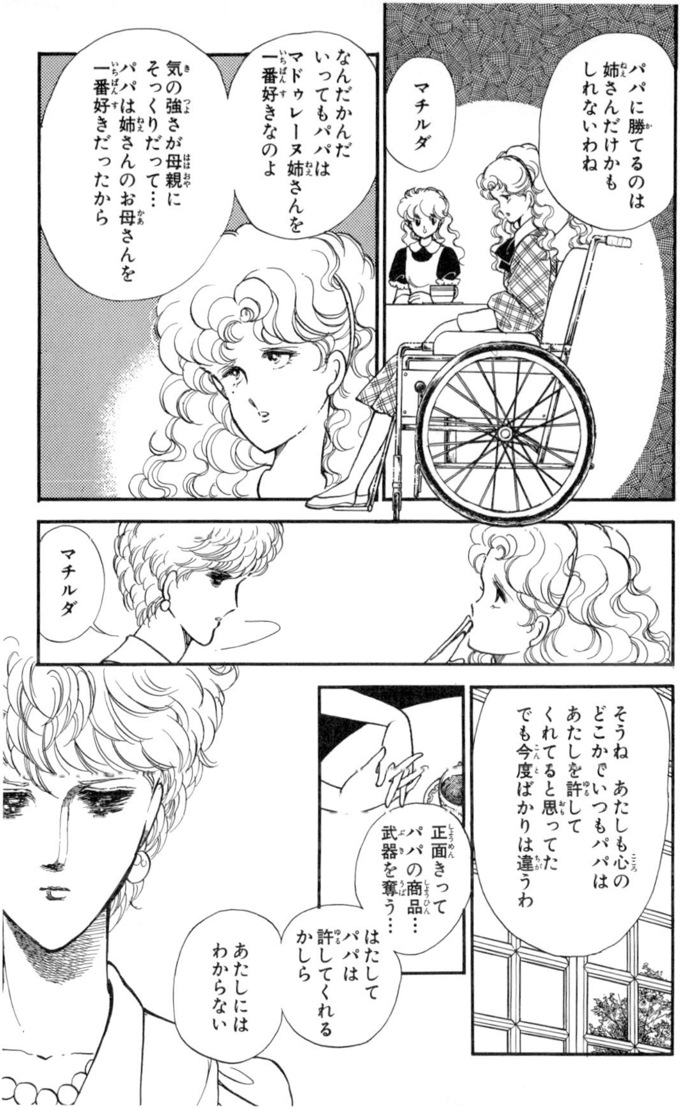
パパに勝てるのは姉さんだけかもしれないわね
マチルダ
なんだかんだいってもパパはマドゥレーヌ姉さんを一番好きなのよ
気の強さが母親にそっくりだって…パパは姉さんのお母さんを一番好きだったから
マチルダ
そうね　あたしも心のどこかでいつもパパはあたしを許してくれてると思ってた　でも今度ばかりは違うわ
正面きってパパの商品…武器を奪う…
はたしてパパは許してくれるかしら
あたしにはわからない

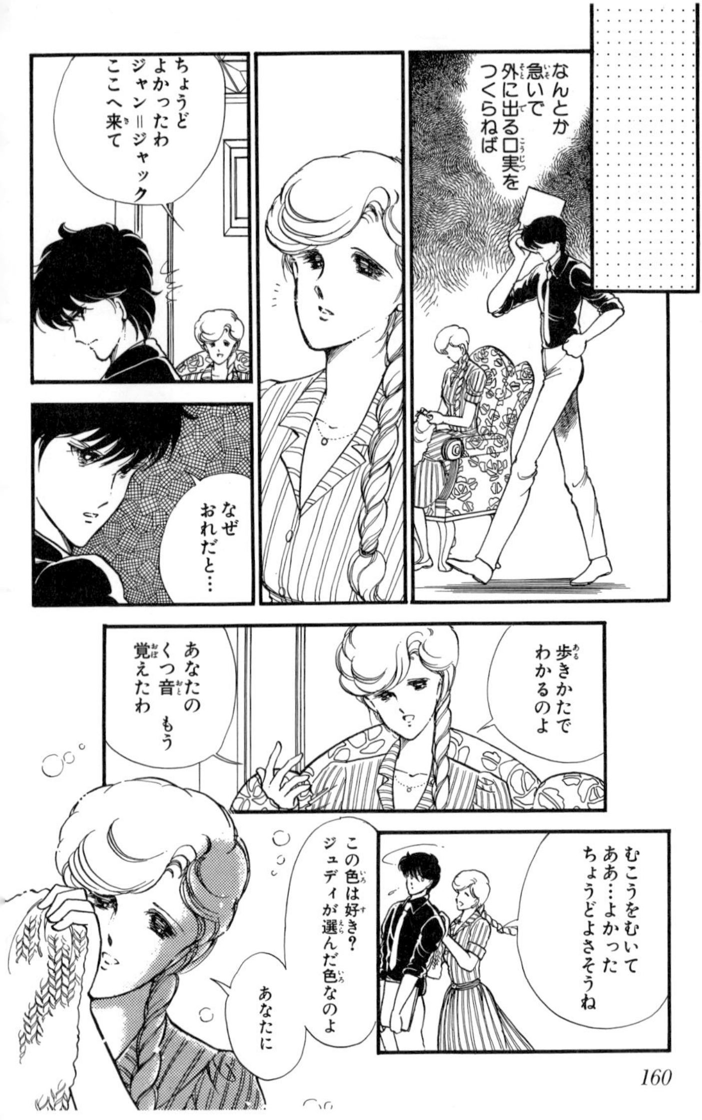
なんとか
急いで
外に出る口実を
つくらねば
ちょうど
よかったわ
ジャン＝ジャック
ここへ来て
なぜ
おれだと…
歩きかたで
わかるのよ
あなたの
くつ音　もう
覚えたわ
むこうをむいて
ああ…よかった
ちょうどよさそうね
この色は好き？
ジュディが選んだ色なのよ
あなたに

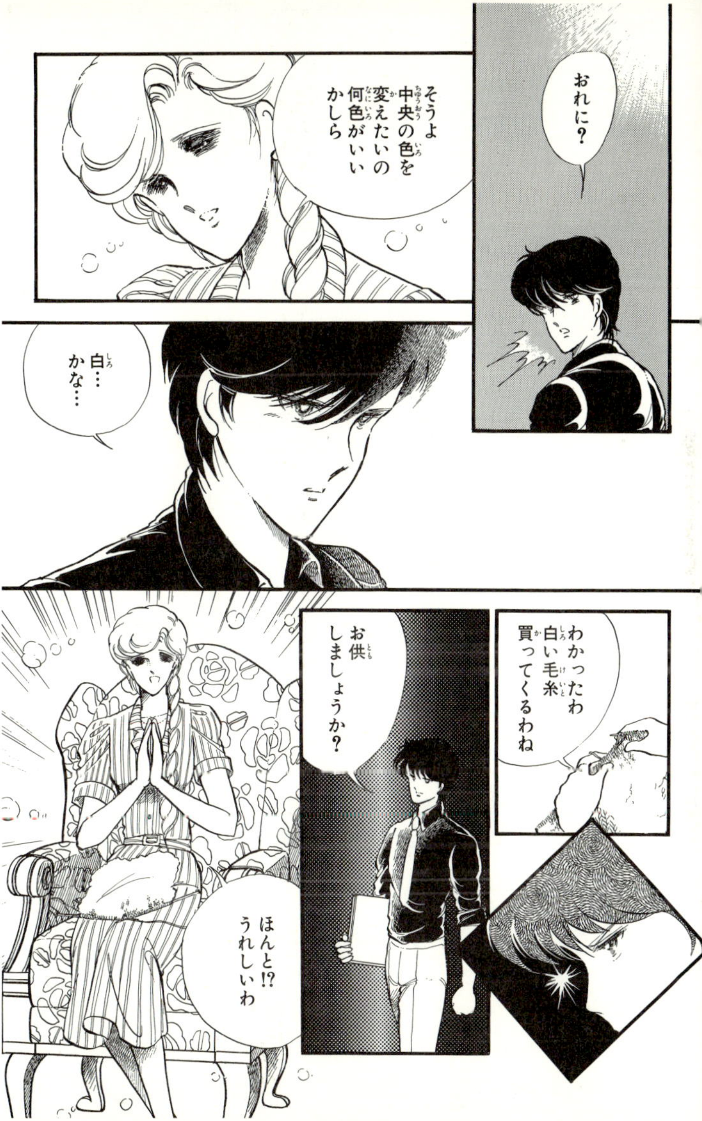

おれに？
そうよ
中央の色を
変えたいの
何色がいい
かしら
白…
かな…
わかったわ
白い毛糸
買ってくるわね
お供
しましょうか？
ほんと!?
うれしいわ

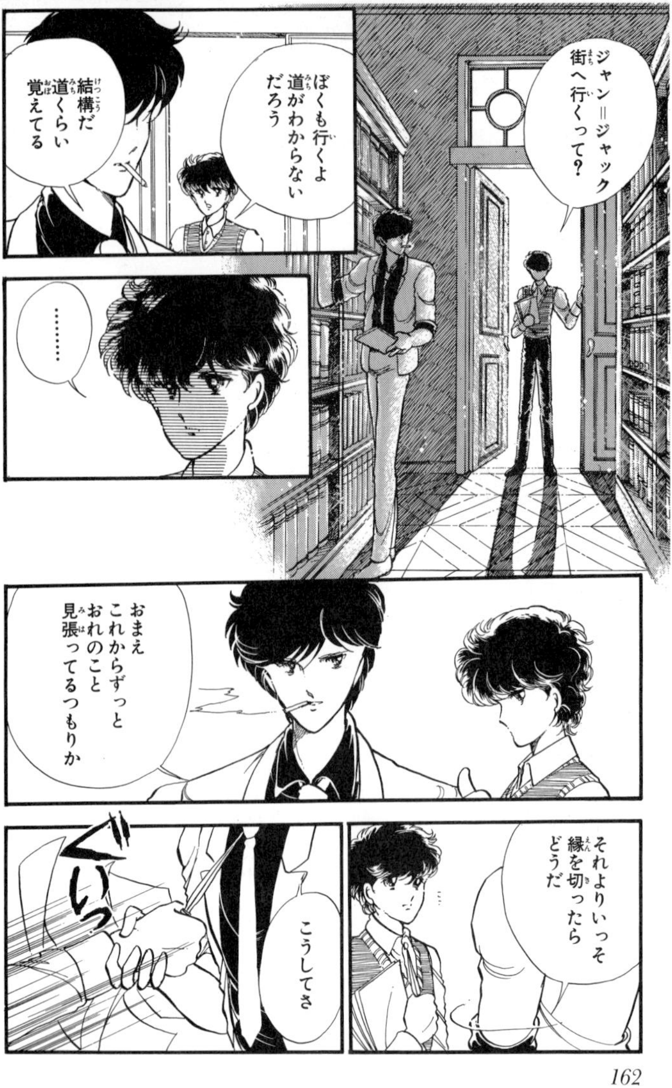
ジャン＝ジャック
街へ行くって？
ぼくも行くよ
道がわからないだろう
結構だ
道くらい覚えてる
………
おまえ
これからずっと
おれのこと
見張ってるつもりか
それよりいっそ
縁を切ったらどうだ
こうしてさ
ぐいっ

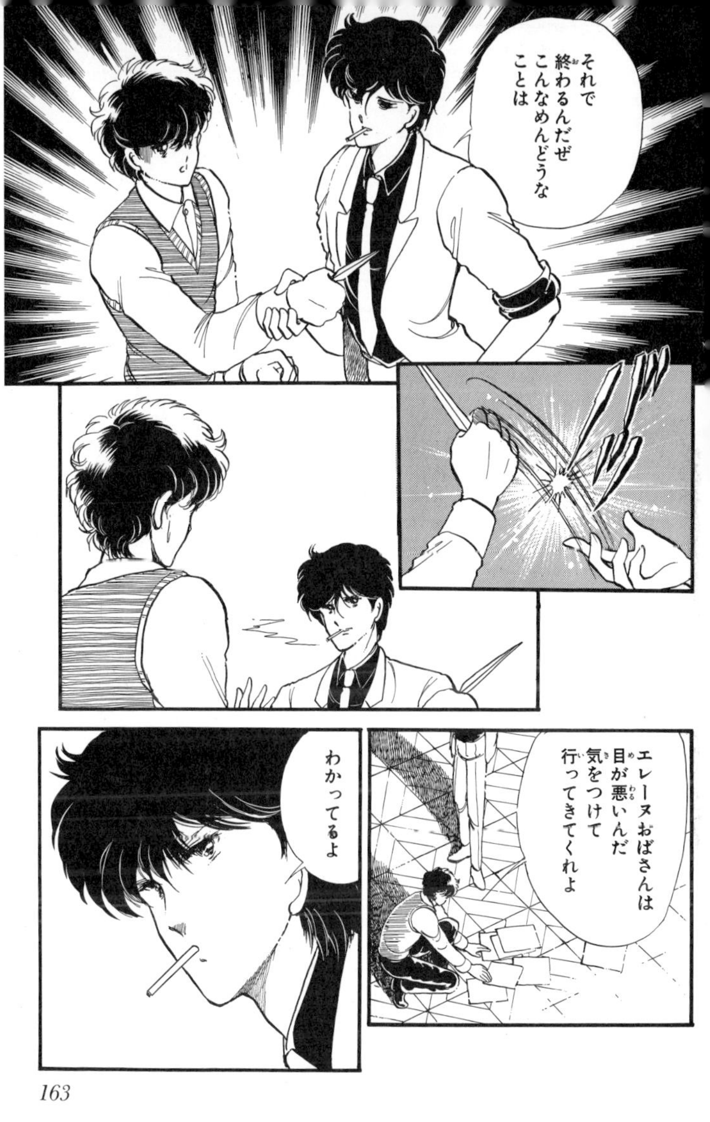
それで終わるんだぜ こんなめんどうなことは
エレーヌおばさんは目が悪いんだ 気をつけて行ってきてくれよ
わかってるよ

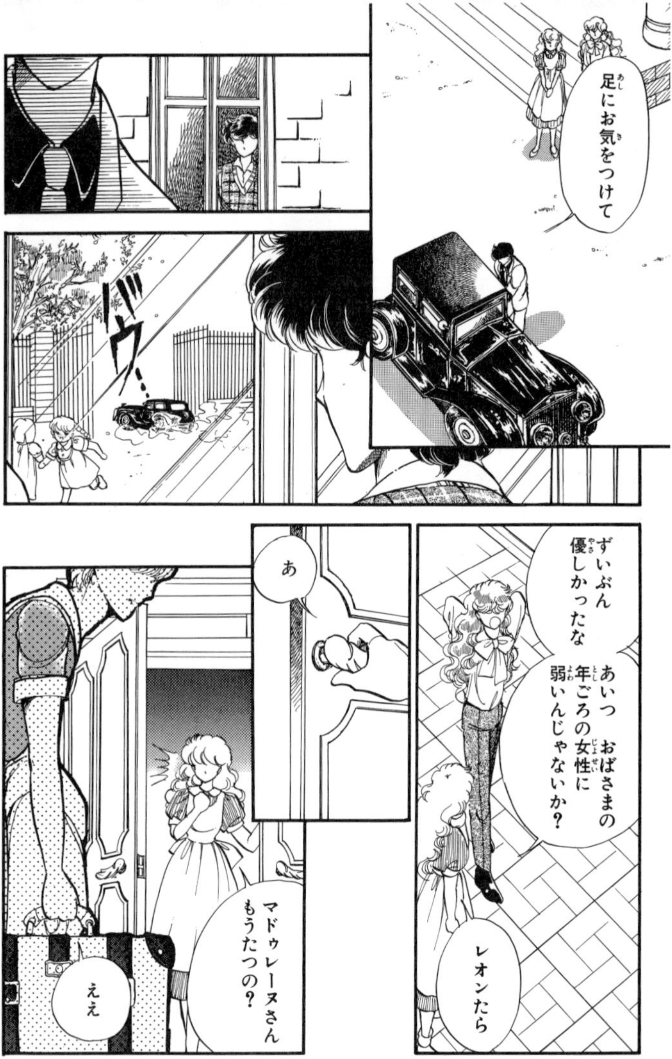
足にお気をつけて
ずいぶん優しかったな
あいつ おばさまの年ごろの女性に弱いんじゃないか?
レオンたら
あ
マドゥレーヌさんもうたつの?
ええ

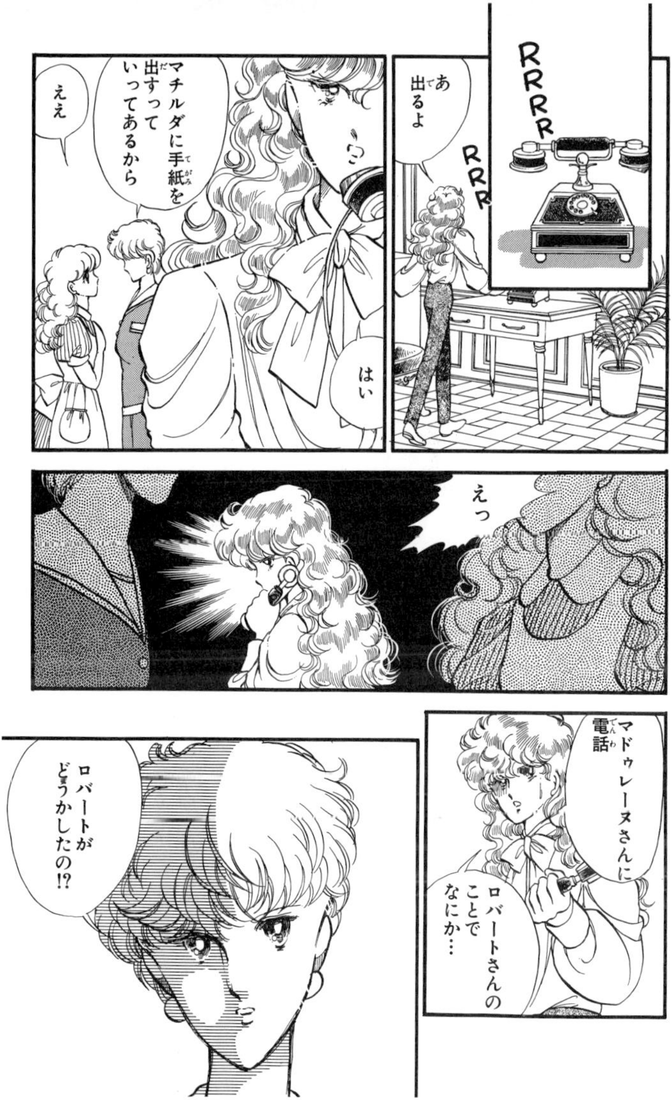
RRRR
RRR
あ
出るよ
マチルダに手紙を出すっていってあるから
ええ
はい
えっ
マドゥレーヌさんに電話
ロバートさんのことでなにか…
ロバートがどうかしたの!?

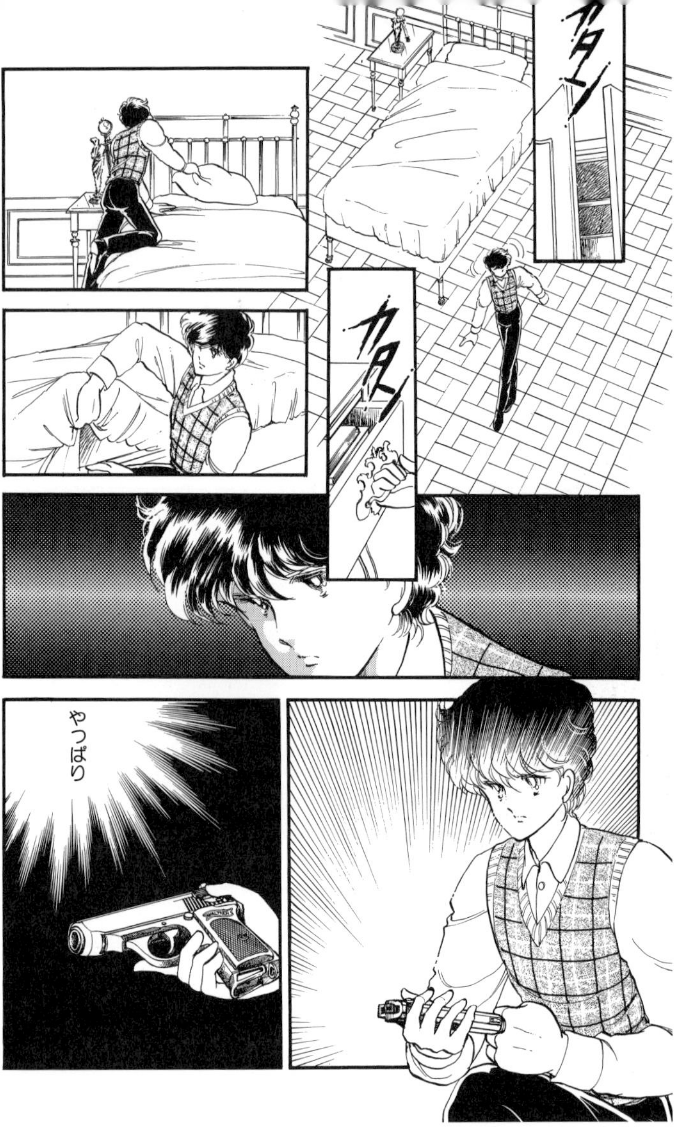
ガタン
カタン
やっぱり

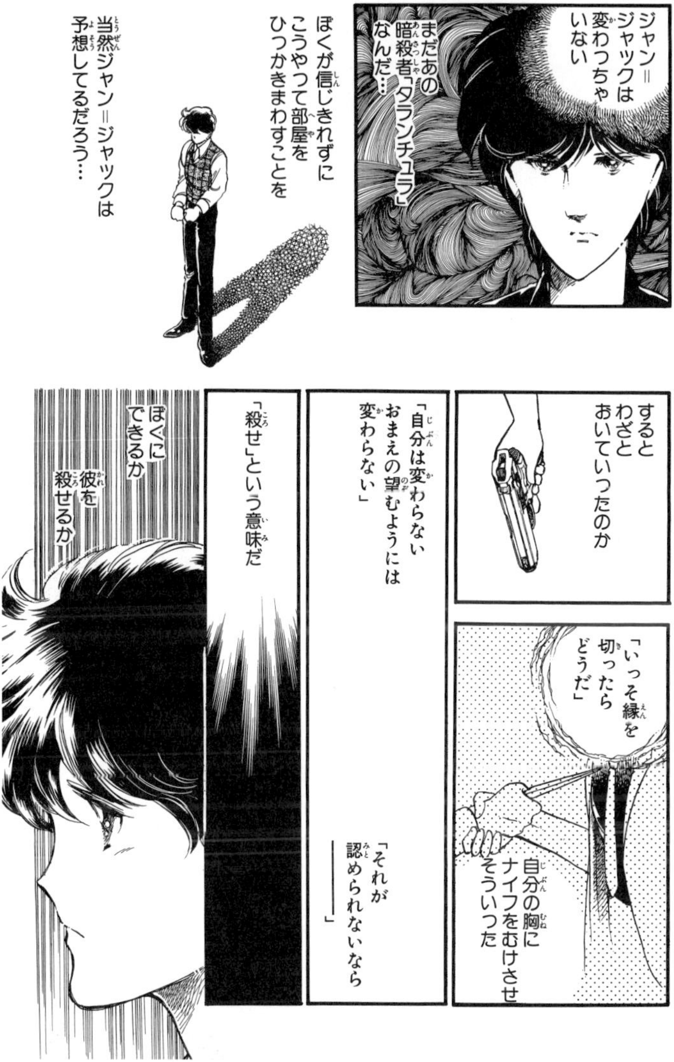

ジャン＝ジャックは変わっちゃいない
まだあの暗殺者「タランチュラ」なんだ…
ぼくが信じきれずにこうやって部屋をひっかきまわすことを
当然ジャン＝ジャックは予想してるだろう…
するとわざとおいていったのか
「いっそ縁を切ったらどうだ」
自分の胸にナイフをむけさせそういった
「自分は変わらないおまえの望むようには変わらない」
「それが認められないなら——」
「殺せ」という意味だ
ぼくにできるか
彼を殺せるか

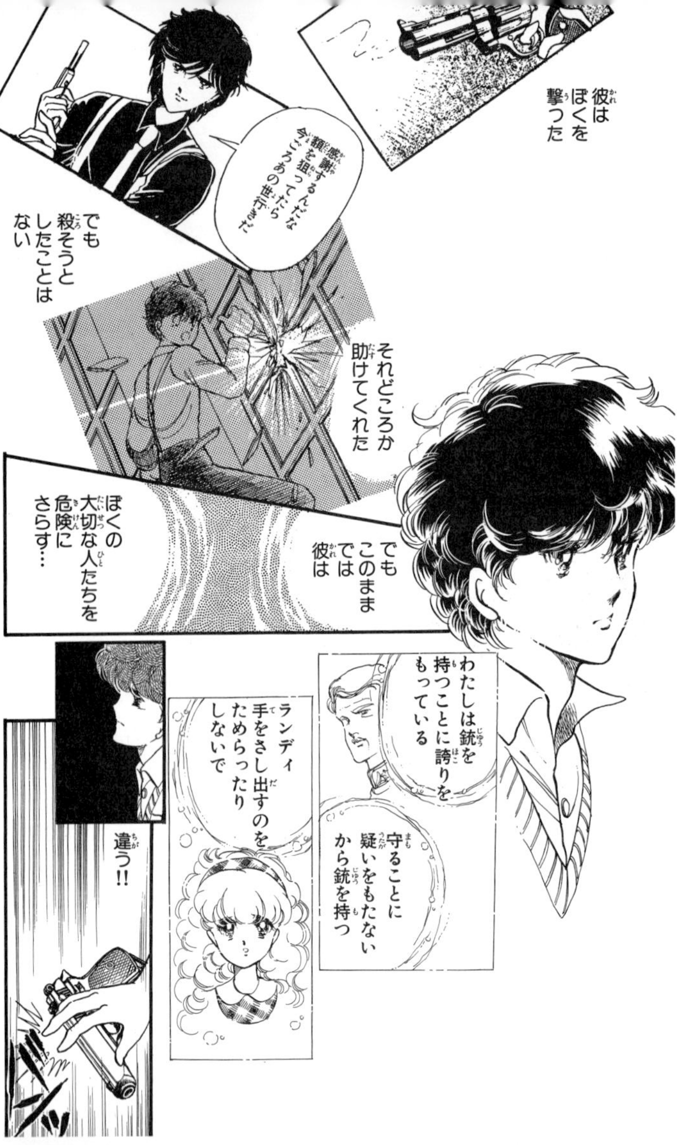

彼はぼくを撃った
感謝するんだな 額を狙ってたら 今ごろあの世行きだ
でも殺そうとしたことはない
それどころか助けてくれた
でもこのままでは彼は
ぼくの大切な人たちを危険にさらす…
わたしは銃を持つことに誇りをもっている
守ることに疑いをもたないから銃を持つ
ランディ 手をさし出すのをためらったりしないで
違う!!

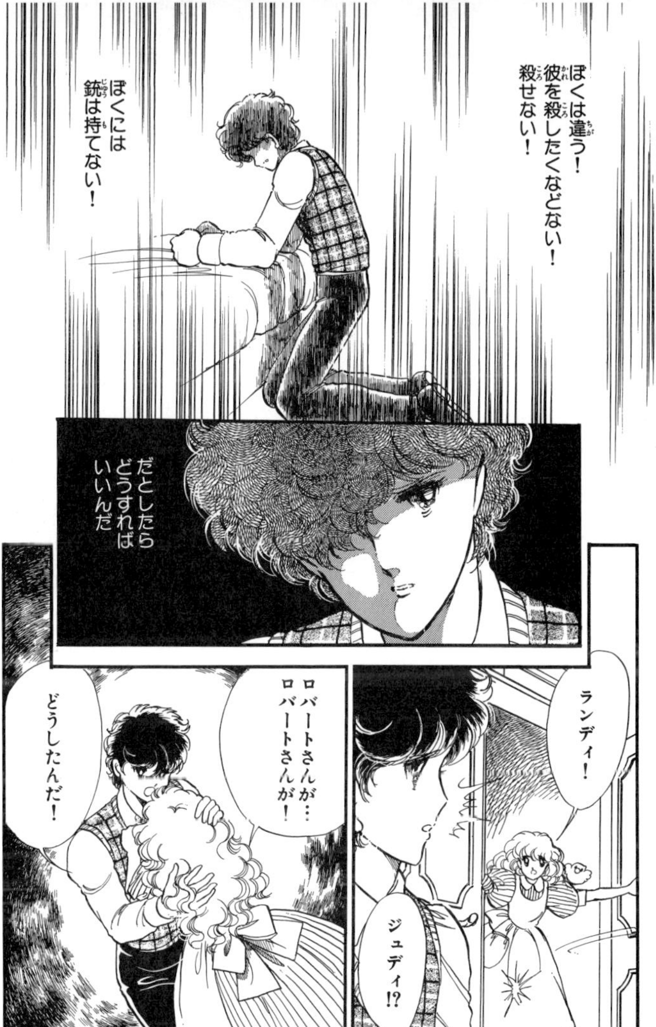
ぼくは違う！
彼を殺したくなどない！
殺せない！
ぼくには
銃は持てない！
だとしたら
どうすれば
いいんだ
ランディ！
ジュディ!?
ロバートさんが…
ロバートさんが！
どうしたんだ！

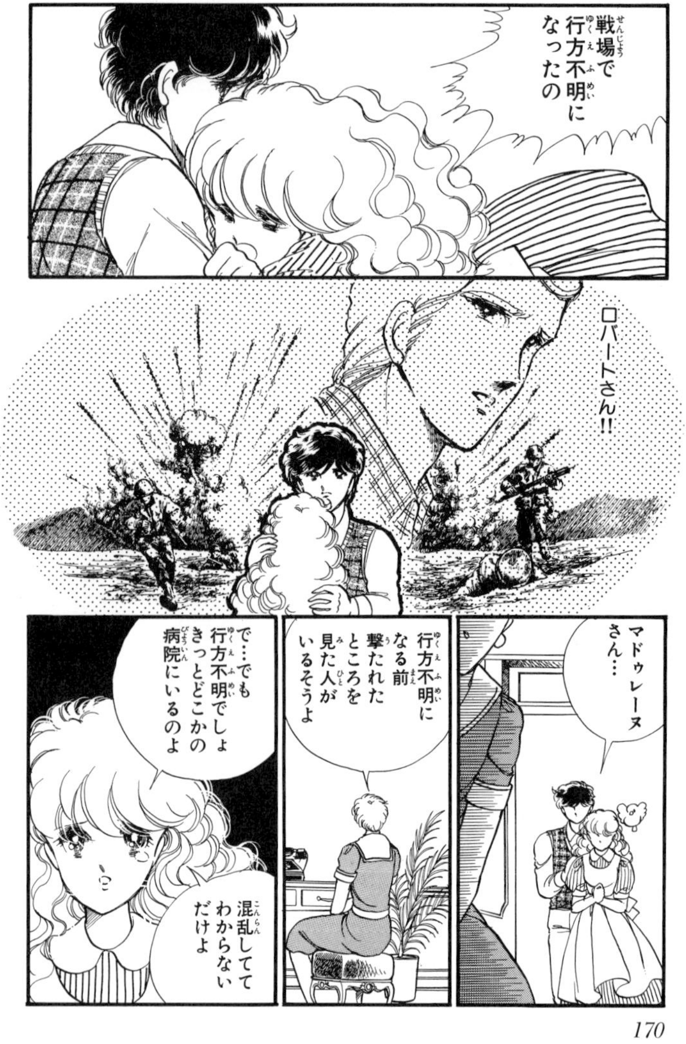

戦場で行方不明になったの
ロバートさん!!
マドゥレーヌさん…
行方不明になる前撃たれたところを見た人がいるそうよ
で…でも行方不明でしょきっとどこかの病院にいるのよ
混乱しててわからないだけよ

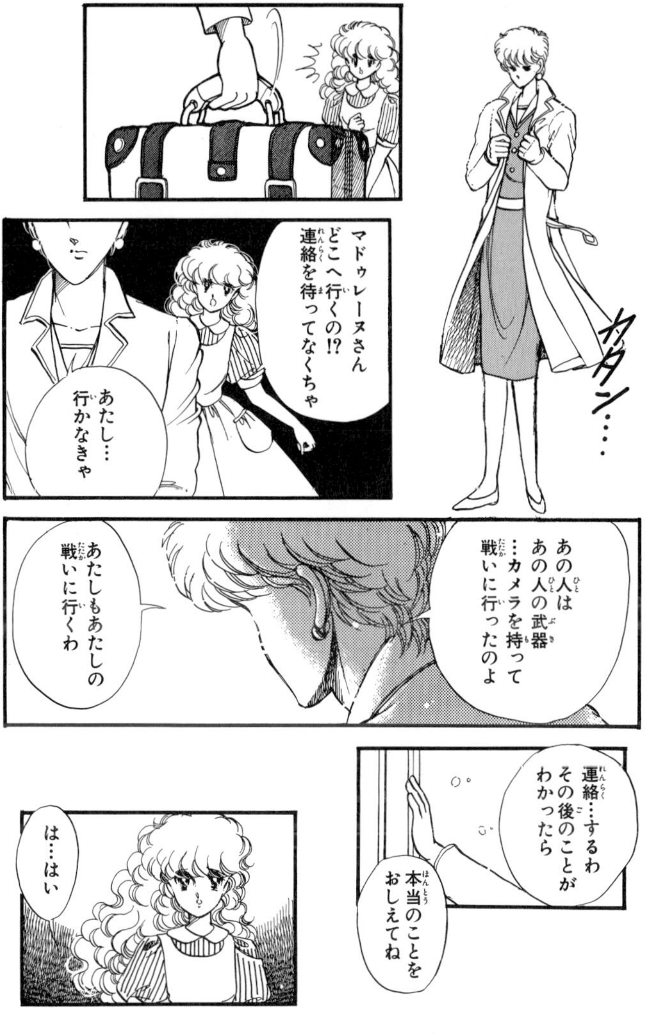
カタン……
マドゥレーヌさん どこへ行くの!? 連絡を待ってなくちゃ
あたし…行かなきゃ
あの人は あの人の武器…カメラを持って戦いに行ったのよ
あたしもあたしの戦いに行くわ
連絡…するわ その後のことがわかったら
本当のことをおしえてね
は…はい

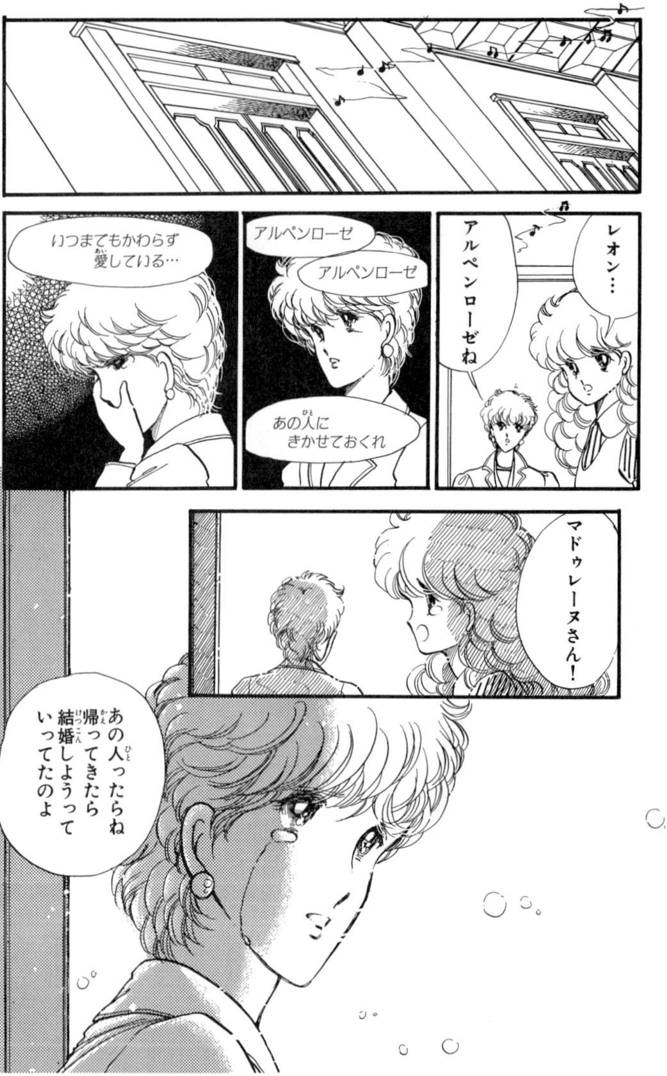
レオン…
アルペンローゼね
アルペンローゼ
アルペンローゼ
あの人に
きかせておくれ
いつまでもかわらず
愛している…
マドゥレーヌさん!
あの人ったらね
帰ってきたら
結婚しようって
いってたのよ

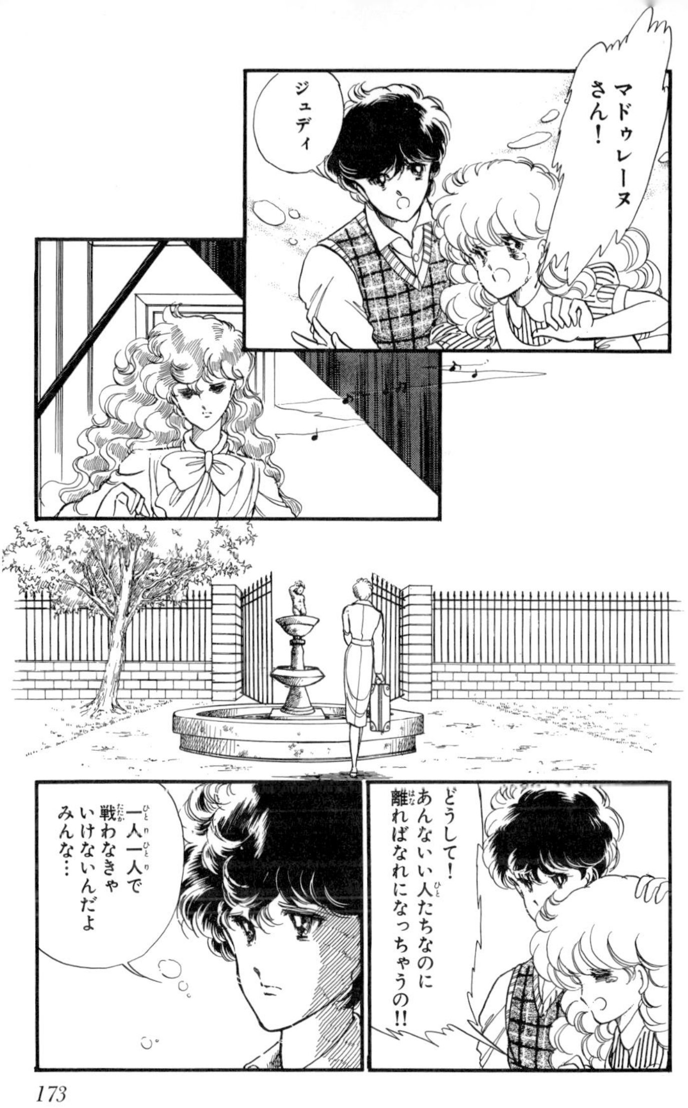
マドゥレーヌさん！
ジュディ
どうして！あんないい人たちなのに離ればなれになっちゃうの!!
一人一人で戦わなきゃいけないんだよみんな…

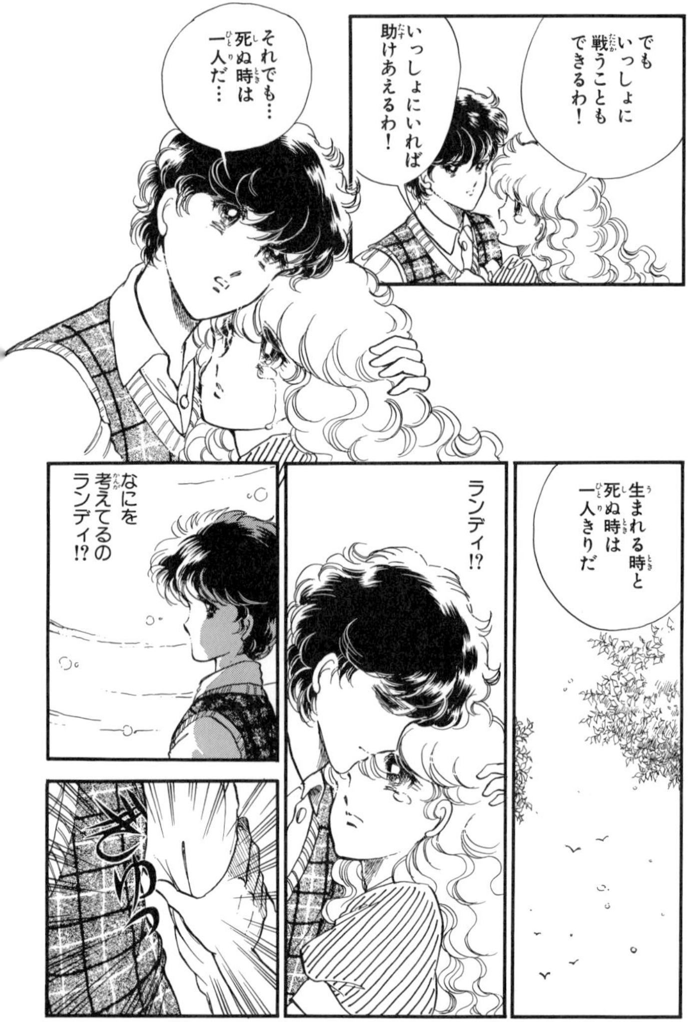
でもいっしょに戦うこともできるわ！
いっしょにいれば助けあえるわ！
それでも…死ぬ時は一人だ…
生まれる時と死ぬ時は一人きりだ
ランディ!?
なにを考えてるのランディ!?

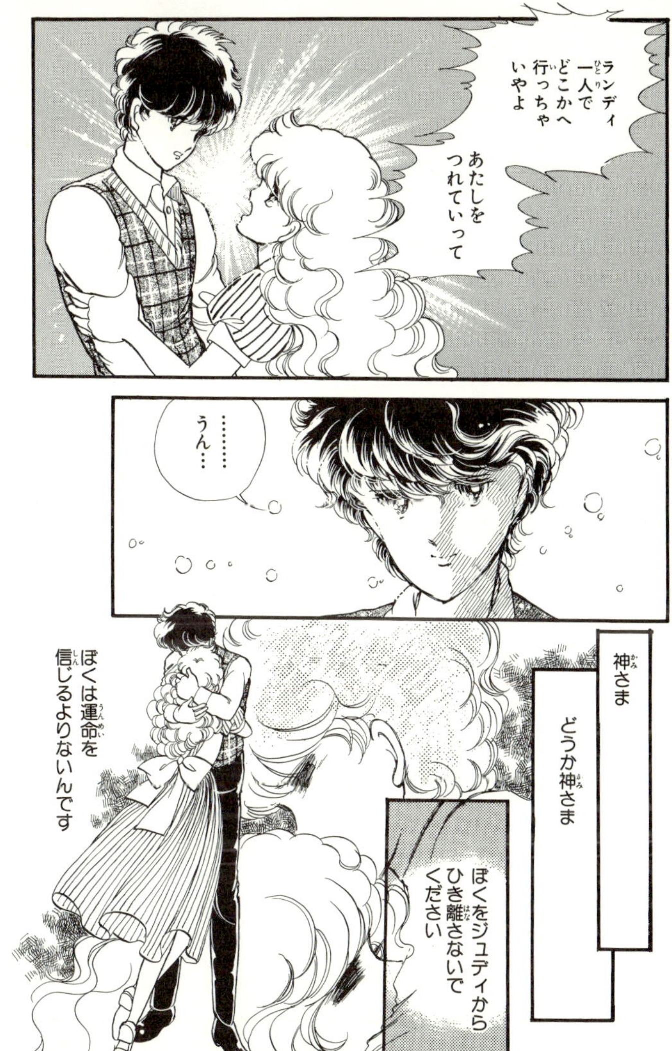
ランディ
一人で
どこかへ
行っちゃ
いやよ
あたしを
つれていって
……うん……
神さま
どうか神さま
ぼくをジュディから
ひき離さないで
ください
ぼくは運命を
信じるよりないんです

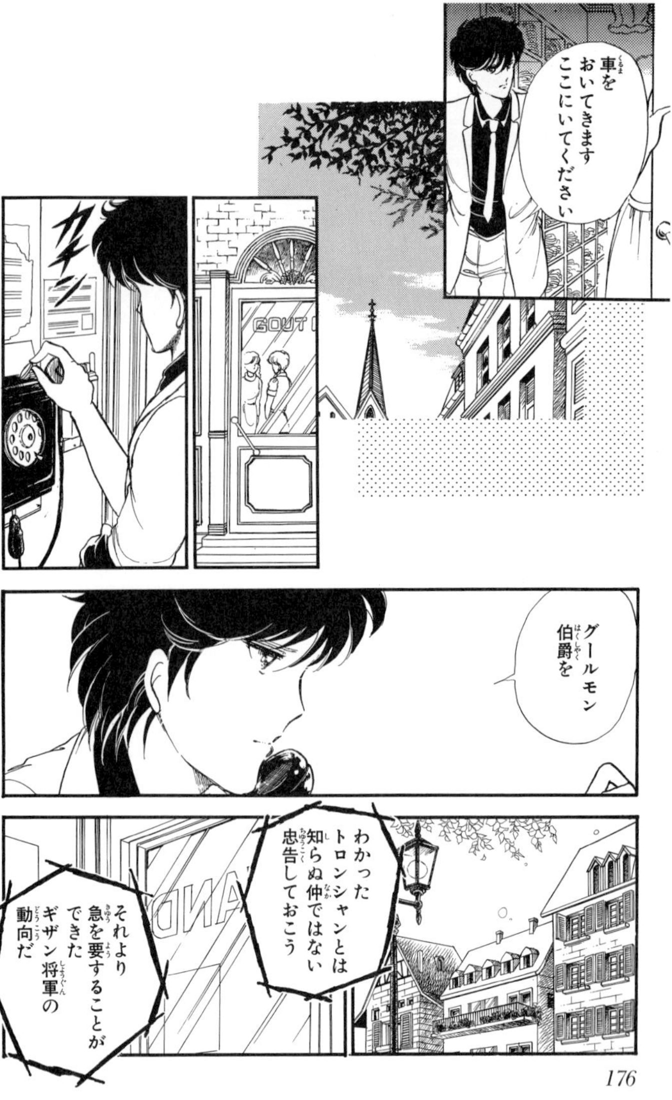
車をおいてきます
ここにいてください
カチン
グールモン伯爵を
わかった
トロンシャンとは知らぬ仲ではない
忠告しておこう
それより急を要することができた
ギザン将軍の動向だ

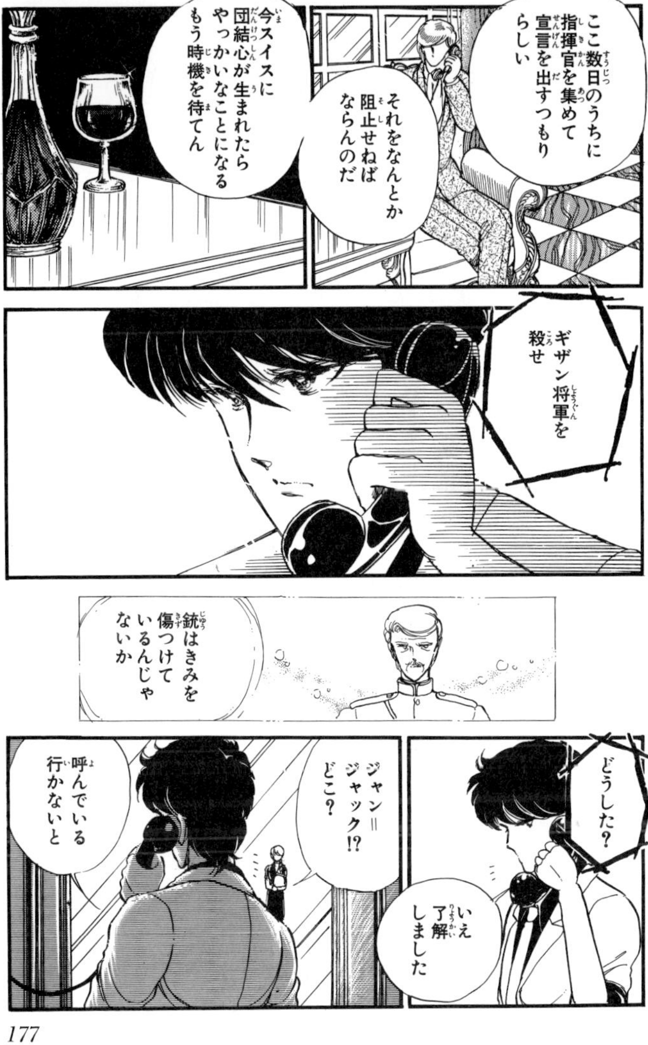
ここ数日のうちに指揮官を集めて宣言を出すつもりらしい
それをなんとか阻止せねばならんのだ
今スイスに団結心が生まれたらやっかいなことになる
もう時機を待てん
ギザン将軍を殺せ
銃はきみを傷つけているんじゃないか
どうした?
いえ了解しました
ジャン=ジャック!?どこ?
呼んでいる行かないと

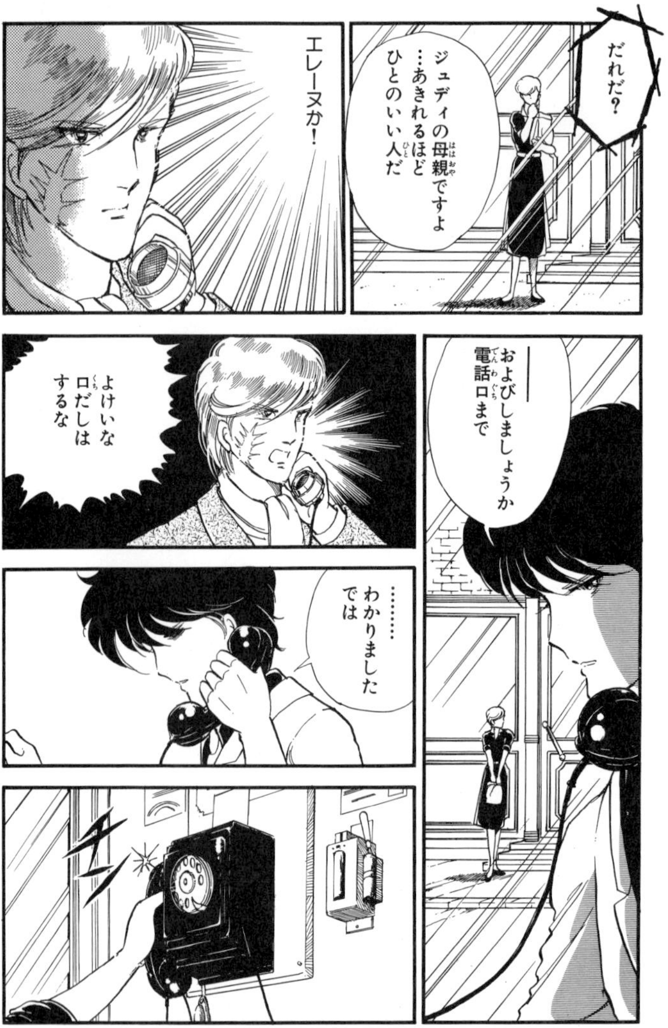
だれだ？
ジュディの母親ですよ …あきれるほど ひとのいい人だ
エレーヌか！
── およびしましょうか 電話口まで
よけいな口だしは するな
……… わかりました では
チン

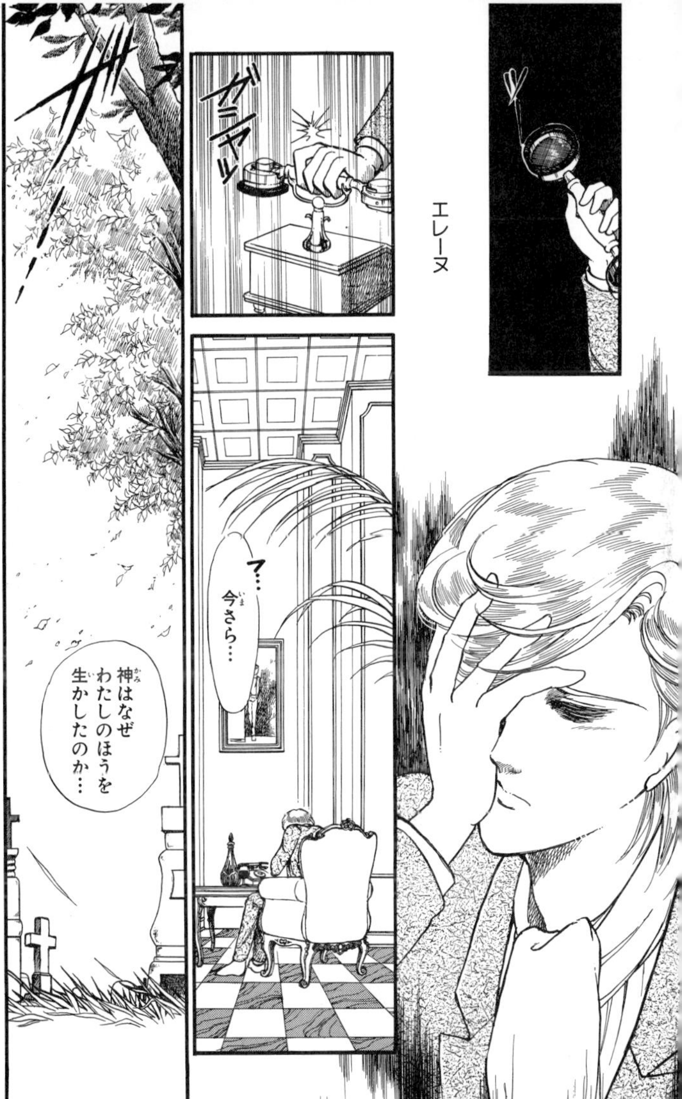
エレーヌ
ガシャッ
フ…
今さら…
神はなぜ
わたしのほうを
生かしたのか…

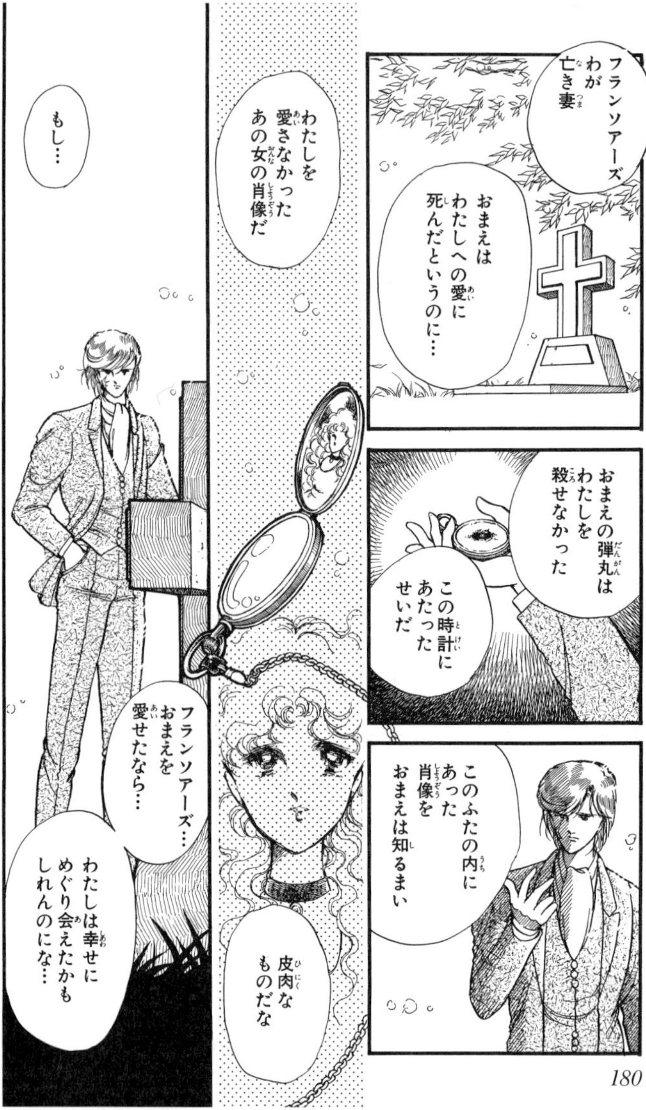

フランソアーズ わが亡き妻
おまえは わたしへの愛に 死んだというのに…
おまえの弾丸は わたしを殺せなかった
この時計に あたった せいだ
このふたの内に あった 肖像を おまえは知るまい
わたしを 愛さなかった あの女の肖像だ
皮肉な ものだな
もし…
フランソアーズ… おまえを 愛せたなら…
わたしは幸せに めぐり会えたかも しれんのにな…

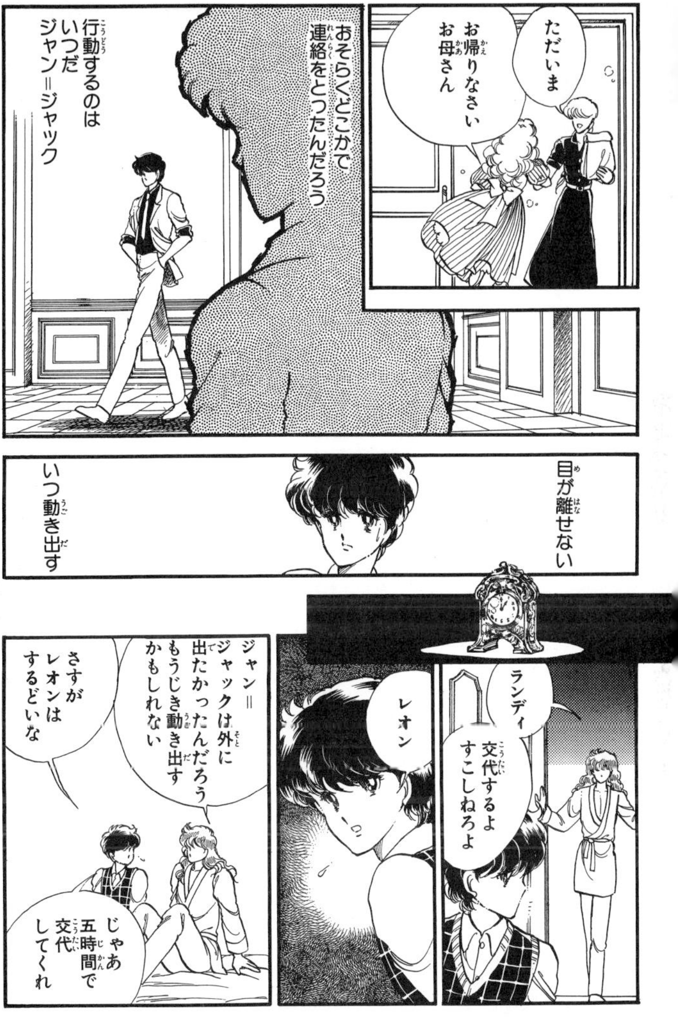
ただいま
お帰りなさい お母さん
おそらくどこかで連絡をとったんだろう
行動するのはいつだ ジャン＝ジャック
目が離せない
いつ動き出す
ランディ
レオン
交代するよ すこしねろよ
ジャン＝ジャックは外に出たかったんだろう もうじき動き出すかもしれない
さすが レオンは するどいな
じゃあ 五時間で 交代してくれ

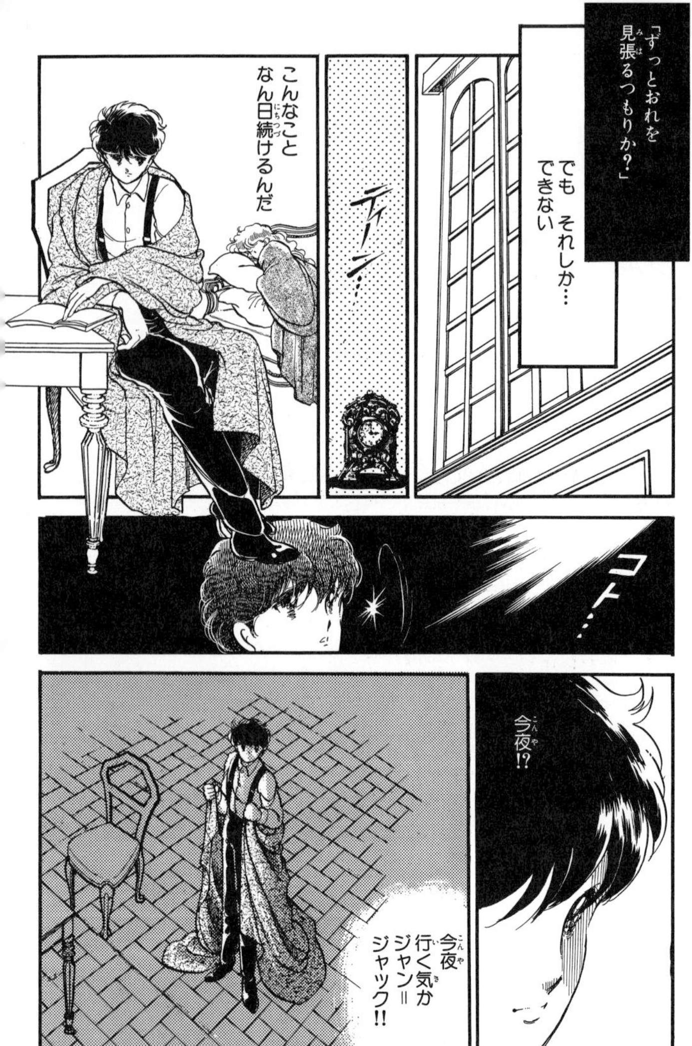
「ずっとおれを見張るつもりか?」
でも それしか…できない
チィーン…
こんなことなん日続けるんだ
コト…
今夜!?
今夜行く気かジャン=ジャック!!

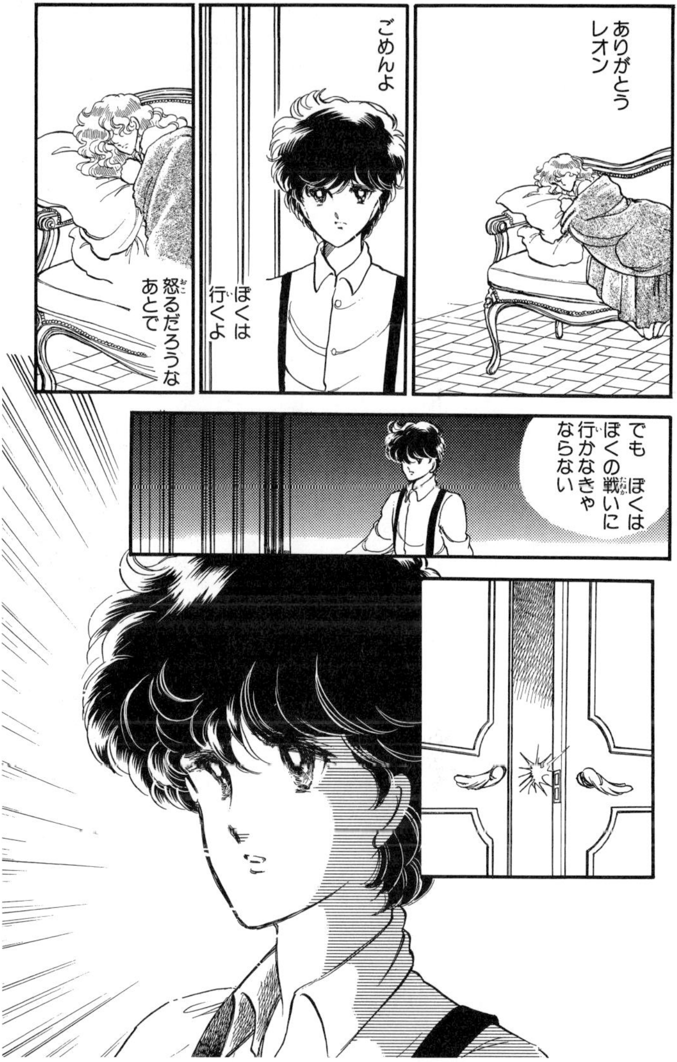
ありがとう
レオン
ごめんよ
ぼくは
行くよ
怒るだろうな
あとで
でも　ぼくは
ぼくの戦いに
行かなきゃ
ならない

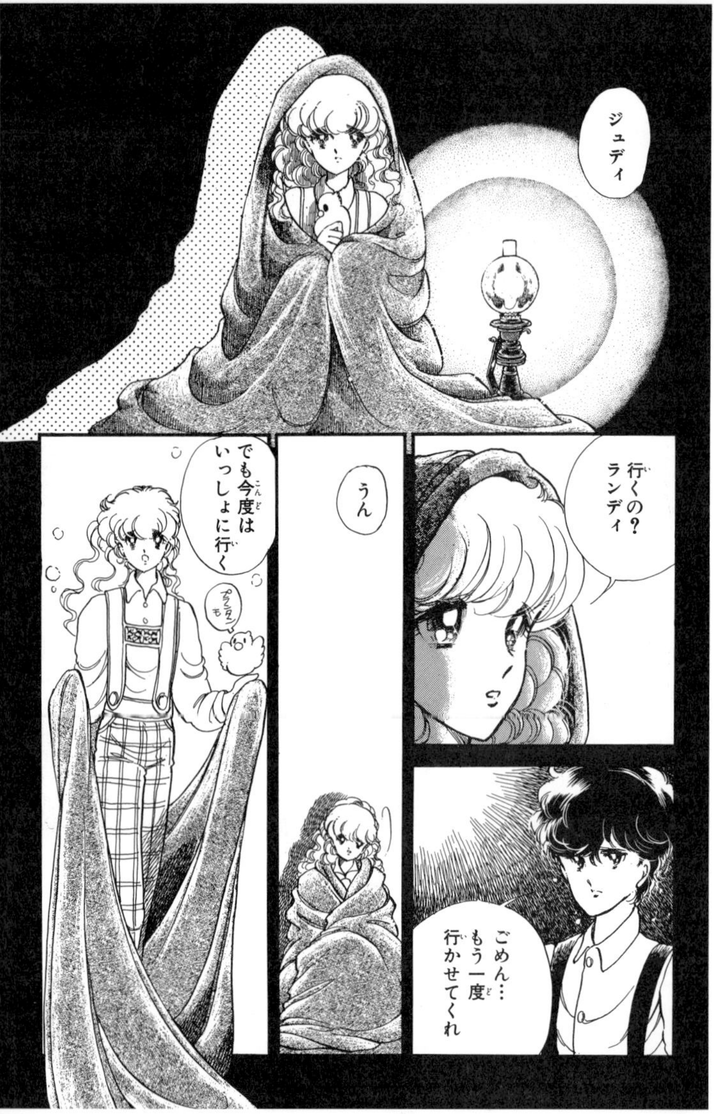
ジュディ
行くの？
ランディ
ごめん…
もう一度
行かせてくれ
うん
でも今度は
いっしょに行く

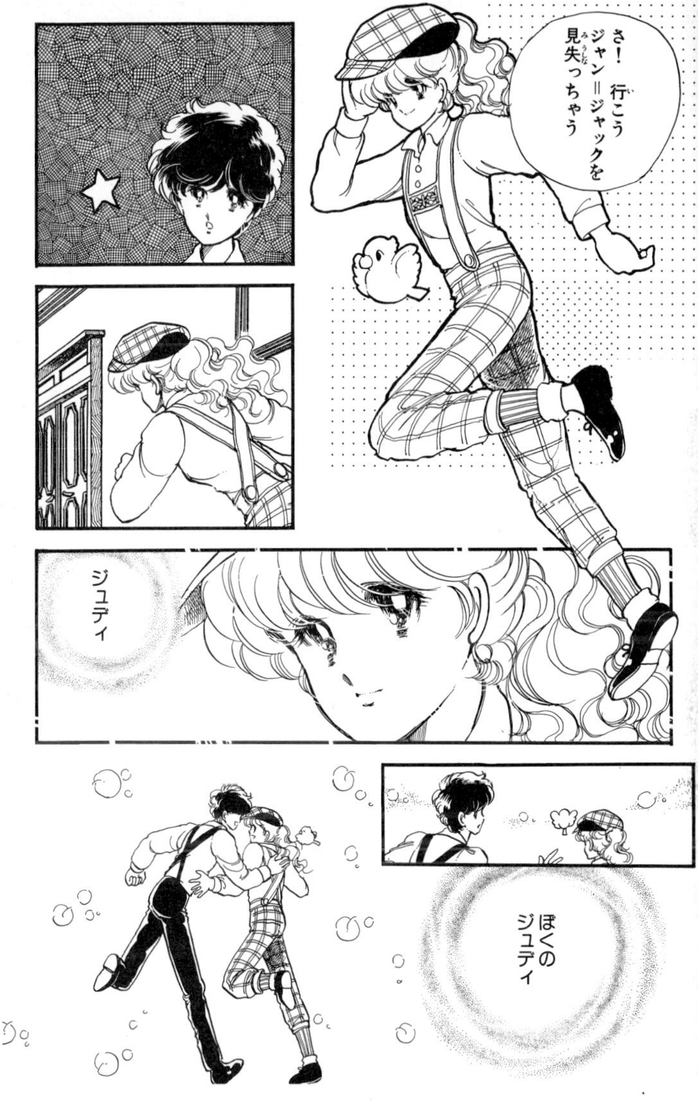
さ！　行こう
ジャン＝ジャックを
見失っちゃう
ジュディ
ぼくの
ジュディ

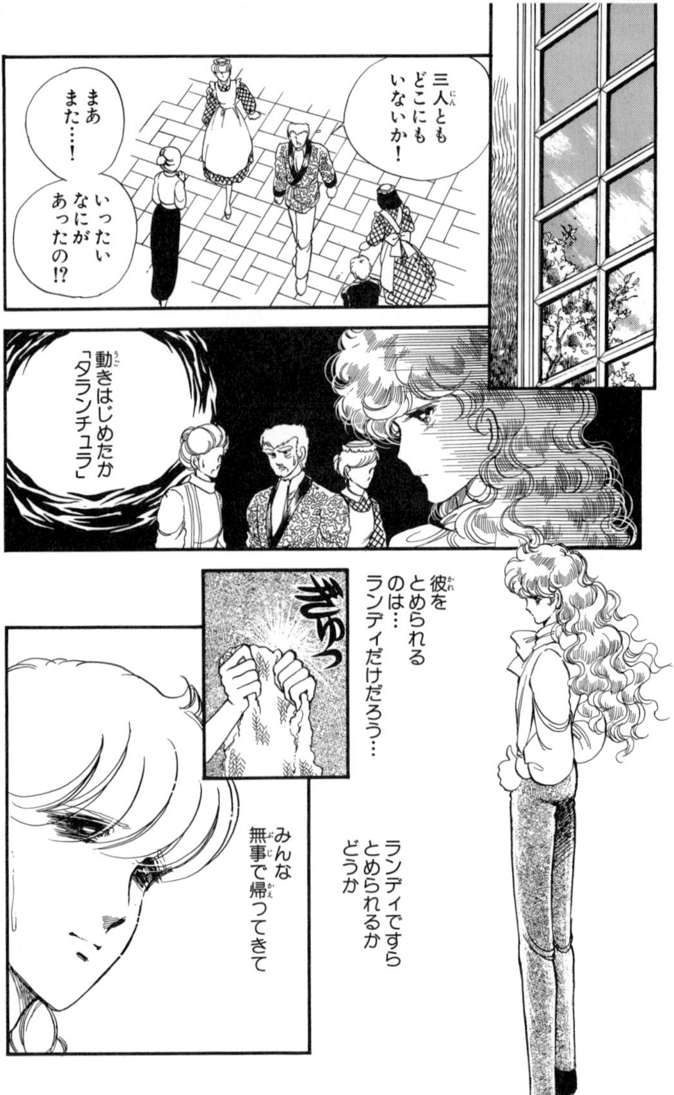
三人ともどこにもいないか!
まあ また…!
いったいなにがあったの!?
動きはじめたか「タランチュラ」
彼をとめられるのは…ランディだけだろう…
ランディですらとめられるかどうか
ぎゅっ
みんな無事で帰ってきて

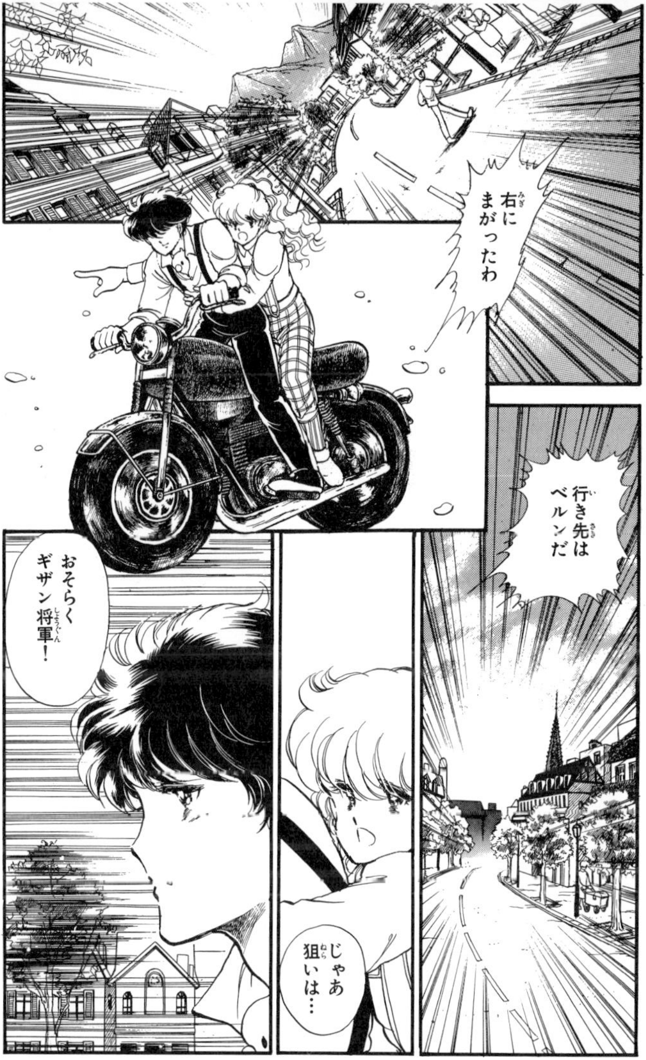
右にまがったわ
行き先はベルンだ
じゃあ狙いは…
おそらくギザン将軍！

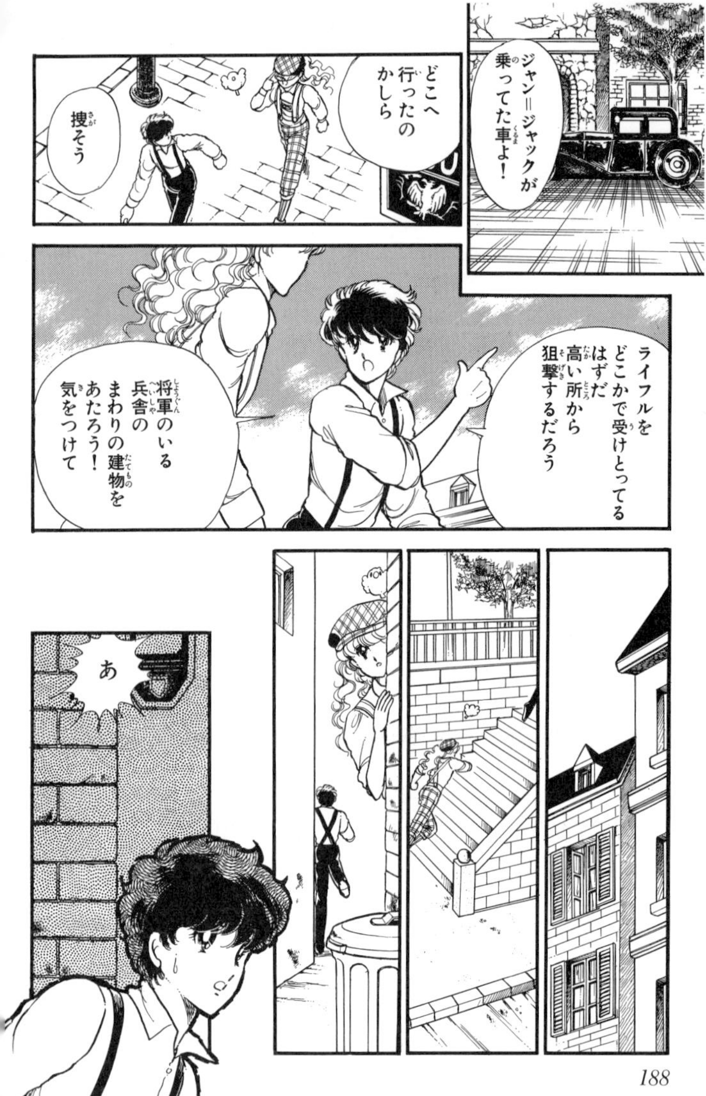

ジャン＝ジャックが乗ってた車よ！
どこへ行ったのかしら
捜そう
ライフルをどこかで受けとってるはずだ 高い所から狙撃するだろう
将軍のいる兵舎のまわりの建物をあたろう！ 気をつけて
あ

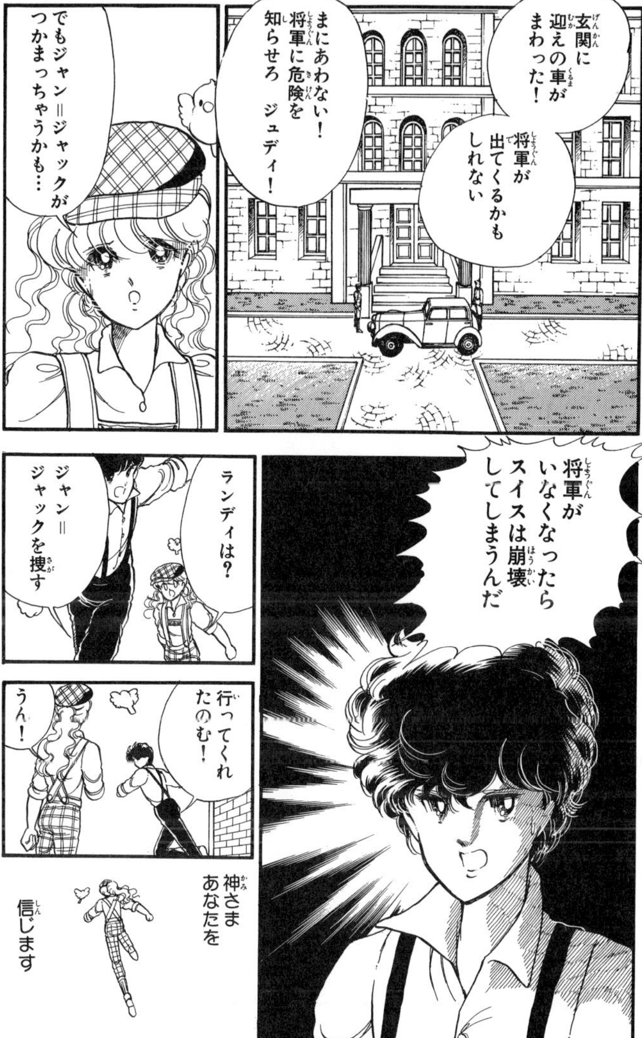
玄関に迎えの車がまわった！
将軍が出てくるかもしれない
まにあわない！将軍に危険を知らせろ　ジュディ！
でもジャン＝ジャックがつかまっちゃうかも…
将軍がいなくなったらスイスは崩壊してしまうんだ
ランディは？
ジャン＝ジャックを捜す
行ってくれたのむ！
うん！
神さまあなたを信じます

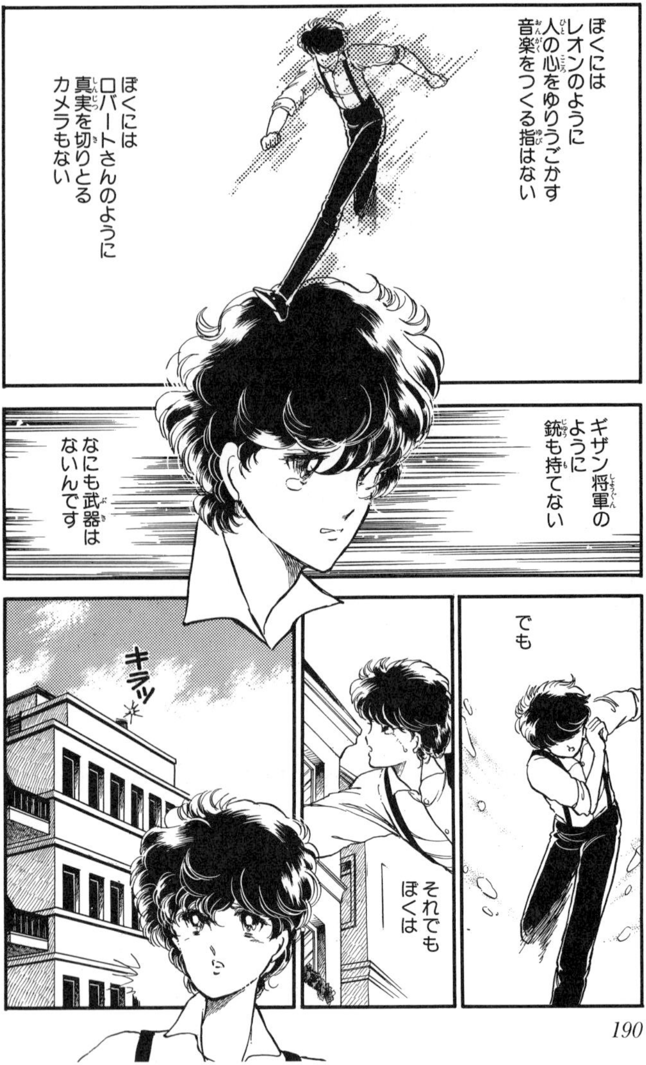
ぼくには
レオンのように
人の心をゆりうごかす
音楽をつくる指はない
ぼくには
ロバートさんのように
真実を切りとる
カメラもない
ギザン将軍の
ように
銃も持てない
なにも武器は
ないんです
でも
それでも
ぼくは
キラッ

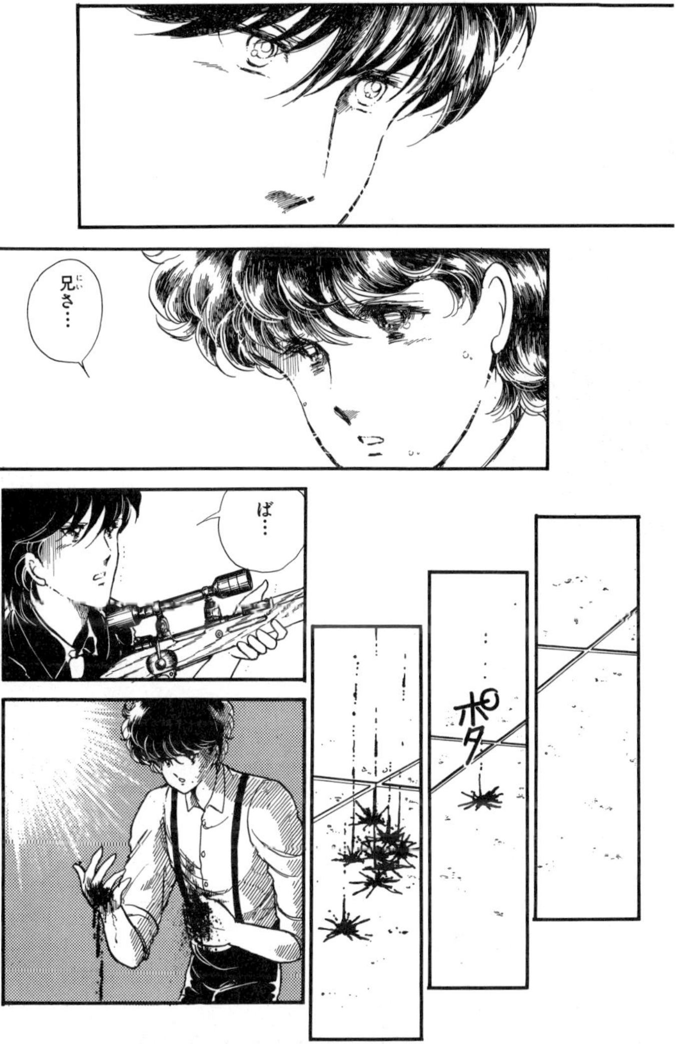
兄さ…
ば…
ポタ

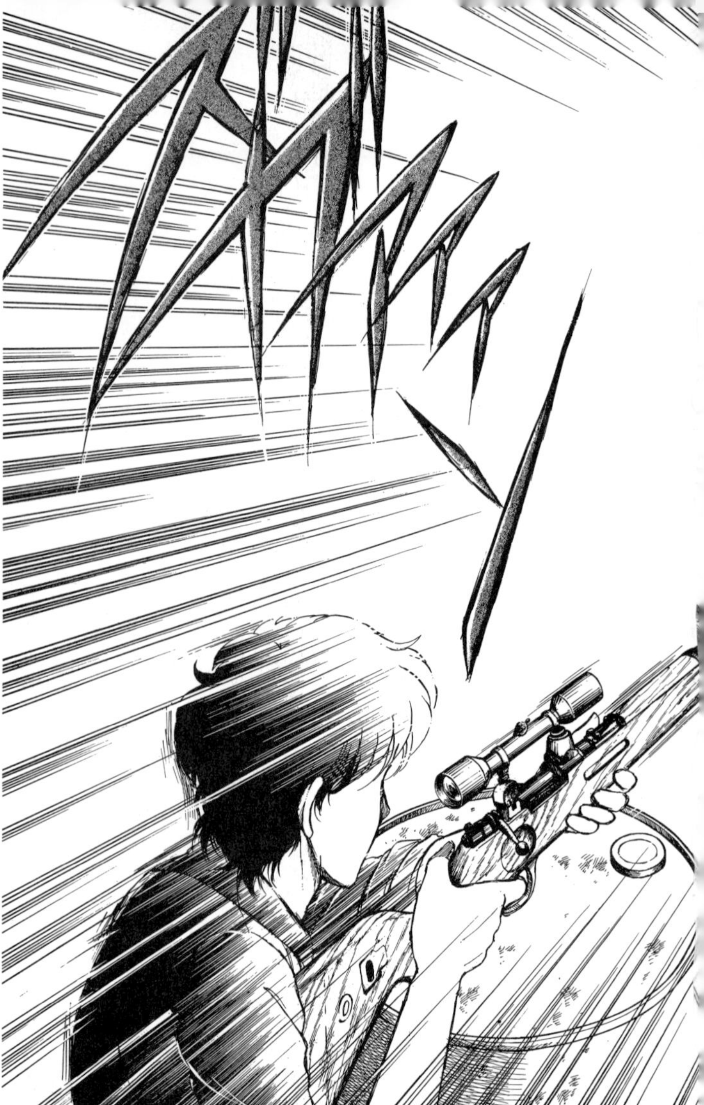

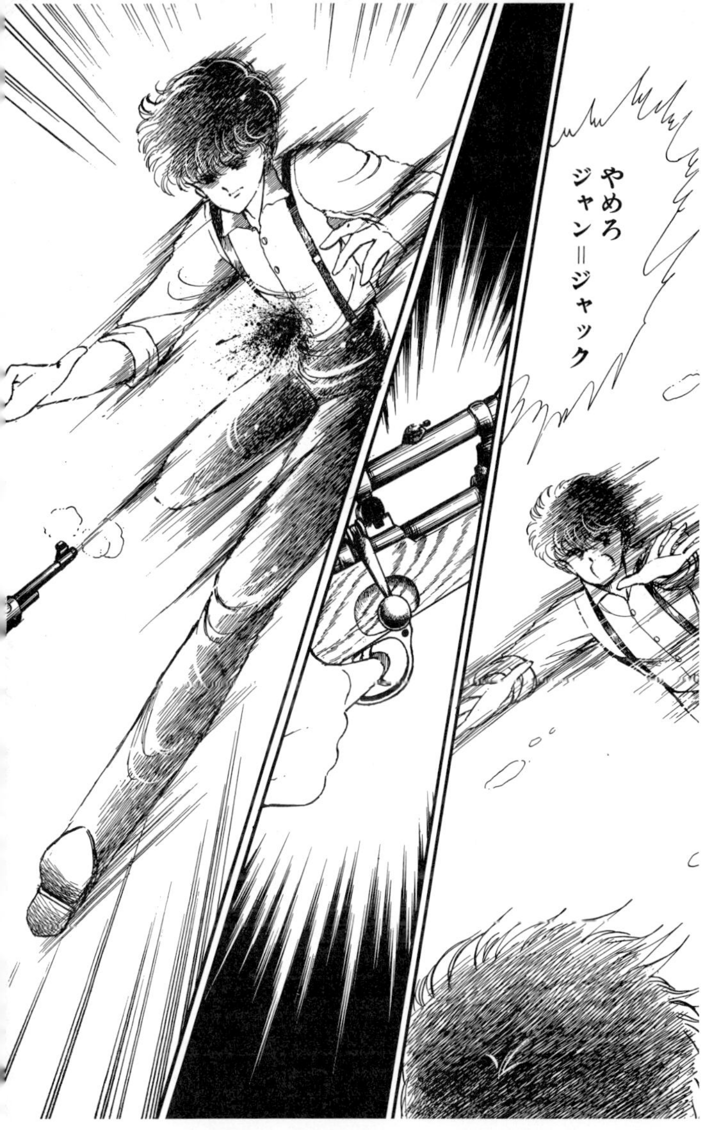
やめろ ジャン＝ジャック

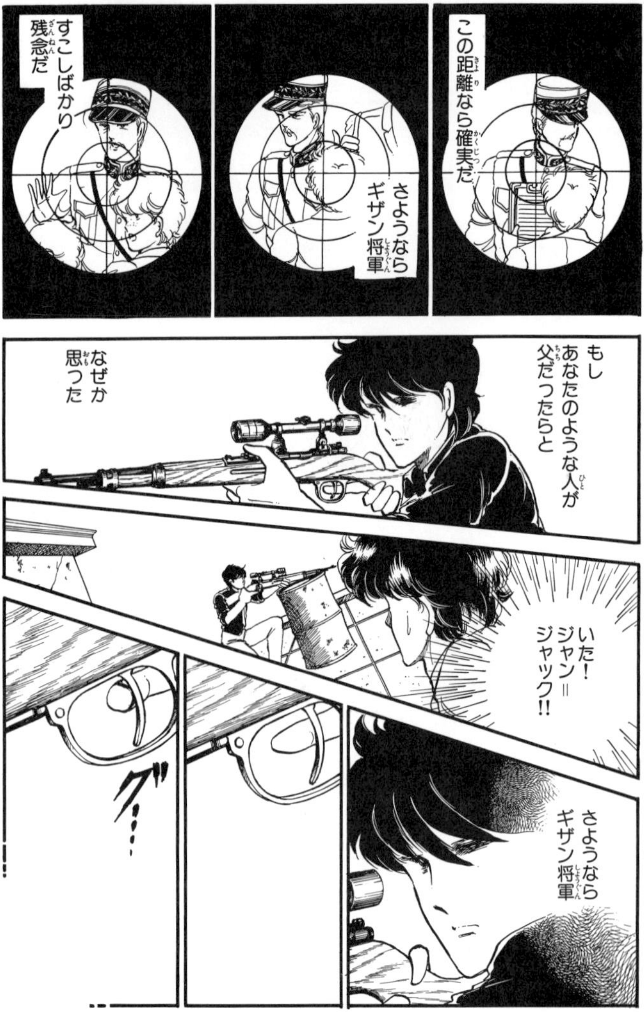

この距離なら確実だ
さようなら ギザン将軍
すこしばかり 残念だ
もし あなたのような人が 父だったらと
なぜか 思った
いた! ジャン=ジャック!!
さようなら ギザン将軍

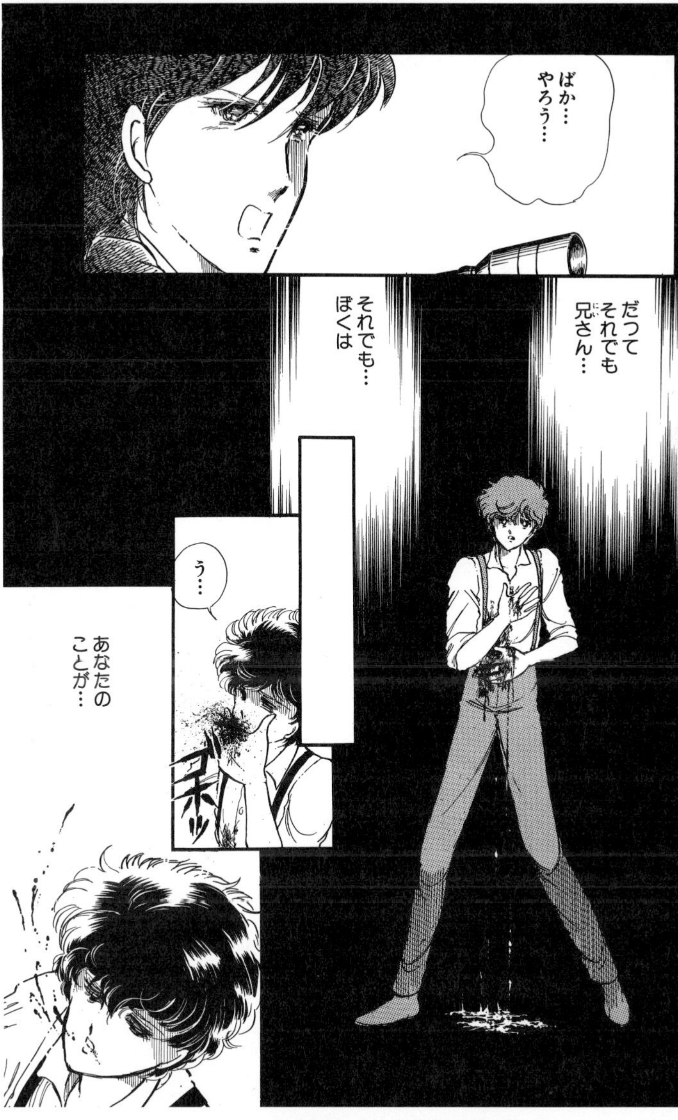

ばか…やろう…
だってそれでも兄さん…
それでも…ぼくは
う…
あなたのことが…

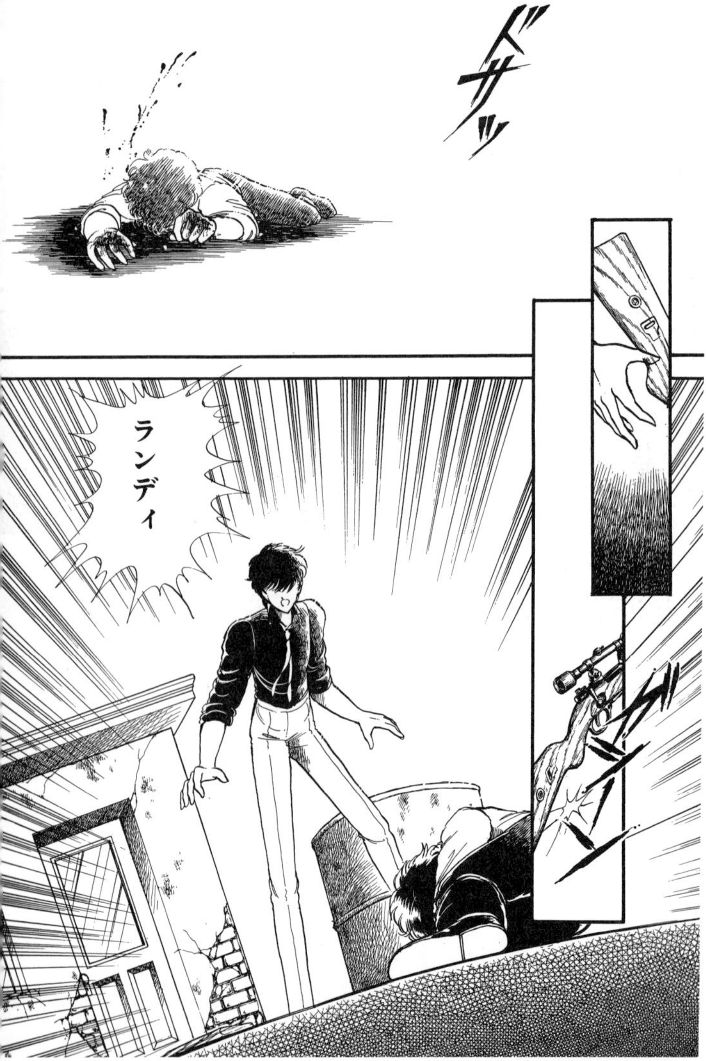
ドサッ
ランディ

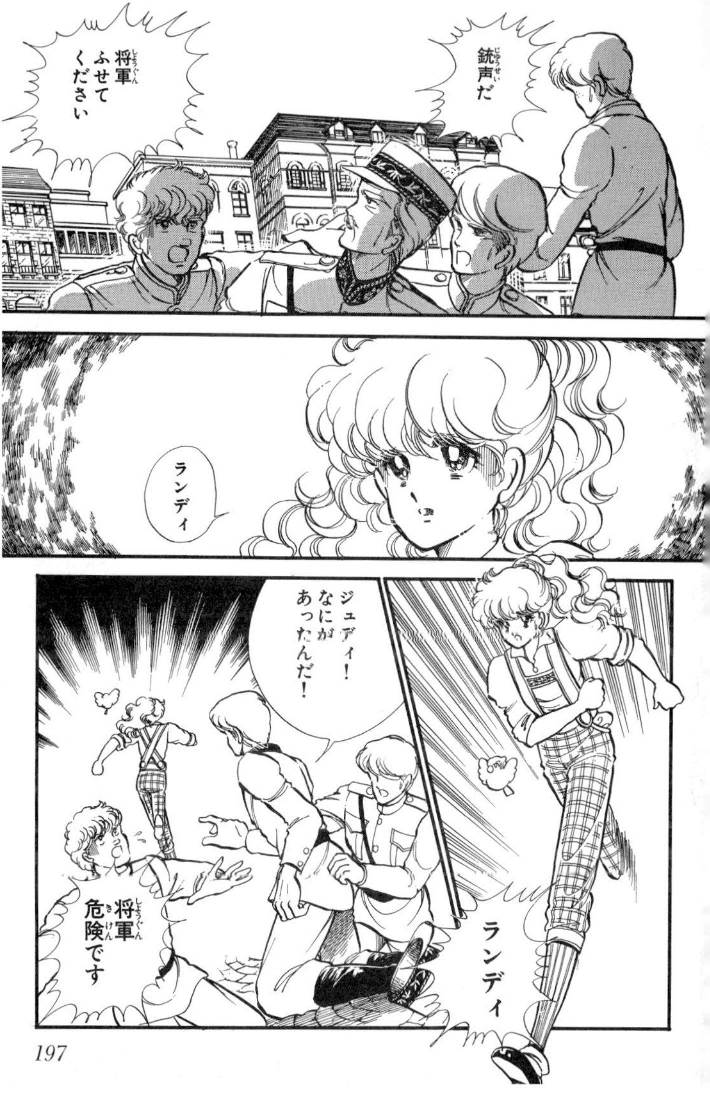
銃声だ
将軍ふせてください
ランディ
ランディ
ジュディ！なにがあったんだ！
将軍危険です

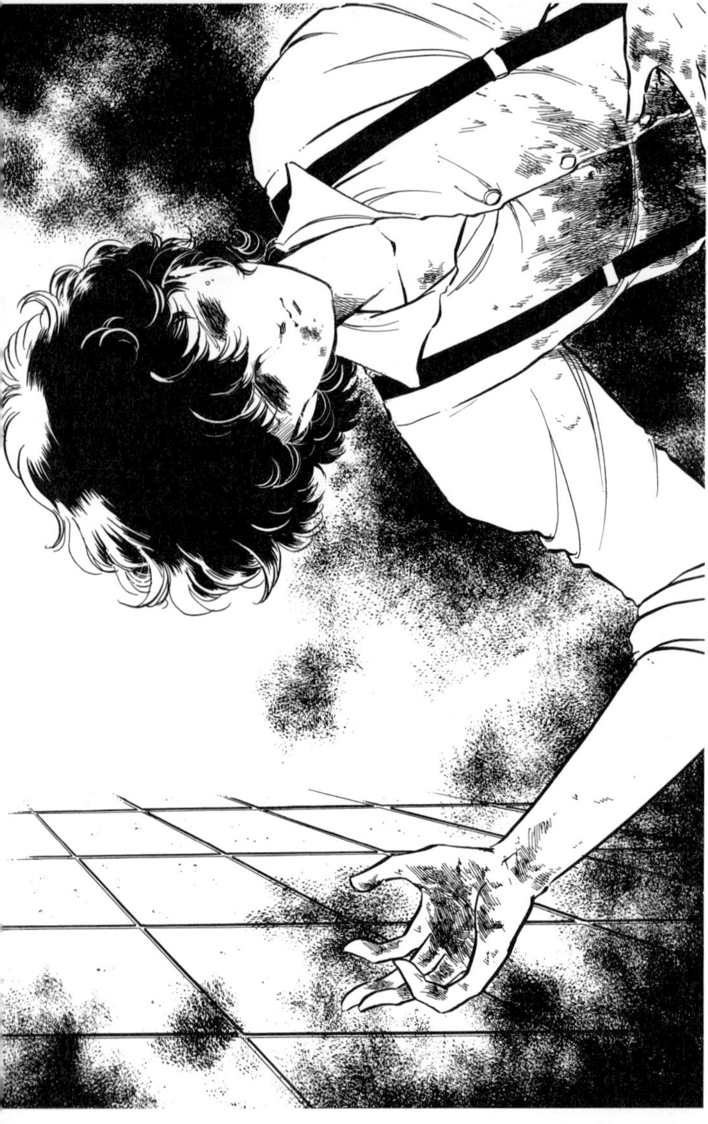

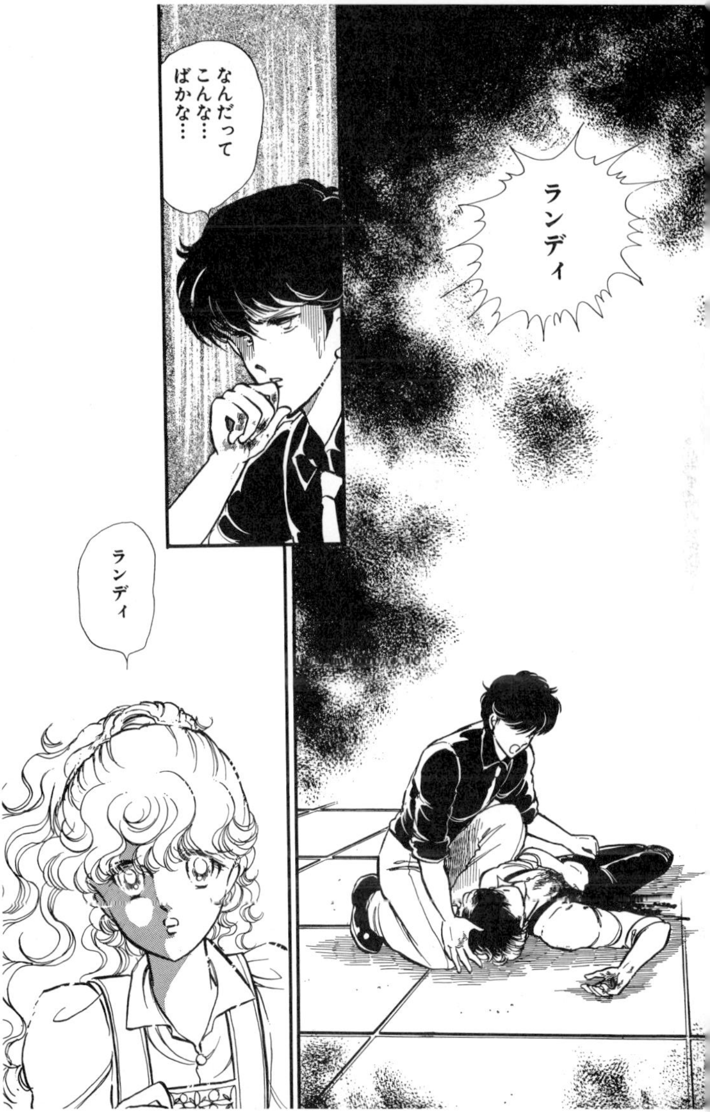
ランディ
なんだって こんな… ばかな…
ランディ

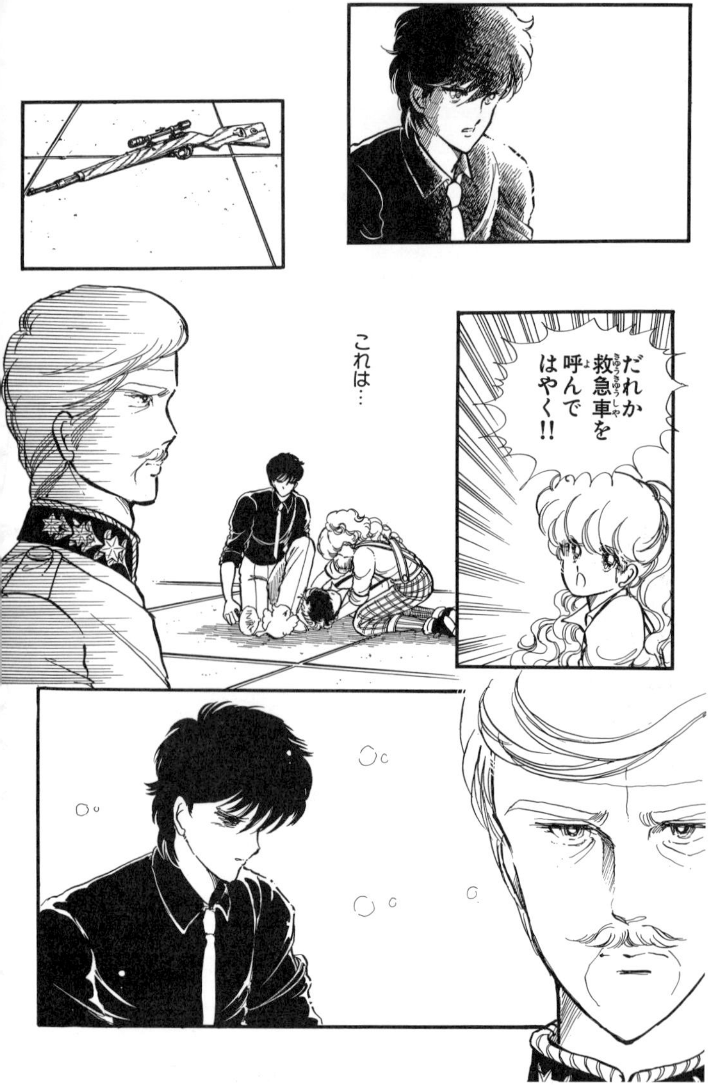
だれか救急車を呼んではやく!!
これは…

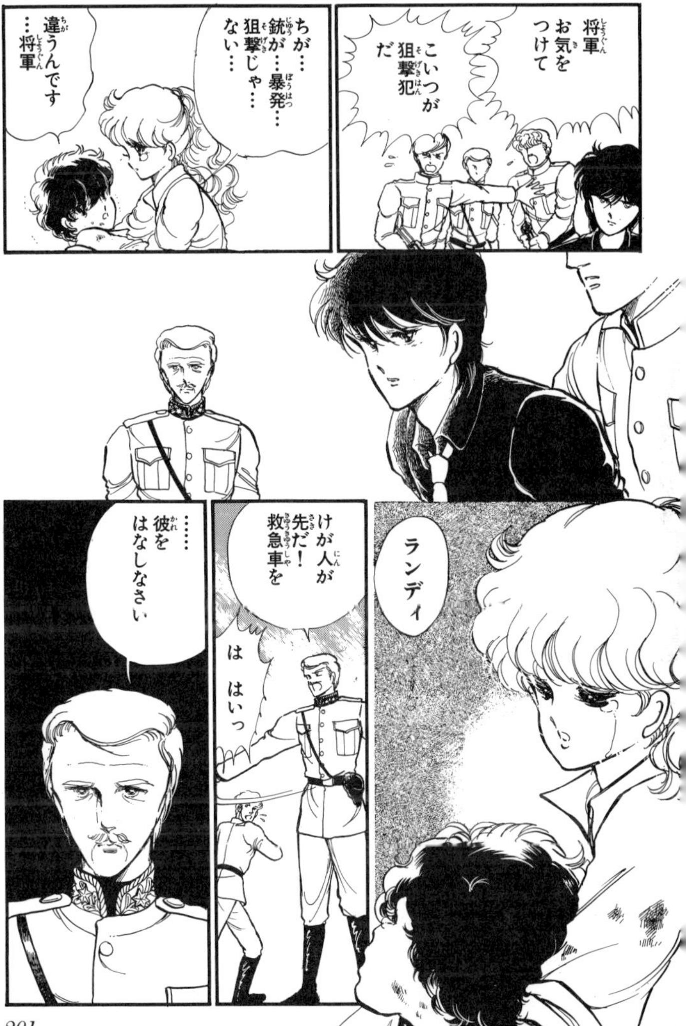
将軍
お気をつけて
こいつが狙撃犯だ
ちが…銃が…暴発…狙撃じゃ…ない…
違うんです…将軍
ランディ
けが人が先だ！救急車を
は はいっ
……彼をはなしなさい

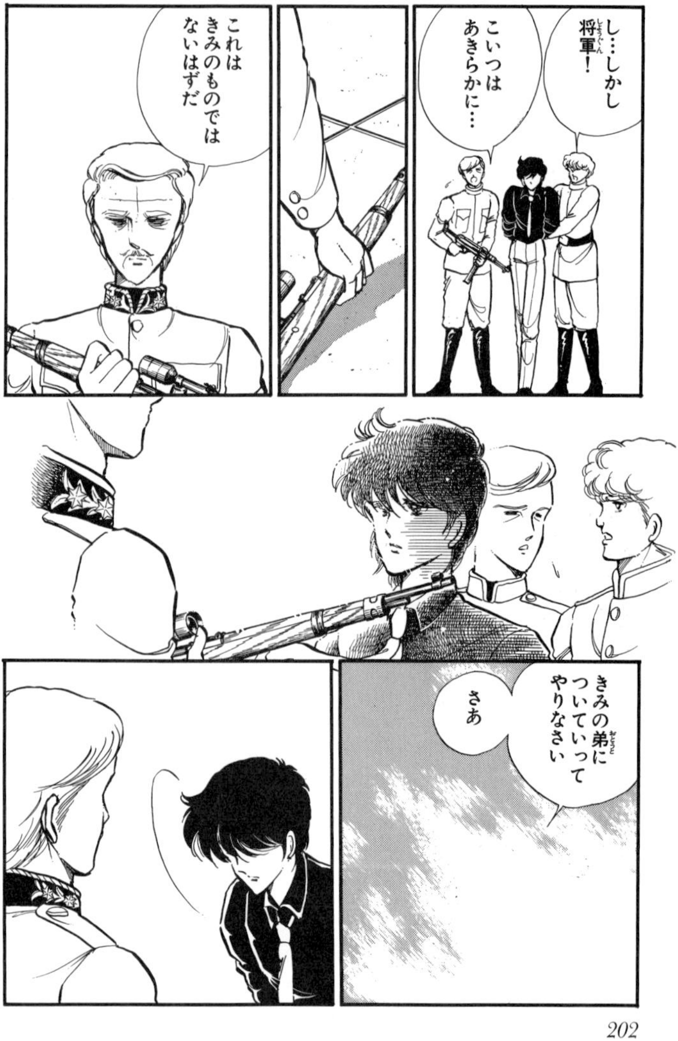

し…しかし
将軍(しょうぐん)！
こいつは
あきらかに…
これは
きみのものでは
ないはずだ
きみの弟(おとうと)に
ついていって
やりなさい
さあ

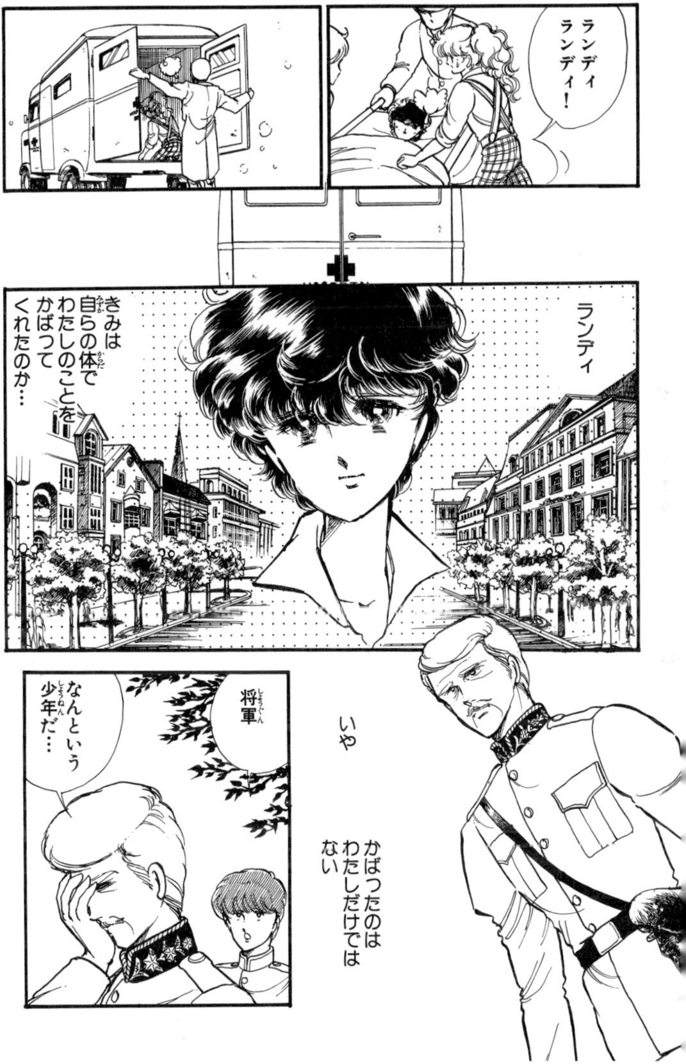
ランディ
ランディ！
ランディ
きみは
自らの体で
わたしのことを
かばって
くれたのか…
いや
かばったのは
わたしだけでは
ない
将軍
なんという
少年だ…

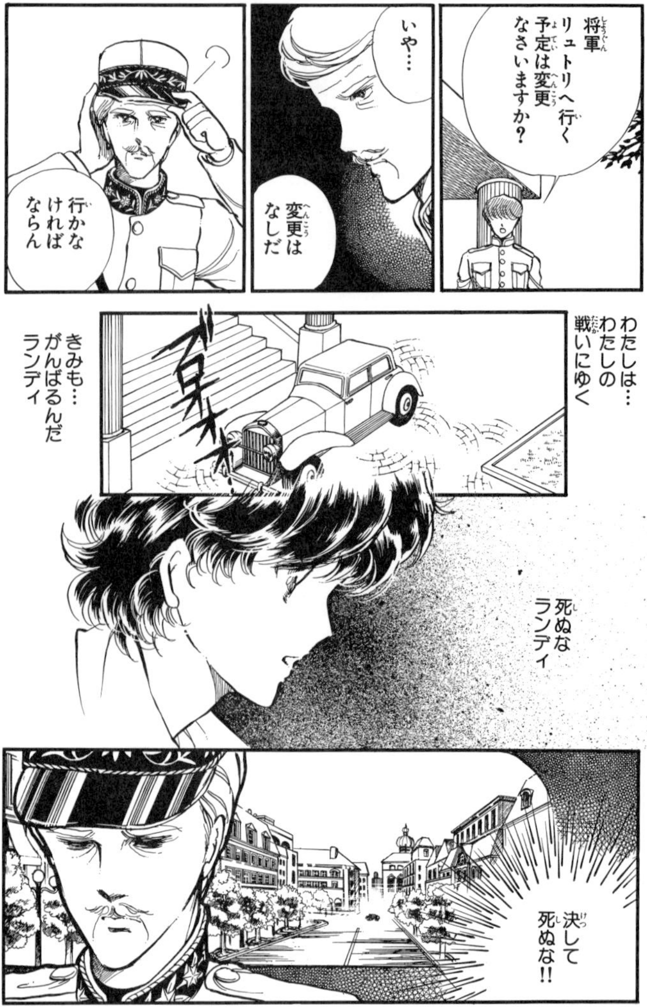
将軍
リュトリへ行く予定は変更なさいますか?
いや…
変更はなしだ
行かなければならん
わたしは…わたしの戦いにゆく
きみも…がんばるんだランディ
死ぬなランディ
決して死ぬな!!

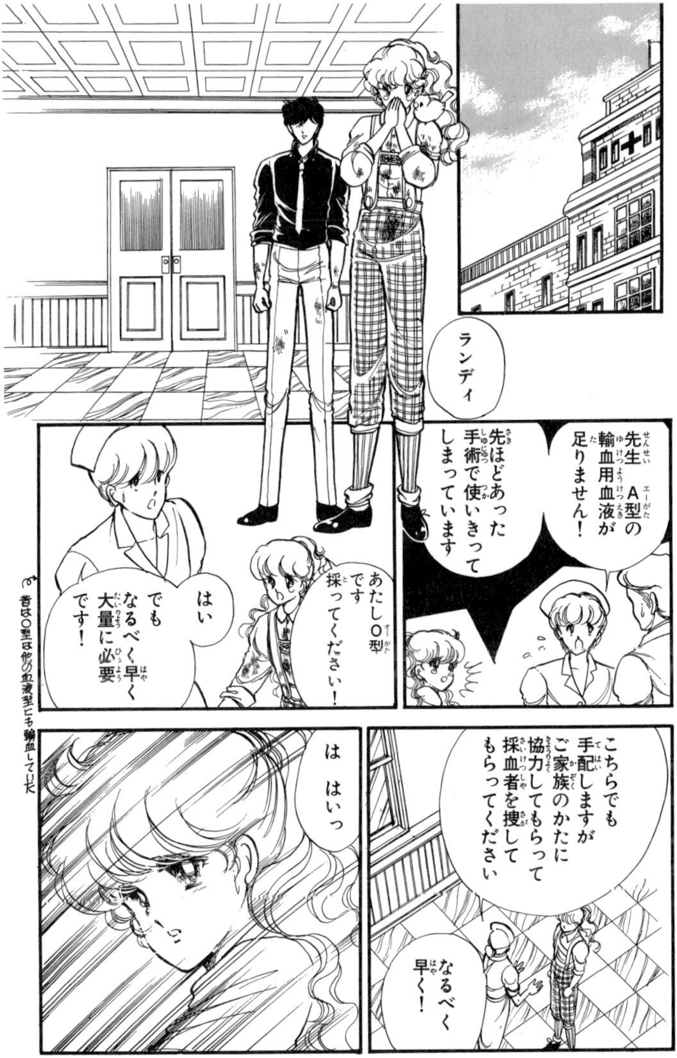

昔はO型は他の血液型にも輸血していた

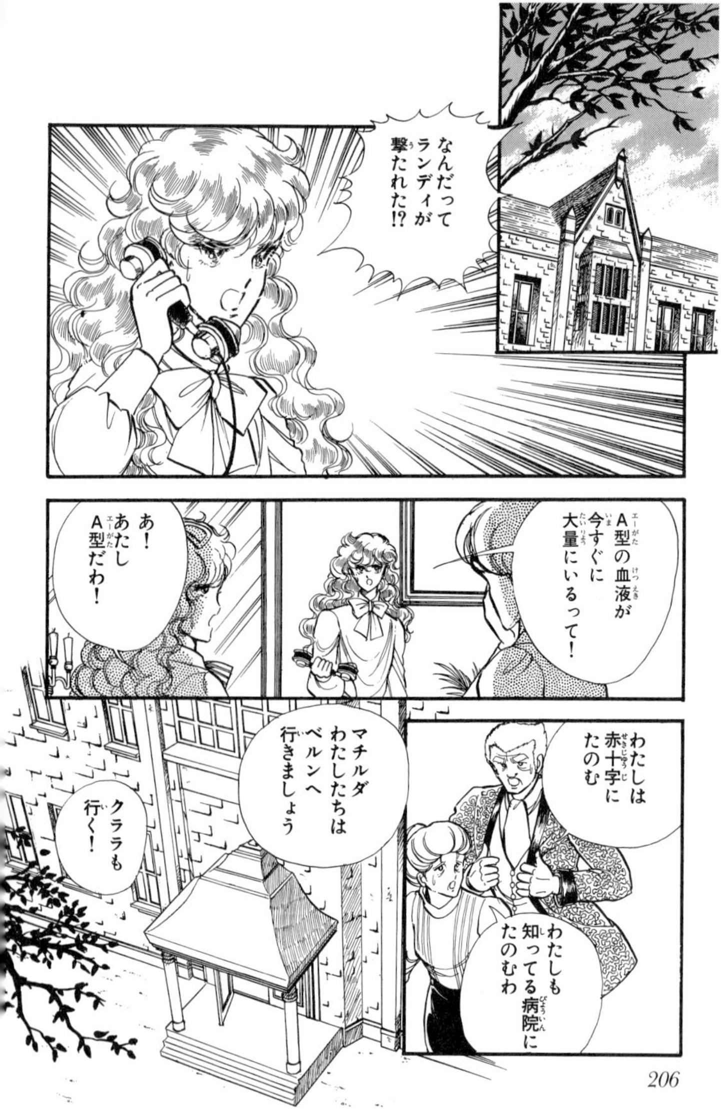
なんだって
ランディが
撃たれた!?
A型の血液が
今すぐに
大量にいるって!
あ!
あたし
A型だわ!
わたしは
赤十字に
たのむ
わたしも
知ってる病院に
たのむわ
マチルダ
わたしたちは
ベルンへ
行きましょう
クララも
行く!

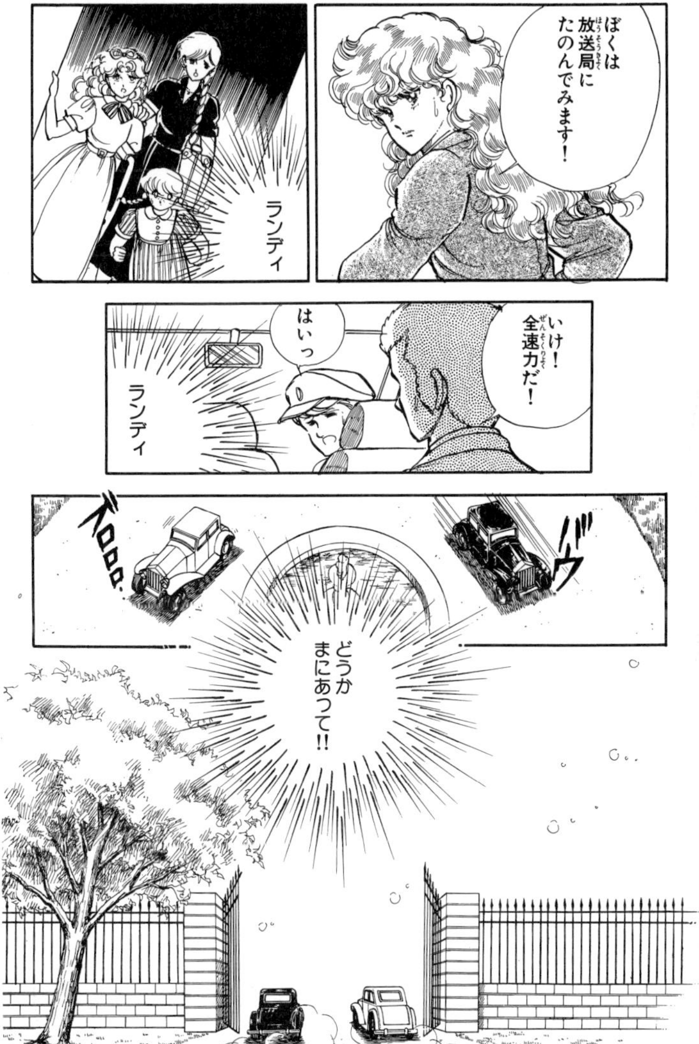
ぼくは放送局にたのんでみます!
ランディ
いけ!全速力だ!
はいっ
ランディ
ブウ
ブロロロ…
どうかまにあって!!

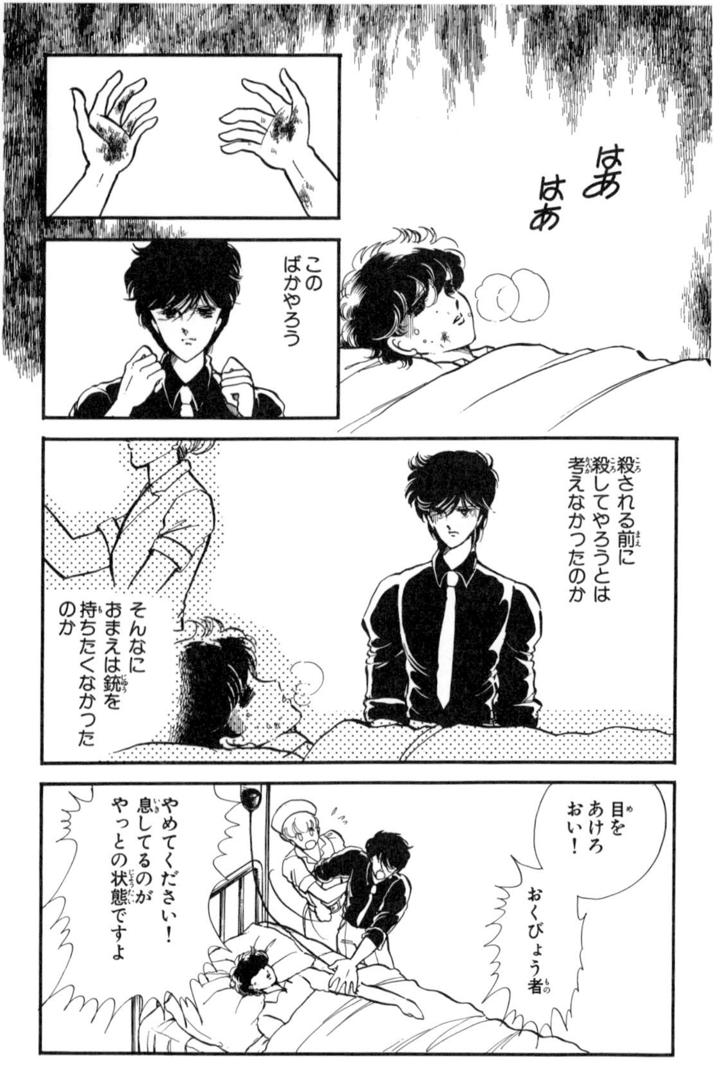
はあ
はあ
このばかやろう
殺される前に殺してやろうとは考えなかったのか
そんなにおまえは銃を持ちたくなかったのか
目をあけろ おい!
おくびょう者
やめてください! 息してるのがやっとの状態ですよ

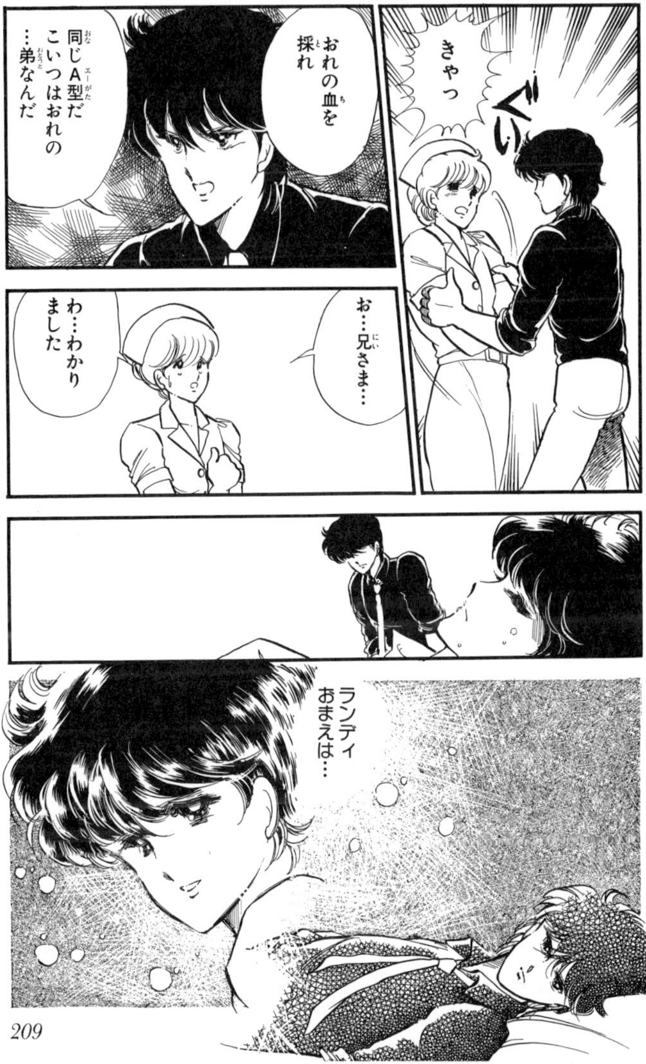
きゃっ
ぐい
おれの血を採れ
同じA型だ　こいつはおれの…弟なんだ
お…兄さま…
わ…わかりました
ランディ　おまえは…

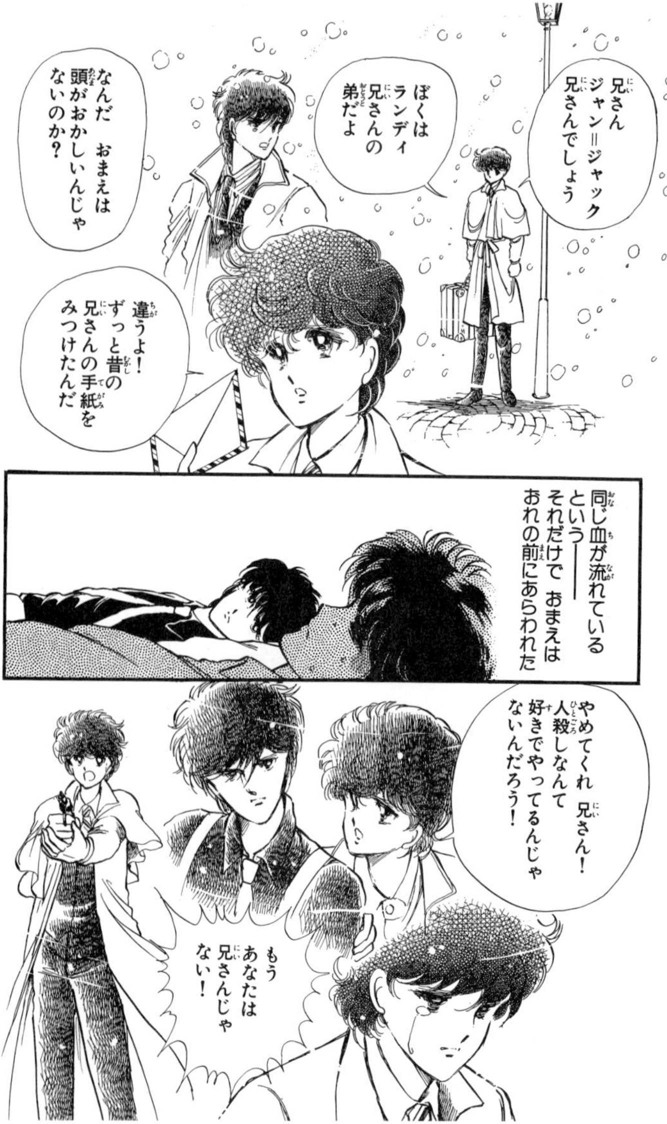

兄さん ジャン＝ジャック兄さんでしょう
ぼくはランディ 兄さんの弟だよ
なんだ おまえは頭がおかしいんじゃないのか？
違うよ！ ずっと昔の兄さんの手紙をみつけたんだ
同じ血が流れているという―― それだけで おまえはおれの前にあらわれた
やめてくれ 兄さん！ 人殺しなんて好きでやってるんじゃないんだろう！
もう あなたは兄さんじゃない！

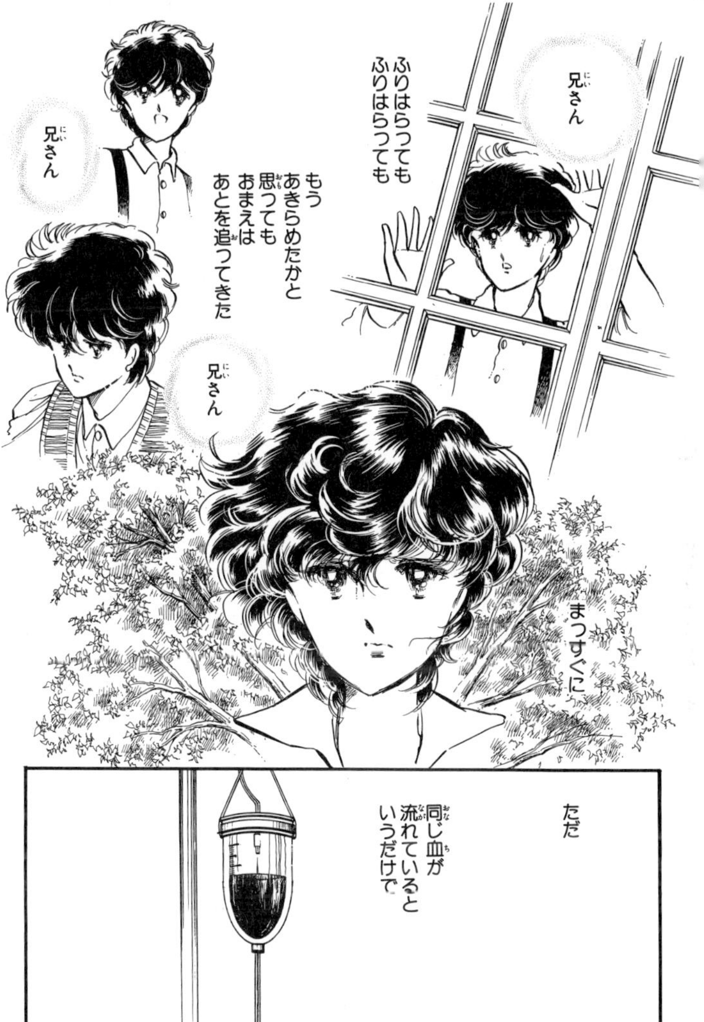
兄さん
ふりはらっても
ふりはらっても
もう
あきらめたかと
思っても
おまえは
あとを追ってきた
兄さん
兄さん
まっすぐに
ただ
同じ血が
流れていると
いうだけで

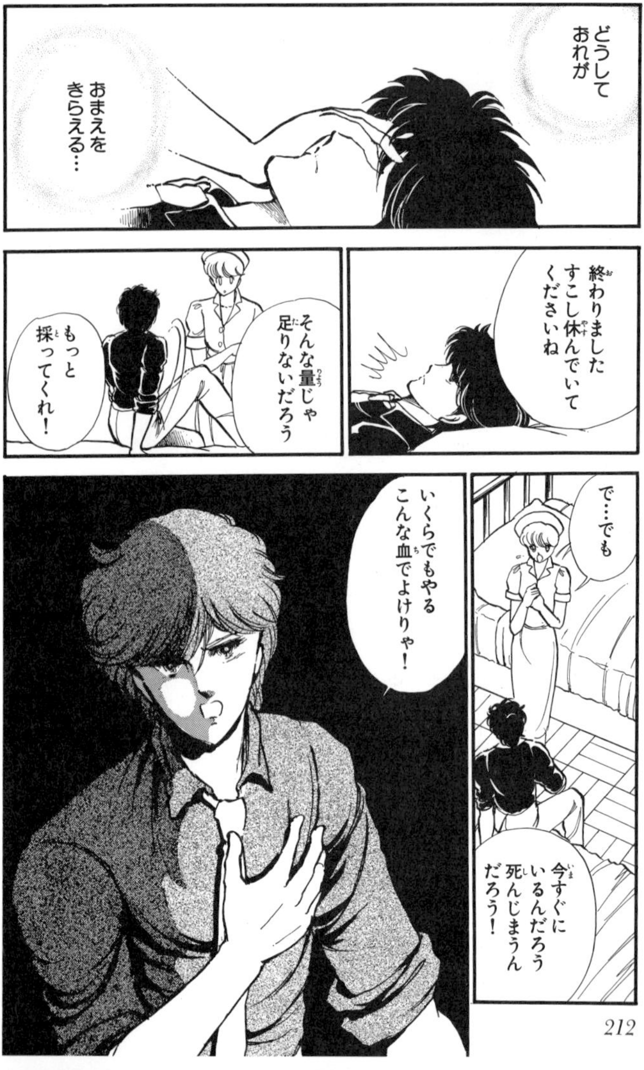
どうして
おれが
おまえを
きらえる…
終わりました
すこし休んでいて
くださいね
そんな量じゃ
足りないだろう
もっと
採ってくれ!
で…でも
今すぐに
いるんだろう
死んじまうん
だろう!
いくらでもやる
こんな血でよけりゃ!

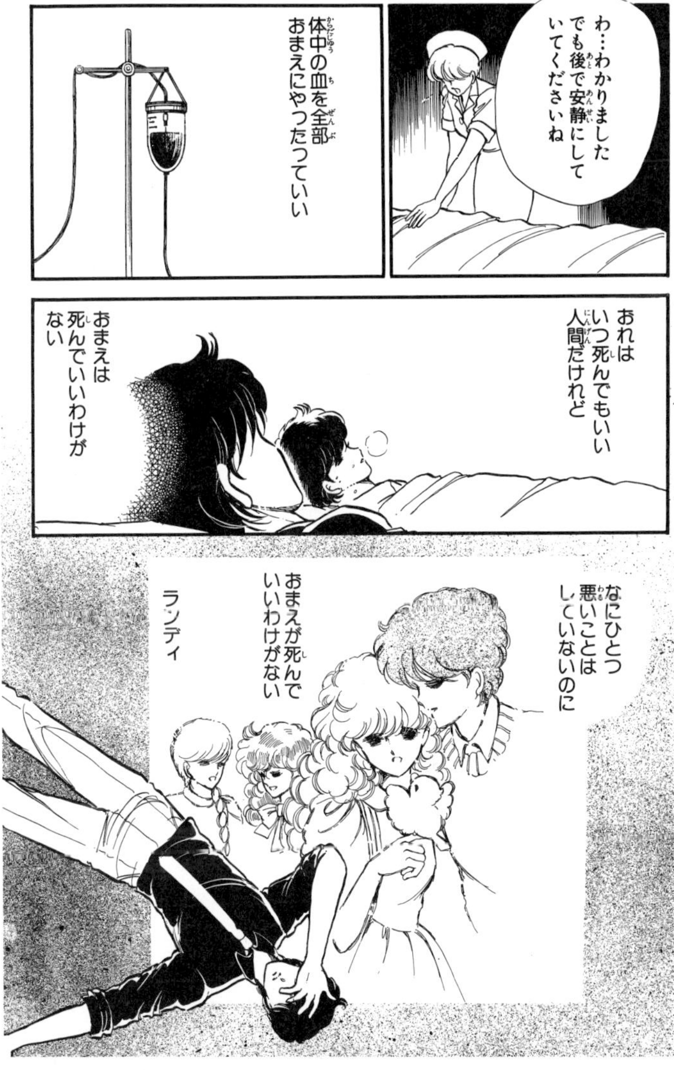
わ…わかりました
でも後で安静にしていてくださいね
体中の血を全部おまえにやったっていい
おれはいつ死んでもいい人間だけれど
おまえは死んでいいわけがない
なにひとつ悪いことはしていないのに
おまえが死んでいいわけがない
ランディ

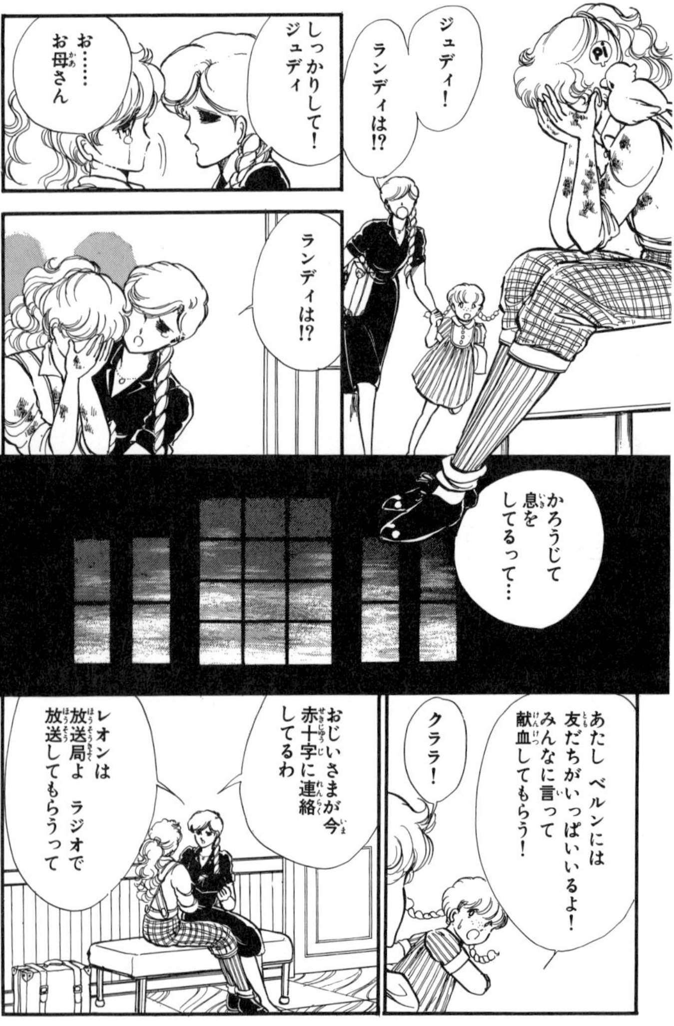
ジュディ！
ランディは!?
しっかりして！ジュディ
お……お母さん
ランディは!?
かろうじて息をしてるって…
あたし ベルンには友だちがいっぱいいるよ！みんなに言って献血してもらう！
クララ！
おじいさまが今赤十字に連絡してるわ
レオンは放送局よ ラジオで放送してもらうって

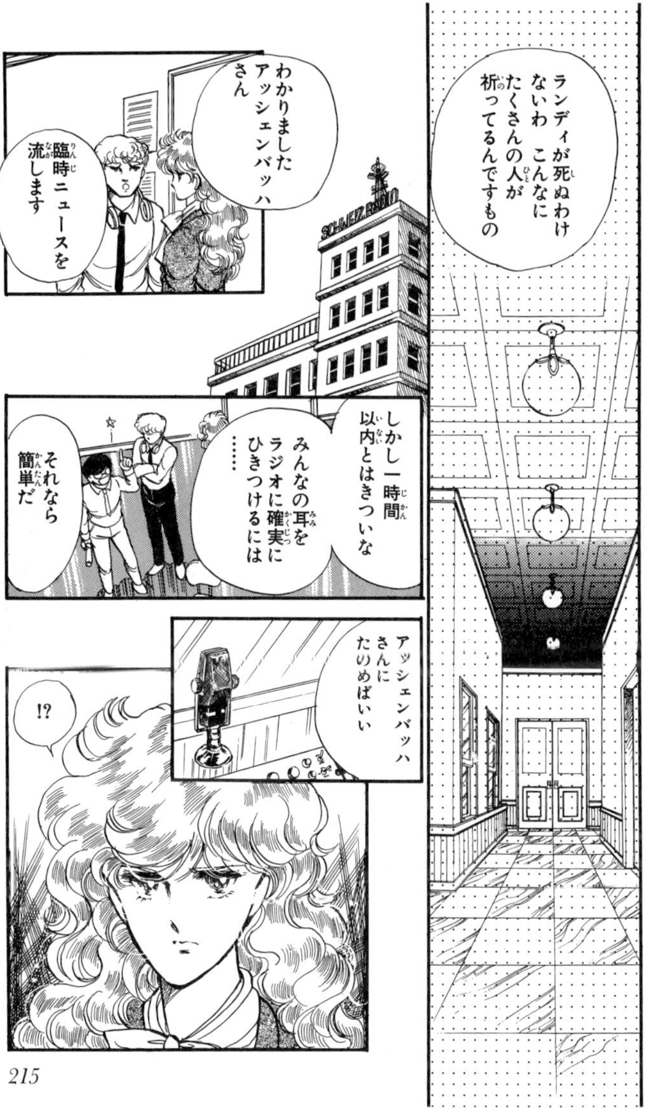
ランディが死ぬわけないわ　こんなにたくさんの人が祈ってるんですもの
わかりましたアッシェンバッハさん
臨時ニュースを流します
しかし一時間以内とはきついな
みんなの耳をラジオに確実にひきつけるには……
それなら簡単だ
アッシェンバッハさんにたのめばいい
!?

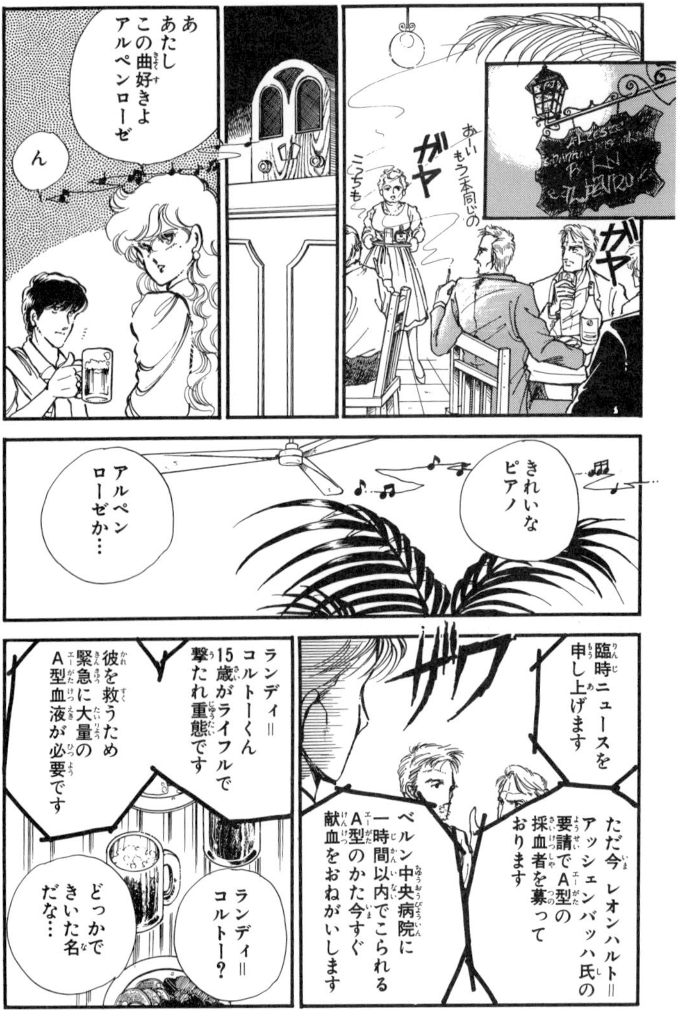
あーい もう一本同じの
ガヤ
こっちも
ガヤ
あ あたし この曲好きよ アルペンローゼ
ん
きれいな ピアノ
アルペン ローゼか…
ザワ
臨時ニュースを 申し上げます
ただ今 レオンハルト＝ アッシェンバッハ氏の 要請でA型の 採血者を募って おります
ベルン中央病院に 一時間以内でこられる A型のかた今すぐ 献血をおねがいします
ランディ＝ コルトーくん 15歳がライフルで 撃たれ重態です
彼を救うため 緊急に大量の A型血液が必要です
ランディ＝ コルトー？
どっかで きいた名 だな…

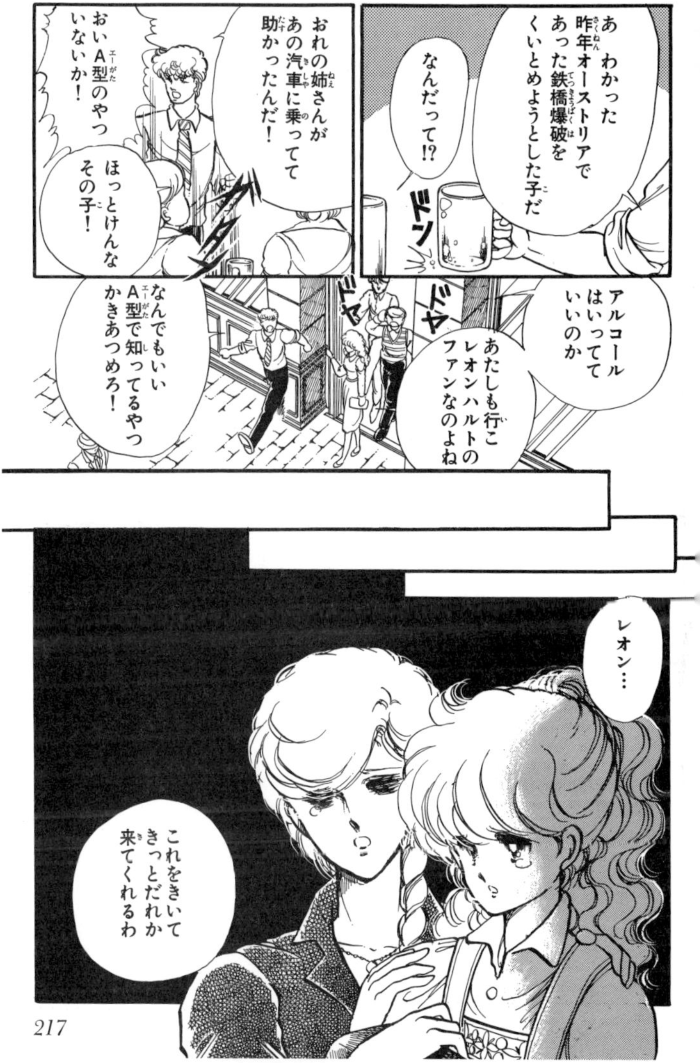
あ　わかった
昨年オーストリアであった鉄橋爆破をくいとめようとした子だ
なんだって!?
ドンッ
おれの姉さんがあの汽車に乗ってて助かったんだ!
おい A型のやついないか!
ほっとけんなその子!
アルコールはいっててていいのか
ドヤ
ドヤ
あたしも行こレオンハルトのファンなのよね
なんでもいいA型で知ってるやつかきあつめろ!
レオン…
これをきいてきっとだれか来てくれるわ

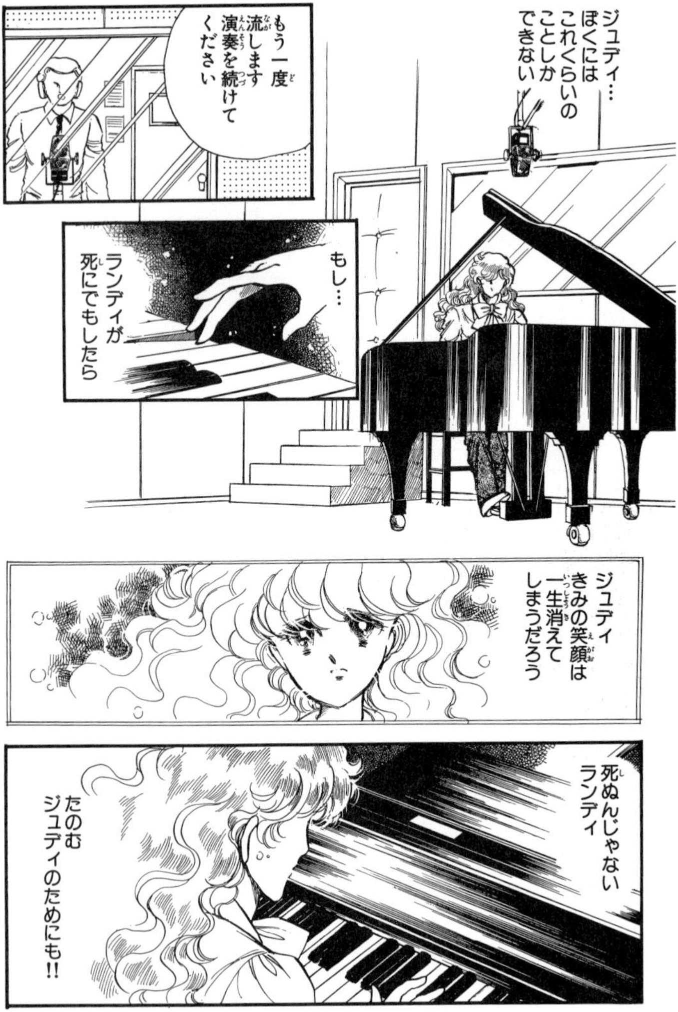
ジュディ…ぼくにはこれくらいのことしかできない
もう一度流します 演奏を続けてください
もし…
ランディが死にでもしたら
ジュディ きみの笑顔は一生消えてしまうだろう
死ぬんじゃない ランディ
たのむ ジュディのためにも!!

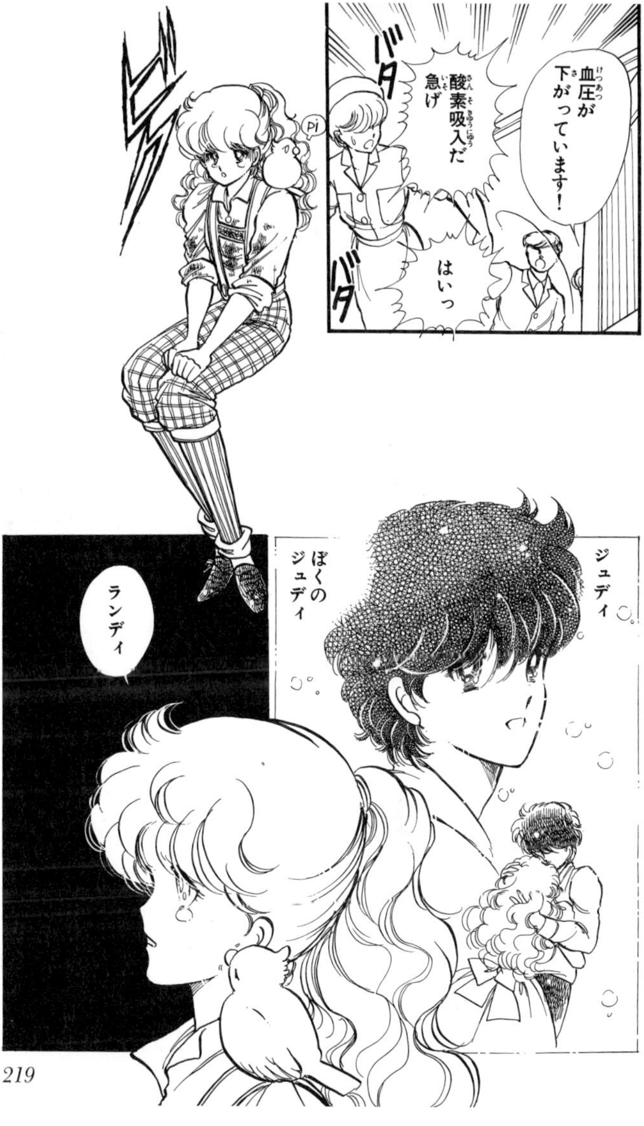
血圧が下がっています！
バタ
酸素吸入だ急げ
バタ
はいっ
ピン
pi
ジュディ
ぼくのジュディ
ランディ

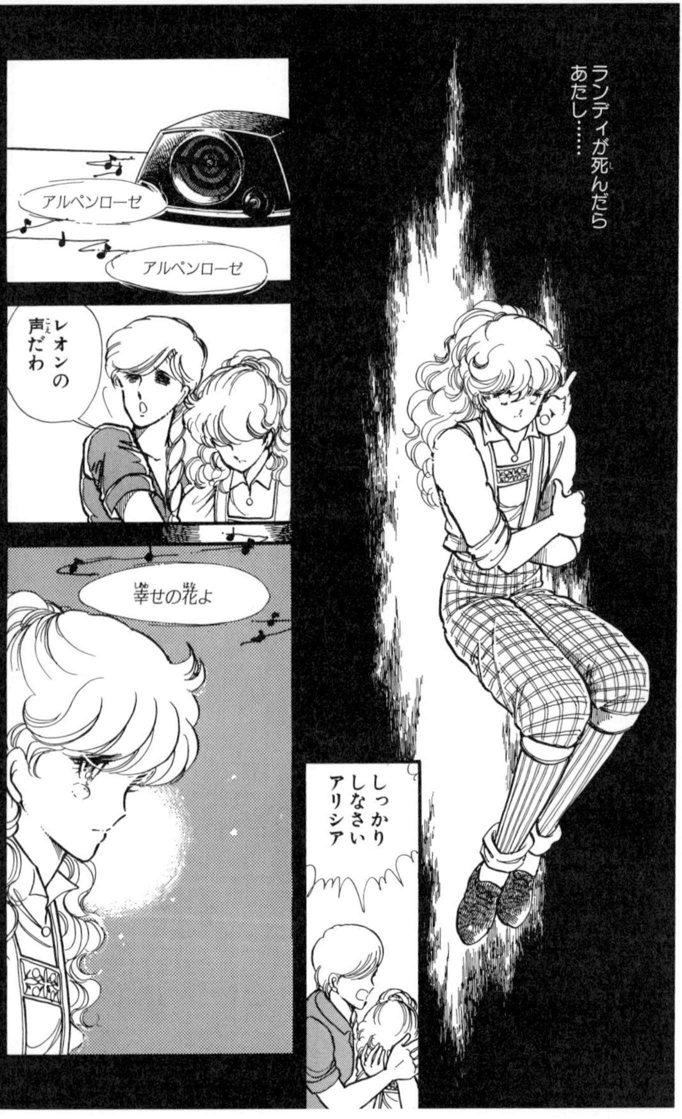

ランディが死んだら
あたし……
しっかり
しなさい
アリシア
アルペンローゼ
アルペンローゼ
レオンの声だわ
幸せの花よ

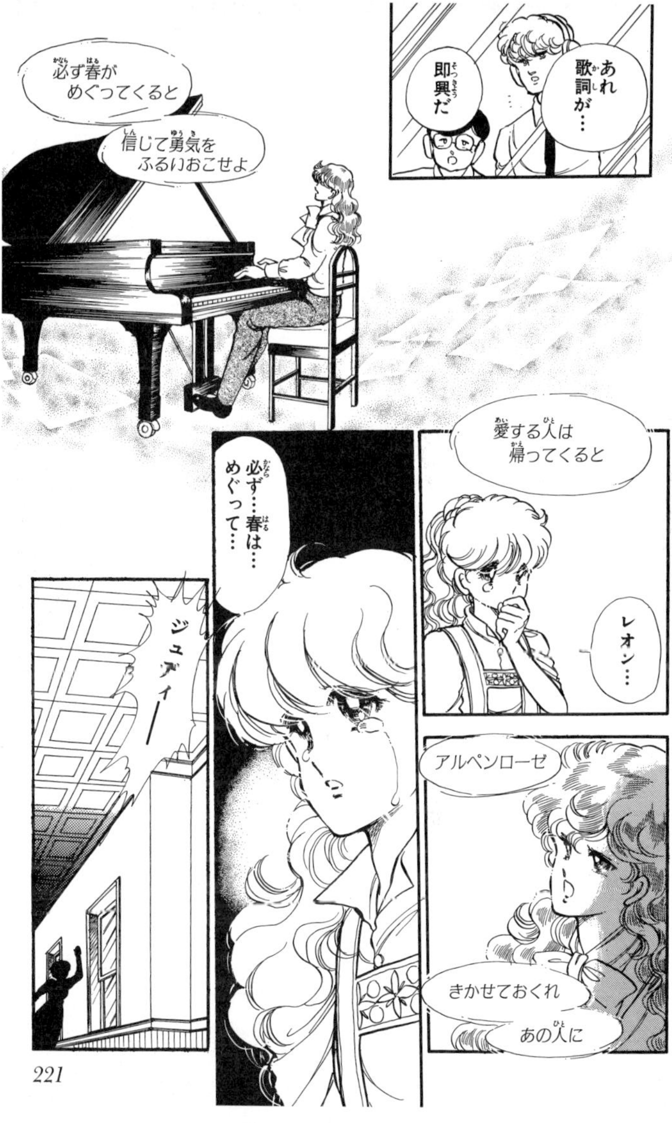
あれ歌詞が…
即興だ
必ず春がめぐってくると
信じて勇気をふるいおこせよ
愛する人は帰ってくると
レオン…
必ず…春は…めぐって…
ジュディー
アルペンローゼ
きかせておくれ
あの人に

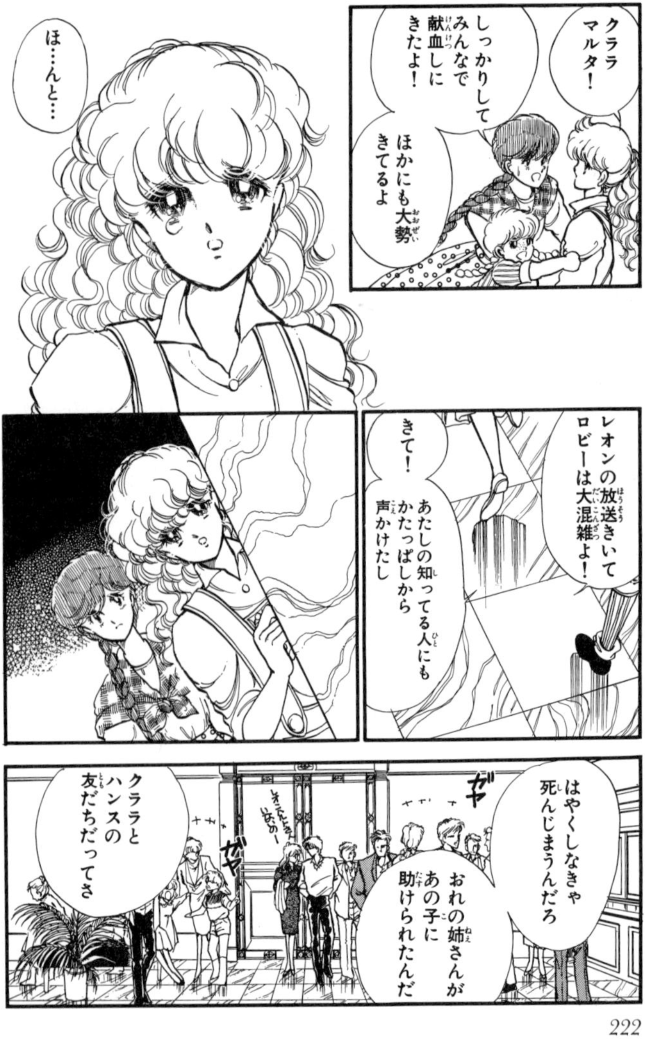
クララ
マルタ!
しっかりして
みんなで
献血しに
きたよ!
ほかにも大勢
きてるよ
ほ…んと…
レオンの放送きいて
ロビーは大混雑よ!
きて!
あたしの知ってる人にも
かたっぱしから
声かけたし
ガヤ
はやくしなきゃ
死んじまうんだろ
おれの姉さんが
あの子に
助けられたんだ
ガヤ
クララと
ハンスの
友だちだってさ

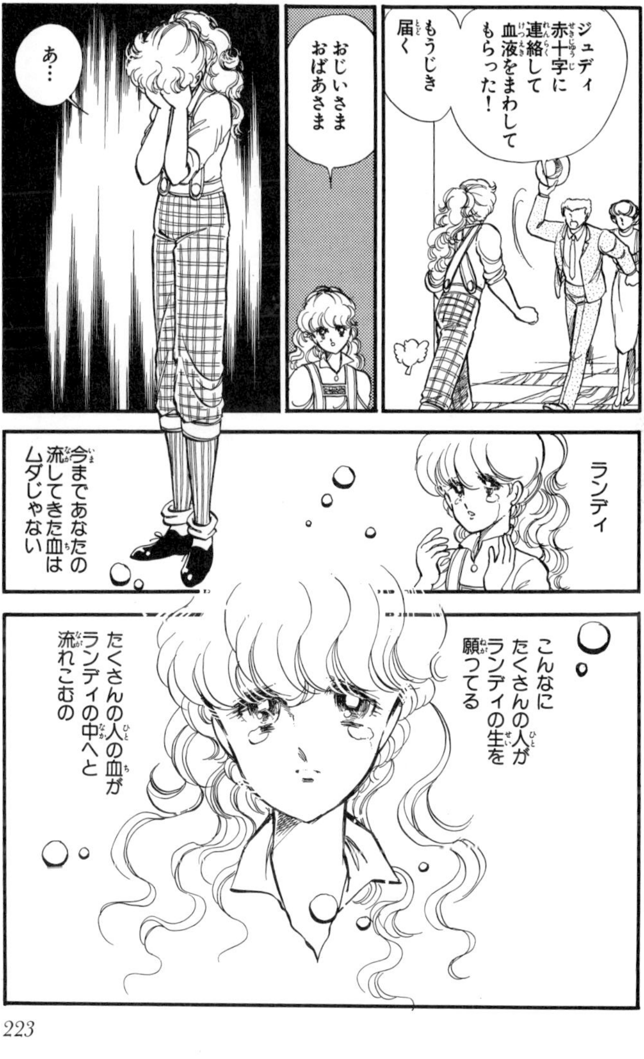
ジュディ赤十字に連絡して血液をまわしてもらった！
もうじき届く
おじいさま おばあさま
あ…
ランディ
今まであなたの流してきた血はムダじゃない
こんなにたくさんの人がランディの生を願ってる
たくさんの人の血がランディの中へと流れこむの

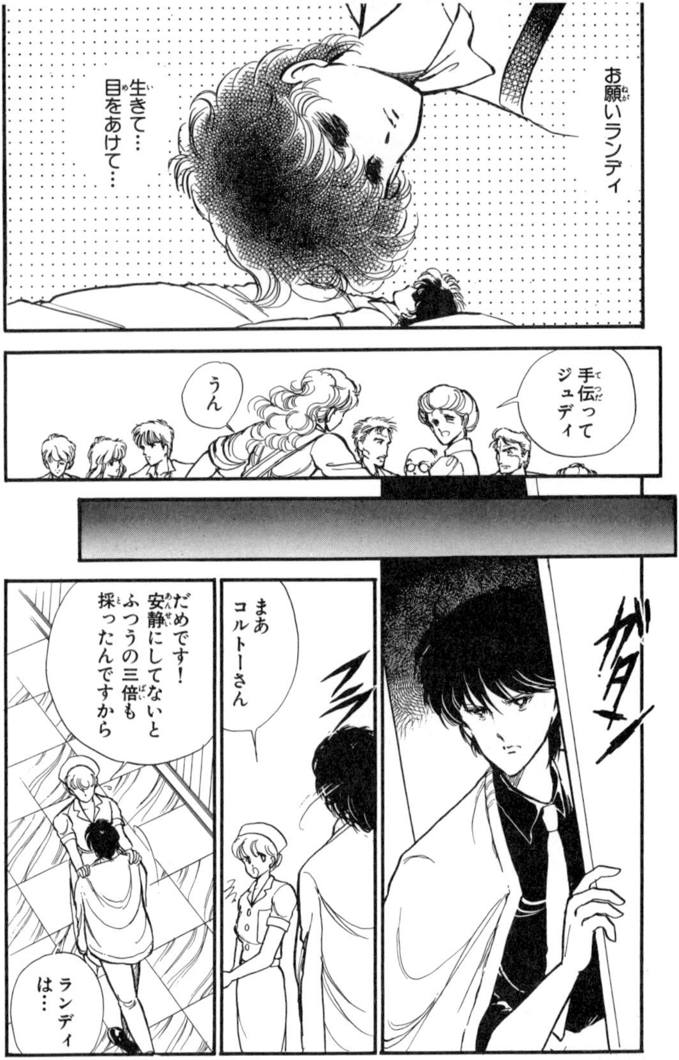
お願いランディ
生きて…
目をあけて…
手伝って
ジュディ
うん
ガタン
まあ
コルトーさん
だめです!
安静にしてないと
ふつうの三倍も
採ったんですから
ランディ
は…

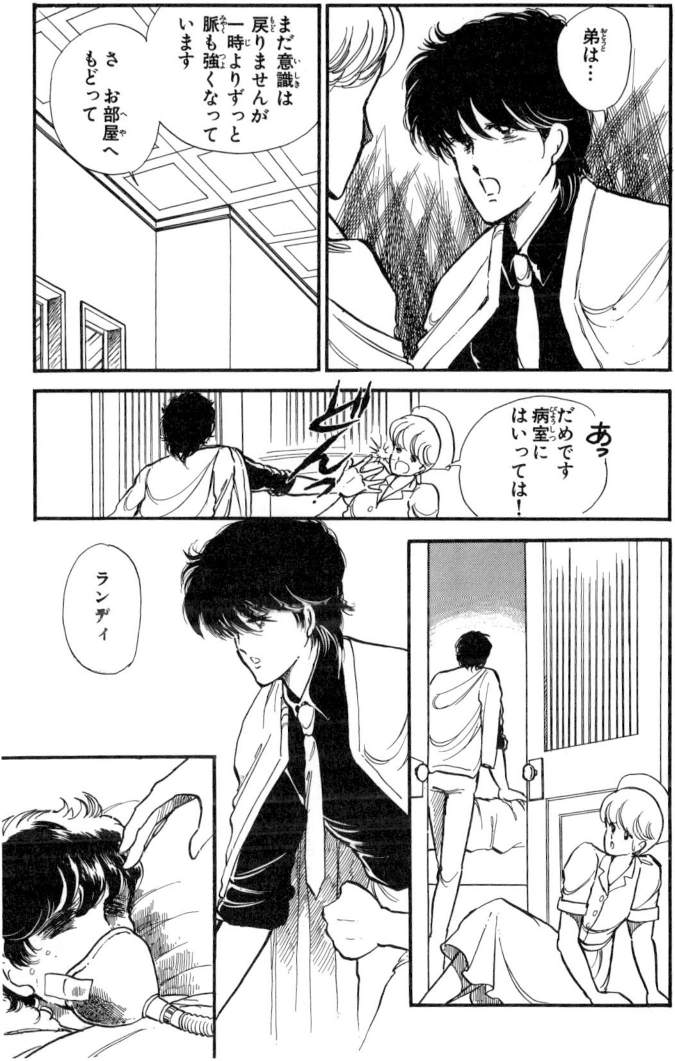
弟は…
まだ意識は戻りませんが一時よりずっと脈も強くなっています
さ　お部屋へもどって
あっ
だめです病室にはいっては!
ランディ

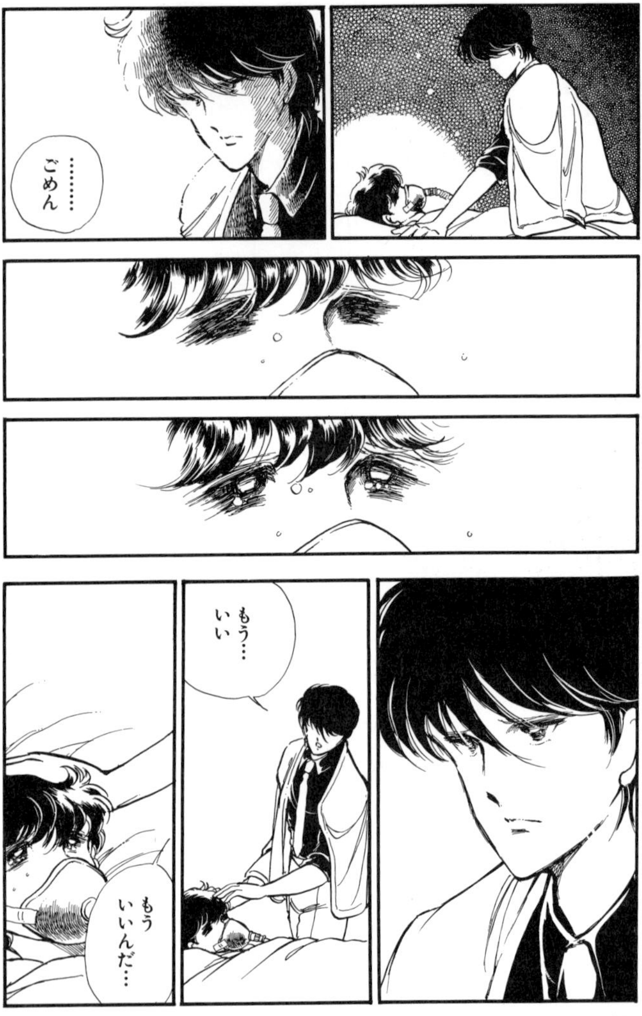
………ごめん
もう…いい
もういいんだ…

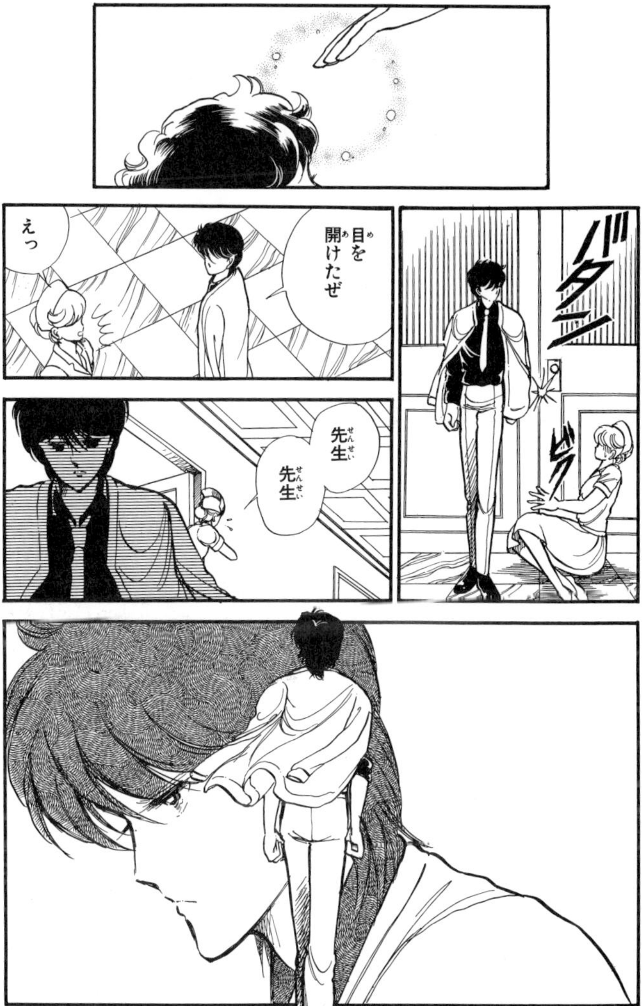
バタン
目を開けたぜ
えっ
ビク
先生
先生

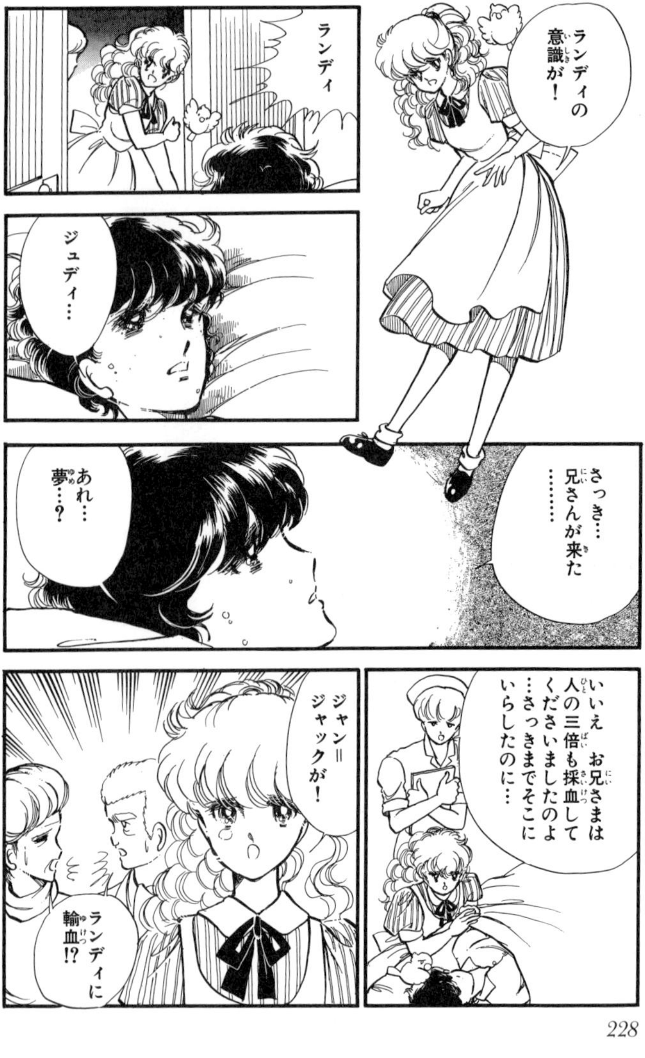

ランディの意識が！
ランディ
ジュディ…
さっき…兄さんが来た………
あれ…夢…？
いいえ　お兄さまは人の三倍も採血してくださいましたのよ…さっきまでそこにいらしたのに…
ジャン＝ジャックが！
ランディに輸血!?

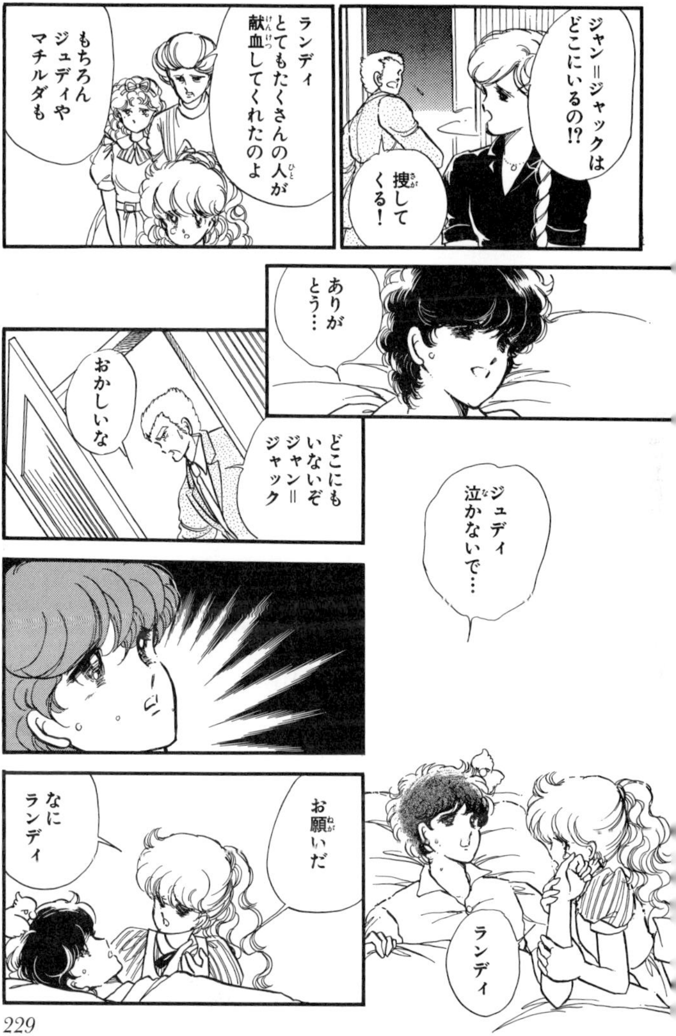
ジャン＝ジャックはどこにいるの!?
捜してくる！
ランディとてもたくさんの人が献血してくれたのよ
もちろんジュディやマチルダも
ありがとう…
どこにもいないぞジャン＝ジャック
おかしいな
ジュディ泣かないで…
ランディ
お願いだ
なにランディ

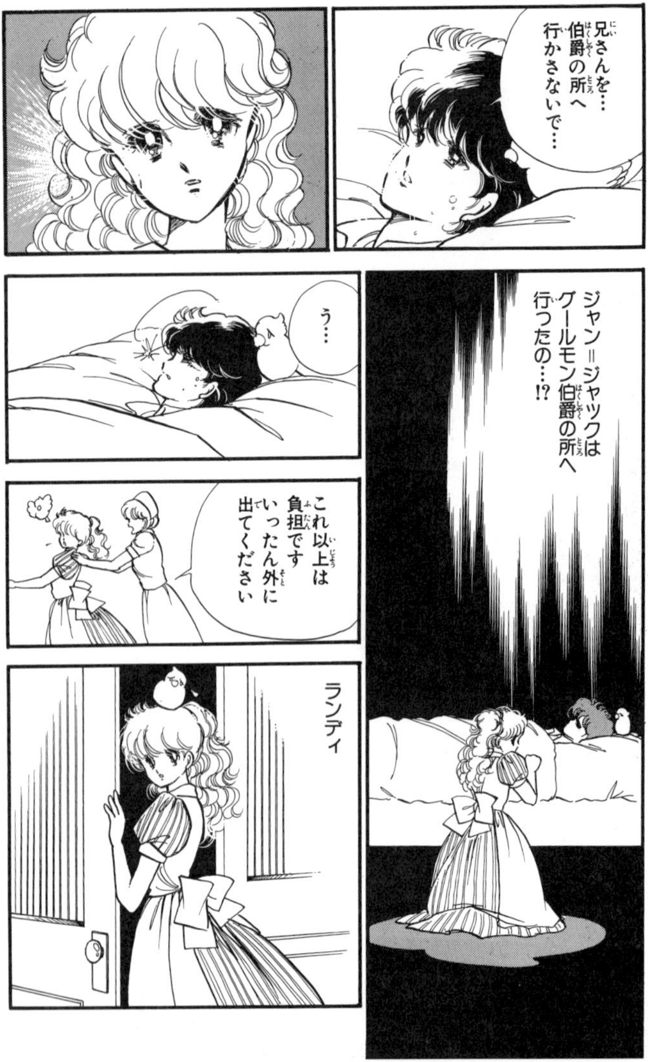
兄さんを…
伯爵の所へ
行かさないで…
ジャン＝ジャックは
グールモン伯爵の所へ
行ったの…!?
う…
これ以上は
負担です
いったん外に
出てください
ランディ

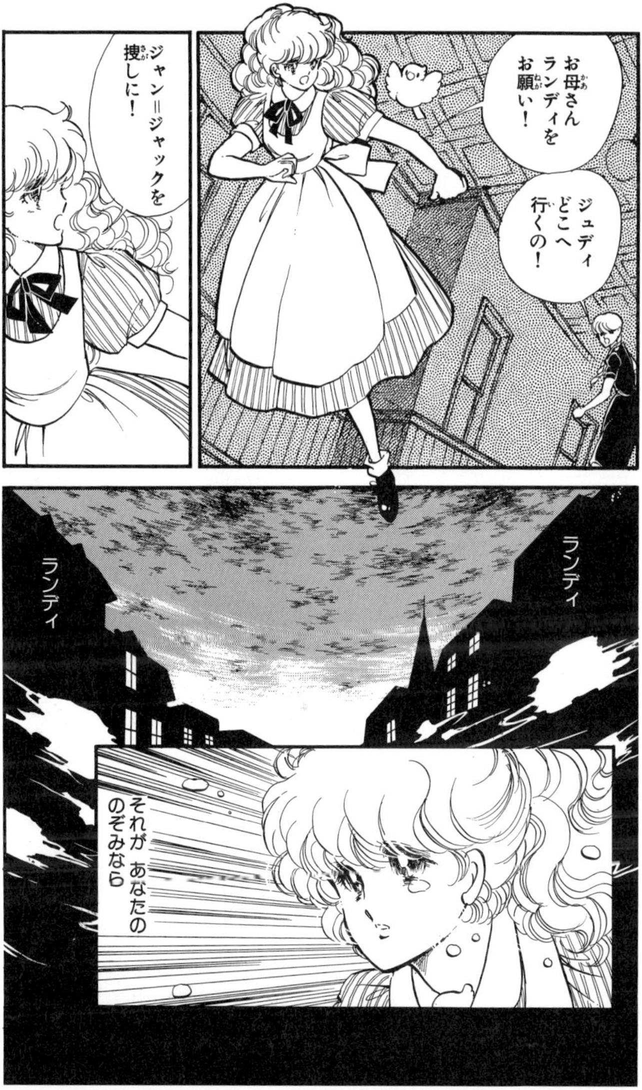
お母さん
ランディを
お願い！
ジュディ
どこへ
行くの！
ジャン＝ジャックを
捜しに！
ランディ
ランディ
それが あなたの
のぞみなら

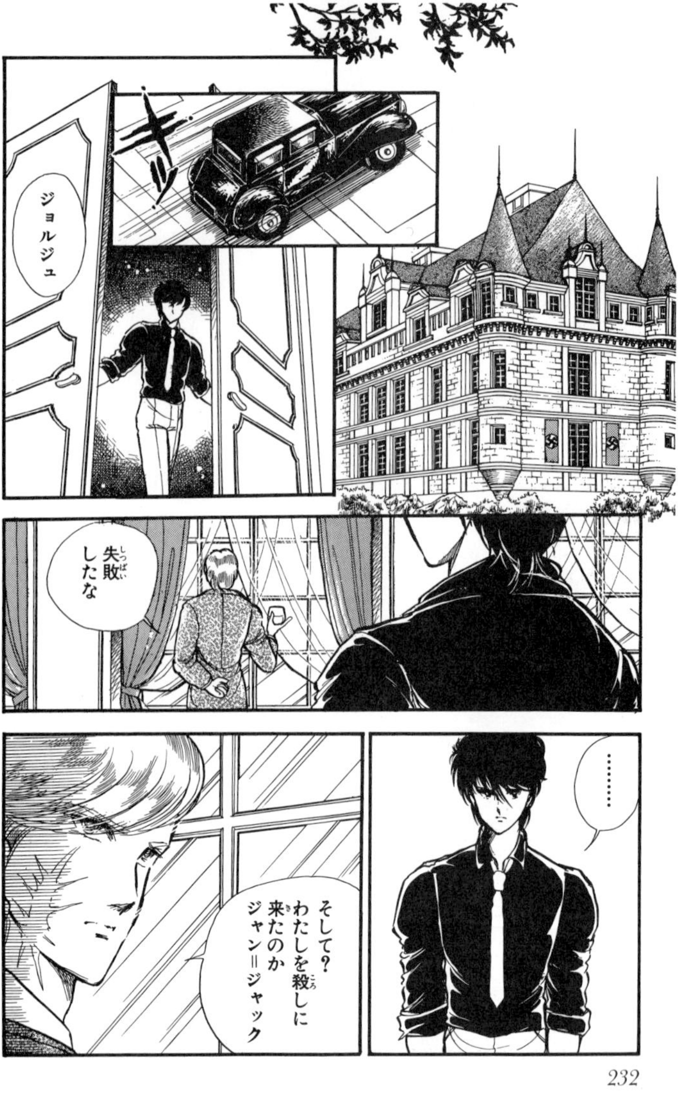
ジョルジュ
失敗したな
…………
そして？ わたしを殺しに来たのか ジャン＝ジャック

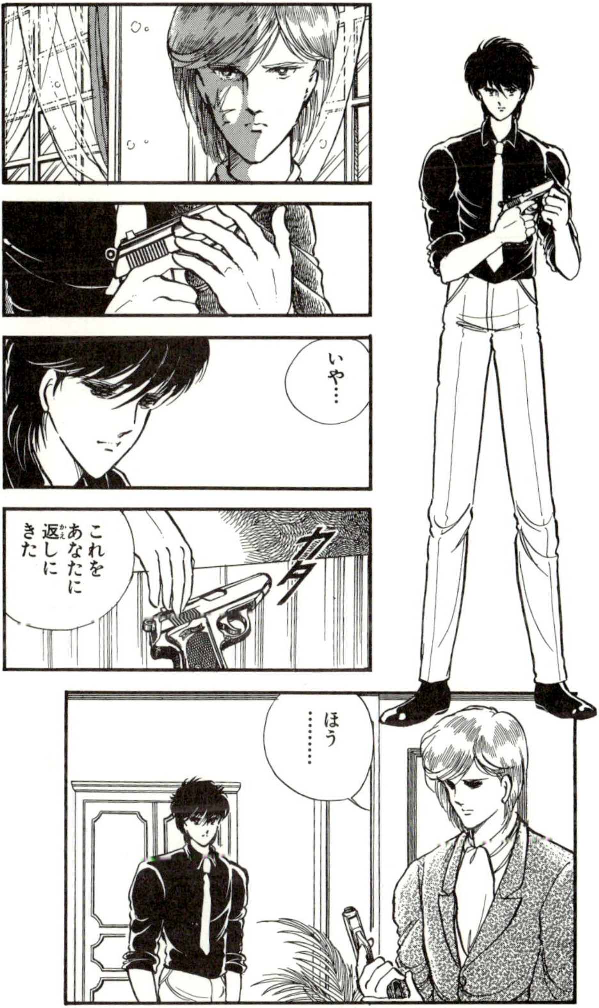
いや……
これをあなたに返しにきた
カタ
ほう………

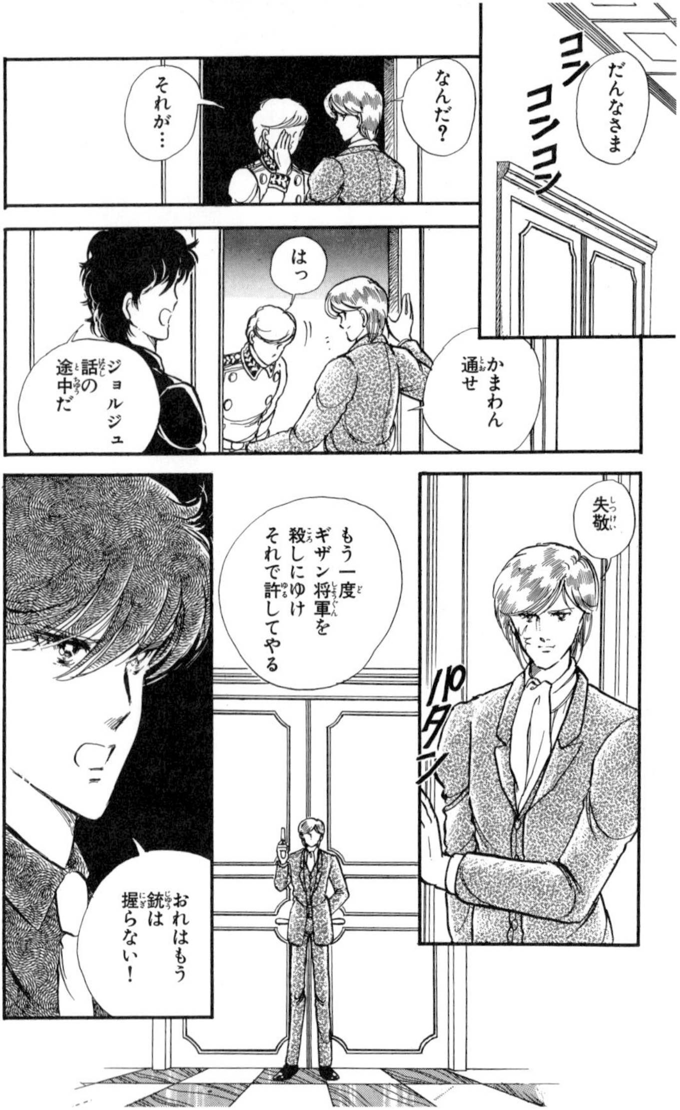
だんなさま
コンコンコンコン
なんだ?
それが…
かまわん通せ
はっ
ジョルジュ話の途中だ
失敬
パタン
もう一度ギザン将軍を殺しにゆけそれで許してやる
おれはもう銃は握らない!

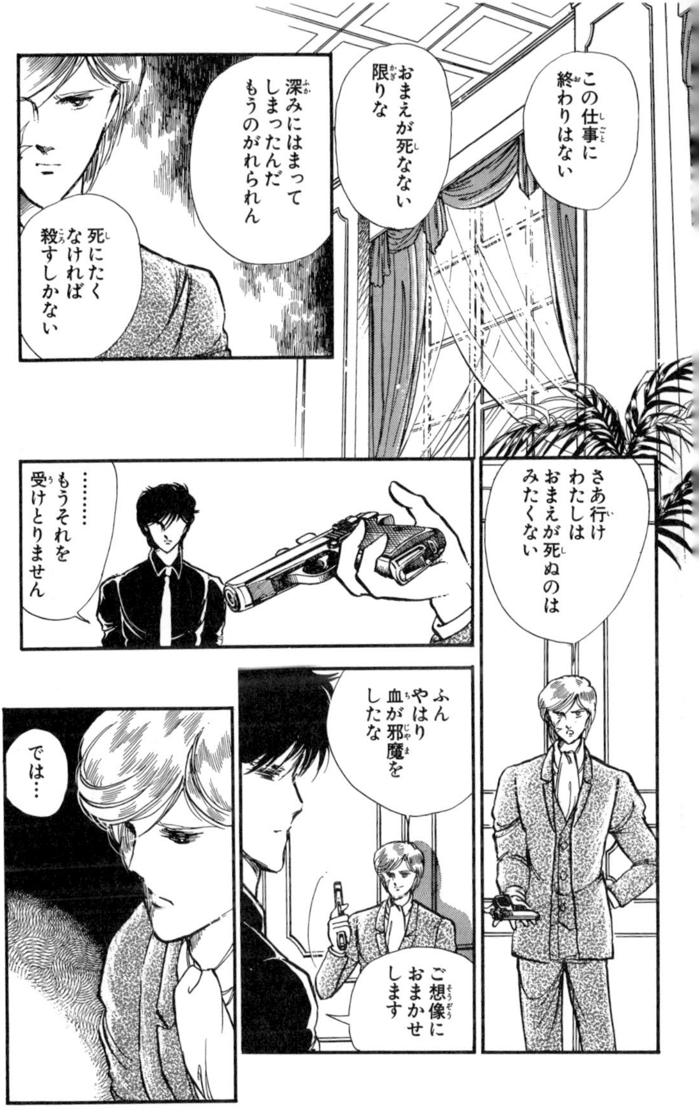
この仕事に終わりはない
おまえが死なない限りな
深みにはまってしまったんだもうのがれられん
死にたくなければ殺すしかない
さあ行けわたしはおまえが死ぬのはみたくない
……もうそれを受けとりません
ふんやはり血が邪魔をしたな
ご想像におまかせします
では…

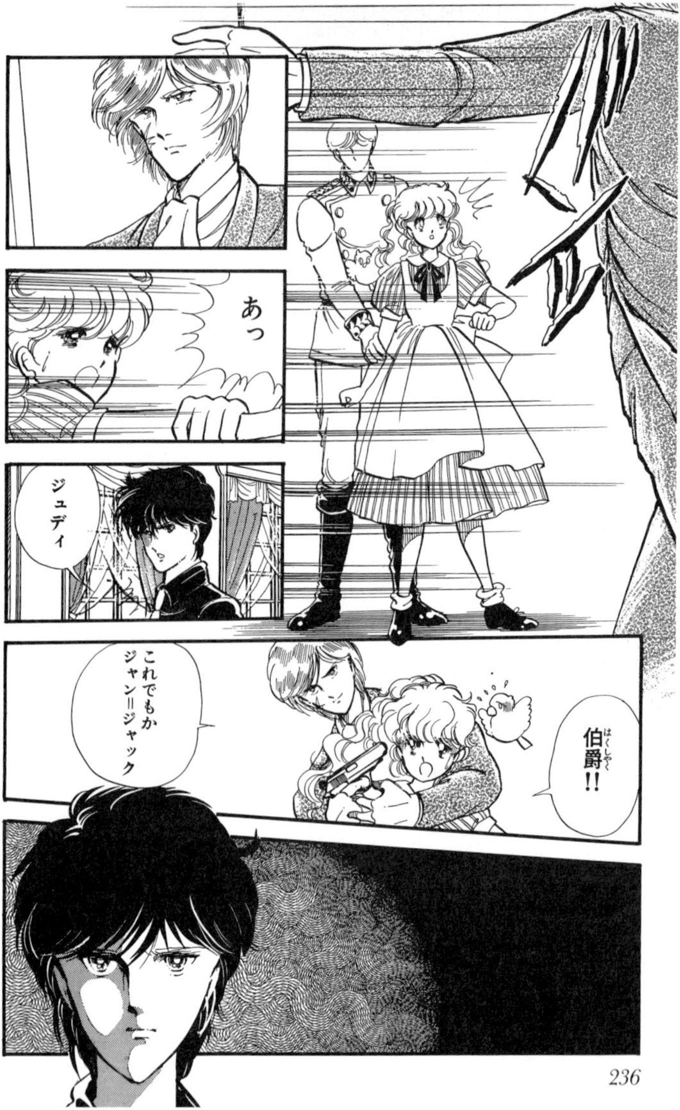
あっ
ジュディ
伯爵(はくしゃく)!!
これでもか
ジャン＝ジャック

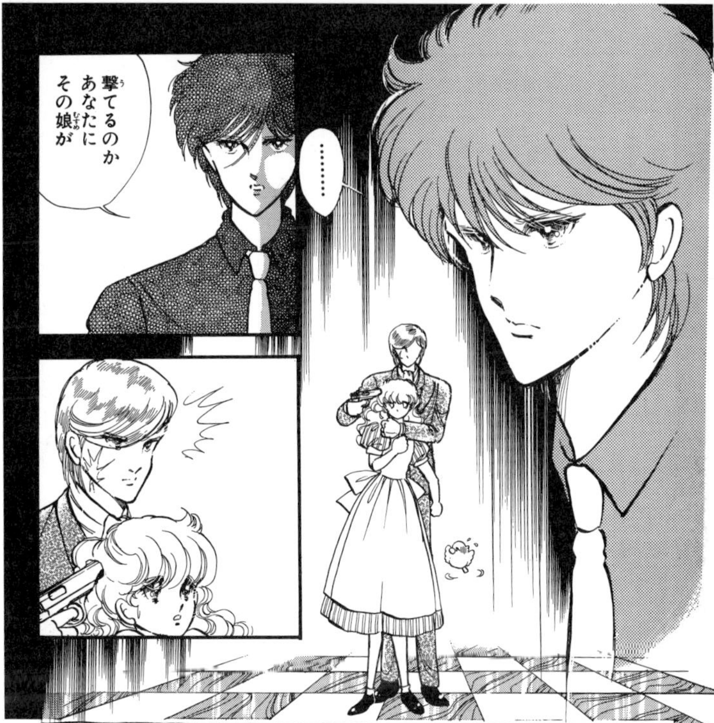
撃てるのか
あなたに
その娘が
…………

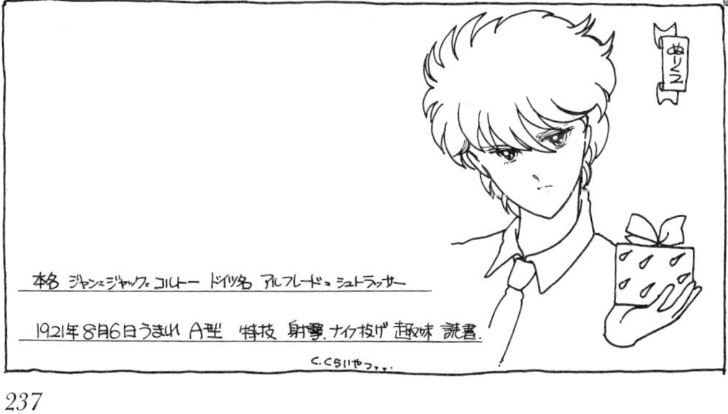
ぬりえ
本名 ジャン=ジャック・コルトー ドイツ名 アルフレード・シュトラッサー
1921年8月6日うまれ A型 特技 射撃.ナイフ投げ 趣味 読書.
く.くらいやっ...

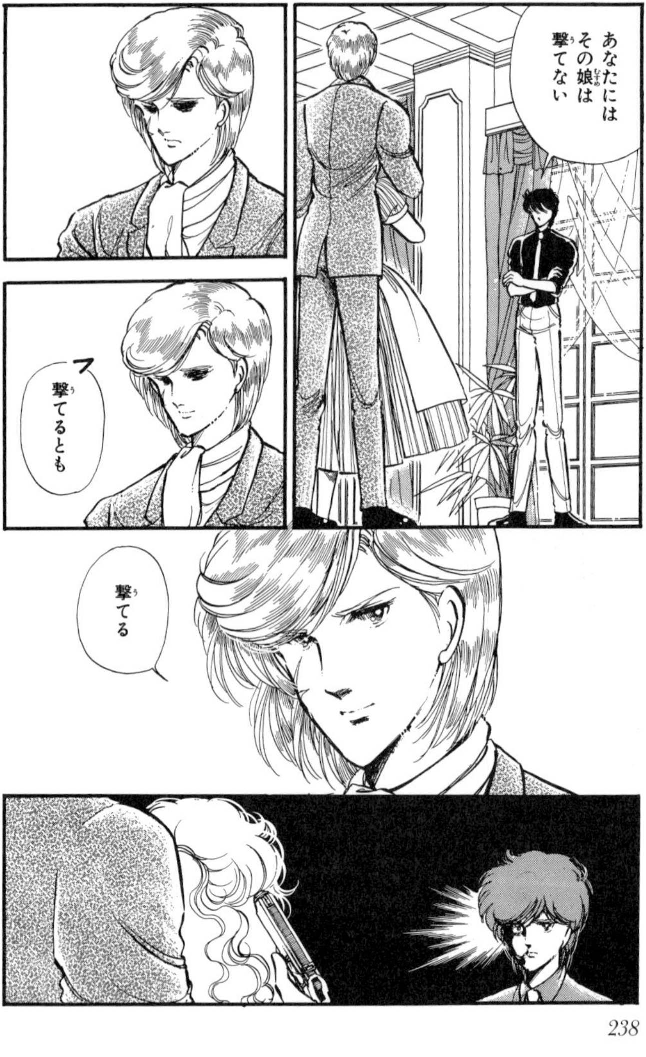
あなたには
その娘は
撃てない
撃てるとも
撃てる

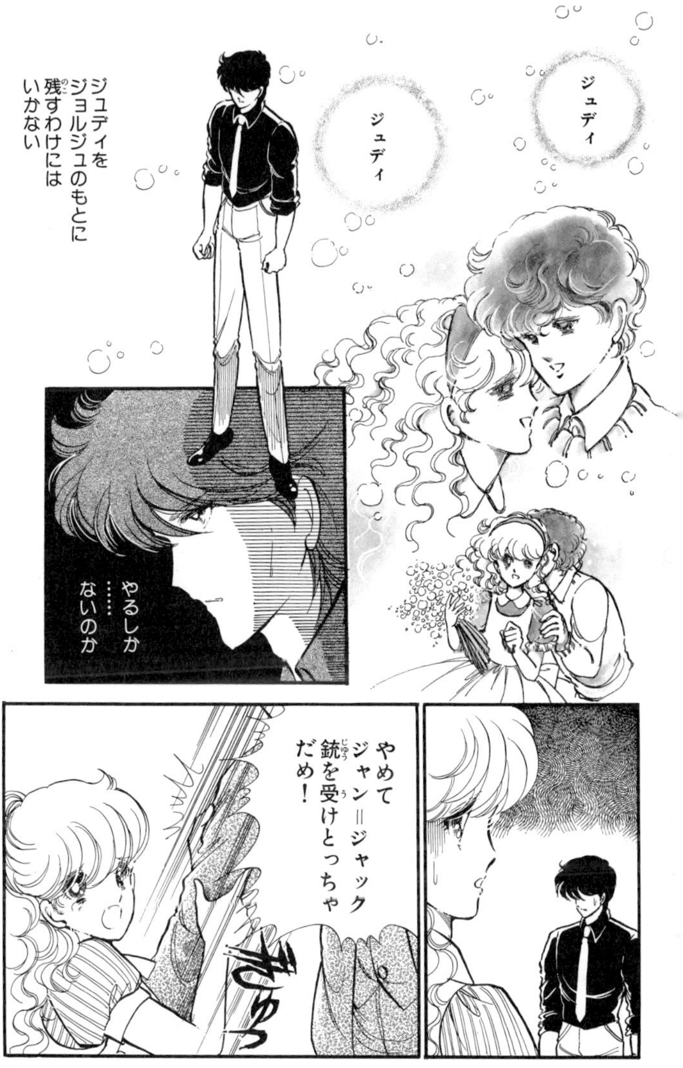
ジュディ
ジュディ
ジュディを
ジョルジュのもとに
残すわけには
いかない
やるしか……
ないのか
やめて
ジャン＝ジャック
銃を受けとっちゃ
だめ！

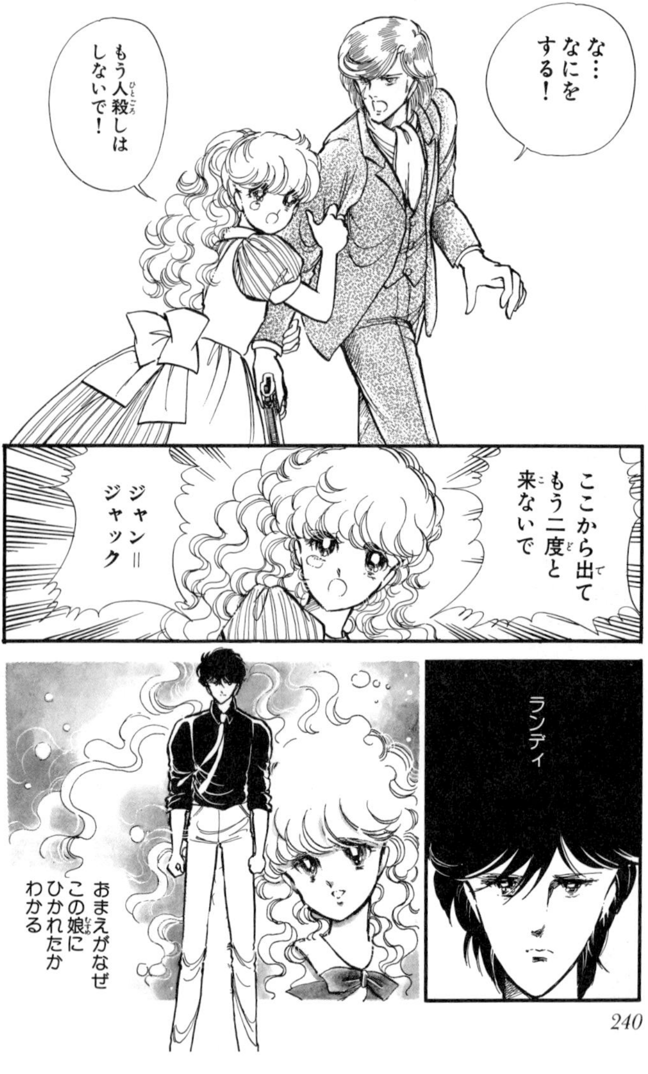

な…なにをする！
もう人殺しはしないで！
ここから出てもう二度と来ないで
ジャン＝ジャック
ランディ
おまえがなぜこの娘にひかれたかわかる

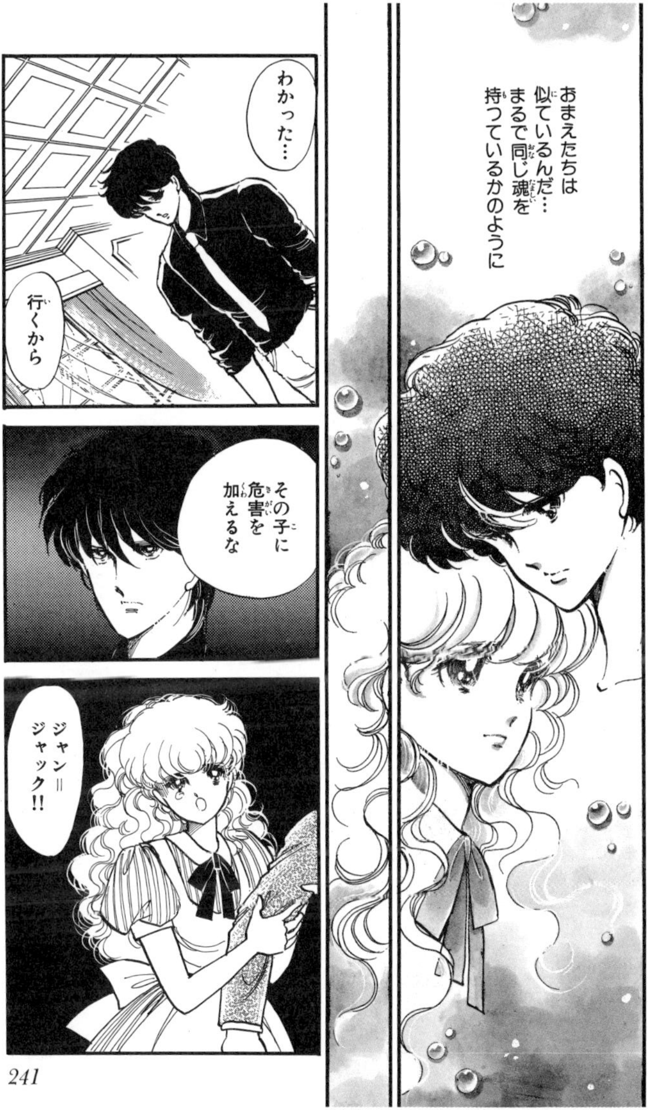
おまえたちは
似ているんだ…
まるで同じ魂を
持っているかのように
わかった…
行くから
その子に危害を加えるな
ジャン＝ジャック!!

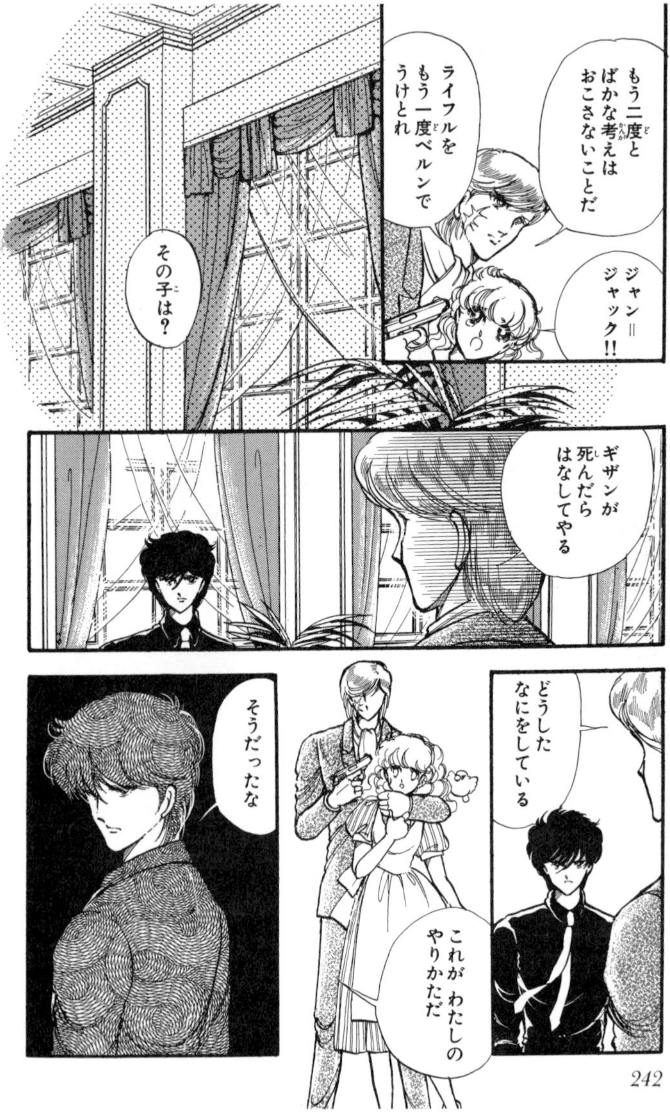
もう二度と
ばかな考えは
おこさないことだ
ジャン＝
ジャック!!
ライフルを
もう一度ベルンで
うけとれ
その子は?
ギザンが
死んだら
はなしてやる
どうした
なにをしている
これが わたしの
やりかただ
そうだったな

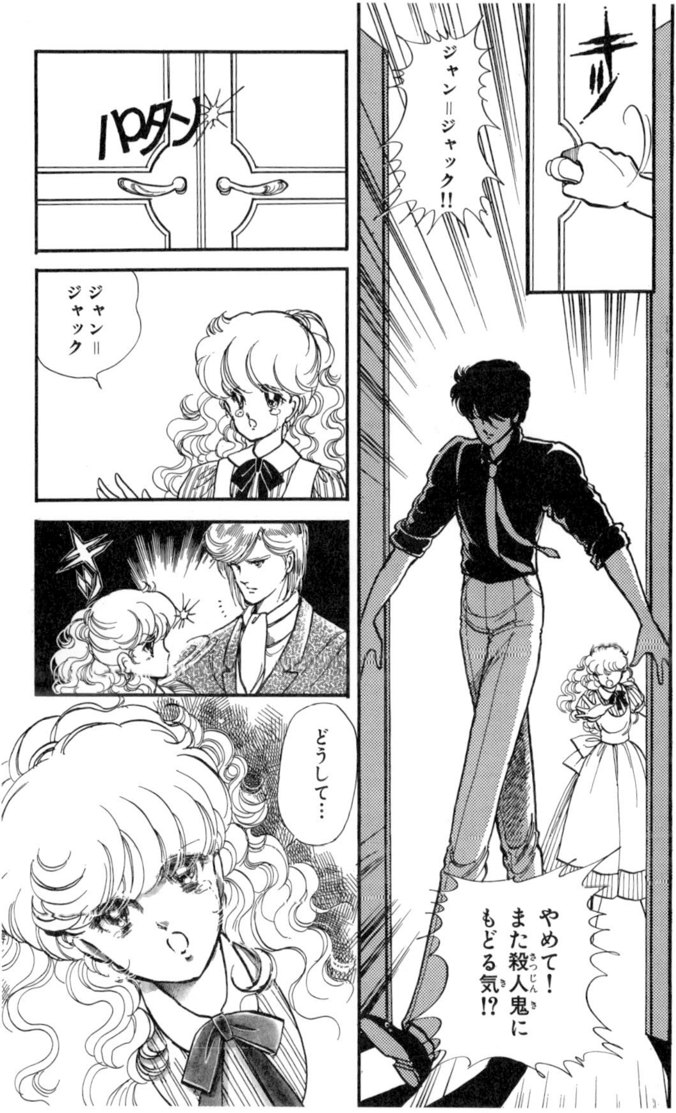
キッ
ジャン＝ジャック!!
やめて！
また殺人鬼にもどる気!?
パタン
ジャン＝ジャック
どうして…

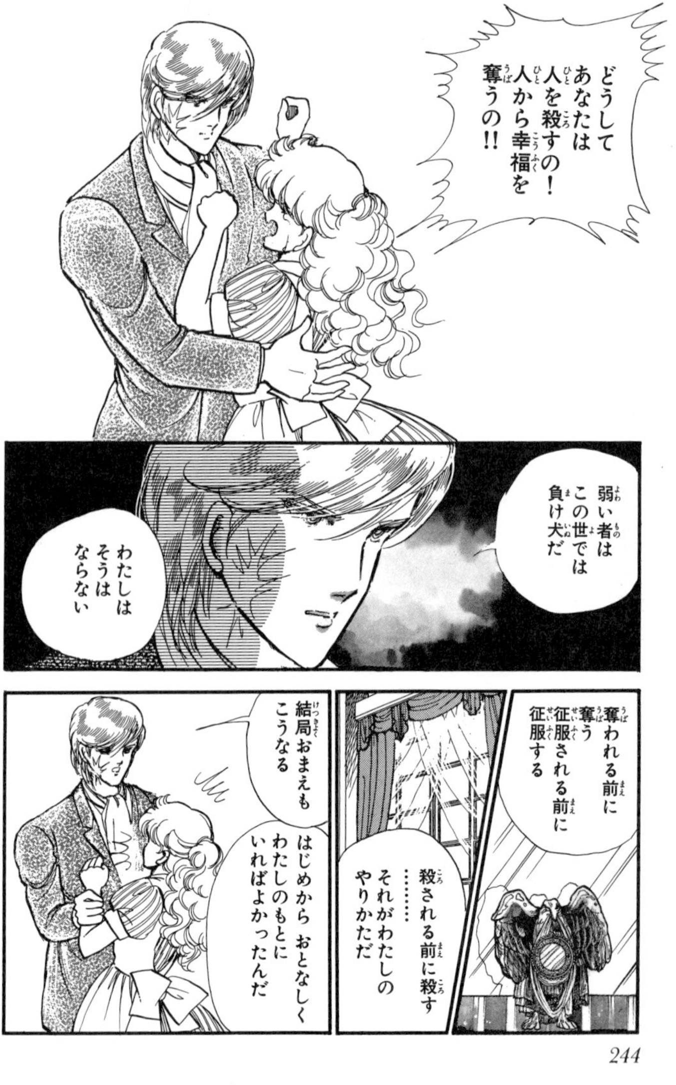

どうして あなたは 人を殺すの！ 人から幸福を 奪うの!!
弱い者は この世では 負け犬だ
わたしは そうは ならない
奪われる前に 奪う 征服される前に 征服する
殺される前に殺す …… それがわたしの やりかただ
結局おまえも こうなる
はじめから おとなしく わたしのもとに いればよかったんだ

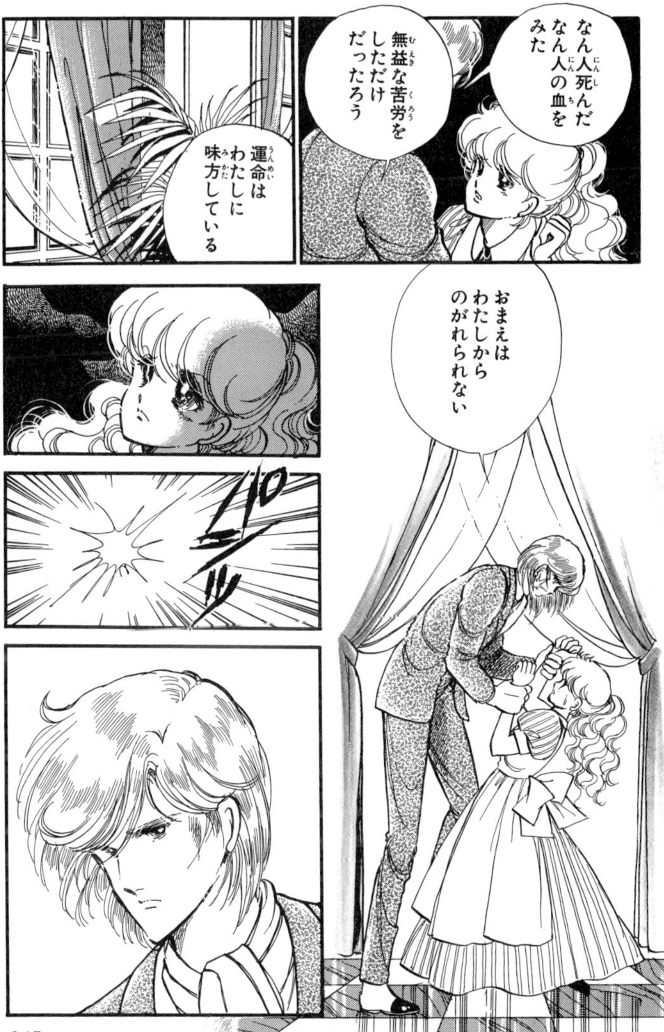

なん人死んだ なん人の血を みた
無益な苦労を しただけ だったろう
運命は わたしに 味方している
おまえは わたしから のがれられない
パーンッ

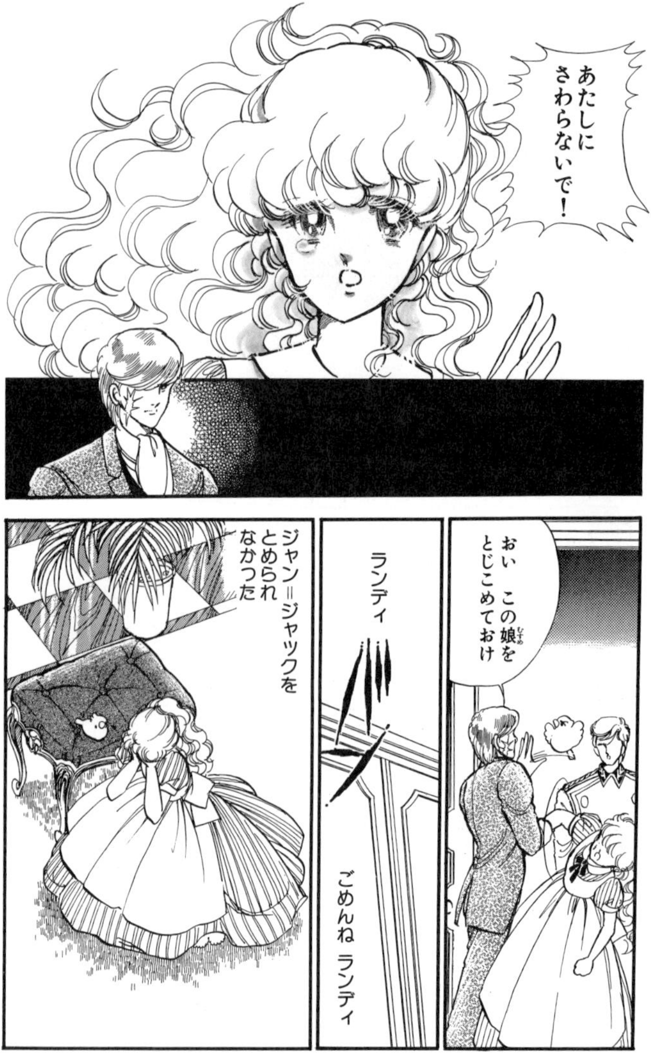
あたしに
さわらないで！
おい　この娘を
とじこめておけ
ランディ
ごめんね　ランディ
ジャン＝ジャックを
とめられ
なかつた

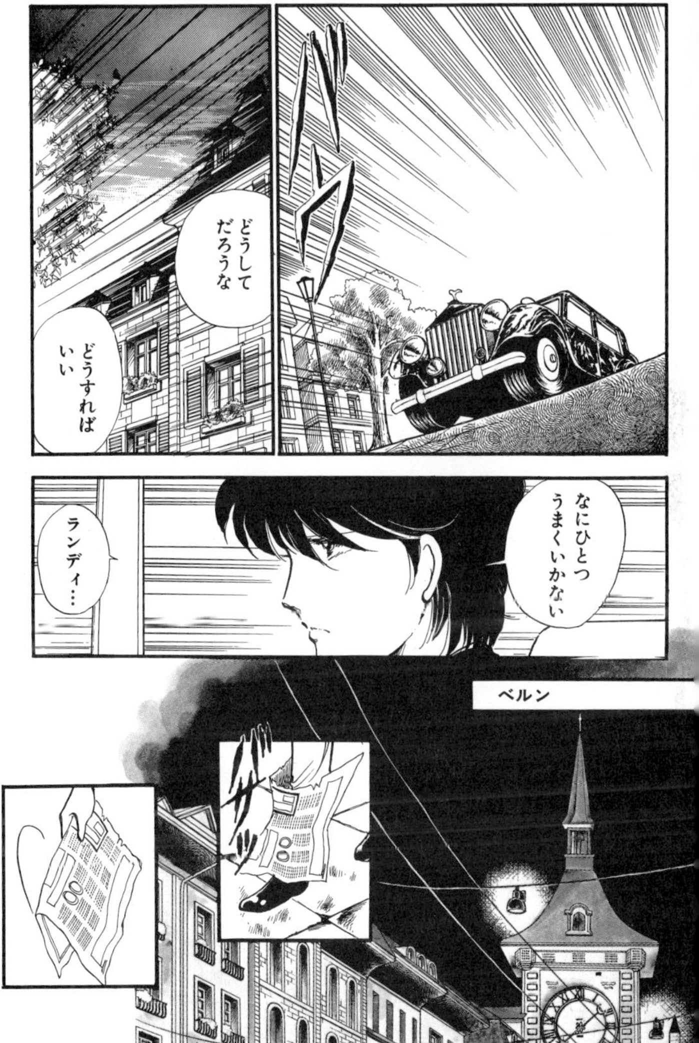
どうしてだろうな
どうすればいい
なにひとつうまくいかない
ランディ…
ベルン

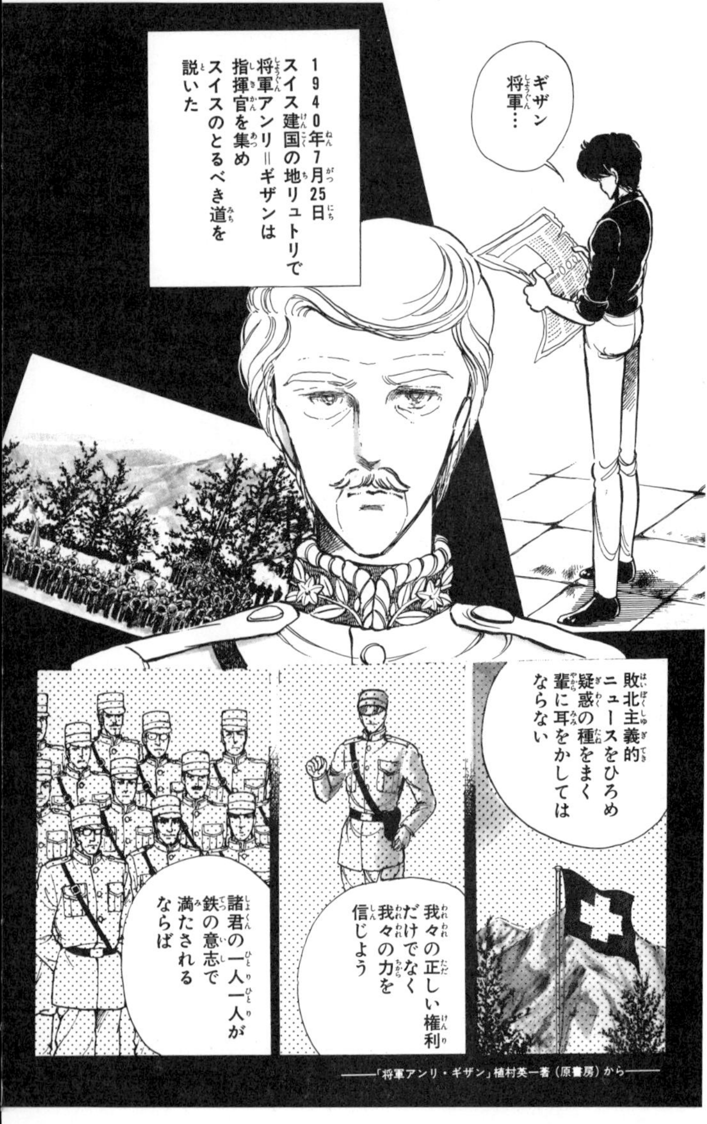

──「将軍アンリ・ギザン」植村英一著（原書房）から──

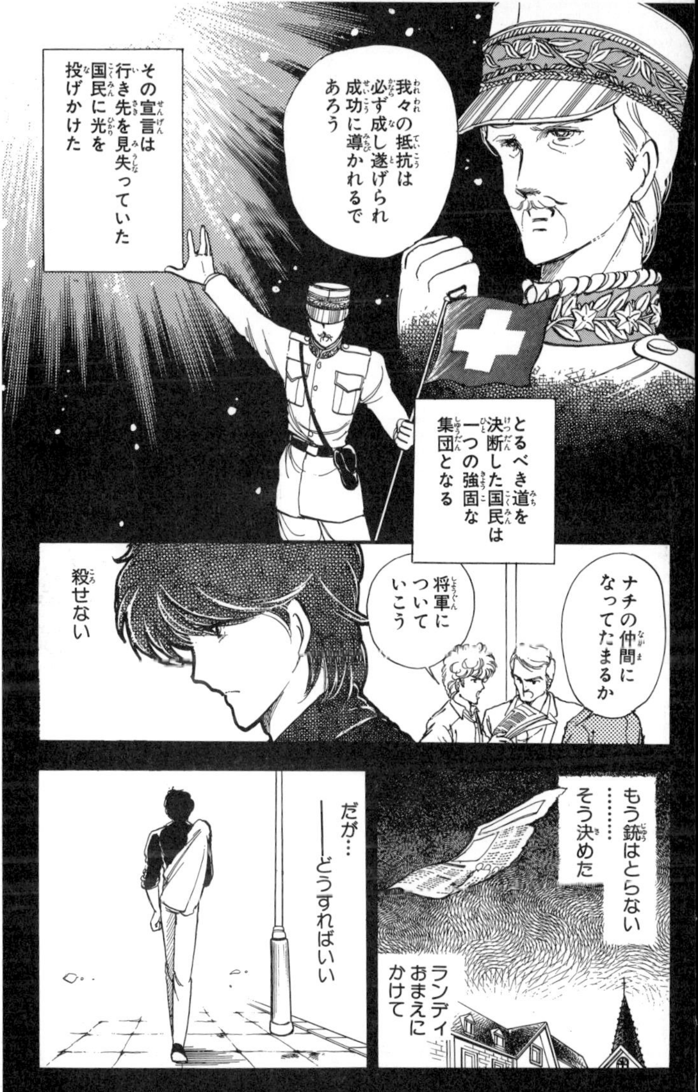
我々の抵抗は
必ず成し遂げられ
成功に導かれるで
あろう
その宣言は
行き先を見失っていた
国民に光を
投げかけた
とるべき道を
決断した国民は
一つの強固な
集団となる
ナチの
仲間に
なってたまるか
将軍に
ついて
いこう
殺せない
もう銃はとらない
……
そう決めた
ランディ
おまえに
かけて
だが…
——どうすればいい

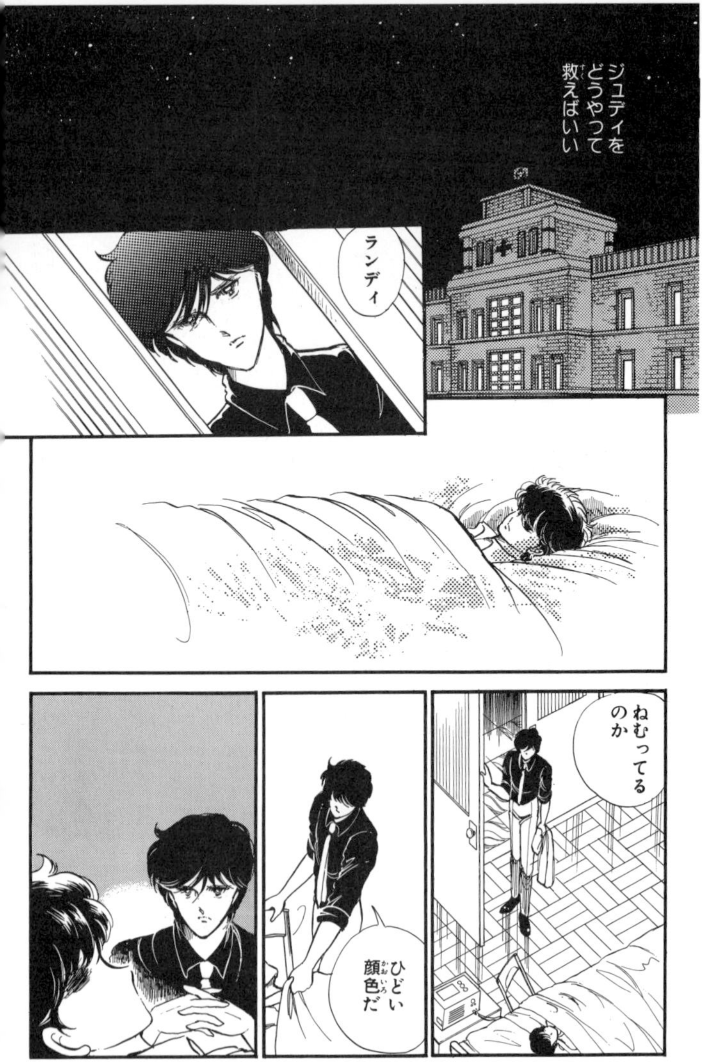

ジュディをどうやって救えばいい
ランディ
ねむってるのか
ひどい顔色だ

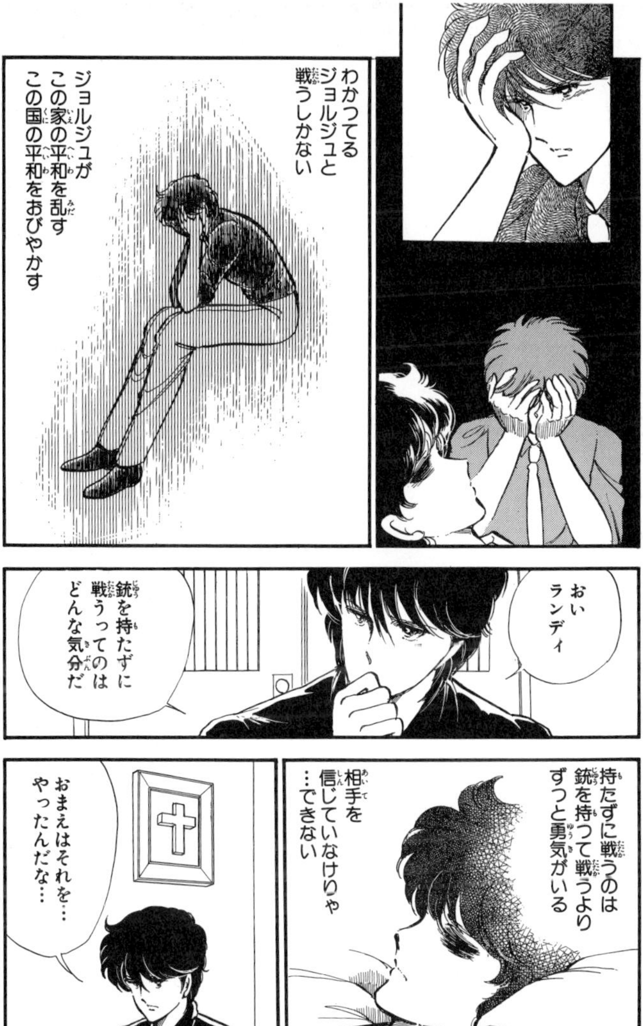
わかってる
ジョルジュと
戦うしかない
ジョルジュが
この家の平和を乱す
この国の平和をおびやかす
おい
ランディ
銃を持たずに
戦うってのは
どんな気分だ
持たずに戦うのは
銃を持って戦うより
ずっと勇気がいる
相手を
信じていなけりゃ
…できない
おまえはそれを…
やったんだな…

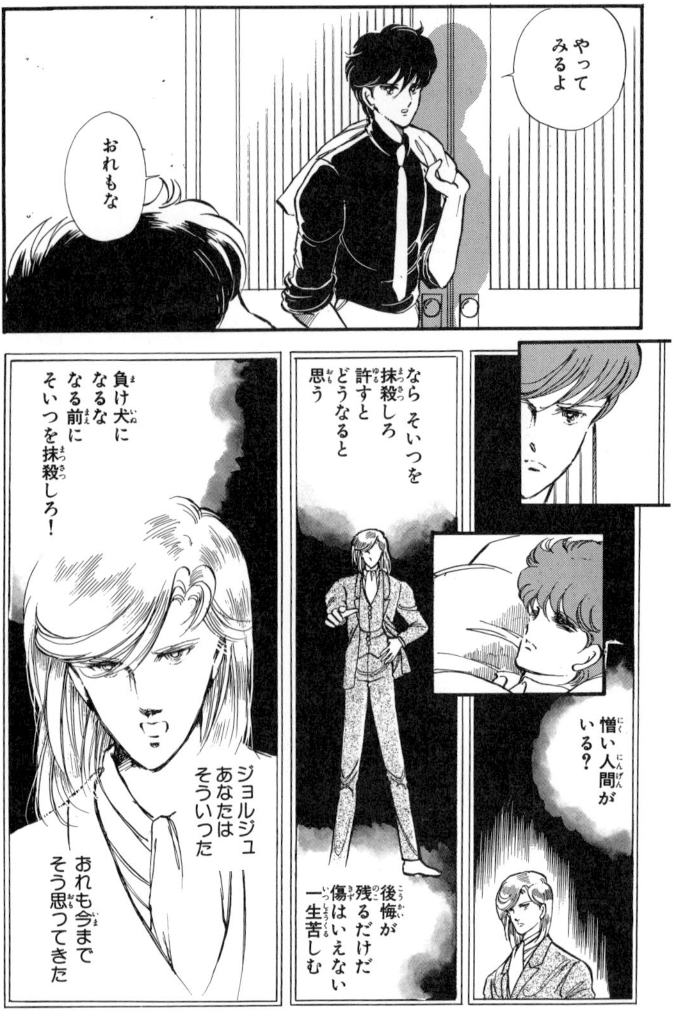
やってみるよ
おれもな
憎い人間がいる？
ならそいつを抹殺しろ許すとどうなると思う
後悔が残るだけだ傷はいえない一生苦しむ
負け犬になるななる前にそいつを抹殺しろ！
ジョルジュあなたはそういつた
おれも今までそう思つてきた

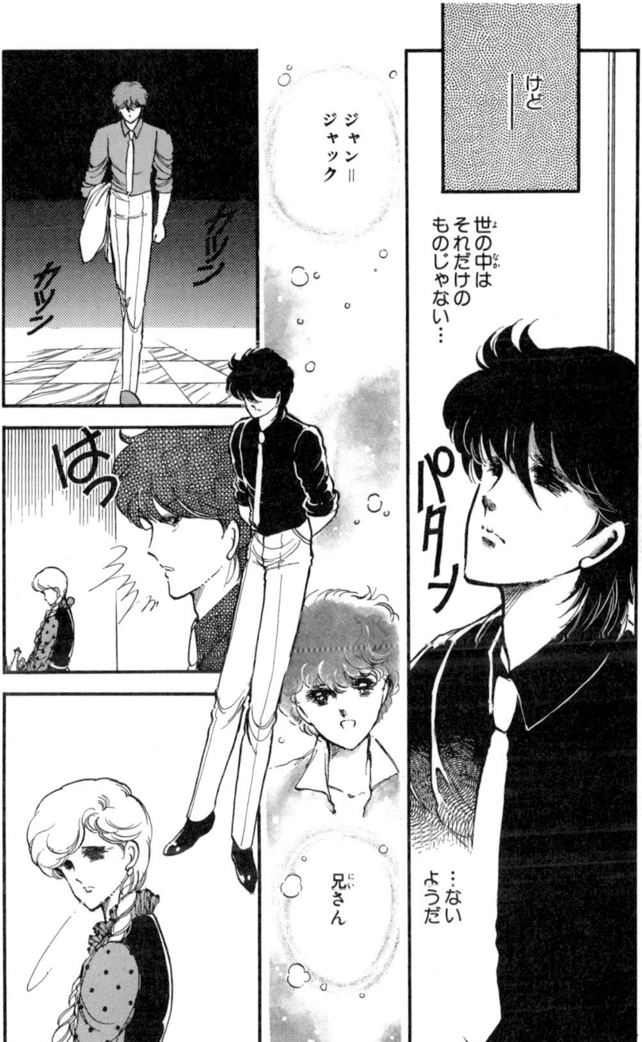
けど——
世の中は
それだけの
ものじゃない…
パタン
…ない
ようだ
ジャン＝ジャック
兄さん
カツン
カツン
はっ

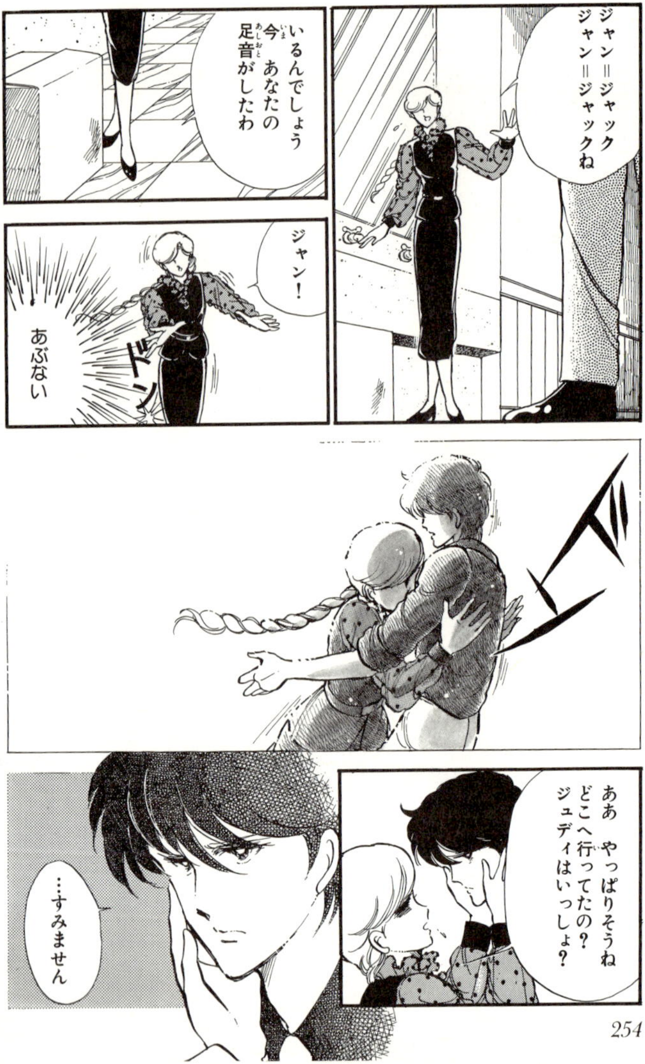
ジャン＝ジャック
ジャン＝ジャックね
いるんでしょう
今 あなたの
足音がしたわ
ジャン！
ドン
あぶない
ド
ああ やっぱりそうね
どこへ行ってたの？
ジュディはいっしょ？
…すみません

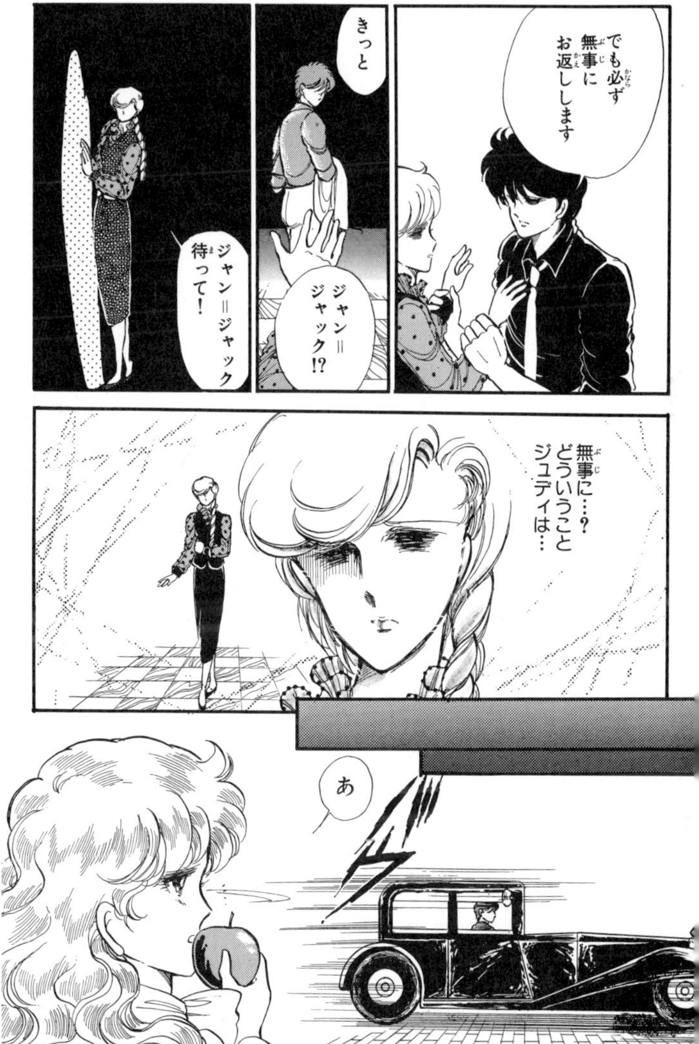
でも必ず無事にお返しします
きっと
ジャン＝ジャック!?
ジャン＝ジャック待って！
無事に…？どういうことジュディは…
あ

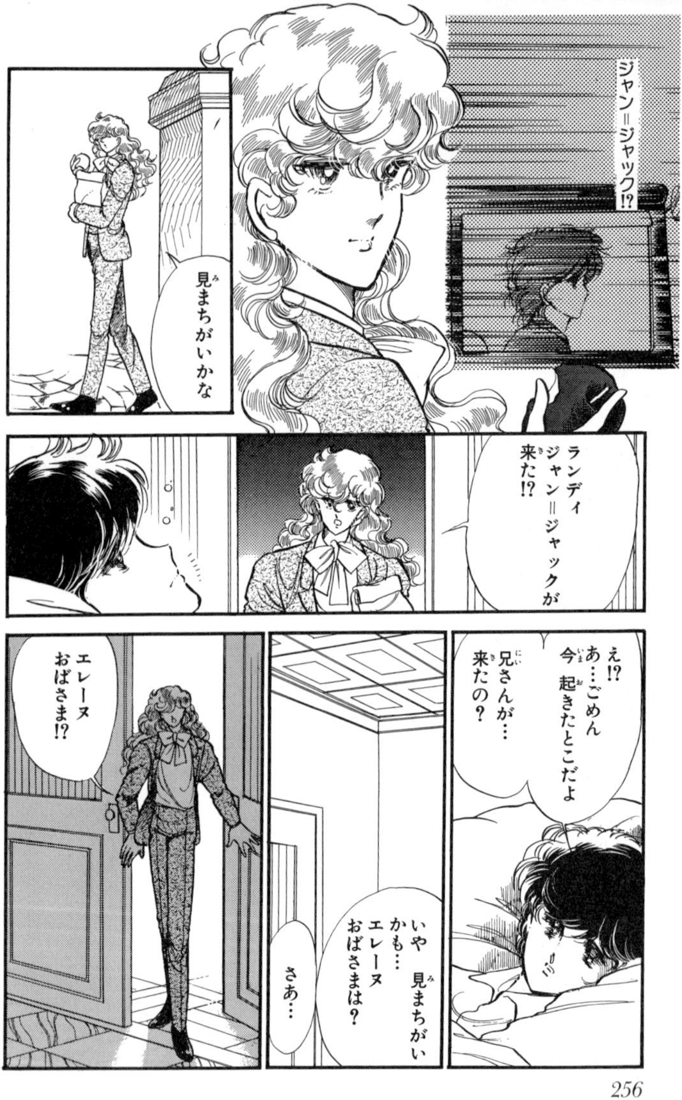
ジャン＝ジャック⁉
見まちがいかな
ランディ ジャン＝ジャックが来た⁉
え⁉ あ…ごめん 今 起きたとこだよ 兄さんが…来たの？
いや 見まちがいかも… エレーヌおばさまは？
さあ…
エレーヌおばさま⁉

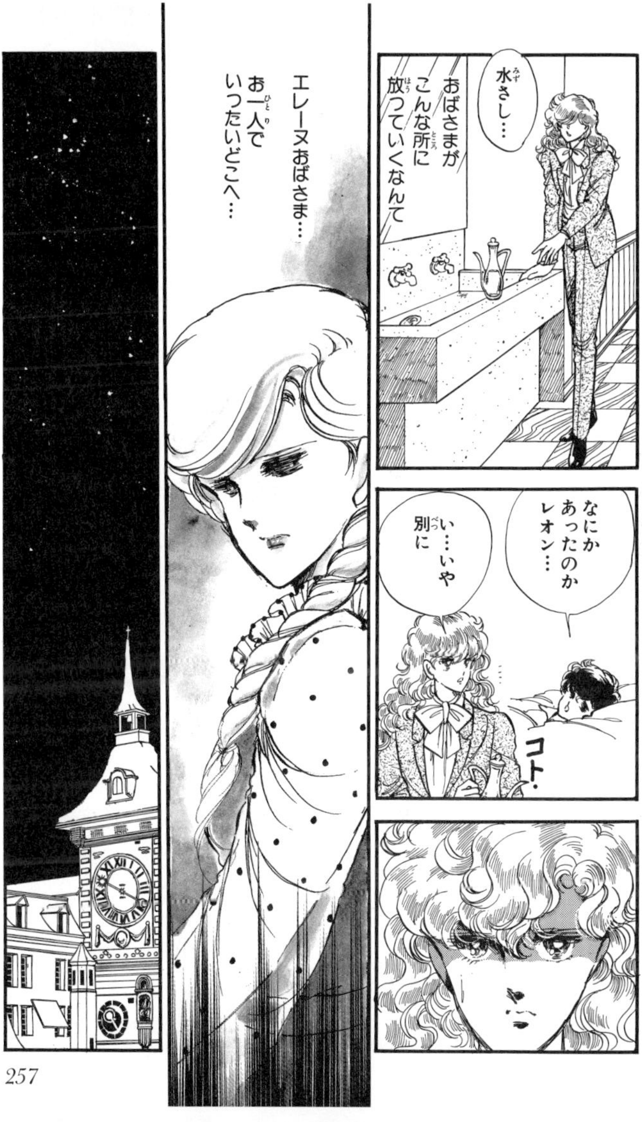

水さし…
おばさまが
こんな所に
放っていくなんて
なにか
あったのか
レオン…
い…いや
別に
コト
エレーヌおばさま…
お一人で
いったいどこへ…

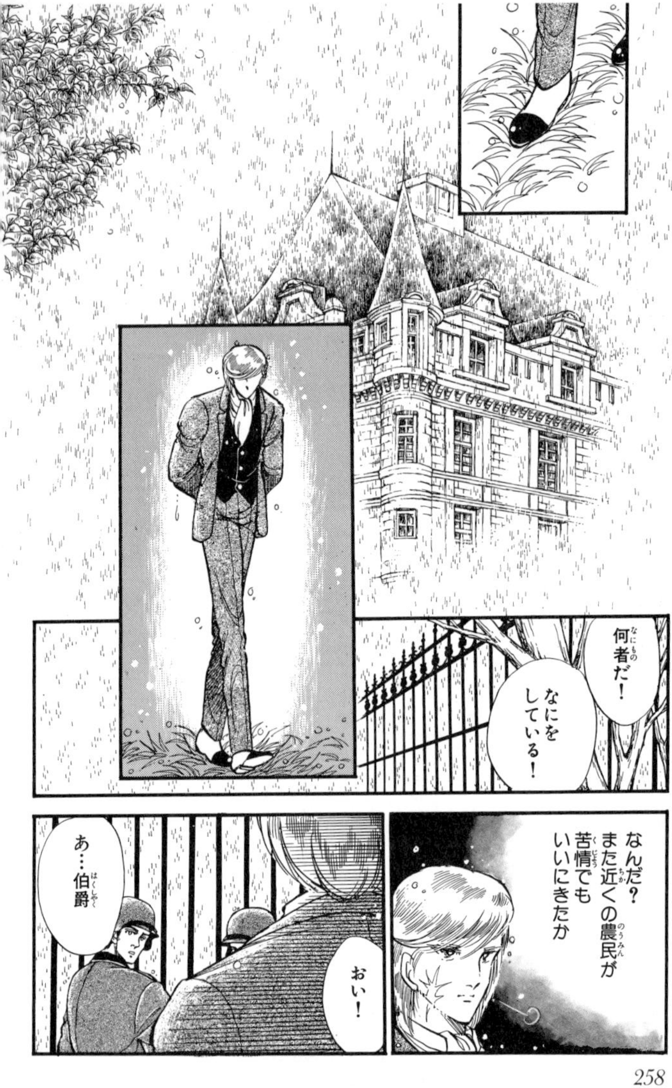
何者だ!
なにをしている!
なんだ? また近くの農民が苦情でもいいにきたか
おい!
あ…伯爵

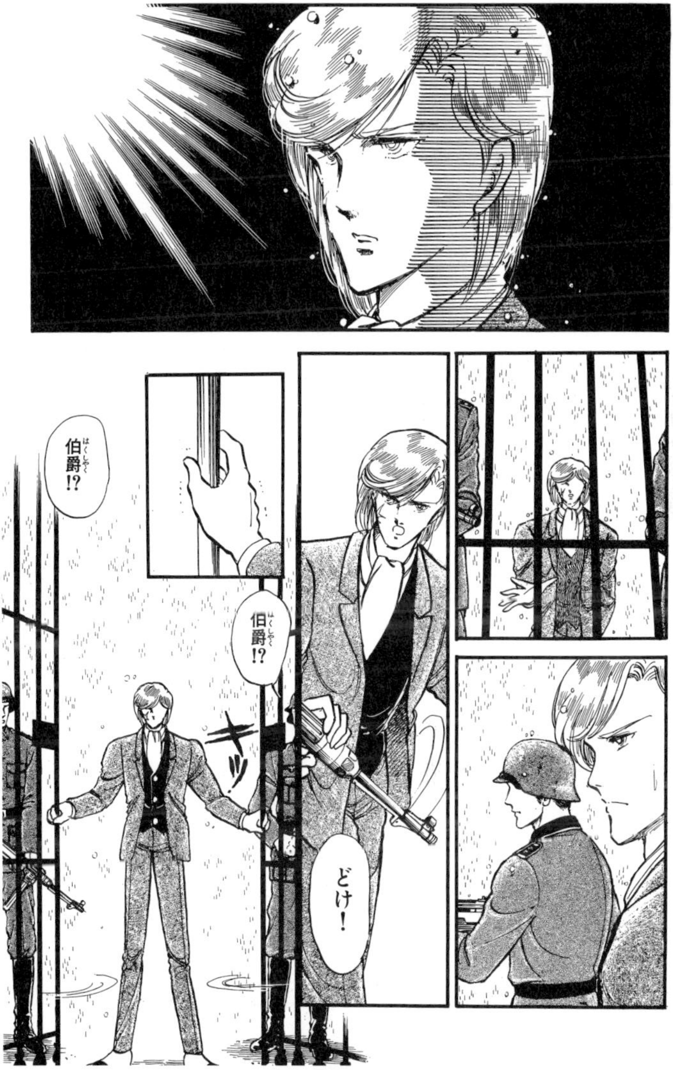
どけ!
伯爵!?
キッ
伯爵!?

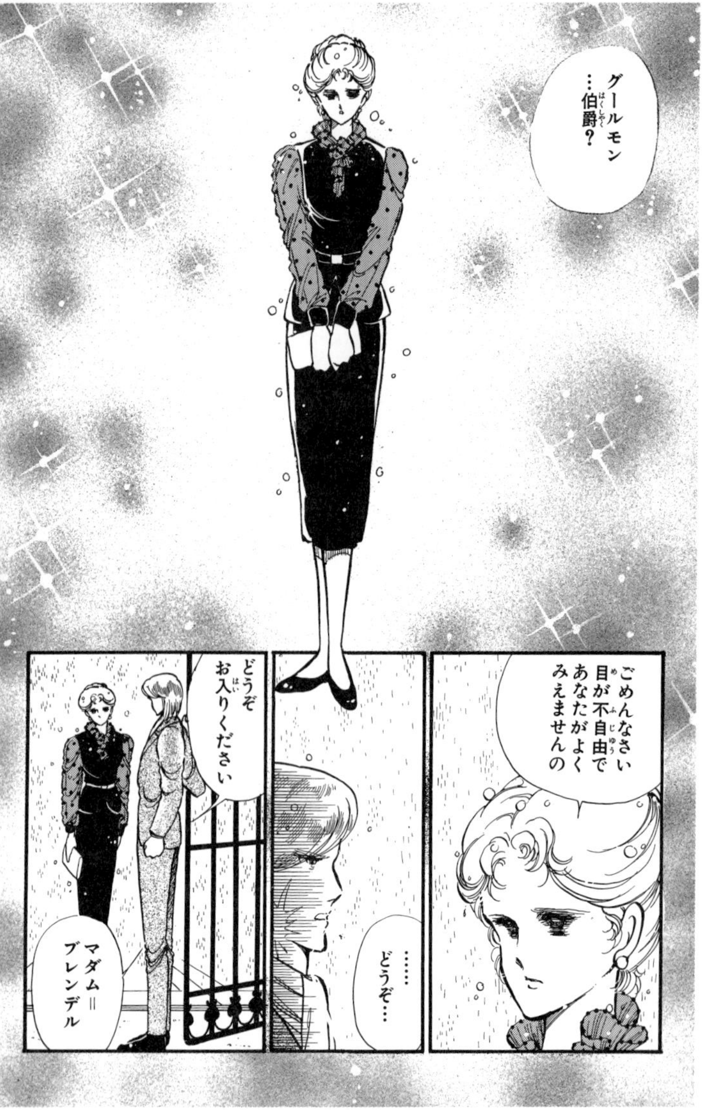

グールモン…伯爵？
ごめんなさい 目が不自由で あなたがよく みえませんの
……どうぞ…
どうぞ お入りください
マダム＝ブレンデル

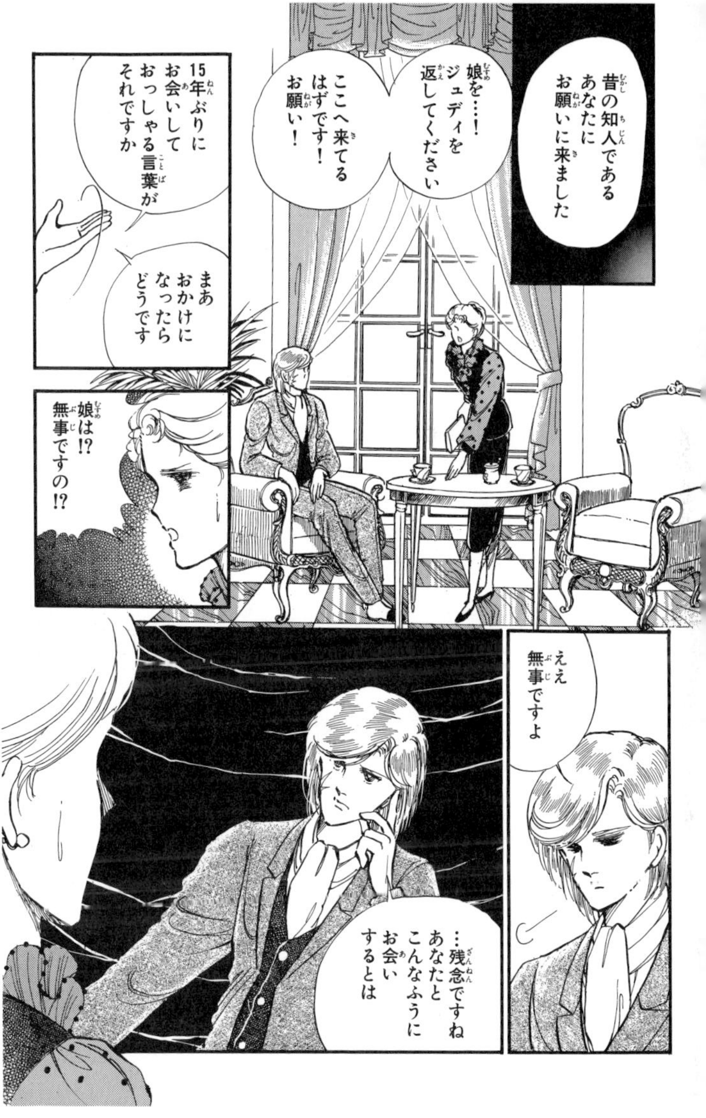
昔の知人である あなたに お願いに来ました
娘を…! ジュディを 返してください
ここへ来てる はずです! お願い!
15年ぶりに お会いして おっしゃる言葉が それですか
まあ おかけに なったら どうです
娘は!? 無事ですの!?
ええ 無事ですよ
…残念ですね あなたと こんなふうに お会い するとは

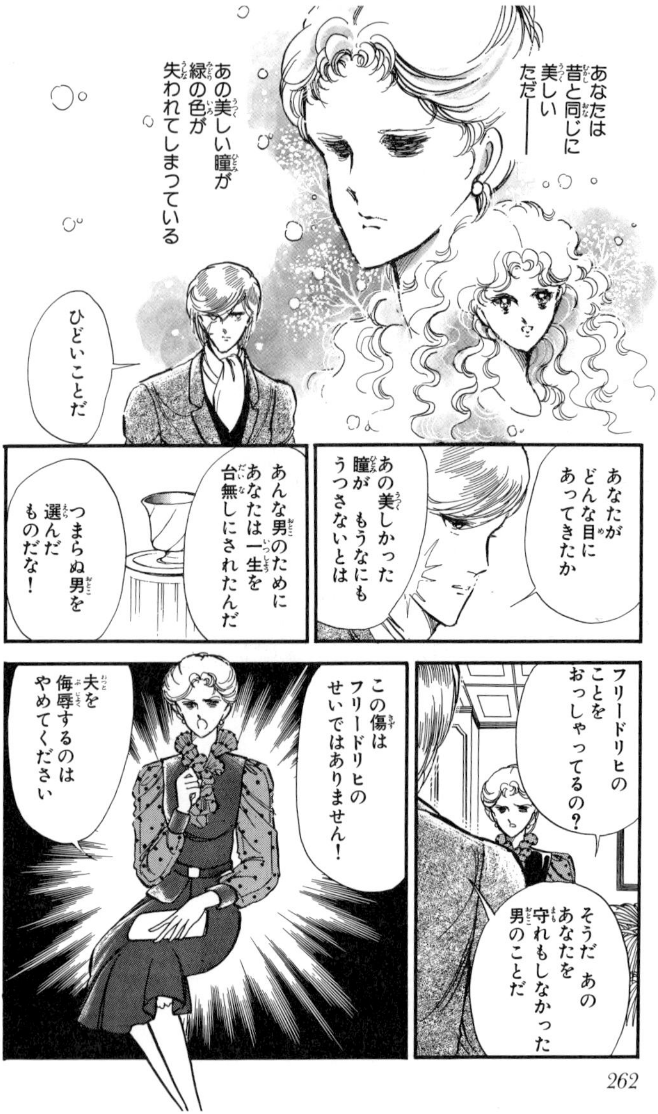
あなたは昔と同じに美しいただ――
あの美しい瞳が緑の色が失われてしまっている
ひどいことだ
あなたがどんな目にあってきたか
あの美しかった瞳が　もうなにもうつさないとは
あんな男のためにあなたは一生を台無しにされたんだ
つまらぬ男を選んだものだな!
フリードリヒのことをおっしゃってるの?
そうだ　あのあなたを守れもしなかった男のことだ
この傷はフリードリヒのせいではありません!
夫を侮辱するのはやめてください

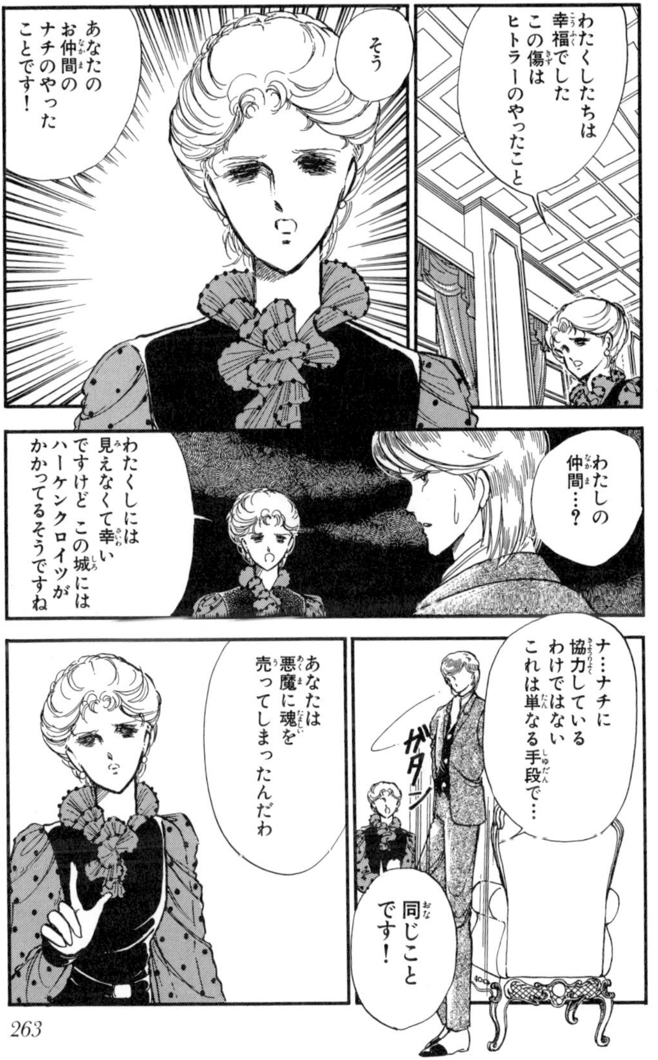
わたくしたちは幸福でした この傷はヒトラーのやったこと
そう
あなたのお仲間のナチのやったことです!
わたしの仲間…?
わたくしには見えなくて幸い ですけど この城にはハーケンクロイツがかかってるそうですね
ナ…ナチに協力しているわけではない これは単なる手段で…
ガタン
同じことです!
あなたは悪魔に魂を売ってしまったんだわ

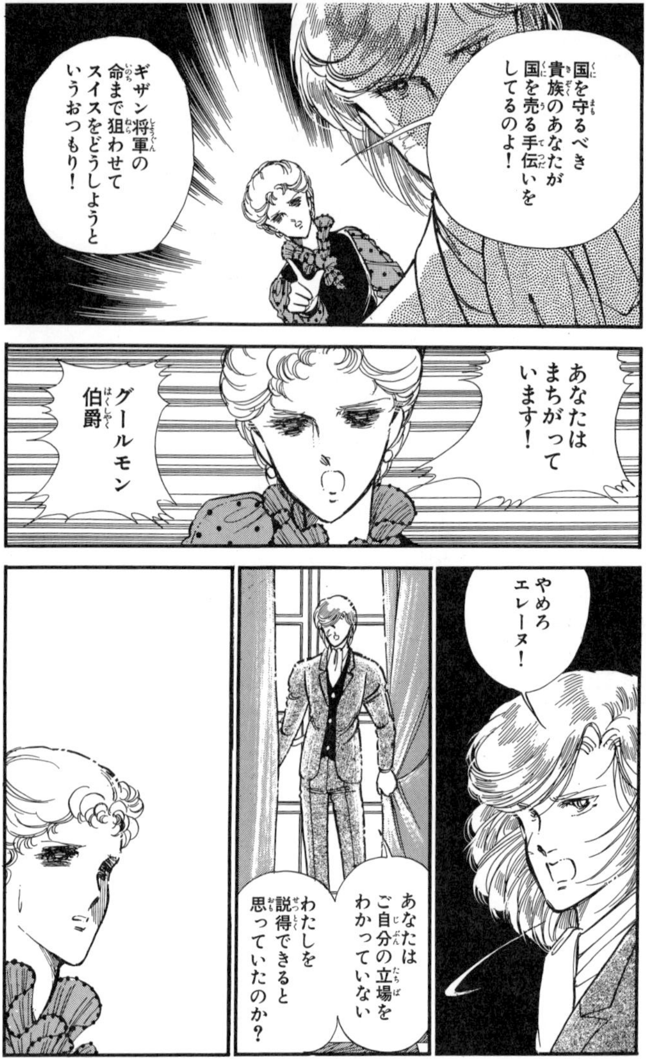
国を守るべき貴族のあなたが国を売る手伝いをしてるのよ！
ギザン将軍の命まで狙わせてスイスをどうしようというおつもり！
あなたはまちがっています！
グールモン伯爵
やめろエレーヌ！
あなたはご自分の立場をわかっていない
わたしを説得できると思っていたのか？

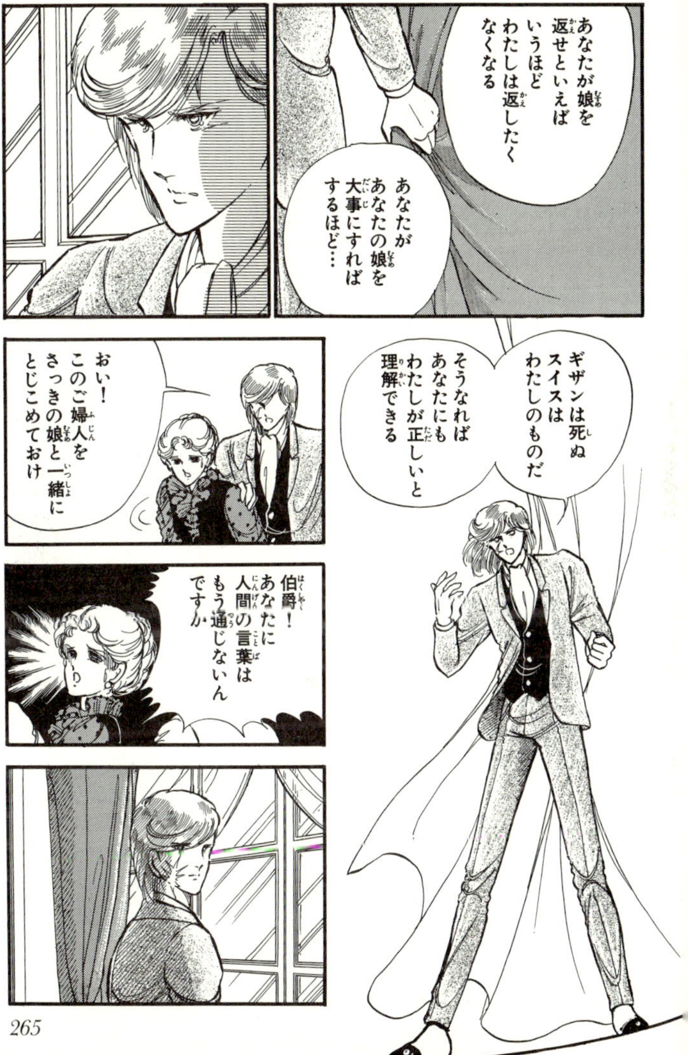
あなたが娘を返せといえばいうほどわたしは返したくなくなる
あなたがあなたの娘を大事にすればするほど…
ギザンは死ぬ スイスはわたしのものだ
そうなればあなたにもわたしが正しいと理解できる
おい！このご婦人をさっきの娘と一緒にとじこめておけ
伯爵！あなたに人間の言葉はもう通じないんですか

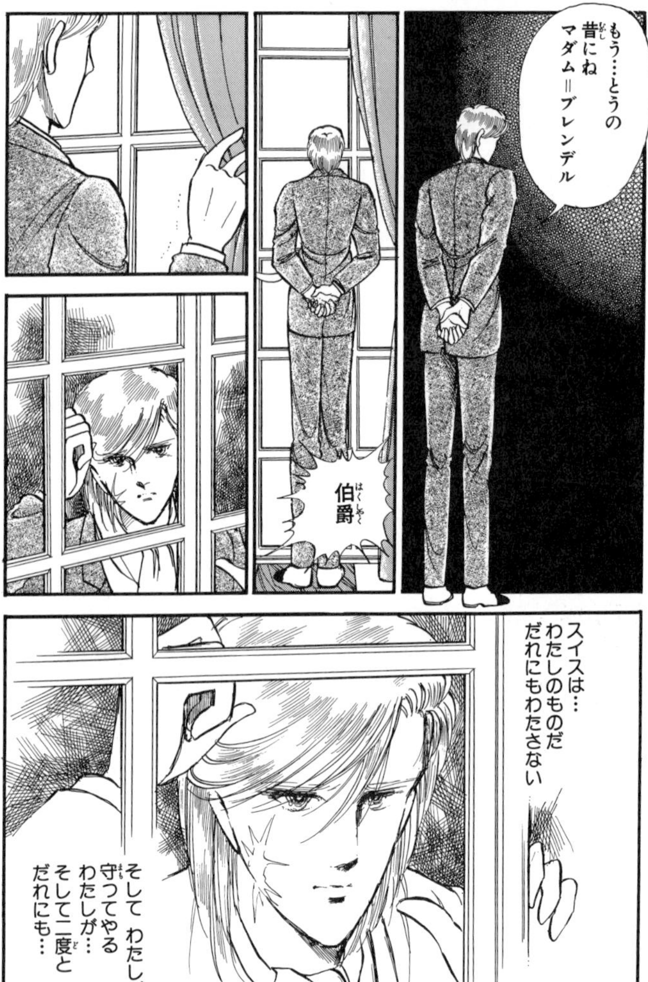
もう…とうの
昔にね
マダム＝ブレンデル
伯爵
スイスは…
わたしのものだ
だれにもわたさない
そして　わたしが
守ってやる
わたしが…
そして二度と
だれにも…

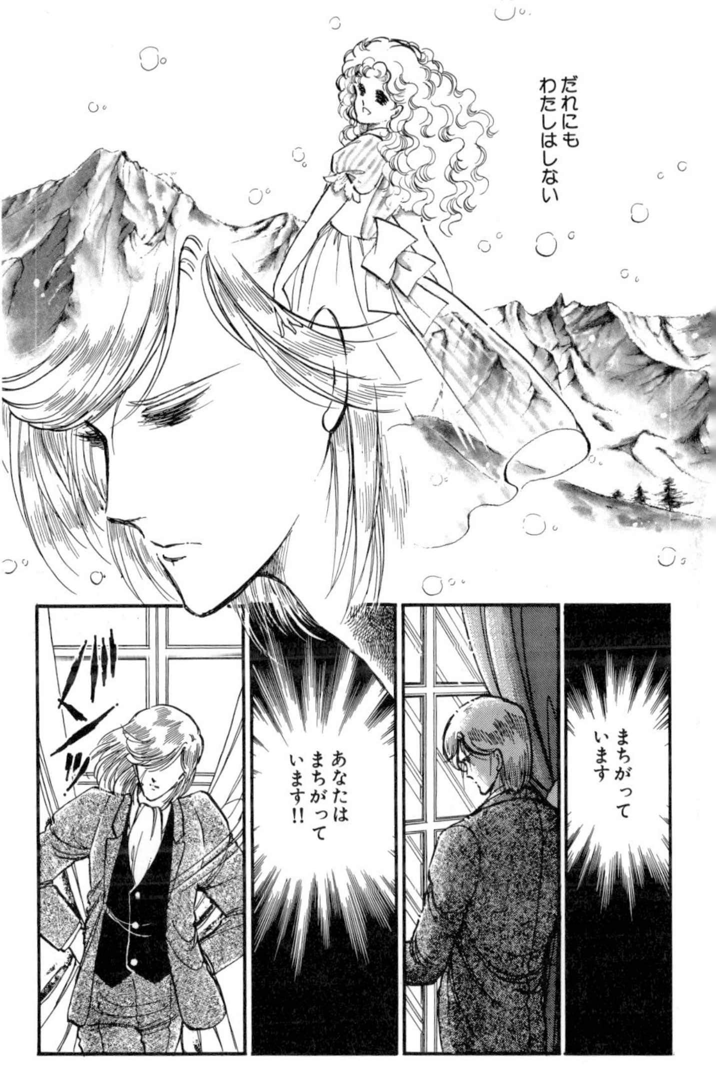
だれにも
わたしはしない
まちがって
います
あなたは
まちがって
います!!

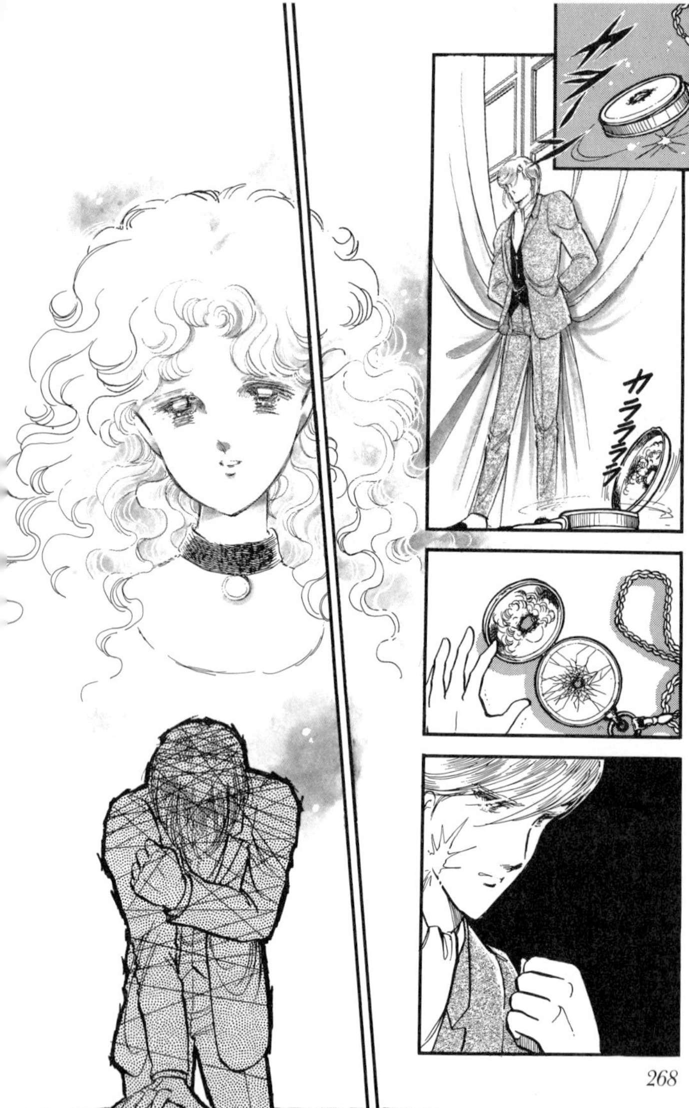
カララララ

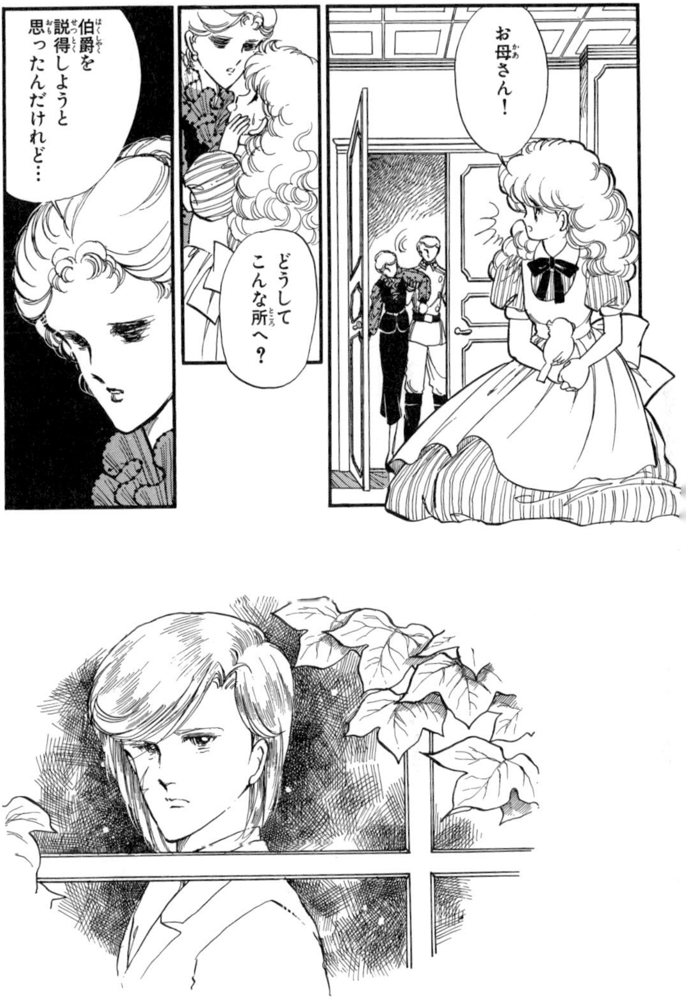
お母さん!
どうしてこんな所へ?
伯爵を説得しようと思ったんだけれど…

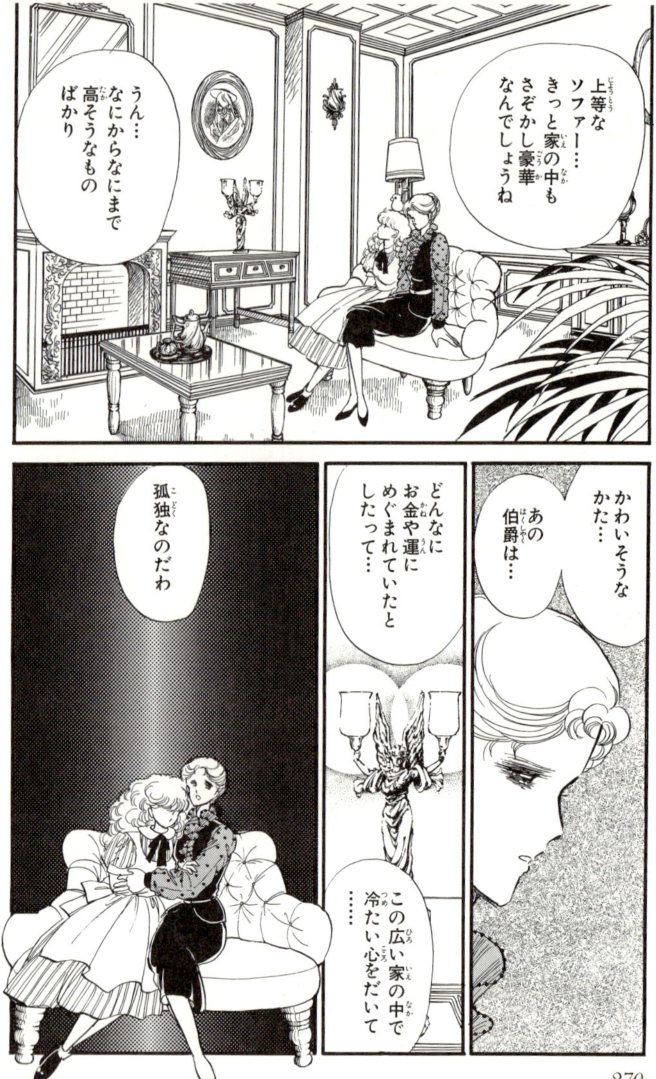
上等なソファー…きっと家の中もさぞかし豪華なんでしょうね
うん…なにからなにまで高そうなものばかり
かわいそうなかた…
あの伯爵は…
どんなにお金や運にめぐまれていたとしたって…
この広い家の中で冷たい心をだいて……
孤独なのだわ

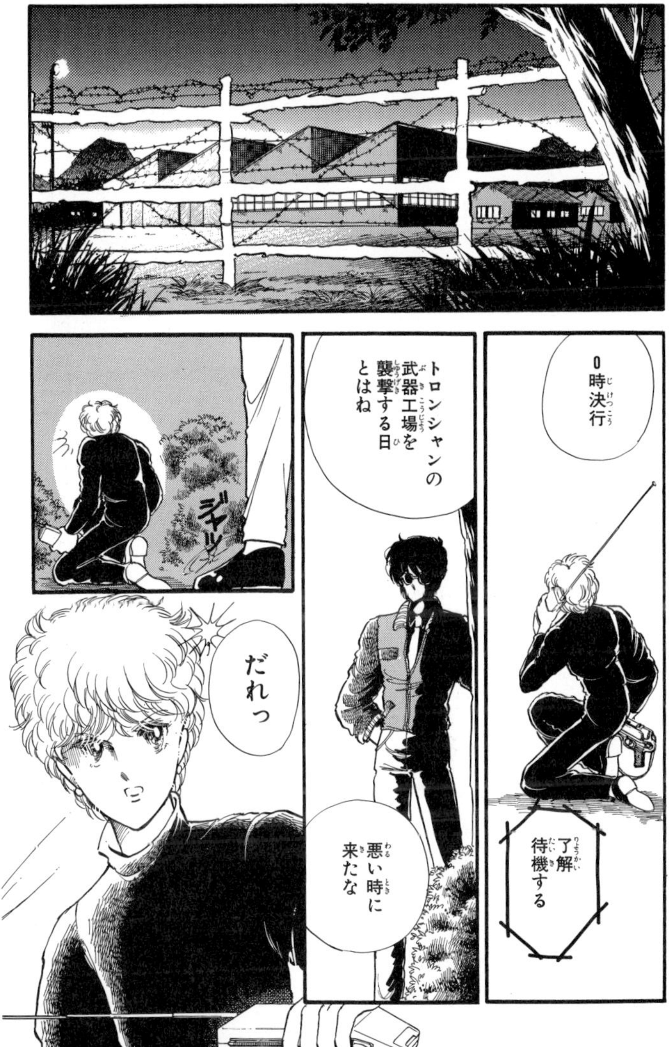

0時決行
了解
待機する
トロンシャンの
武器工場を
襲撃する日
とはね
悪い時に
来たな
ジャリッ
だれっ

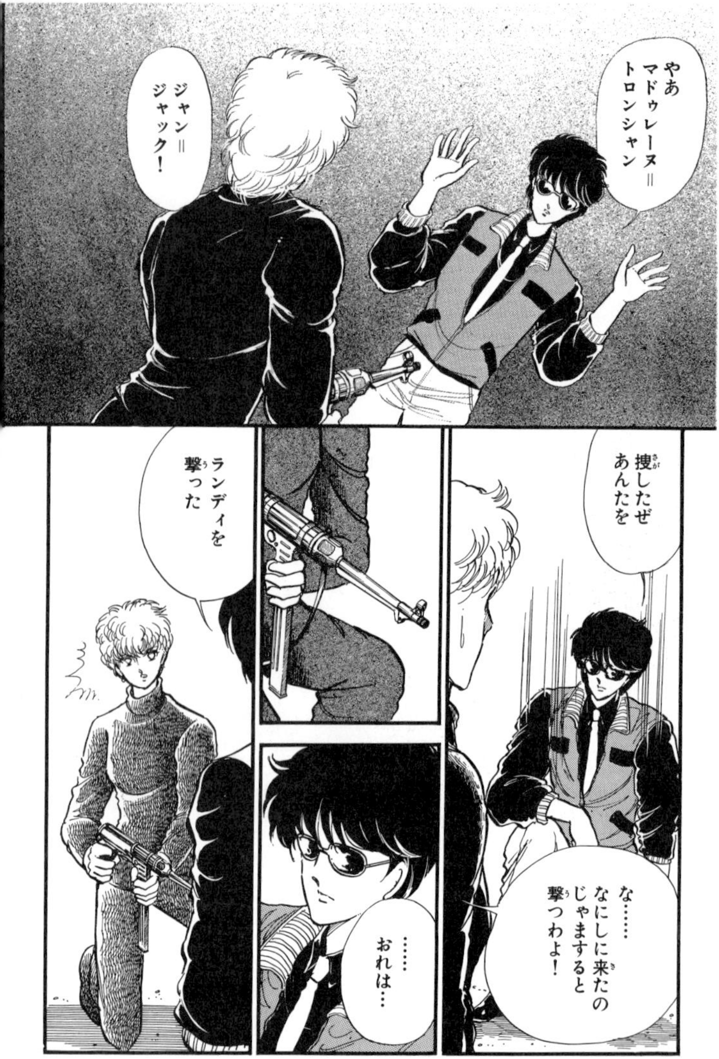

やあ マドゥレーヌ＝トロンシャン
ジャン＝ジャック！
捜したぜ あんたを
な…… なにしに来たの じゃますると撃つわよ！
……おれは…
ランディを撃った

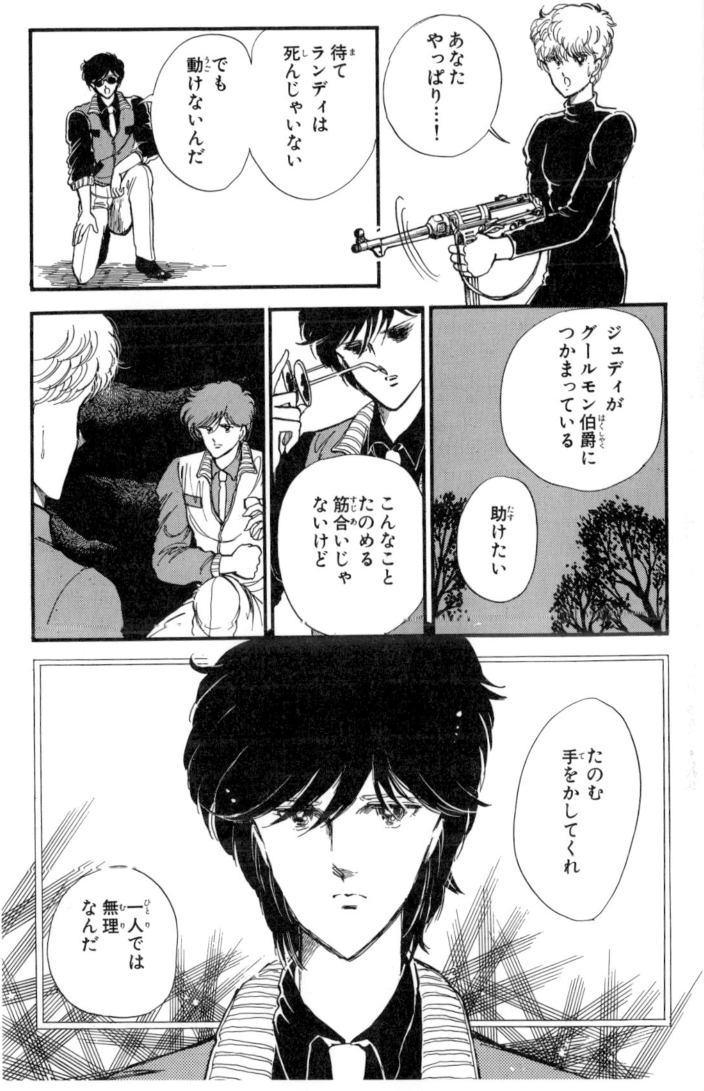
あなた やっぱり…!
待て ランディは死んじゃいない
でも動けないんだ
ジュディがグールモン伯爵につかまっている
助けたい
こんなことたのめる筋合いじゃないけど
たのむ 手をかしてくれ
一人では無理なんだ

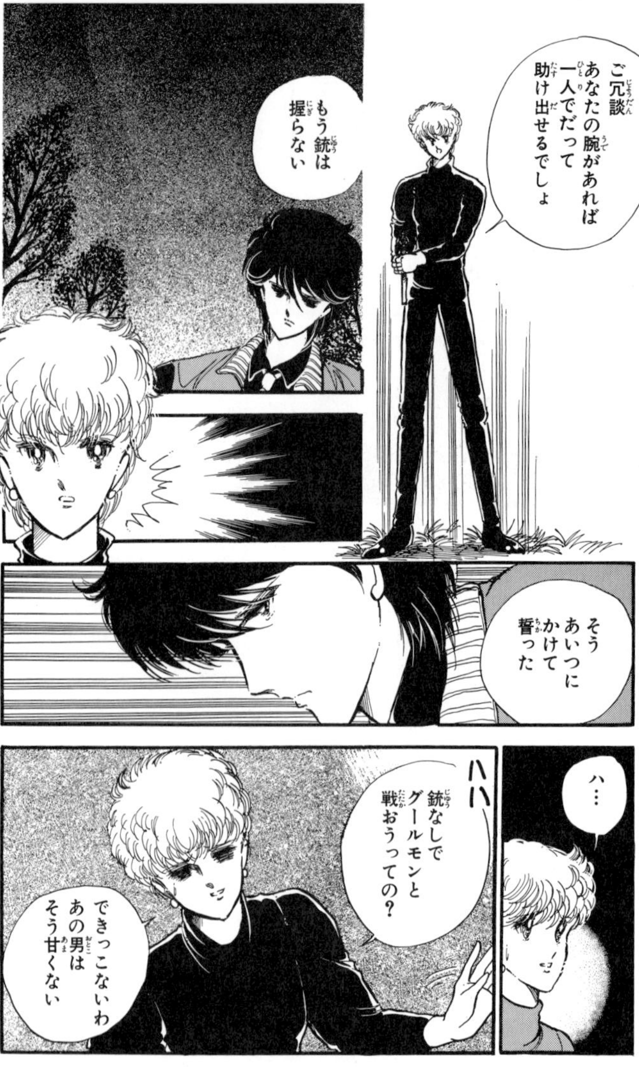
ご冗談
あなたの腕があれば
一人でだって
助け出せるでしょ
もう銃は
握らない
そう
あいつに
かけて
誓った
ハ…
ハハ
銃なしで
グールモンと
戦おうっての?
できっこないわ
あの男は
そう甘くない

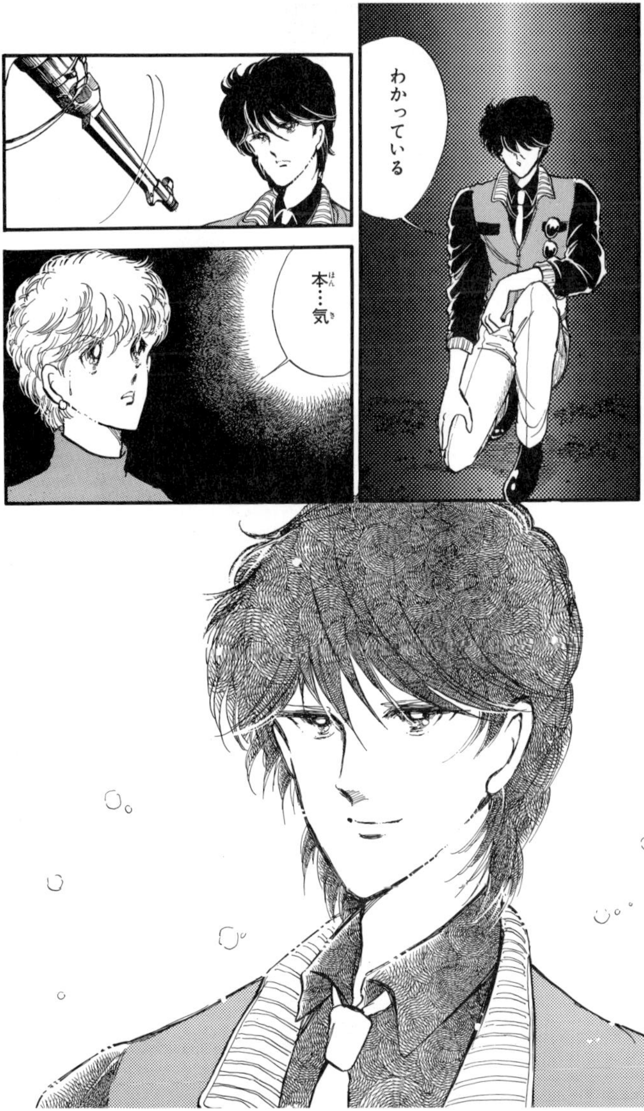
わかっている
本…気

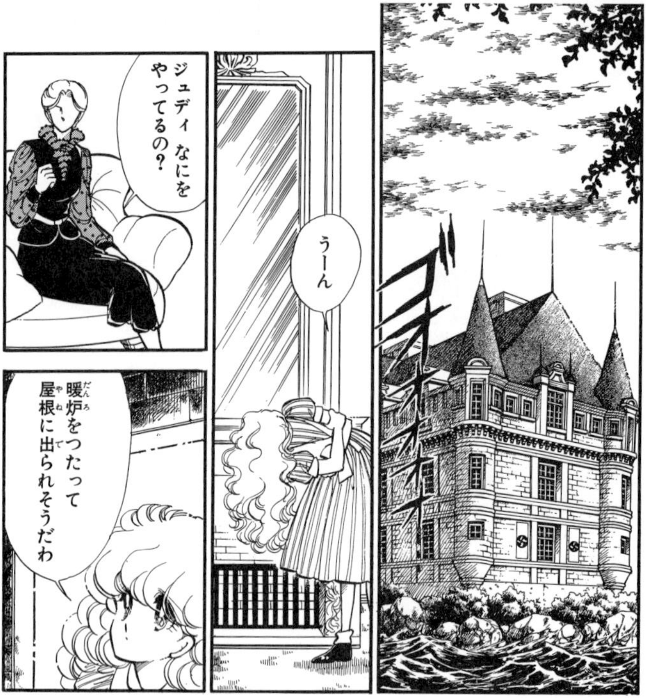
ゴオオオオ
うーん
ジュディ なにをやってるの?
暖炉をつたって屋根に出られそうだわ

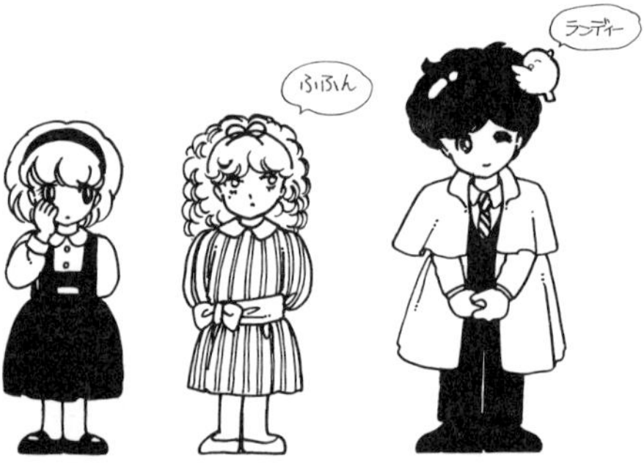
ランディー
ふふん

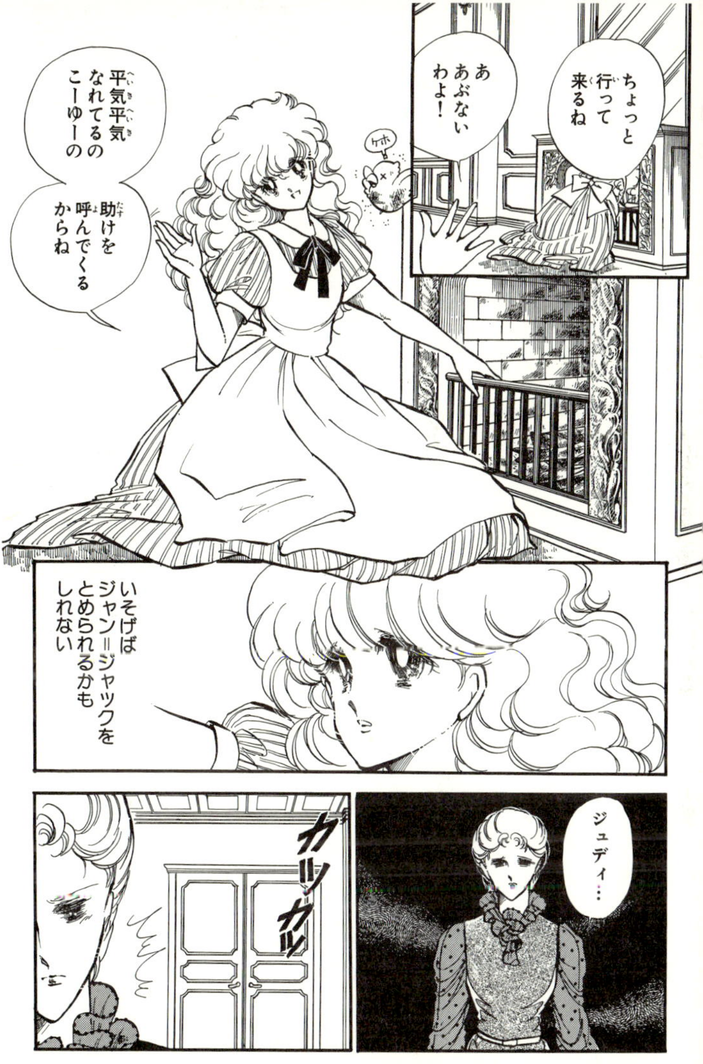
ちょっと行って来るね
あ あぶないわよ！
ケホ
平気平気 なれてるの こーゆーの
助けを呼んでくるからね
いそげば ジャン＝ジャックを とめられるかも しれない
ジュディ…
カツ カツ

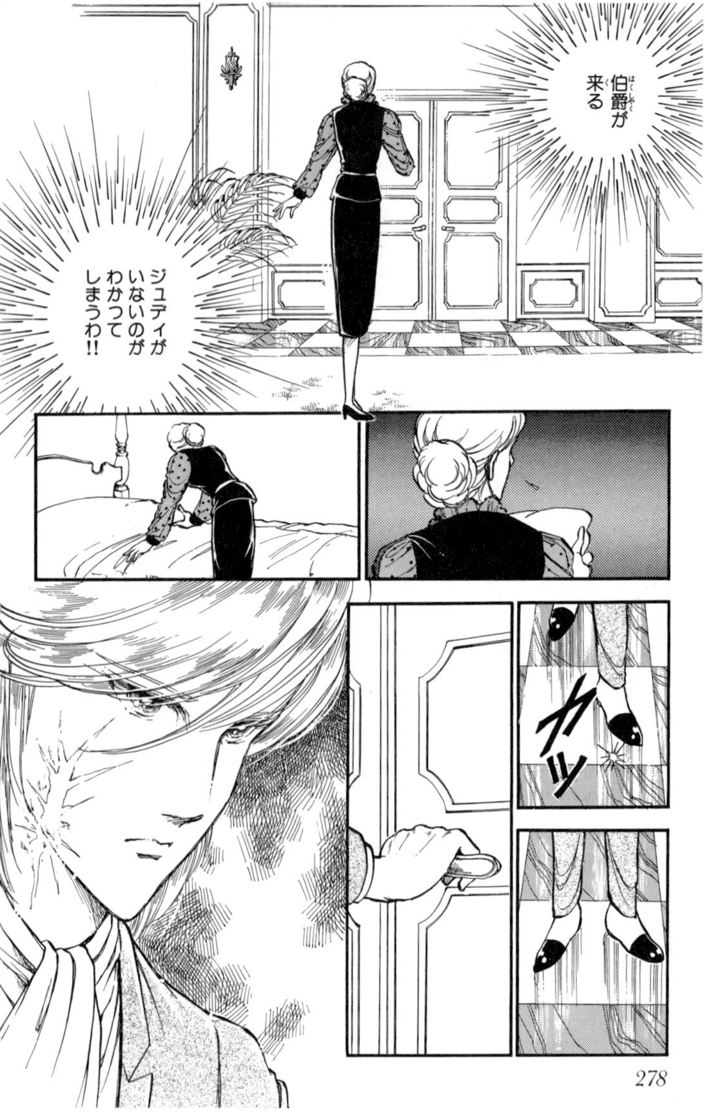
伯爵が来る
ジュディがいないのがわかってしまうわ!!
カッ

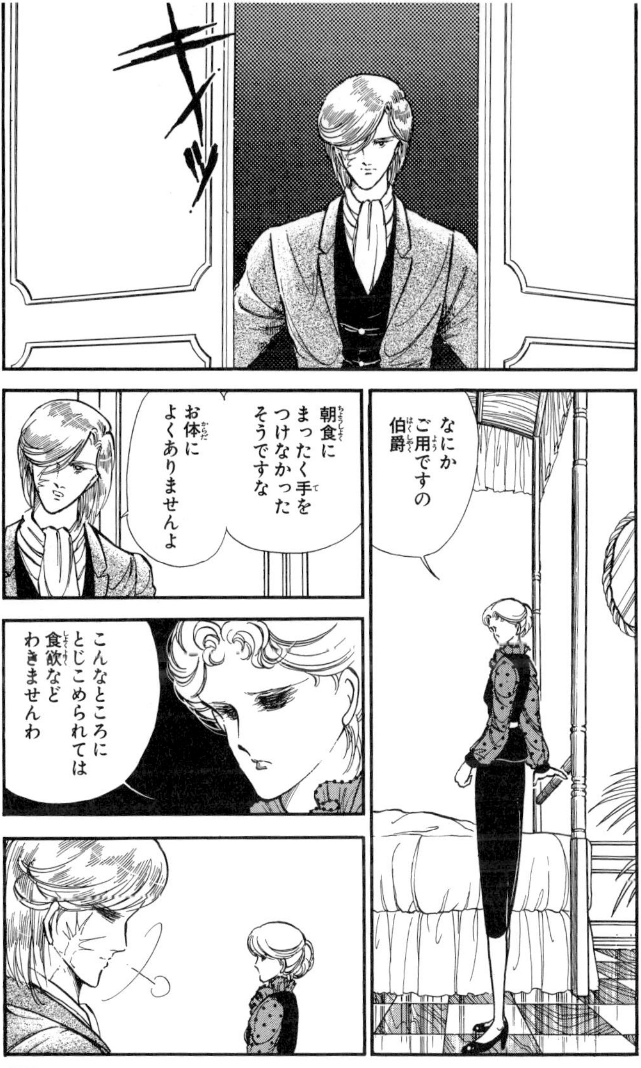
ギィッ
なにかご用ですの伯爵
朝食にまったく手をつけなかったそうですなお体によくありませんよ
こんなところにとじこめられては食欲などわきませんわ

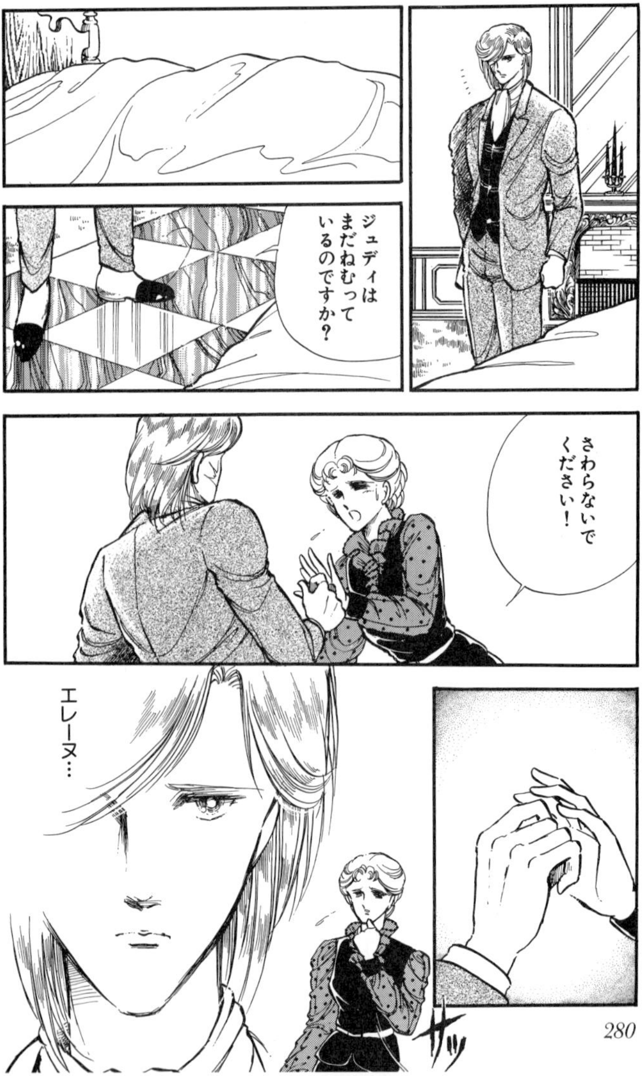

ジュディはまだねむっているのですか?
さわらないでください!
エレーヌ…

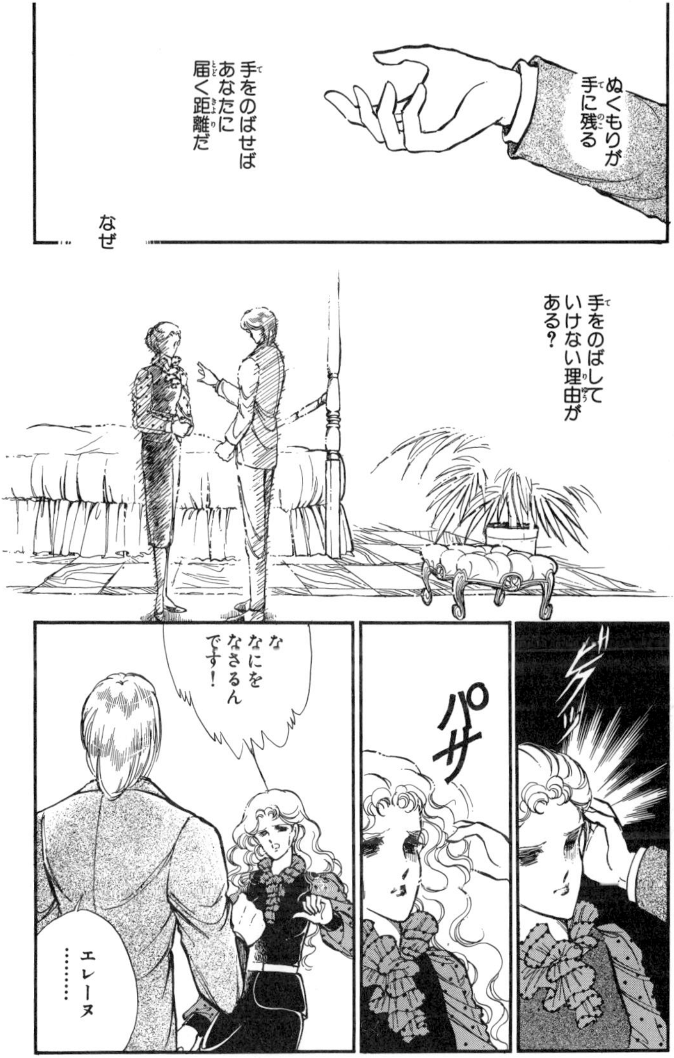

ぬくもりが手に残る
手をのばせばあなたに届く距離だ
なぜ
手をのばしていけない理由がある?
パサ
な なにをなさるんです!
エレーヌ………

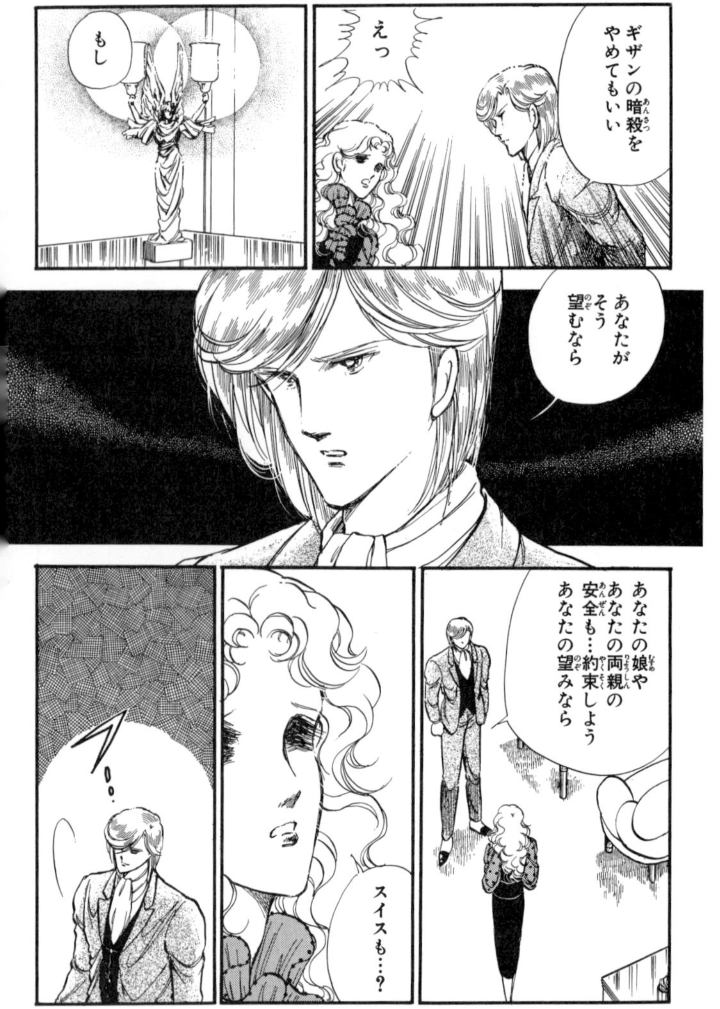
ギザンの暗殺をやめてもいい
えっ
もし
あなたがそう望むなら
あなたの娘やあなたの両親の安全も…約束しようあなたの望みなら
スイスも…？

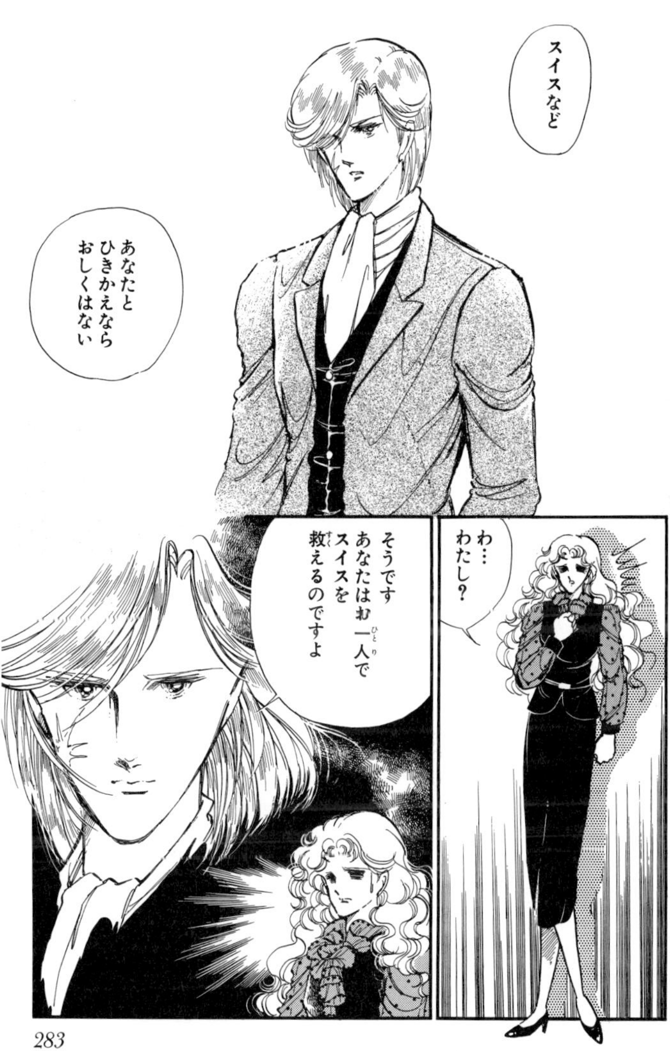
スイスなど
あなたと ひきかえなら おしくはない
わ… わたし？
そうです あなたはお一人で スイスを救えるのですよ

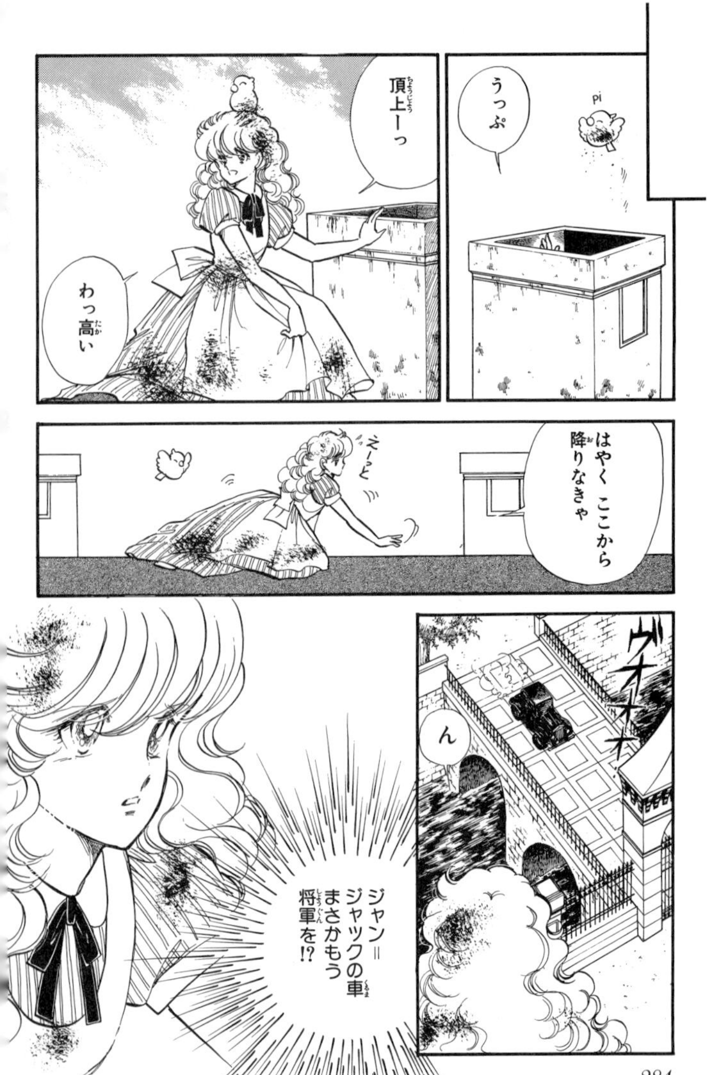
うっぷ
pi
頂上ーっ
わっ高い
はやく ここから降りなきゃ
そーっと
ヴオオオ
ん
ジャン＝ジャックの車 まさかもう将軍を!?

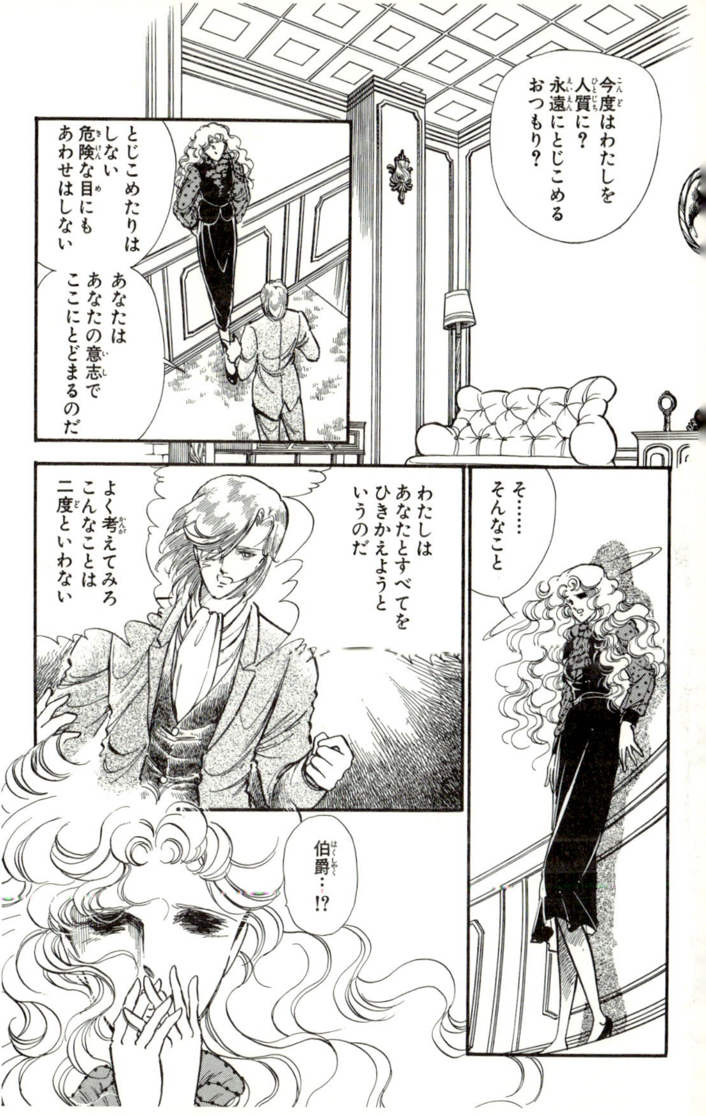
今度はわたしを人質に？永遠にとじこめるおつもり？
とじこめたりはしない 危険な目にもあわせはしない
あなたはあなたの意志でここにとどまるのだ
そ……そんなこと
わたしはあなたとすべてをひきかえようというのだ
よく考えてみろ こんなことは二度といわない
伯爵…!?

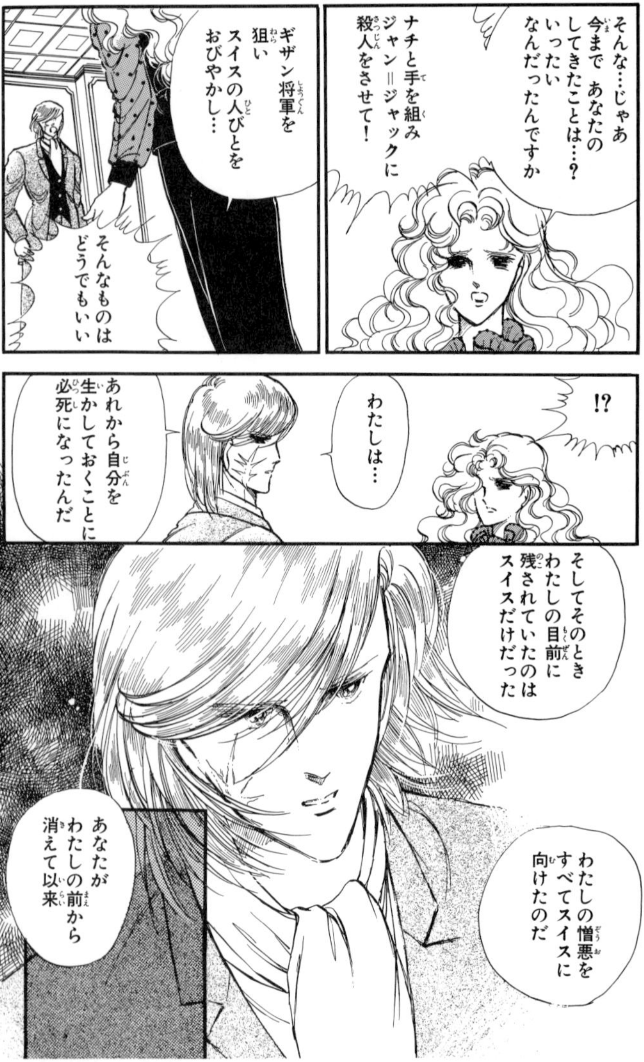
そんな…じゃあ
今まで あなたの
してきたことは…？
いったい
なんだったんですか
ナチと手を組み
ジャン＝ジャックに
殺人をさせて！
ギザン将軍を
狙い
スイスの人びとを
おびやかし…
そんなものは
どうでもいい
!?
わたしは…
あれから自分を
生かしておくことに
必死になったんだ
そしてそのとき
わたしの目前に
残されていたのは
スイスだけだった
わたしの憎悪を
すべてスイスに
向けたのだ
あなたが
わたしの前から
消えて以来

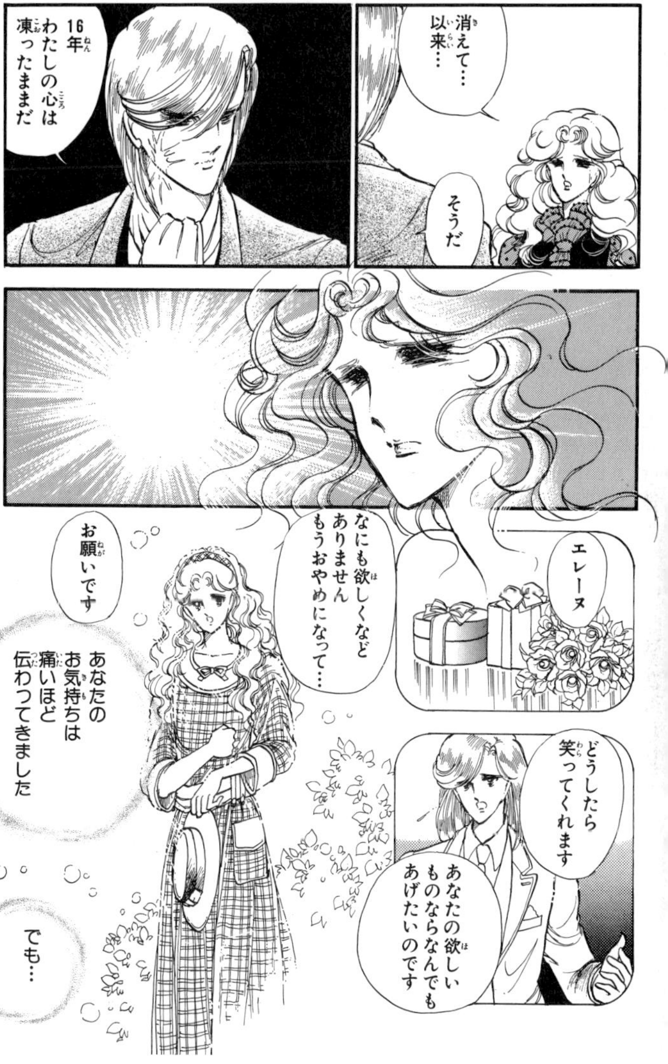
消えて…以来…
そうだ
16年わたしの心は凍ったままだ
エレーヌ
なにも欲しくなどありませんもうおやめになって…
どうしたら笑ってくれます
あなたの欲しいものならなんでもあげたいのです
お願いです
あなたのお気持ちは痛いほど伝わってきました
でも…

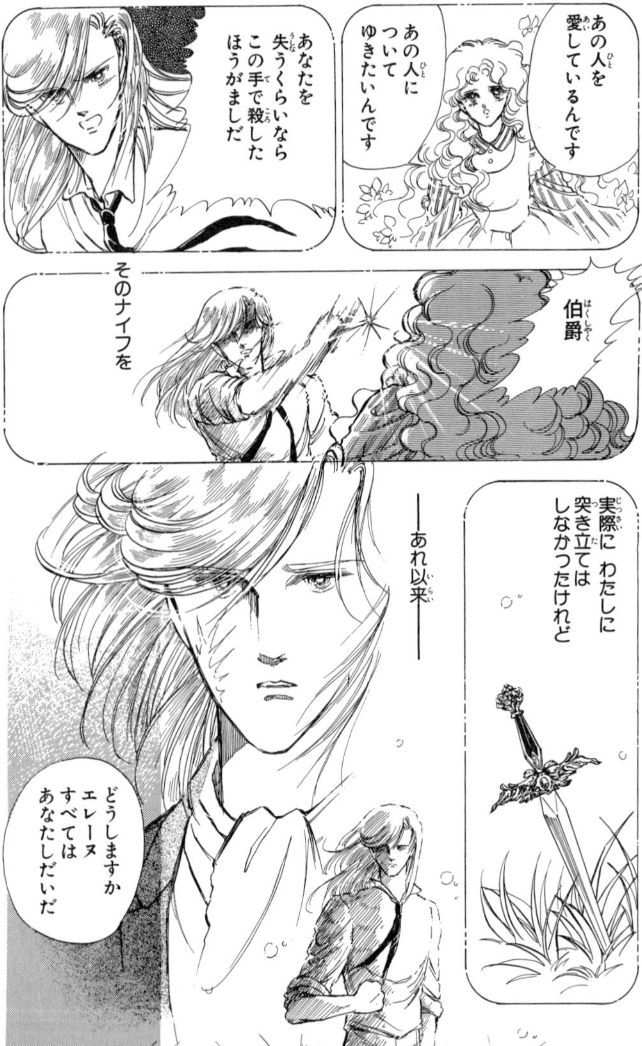
あの人を愛しているんです
あの人についてゆきたいんです
あなたを失うくらいならこの手で殺したほうがましだ
伯爵
そのナイフを
実際に わたしに突き立てはしなかったけれど
——あれ以来——
どうしますかエレーヌすべてはあなたしだいだ

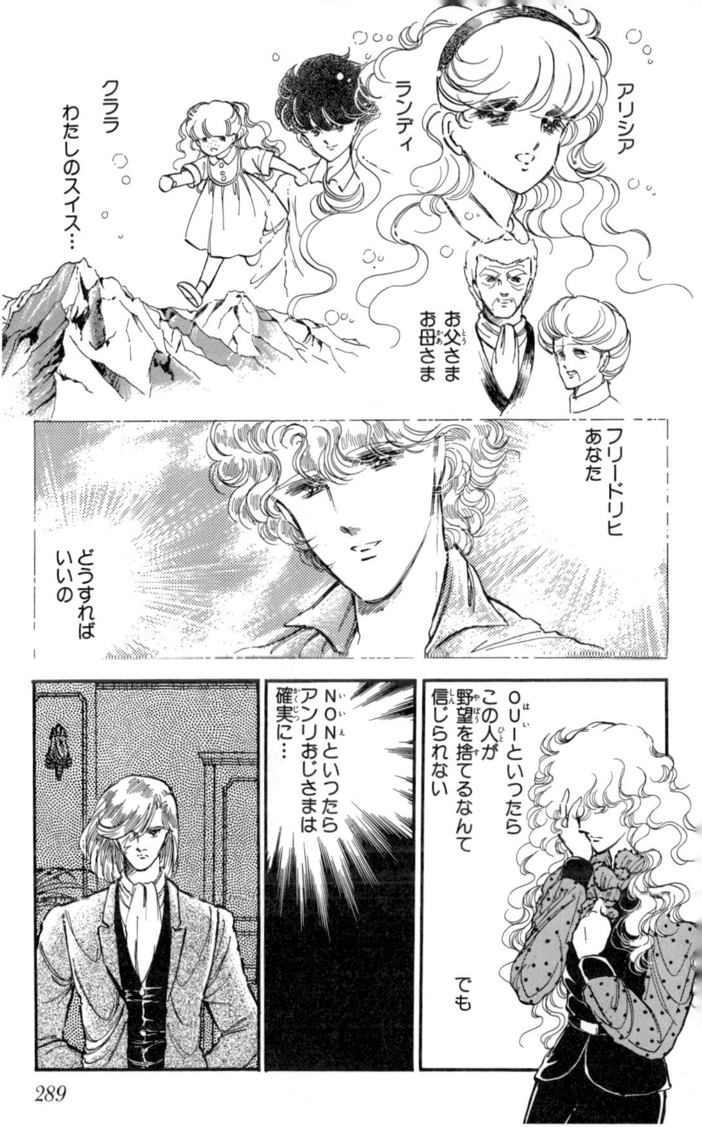
アリシア
ランディ
クララ
わたしのスイス…
お父さま
お母さま
フリードリヒ
あなた
どうすれば
いいの
OUIといったら
この人が
野望を捨てるなんて
信じられない
でも
NONといったら
アンリおじさまは
確実に…

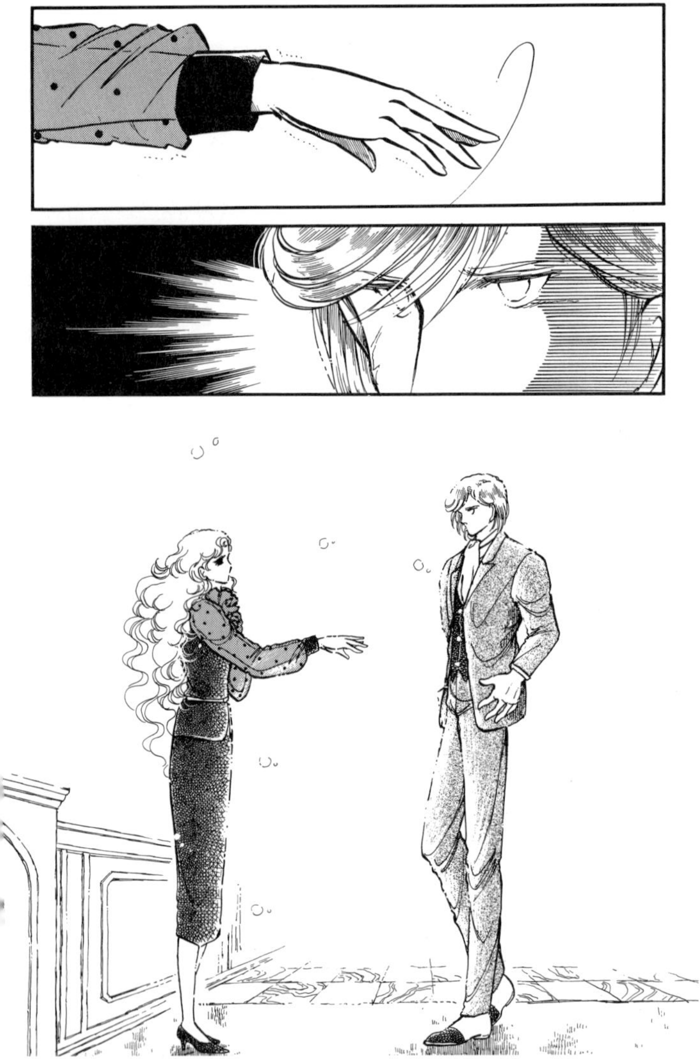

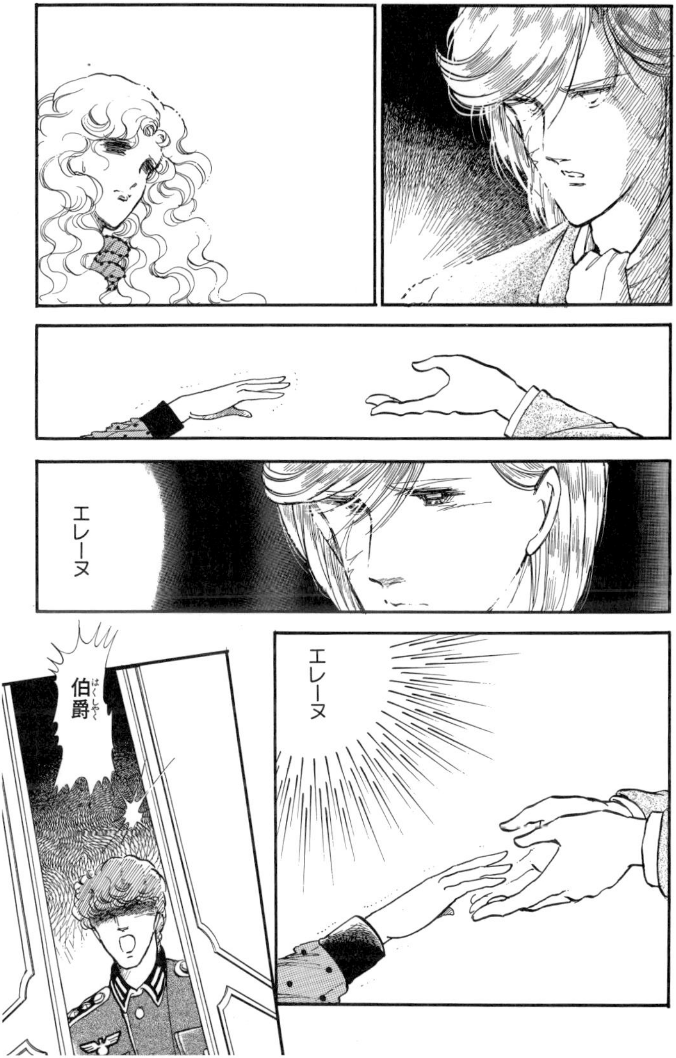
エレーヌ
エレーヌ
伯爵

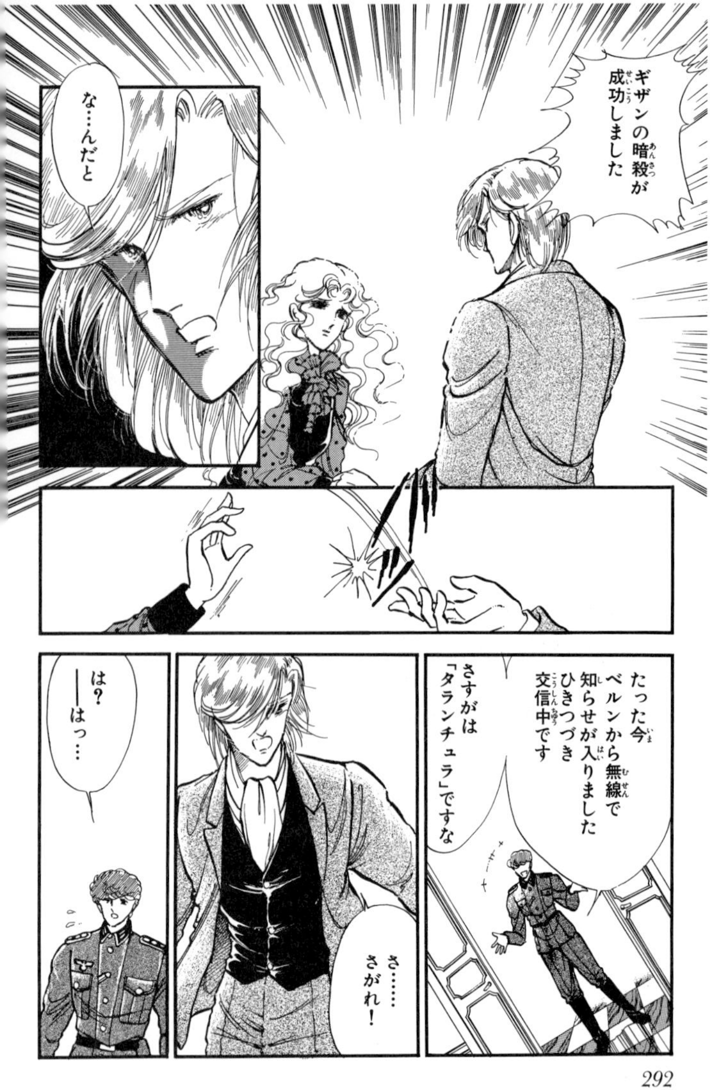

ギザンの暗殺が成功しました
な…んだと
たった今ベルンから無線で知らせが入りましたひきつづき交信中です
さすがは「タランチュラ」ですな
さ……さがれ!
は?
――はっ…

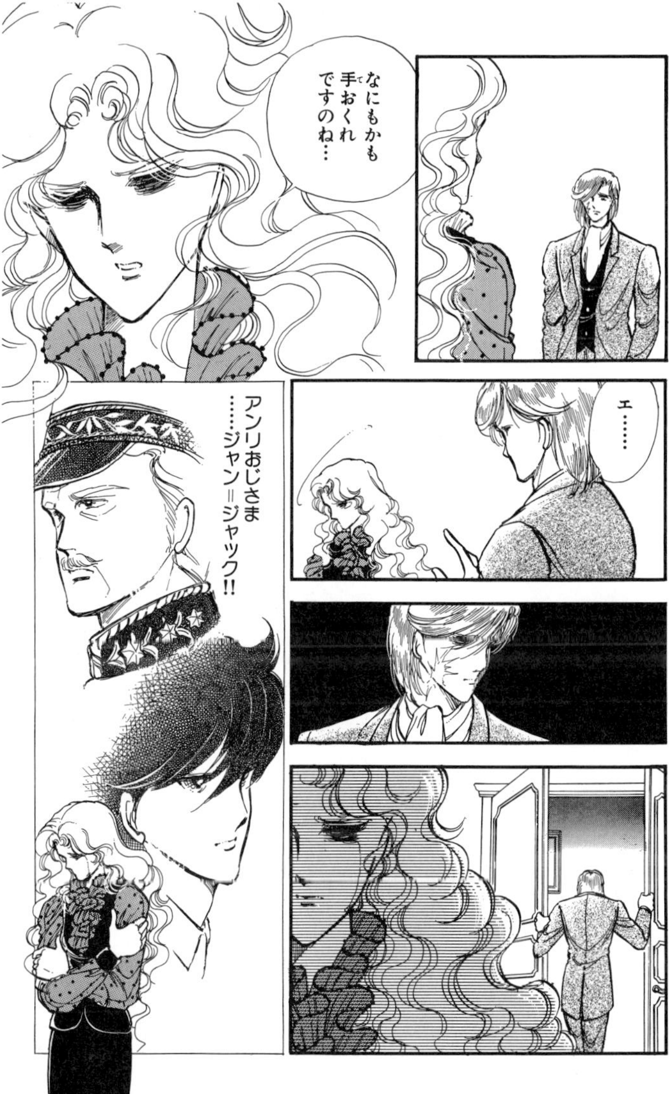
なにもかも手おくれですのね…
エ……
アンリおじさま……ジャン＝ジャック!!

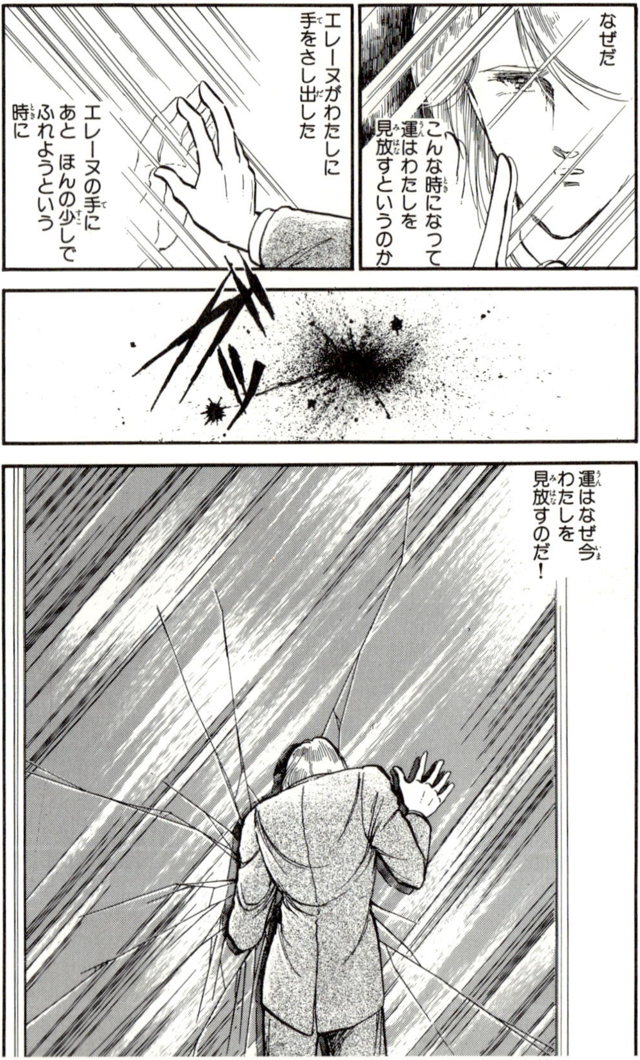
なぜだ
こんな時になって
運はわたしを
見放すというのか
エレーヌがわたしに
手をさし出した
エレーヌの手に
あと ほんの少しで
ふれようという
時に
運はなぜ今
わたしを
見放すのだ!

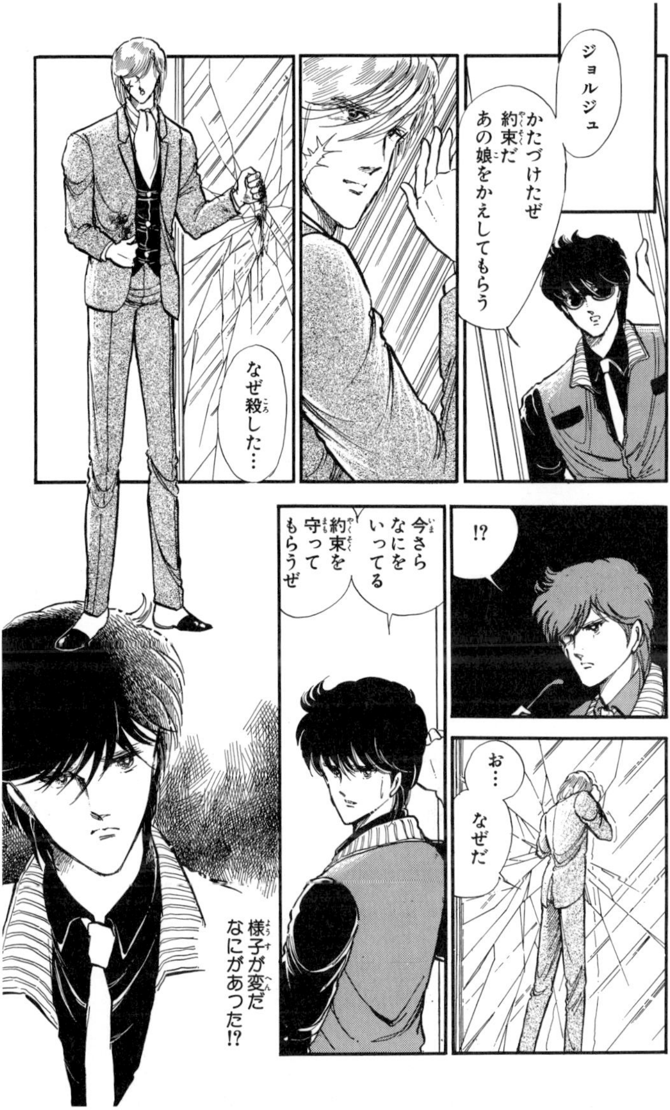
ジョルジュ
かたづけたぜ
約束だ
あの娘をかえしてもらう
なぜ殺した…
!?
今さら
なにを
いってる
約束を
守って
もらうぜ
お…
なぜだ
様子が変だ
なにがあった!?

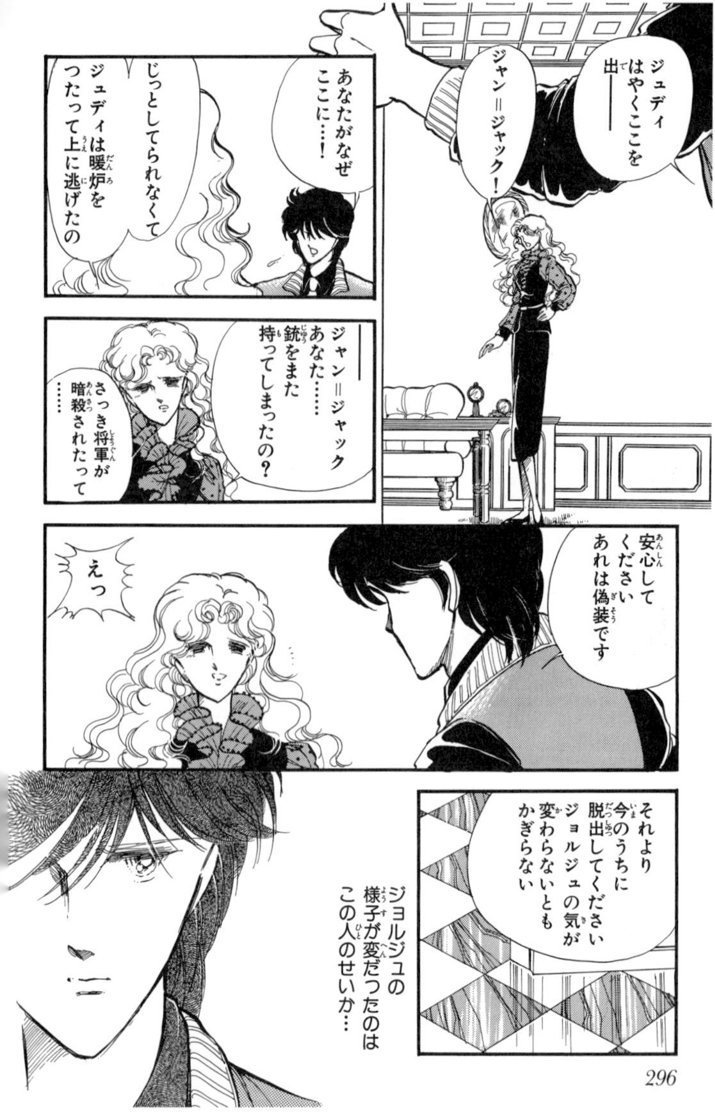
ジュディ はやくここを 出て――
ジャン＝ジャック！
あなたがなぜ ここに…！
じっとしてられなくて ジュディは暖炉を つたって上に逃げたの
ジャン＝ジャック あなた…… 銃をまた 持ってしまったの？
さっき将軍が 暗殺されたって ……
安心して ください あれは偽装です
えっ
それより 今のうちに 脱出してください ジョルジュの気が 変わらないとも かぎらない
ジョルジュの 様子が変だったのは この人のせいか…

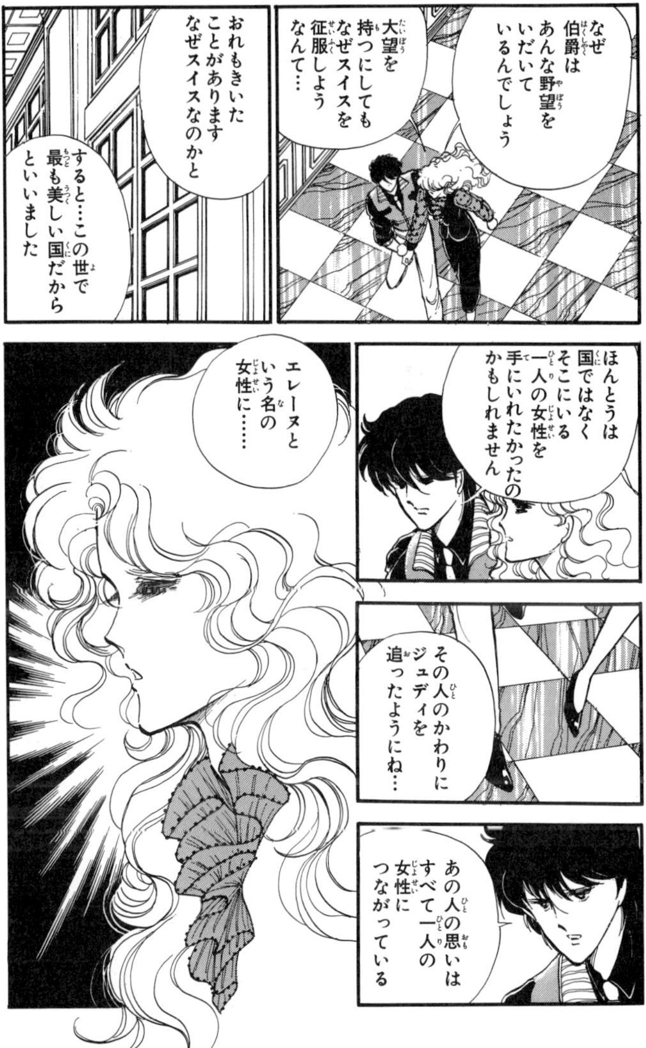

なぜ伯爵はあんな野望をいだいているんでしょう
大望を持つにしてもなぜスイスを征服しようなんて…
おれもきいたことがありますなぜスイスなのかと
すると…この世で最も美しい国だからといいました
ほんとうは国ではなくそこにいる一人の女性を手にいれたかったのかもしれません
エレーヌという名の女性に……
その人のかわりにジュディを追ったようにね…
あの人の思いはすべて一人の女性につながっている

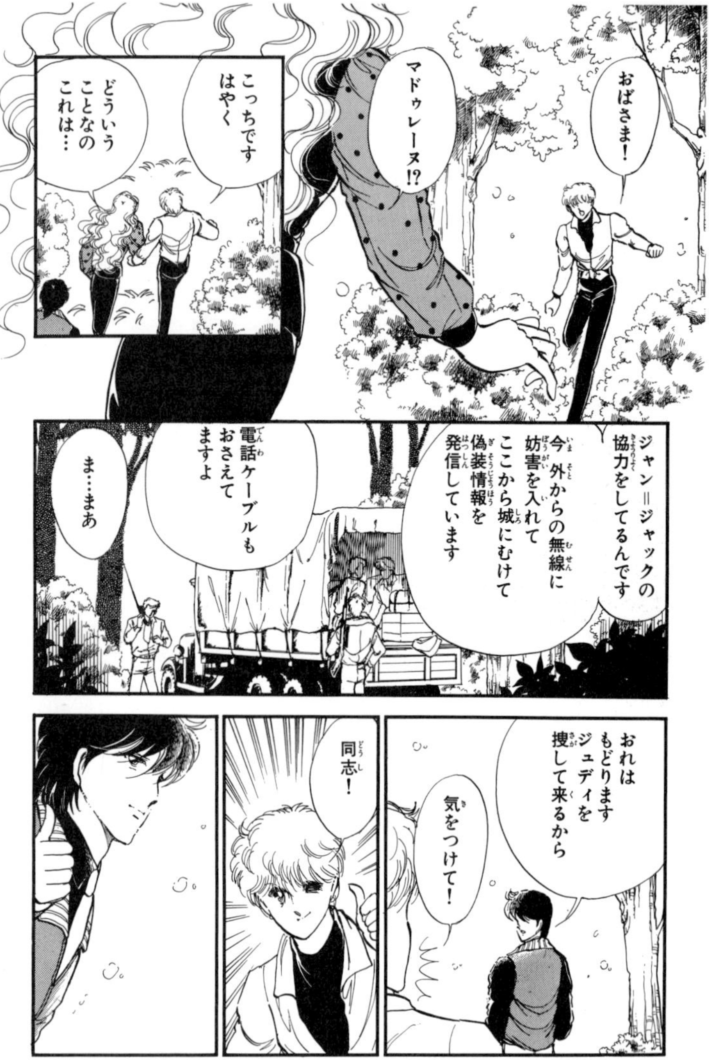
おばさま!
マドゥレーヌ!?
こっちです はやく
どういう ことなの これは…
ジャン=ジャックの協力をしてるんです
今外からの無線に妨害を入れて ここから城にむけて 偽装情報を発信しています
電話ケーブルも おさえて ますよ
ま…まあ
おれは もどります ジュディを 捜して来るから
気をつけて!
同志!

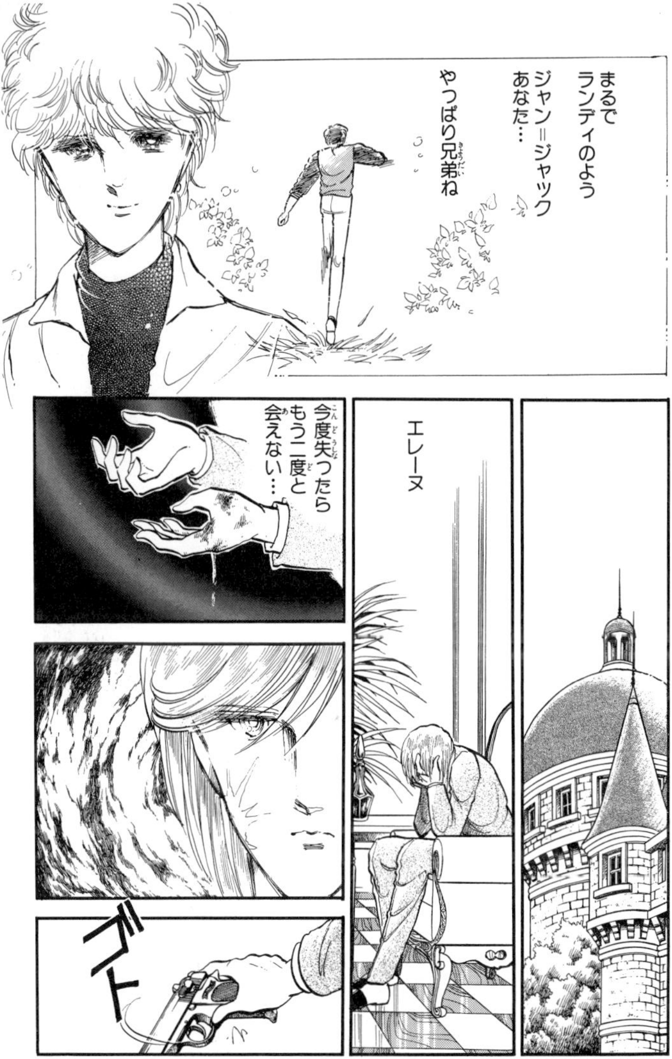
まるで
ランディのよう
ジャン=ジャック
あなた…
やっぱり兄弟ね
エレーヌ
今度失ったら
もう二度と
会えない…
ゴト

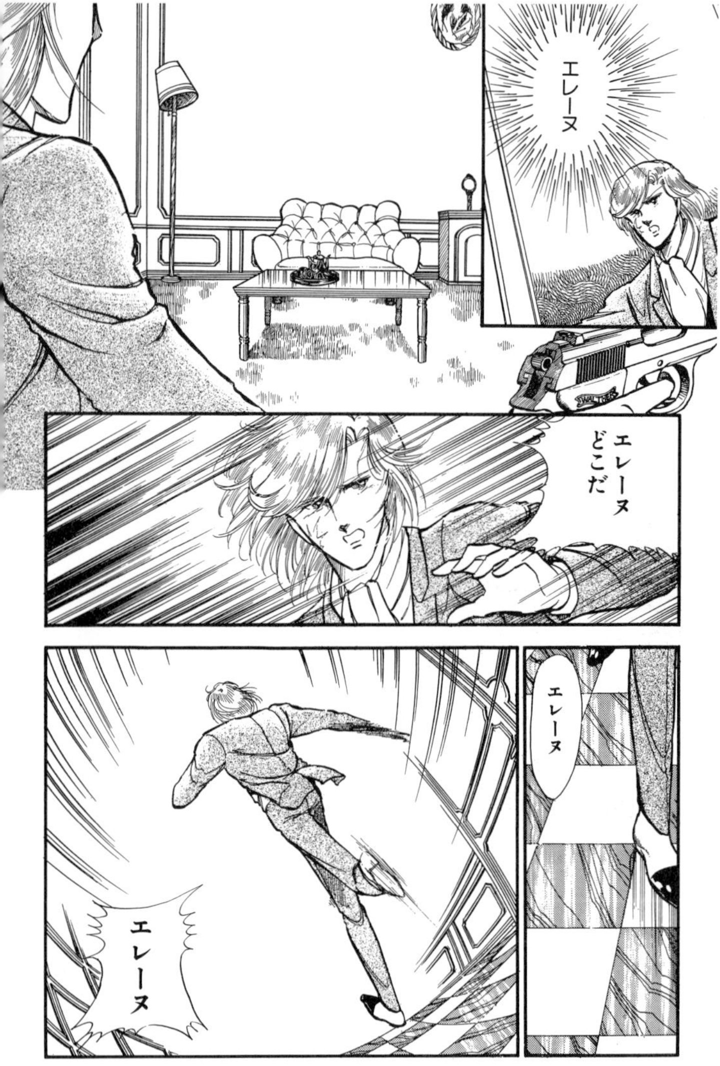
エレーヌ
エレーヌ
どこだ
エレーヌ
エレーヌ

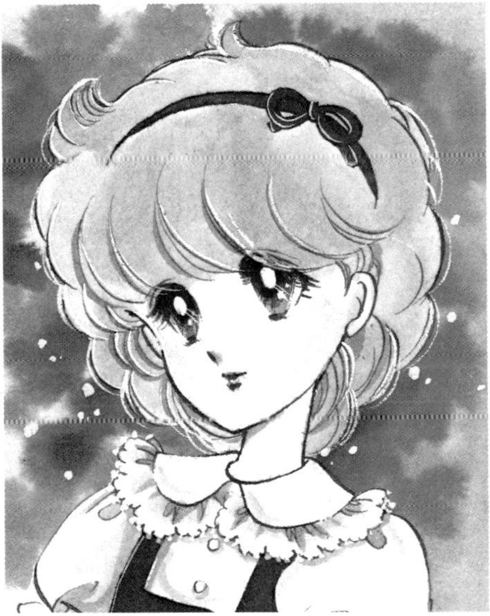

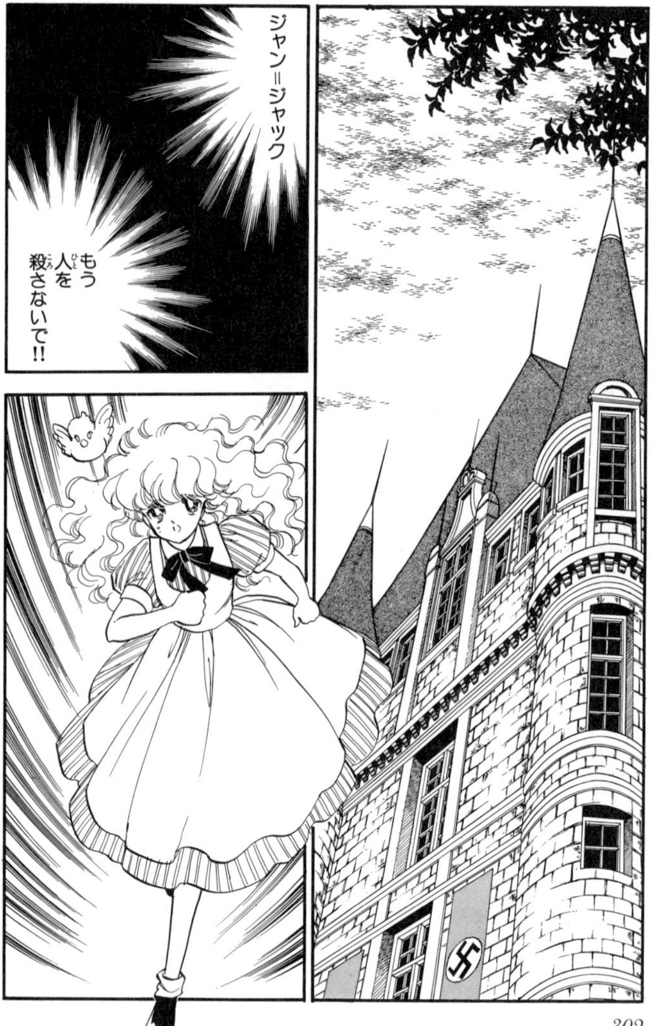
ジャン=ジャック
もう人を殺さないで!!

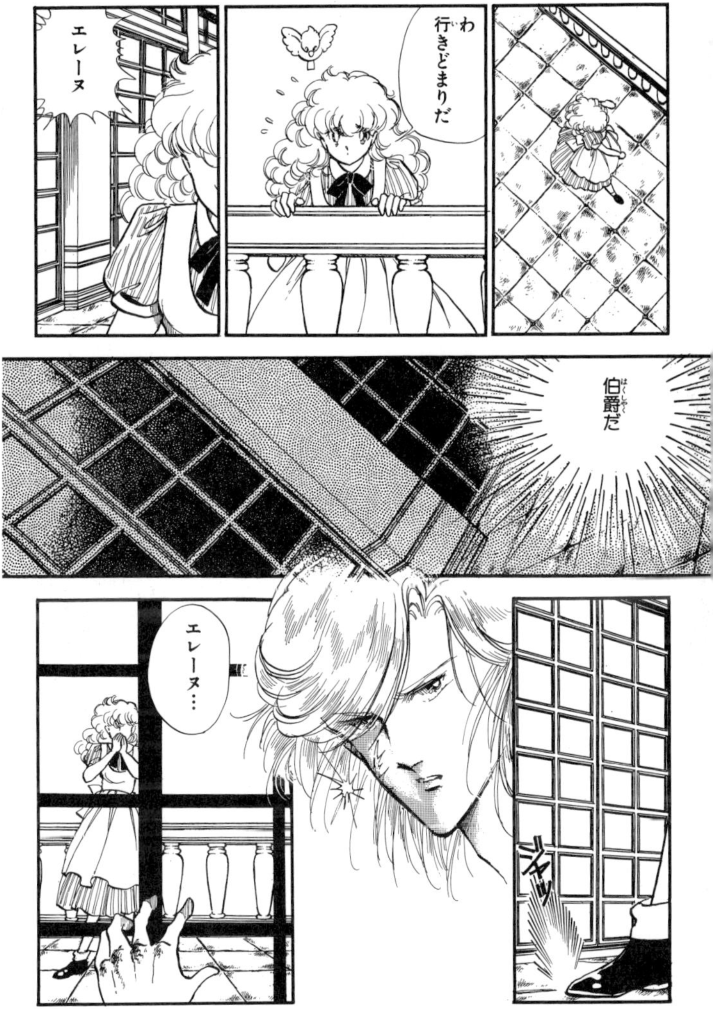
わ
行きどまりだ
エレーヌ
伯爵だ
ジャッ
エレーヌ…

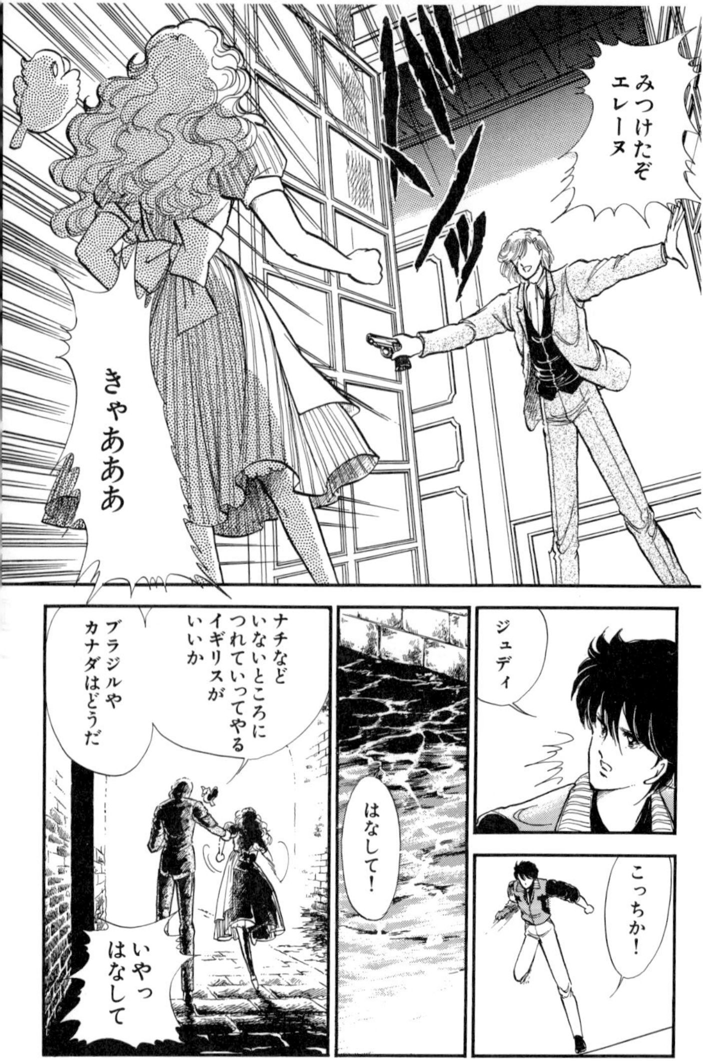
みつけたぞ
エレーヌ
きゃあああ
ジュディ
こっちか!
はなして!
ナチなど
いないところに
つれていってやる
イギリスが
いいか
ブラジルや
カナダはどうだ
いやっ
はなして

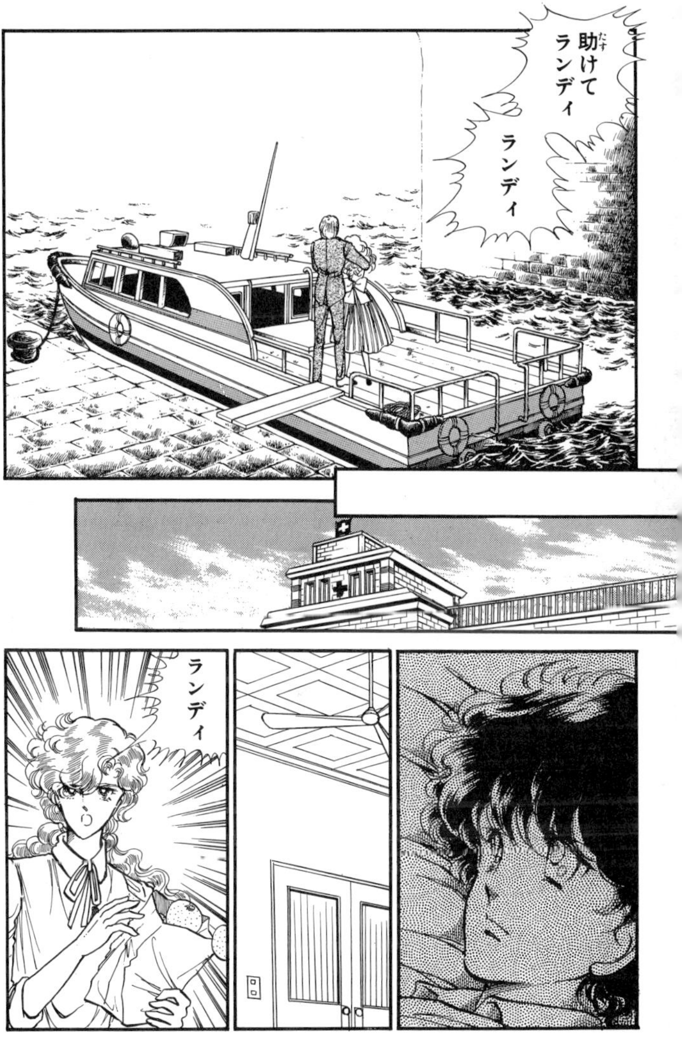
助けてランディ
ランディ
ランディ

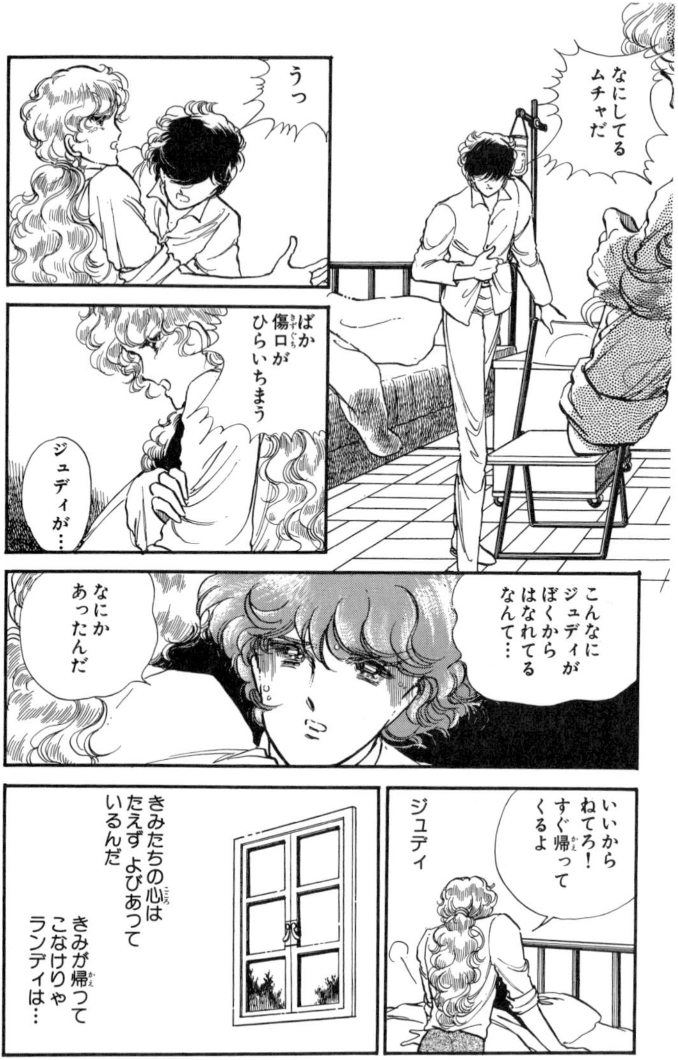
なにしてる ムチャだ
うっ
ばか 傷口がひらいちまう
ジュディが…
こんなにジュディがぼくからはなれてるなんて…
なにかあったんだ
いいからねてろ! すぐ帰ってくるよ
ジュディ
きみたちの心はたえず よびあっているんだ
きみが帰ってこなけりゃランディは…

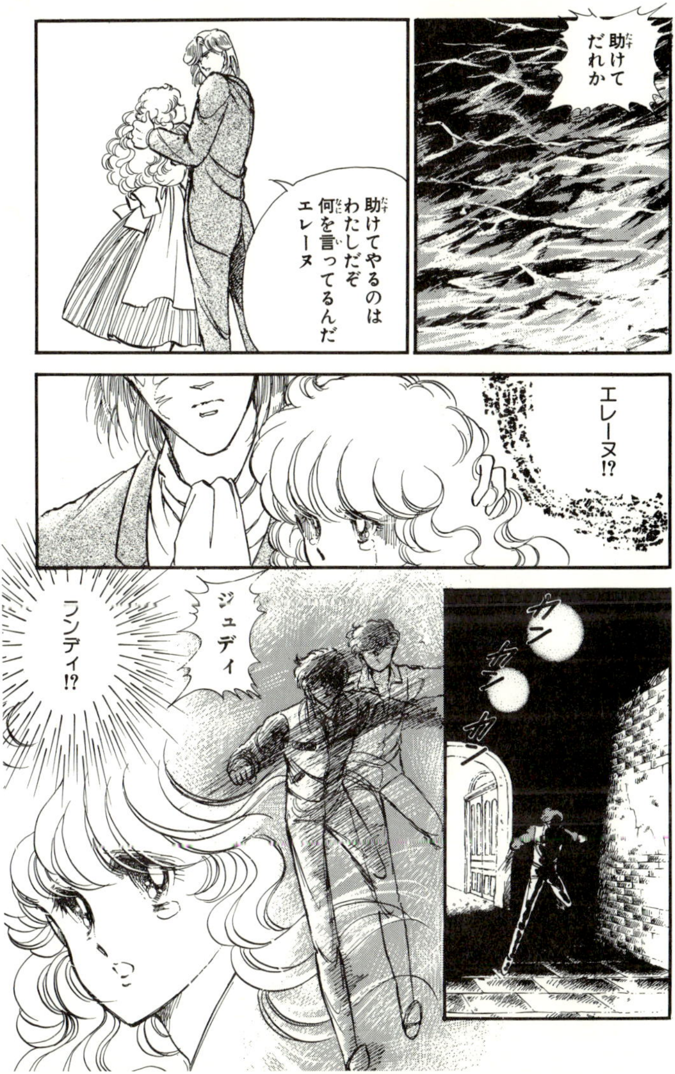
助けて だれか
助けてやるのは わたしだぞ 何を言ってるんだ エレーヌ
エレーヌ!?
カン
カン
カン
ジュディ
ランディ!?

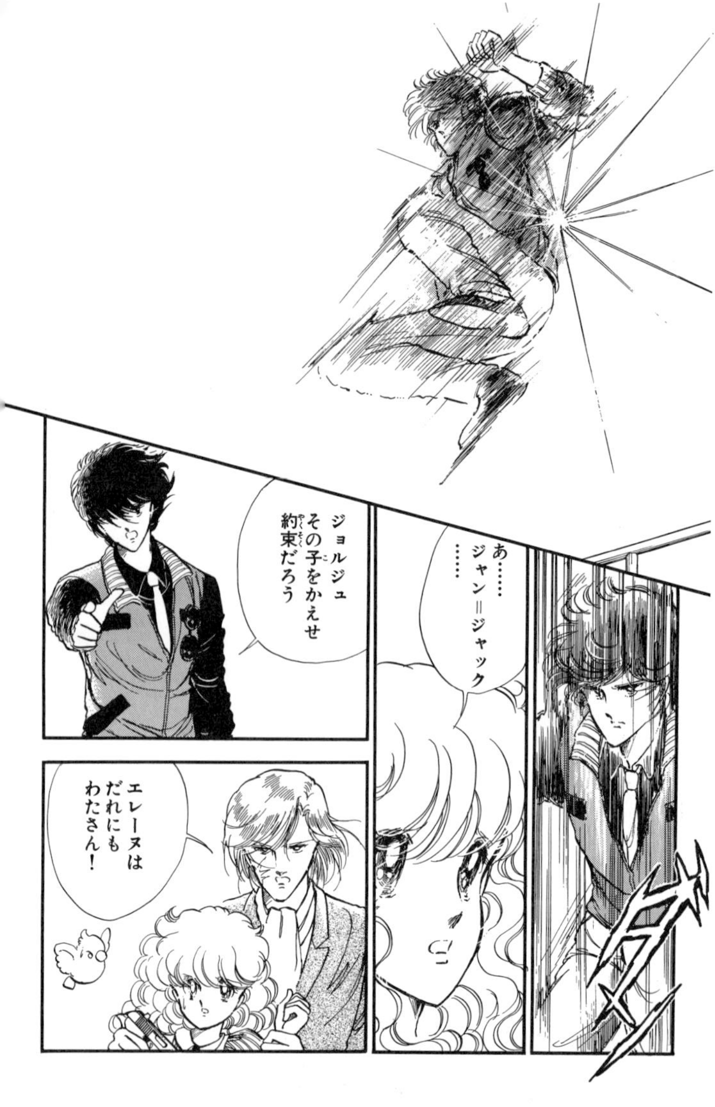
あ……ジャン＝ジャック……
ジョルジュ その子をかえせ 約束だろう
エレーヌは だれにも わたさん！

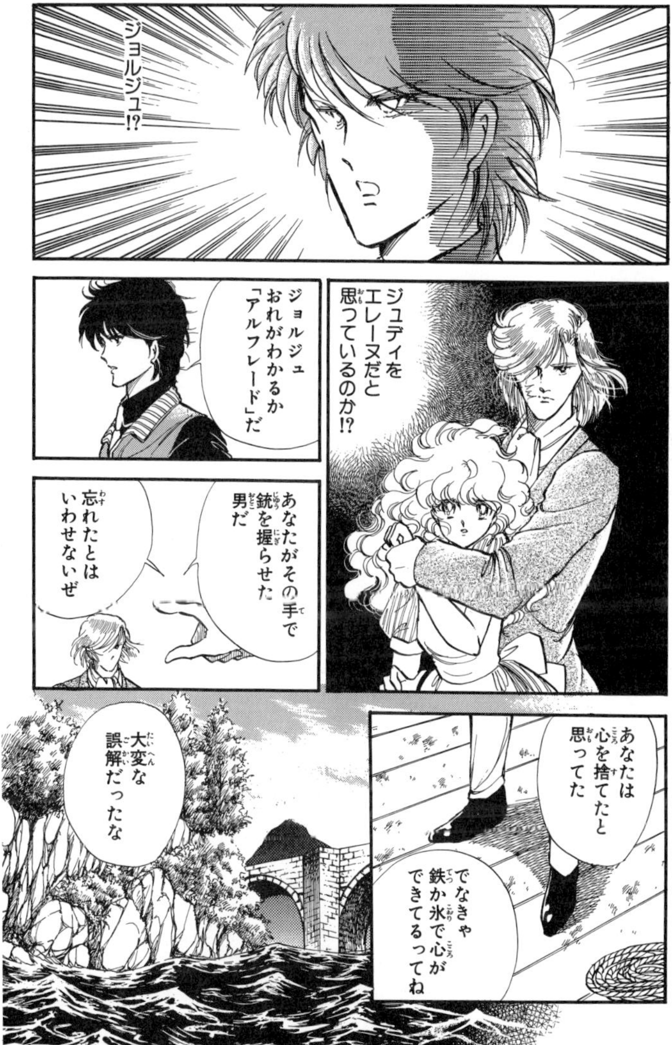
ジョルジュ!?
ジュディを
エレーヌだと
思っているのか!?
ジョルジュ
おれがわかるか
「アルフレード」だ
あなたがその手で
銃を握らせた
男だ
忘れたとは
いわせないぜ
あなたは
心を捨てたと
思ってた
でなきゃ
鉄か氷で心が
できてるってね
大変な
誤解だったな

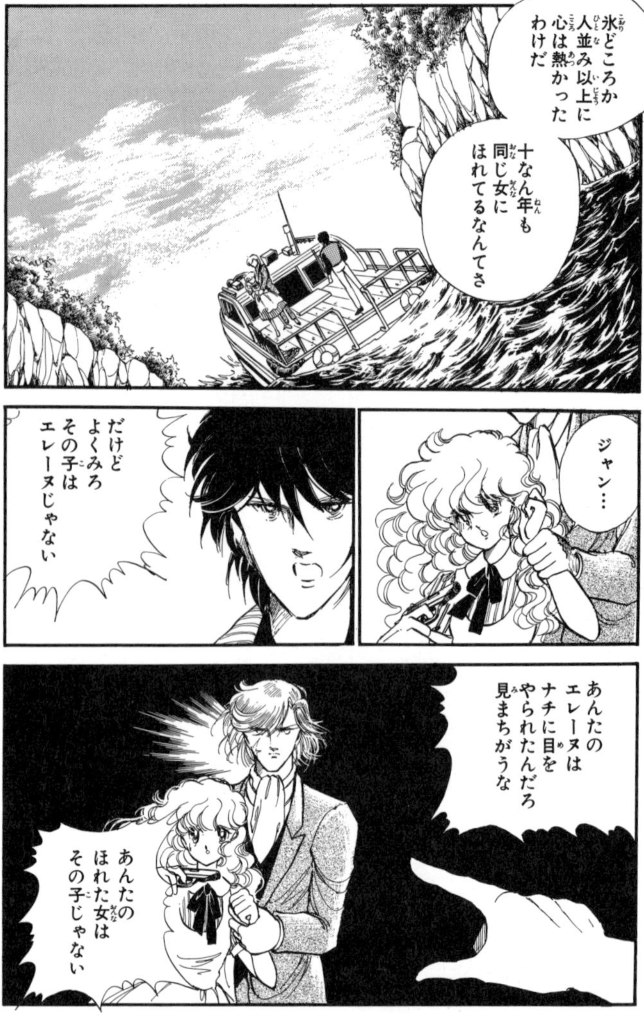
氷どころか人並み以上に心は熱かったわけだ
十なん年も同じ女にほれてるなんてさ
ジャン…
だけどよくみろその子はエレーヌじゃない
あんたのエレーヌはナチに目をやられたんだろ見まちがうな
あんたのほれた女はその子じゃない

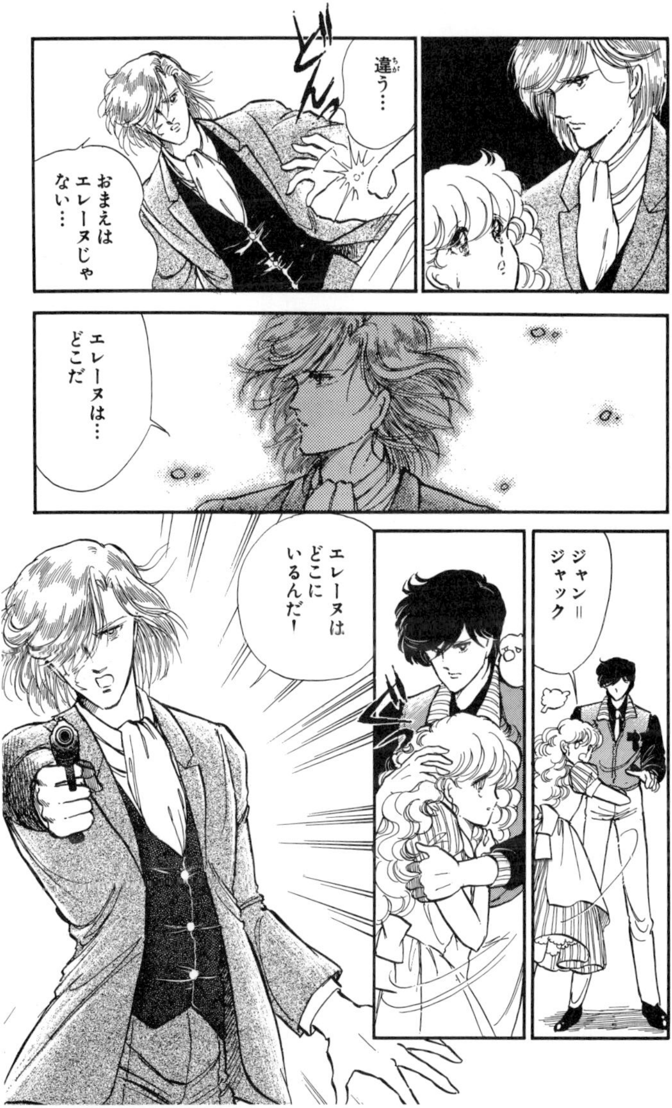
違う…
どん
おまえはエレーヌじゃない…
エレーヌは…どこだ
ジャン＝ジャック
エレーヌはどこにいるんだ！

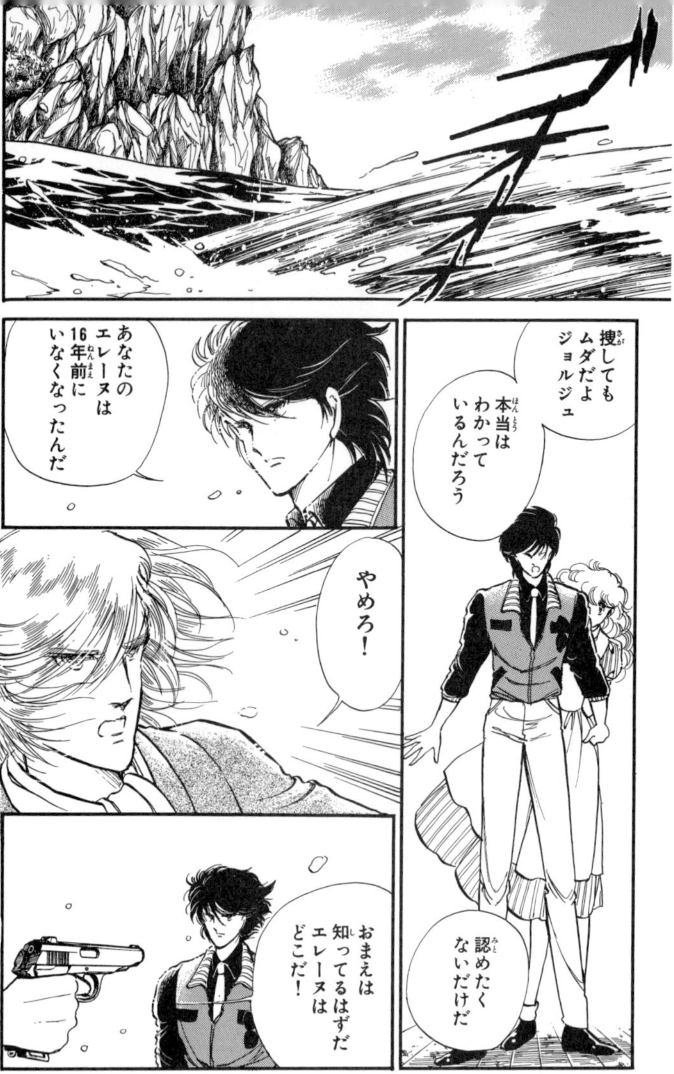
捜してもムダだよジョルジュ
本当はわかっているんだろう
あなたのエレーヌは16年前にいなくなったんだ
やめろ!
認めたくないだけだ
おまえは知ってるはずだエレーヌはどこだ!

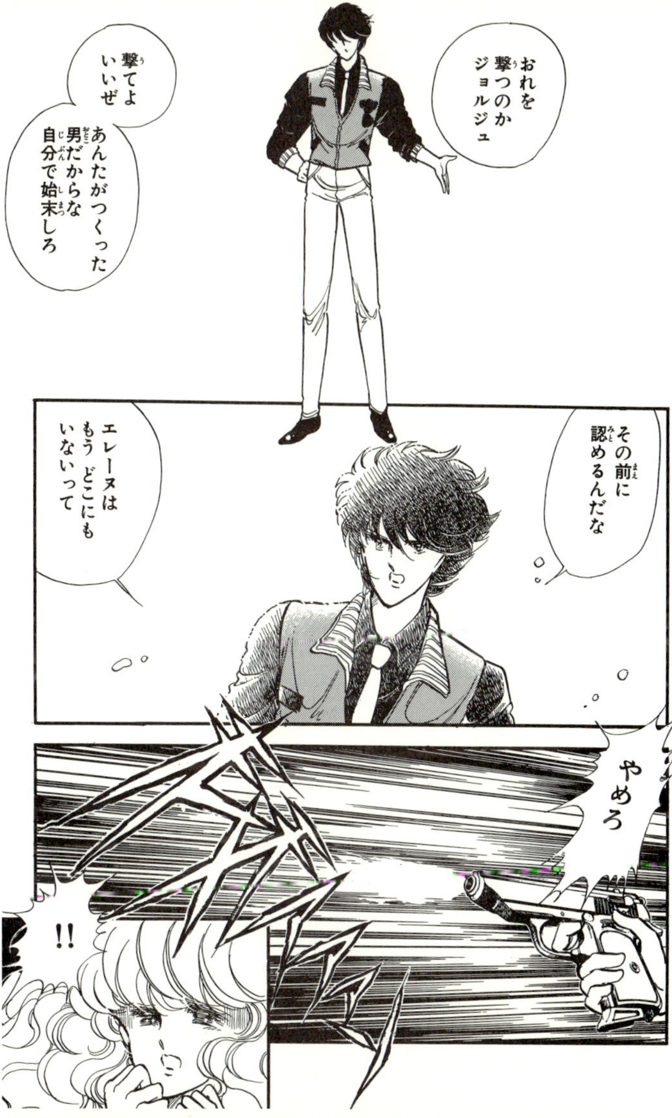
おれを撃つのかジョルジュ
撃てよいいぜ
あんたがつくった男だからな自分で始末しろ
その前に認めるんだな
エレーヌはもうどこにもいないって
やめろ
!!

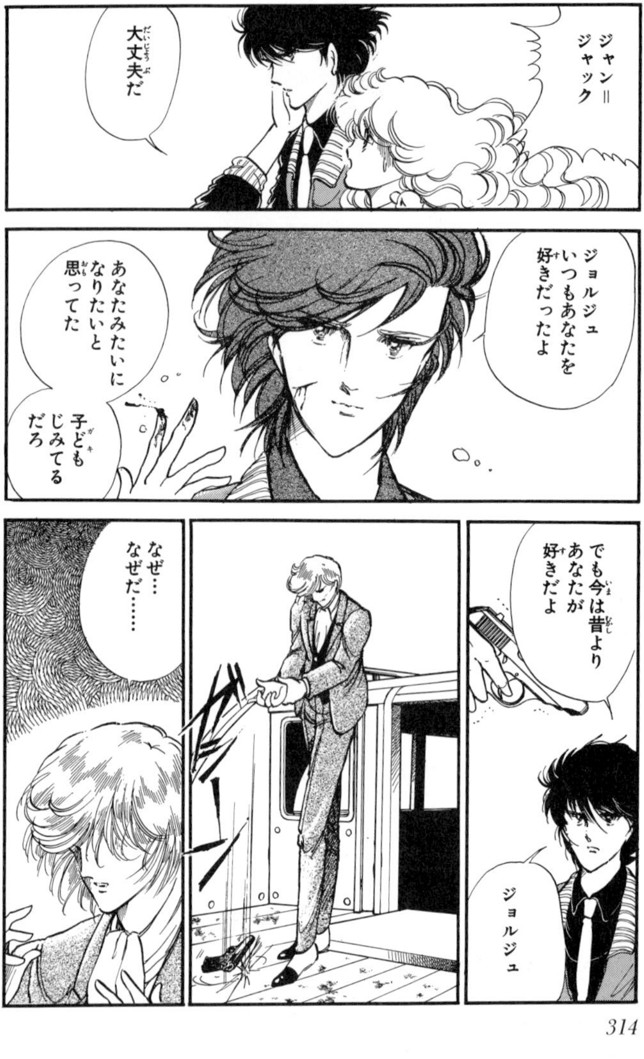
ジャン＝ジャック
大丈夫だ
ジョルジュ いつもあなたを好きだったよ
あなたみたいになりたいと思ってた
子どもじみてるだろ
でも今は昔より あなたが好きだよ
ジョルジュ
なぜ… なぜだ……

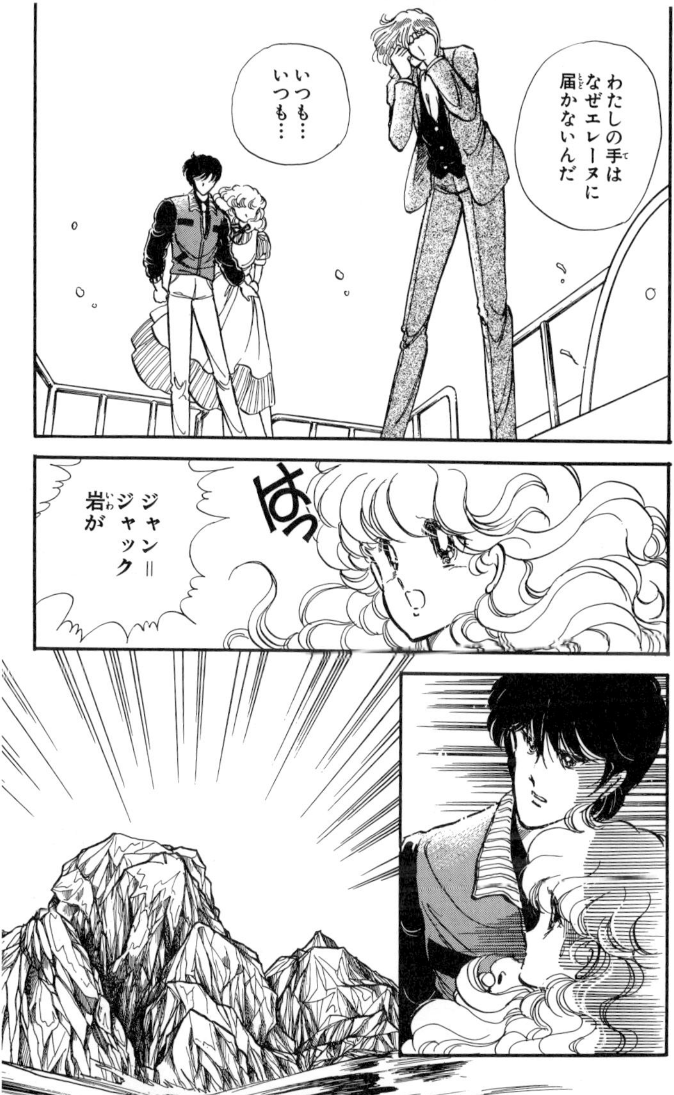
わたしの手は
なぜエレーヌに
届かないんだ
いつも……
いつも……
はっ
ジャン＝
ジャック
岩が

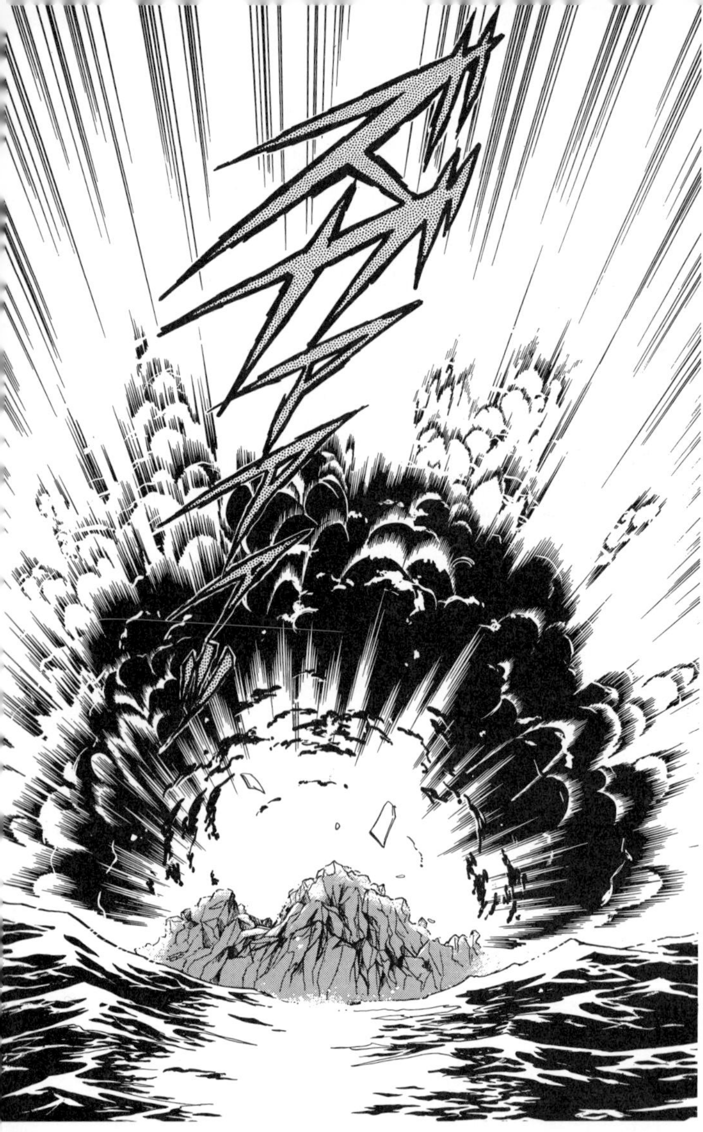

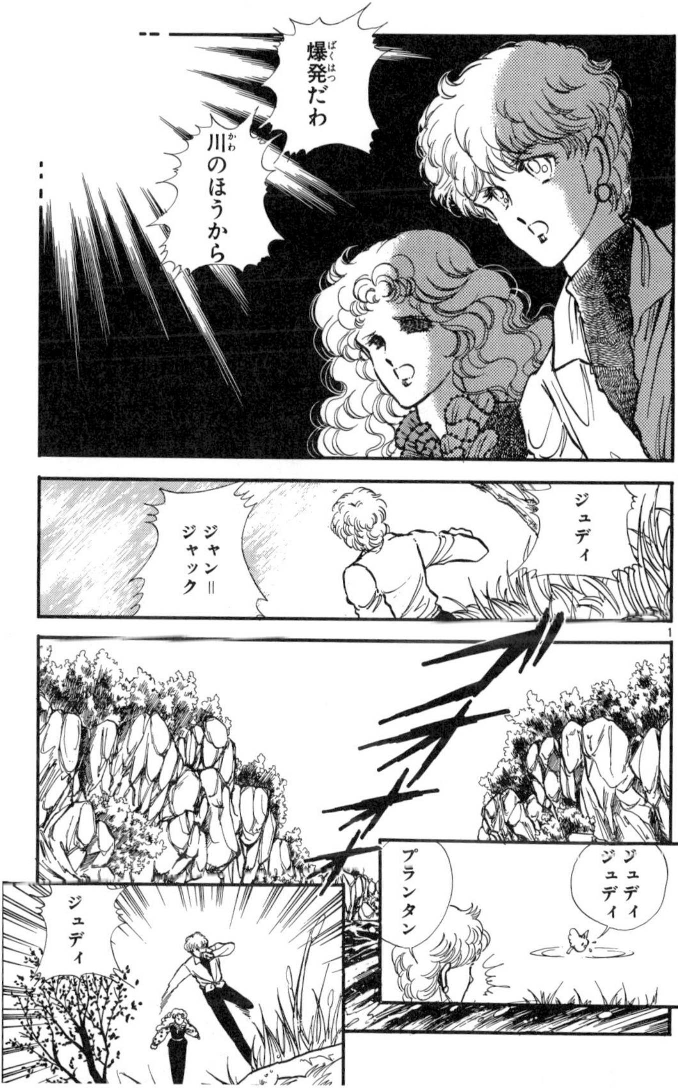
爆発だわ
川のほうから
ジュディ
ジャン＝ジャック
ジュディ
ジュディ
プランタン
ジュディ

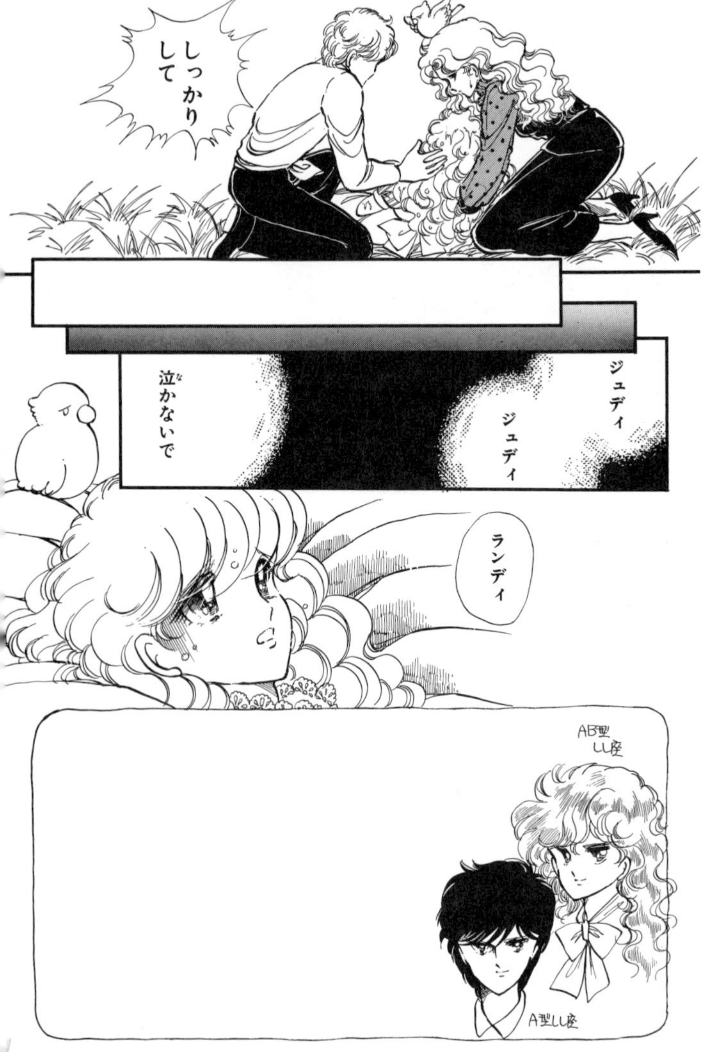
しっかりして
ジュディ
ジュディ
泣かないで
ランディ
AB型
しし座
A型しし座

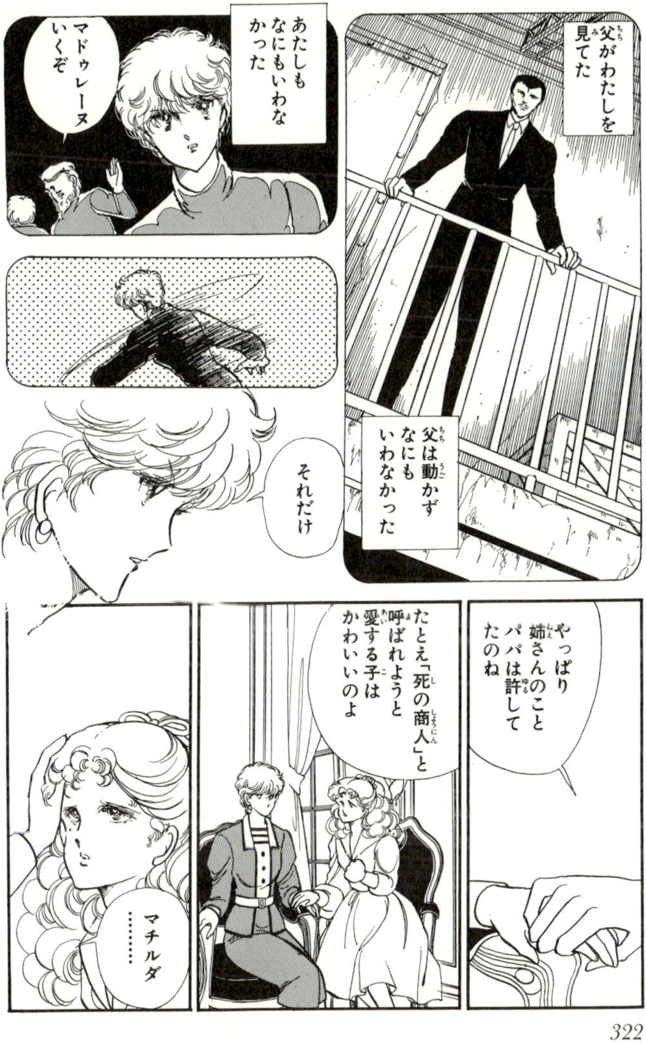
父がわたしを見てた
父は動かずなにもいわなかった
あたしもなにもいわなかった
マドゥレーヌいくぞ
それだけ
やっぱり姉さんのことパパは許してたのね
たとえ「死の商人」と呼ばれようと愛する子はかわいいのよ
マチルダ……

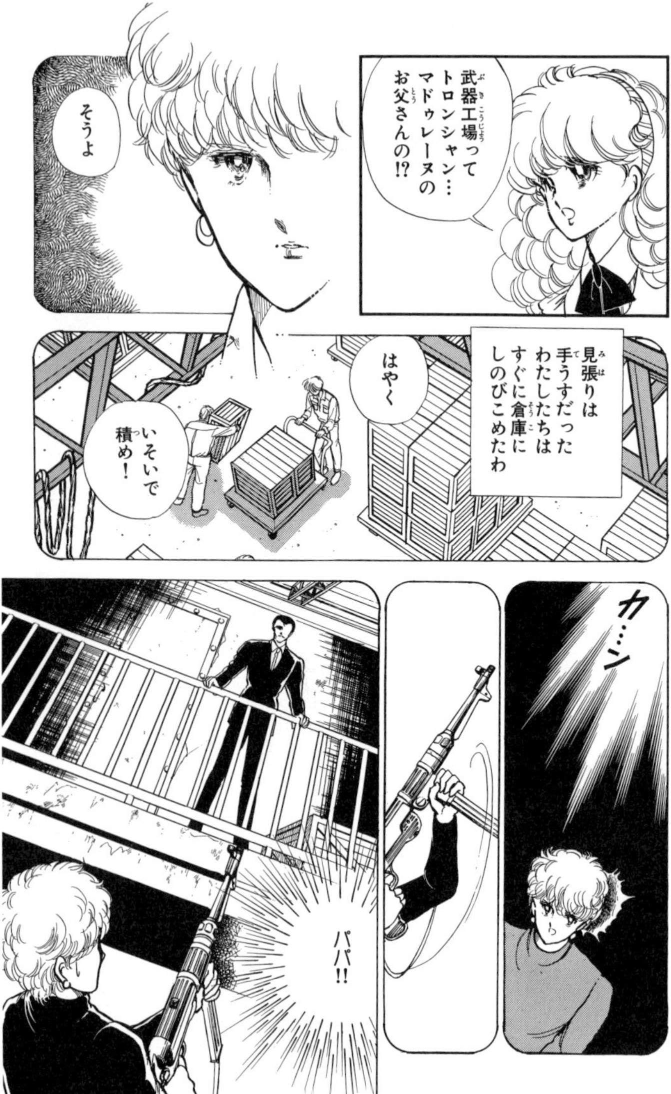
武器工場って
トロンシャン…
マドゥレーヌの
お父さんの!?
そうよ
見張りは
手うすだった
わたしたちは
すぐに倉庫に
しのびこめたわ
はやく
いそいで
積め!
カーン
パパ!!

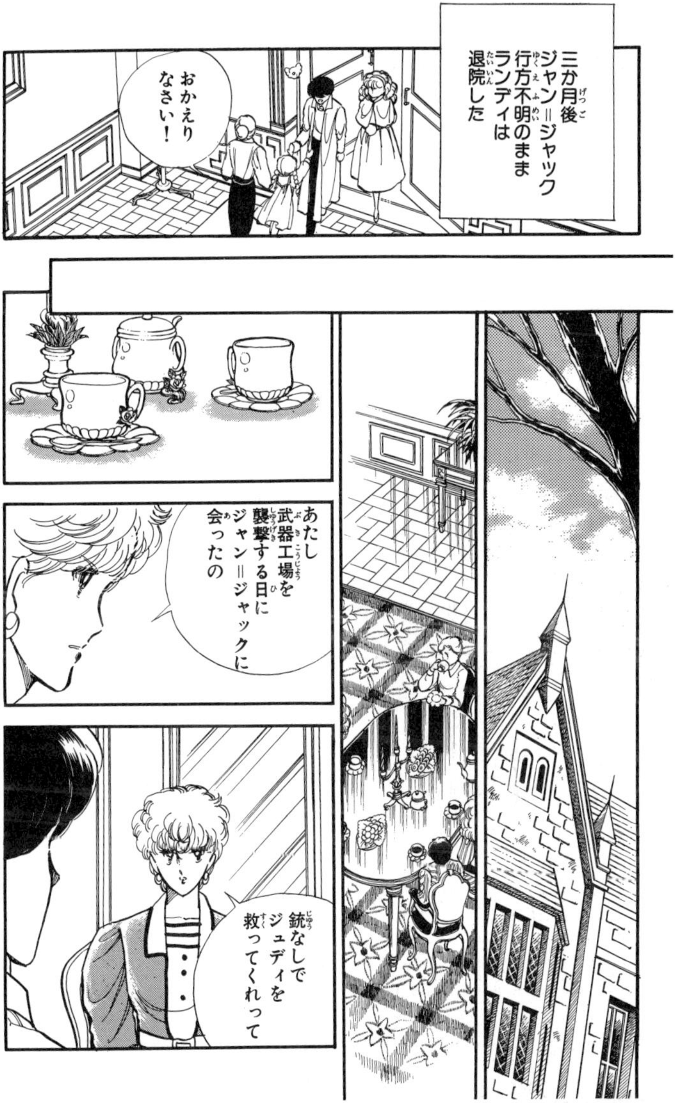
三か月後 ジャン＝ジャック 行方不明のまま ランディは 退院した
おかえり なさい！
あたし 武器工場を 襲撃する日に ジャン＝ジャックに 会ったの
銃なしで ジュディを 救ってくれって

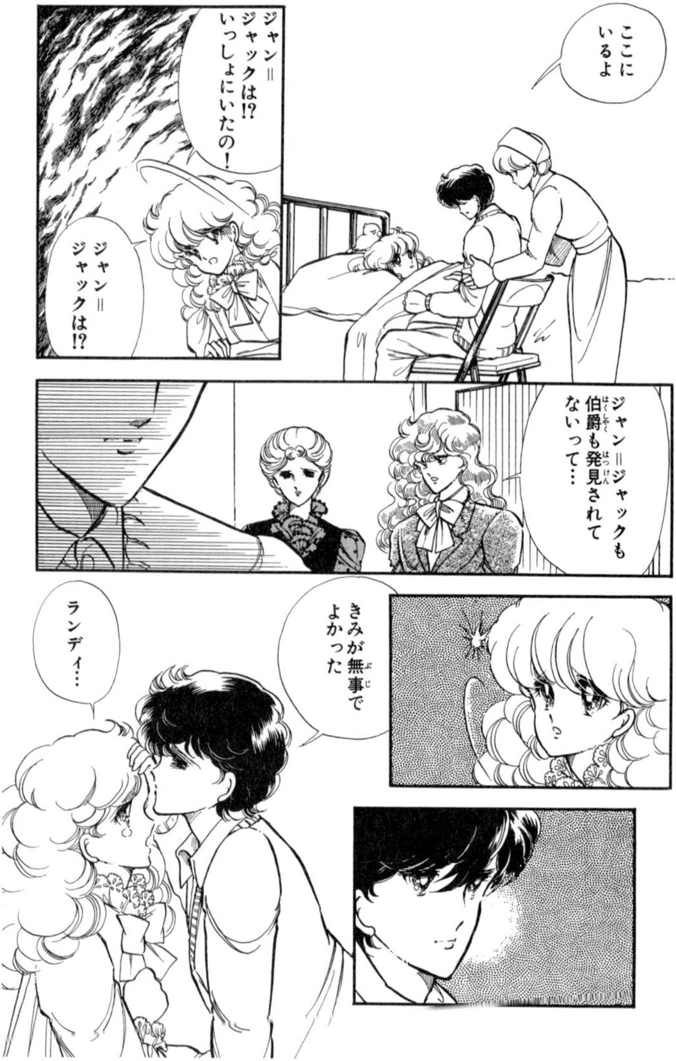
ここにいるよ
ジャン＝ジャックは!? いっしょにいたの!
ジャン＝ジャックは!?
ジャン＝ジャックも伯爵も発見されてないって…
きみが無事でよかった
ランディ…

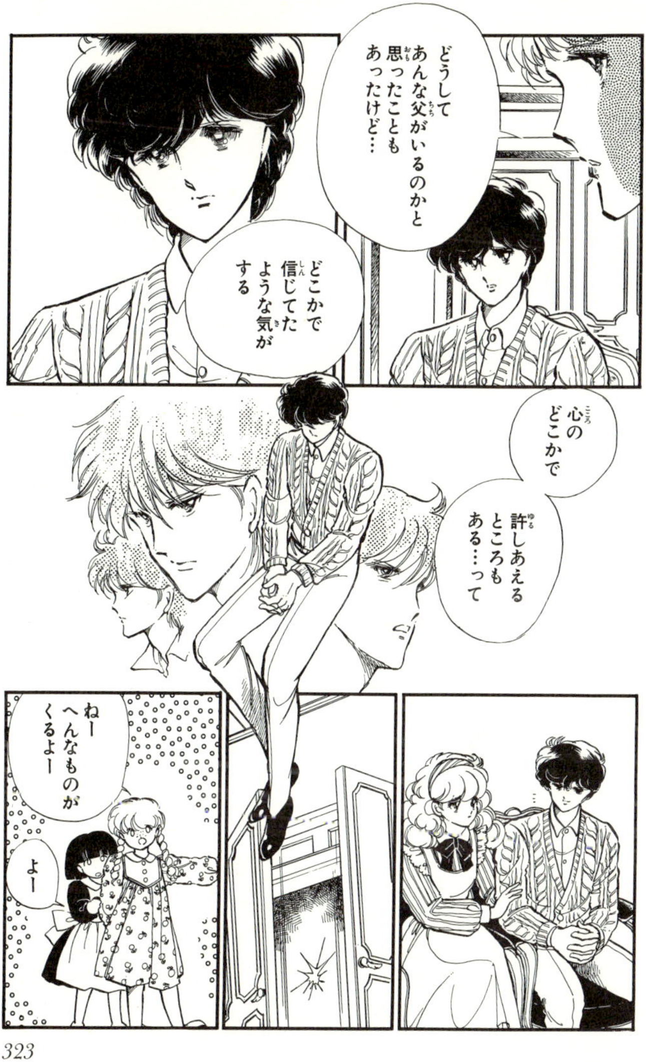
どうして
あんな父がいるのかと
思ったこともあったけど…
どこかで
信じてた
ような気が
する
心の
どこかで
許しあえる
ところも
ある…って
ねー
へんなものが
くるよー
よー
…

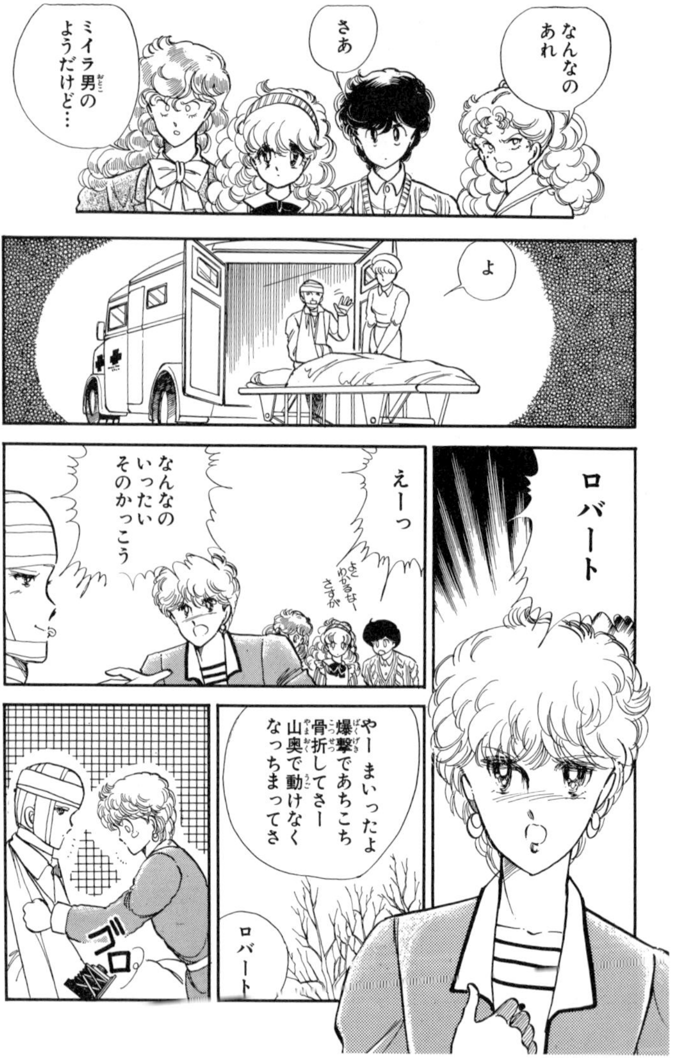
なんなのあれ
さあ
ミイラ男のようだけど…
よ
ロバート
えーっ
よくわかるなー さすが
なんなのいったいそのかっこう
やーまいったよ爆撃であちこち骨折してさー山奥で動けなくなっちまってさ
ロバート
ゴロ

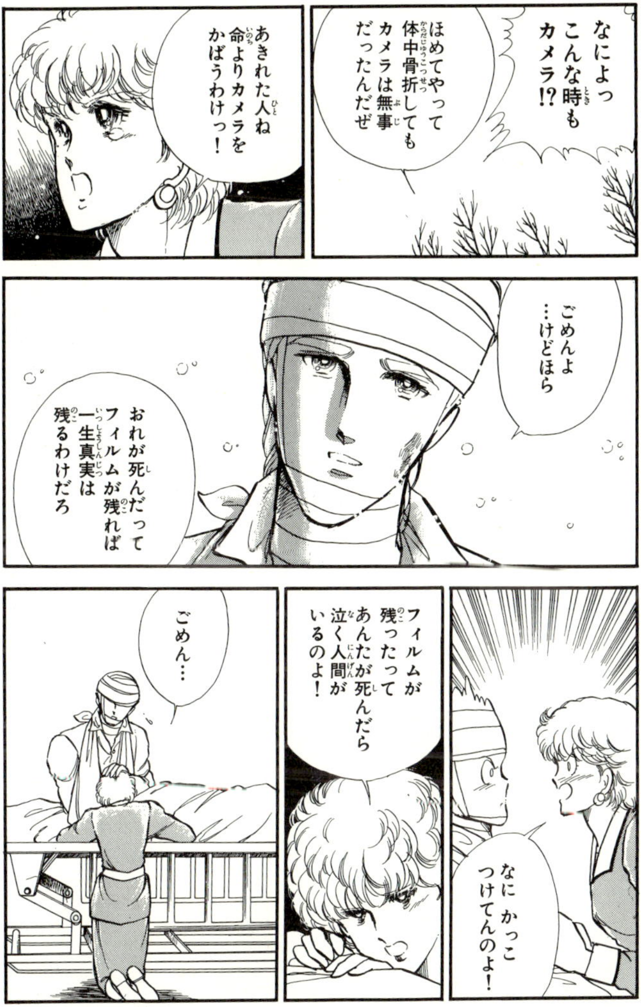
なによっ こんな時も カメラ!?
ほめてやって 体中骨折しても カメラは無事 だったんだぜ
あきれた人ね 命よりカメラを かばうわけっ!
ごめんよ …けどほら
おれが死んだって フィルムが残れば 一生真実は 残るわけだろ
なに かっこ つけてんのよ!
フィルムが 残ったって あんたが死んだら 泣く人間が いるのよ!
ごめん…

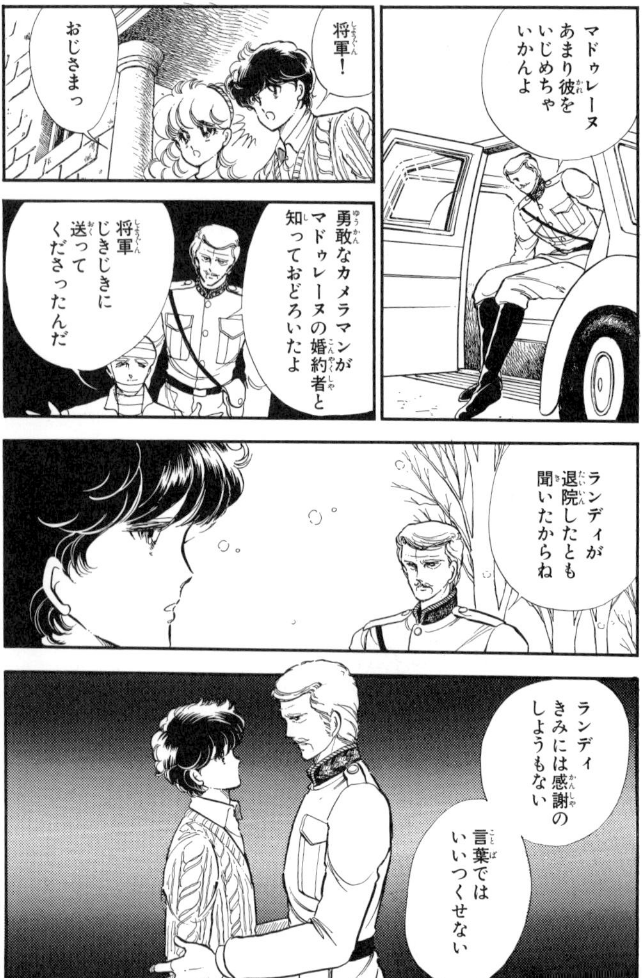

マドゥレーヌ あまり彼を いじめちゃ いかんよ
将軍!
おじさまっ
勇敢なカメラマンが マドゥレーヌの婚約者と 知っておどろいたよ
将軍 じきじきに 送って くださったんだ
ランディが 退院したとも 聞いたからね
ランディ きみには感謝の しようもない
言葉では いいつくせない

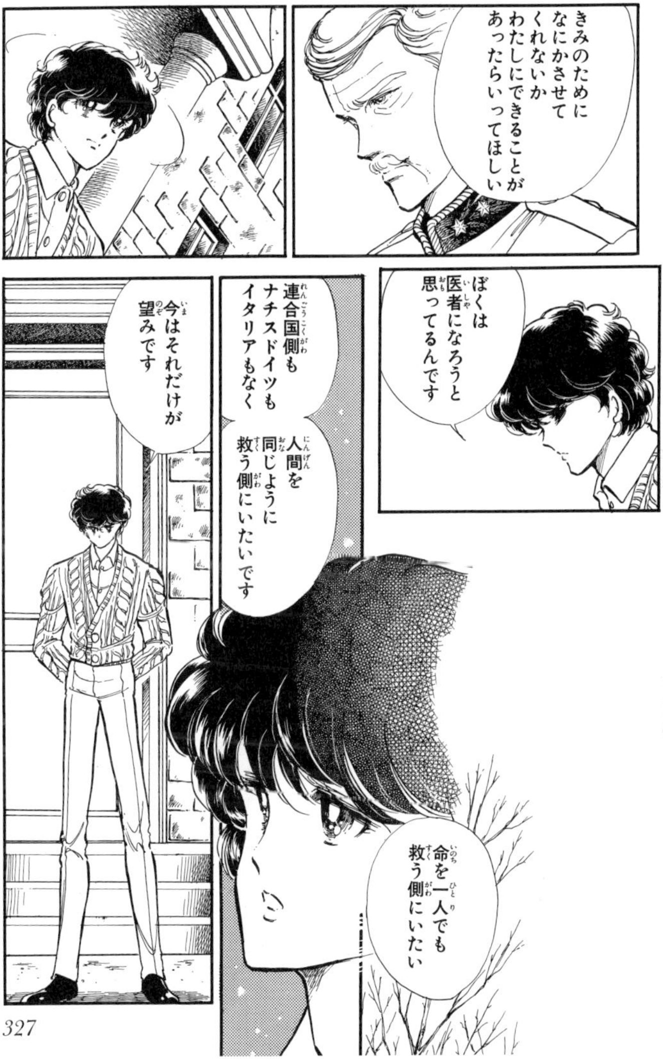
きみのためになにかさせてくれないかわたしにできることがあったらいってほしい
ぼくは医者になろうと思ってるんです
連合国側もナチスドイツもイタリアもなく
人間を同じように救う側にいたいです
今はそれだけが望みです
命を一人でも救う側にいたい

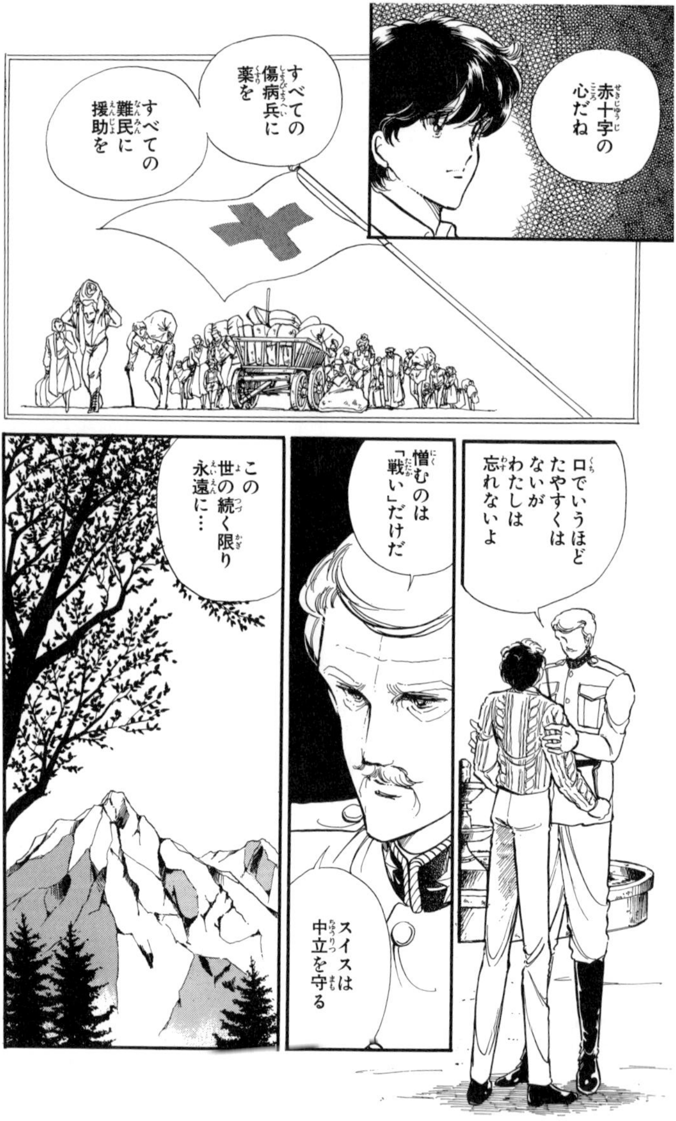
赤十字の心だね
すべての傷病兵に薬を
すべての難民に援助を
口でいうほどたやすくはないがわたしは忘れないよ
憎むのは「戦い」だけだ
スイスは中立を守る
この世の続く限り永遠に…

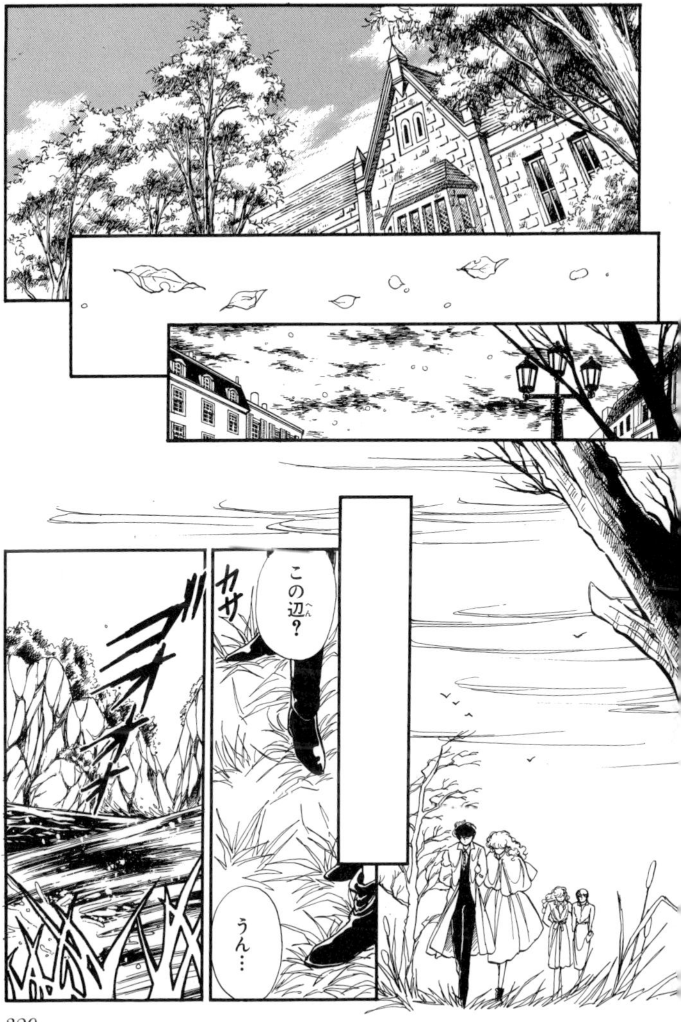
カサ
この辺?
うん…

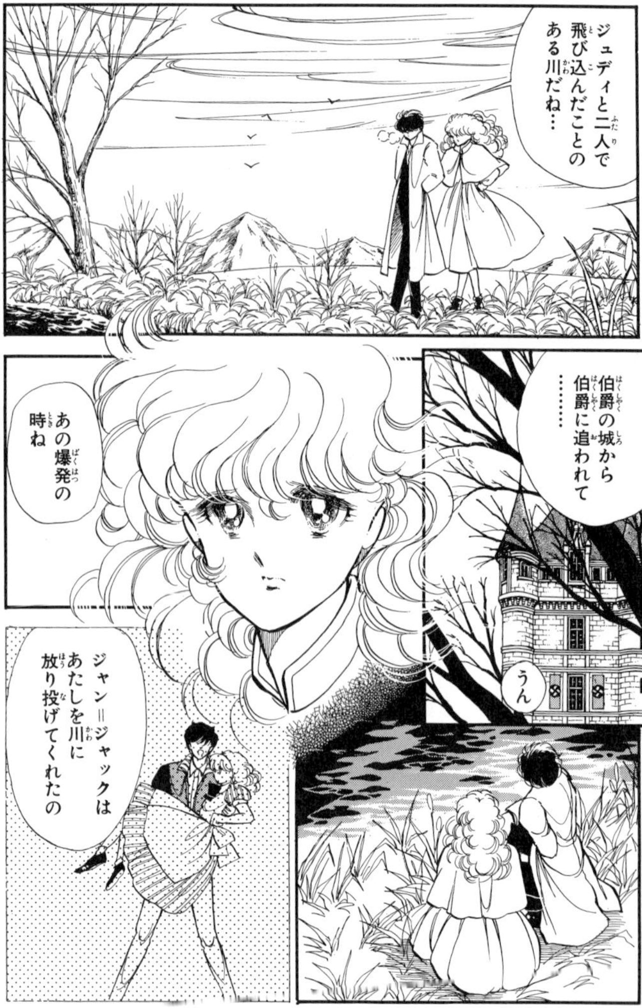
ジュディと二人で飛び込んだことのある川だね…
伯爵の城から伯爵に追われて……
うん
あの爆発の時ね
ジャン＝ジャックはあたしを川に放り投げてくれたの

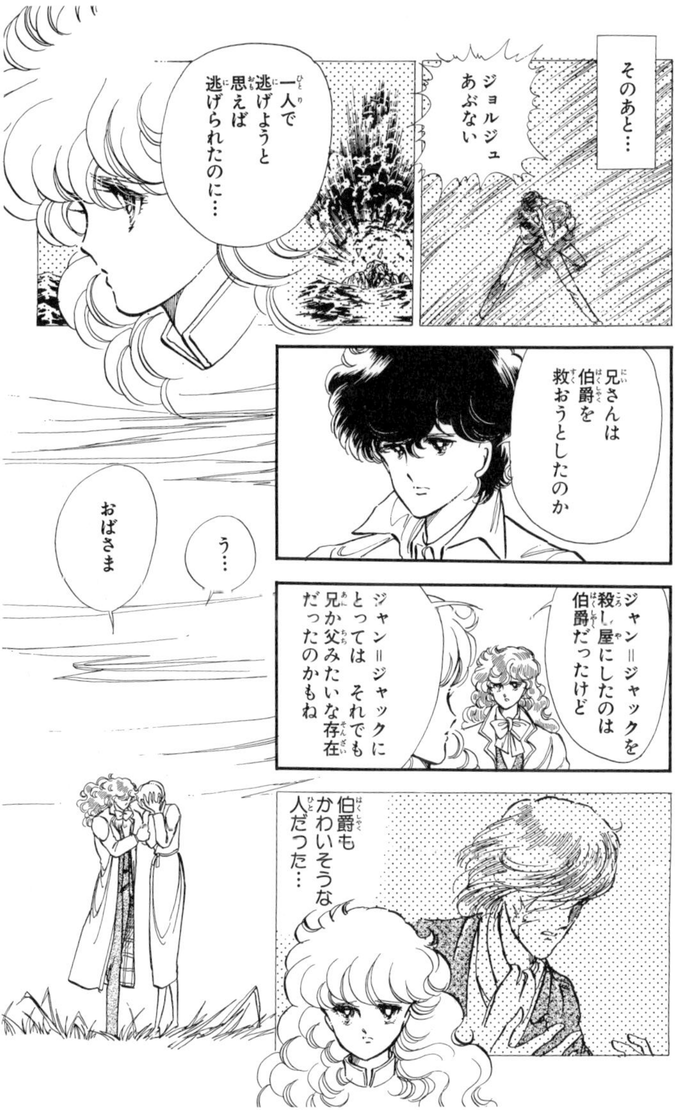

そのあと…
ジョルジュ あぶない
一人で逃げようと思えば逃げられたのに…
兄さんは伯爵を救おうとしたのか
ジャン＝ジャックを殺し屋にしたのは伯爵だったけど
ジャン＝ジャックにとっては それでも兄か父みたいな存在だったのかもね
う…
おばさま
伯爵もかわいそうな人だった…

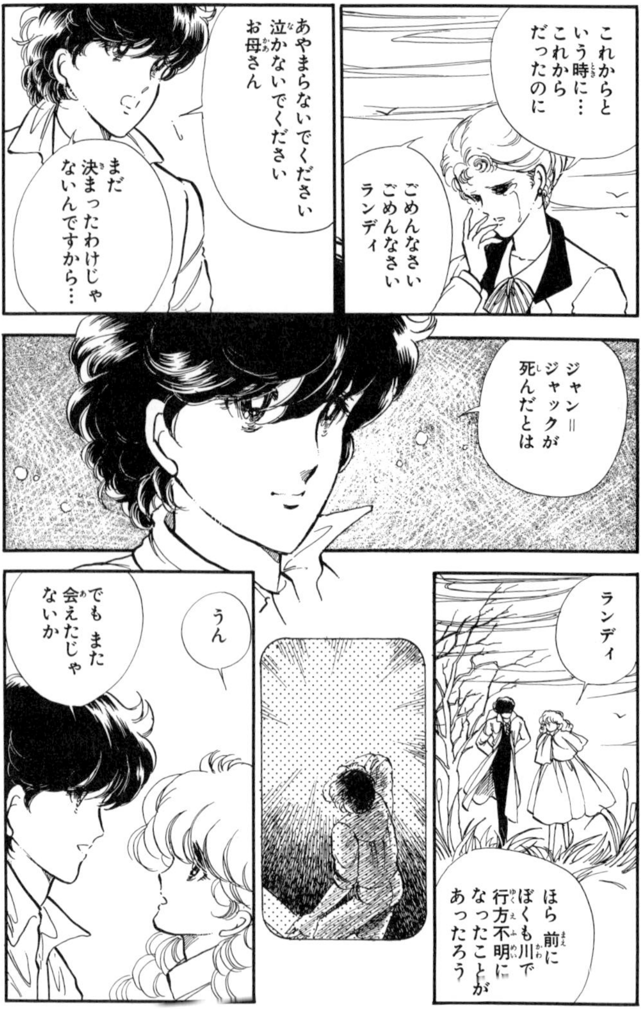
これからという時に…これからだったのに
ごめんなさい ごめんなさい ランディ
あやまらないでください 泣かないでください お母さん
まだ決まったわけじゃないんですから…
ジャン＝ジャックが死んだとは
ランディ
ほら 前にぼくも川で行方不明になったことがあったろう
うん
でも また会えたじゃないか

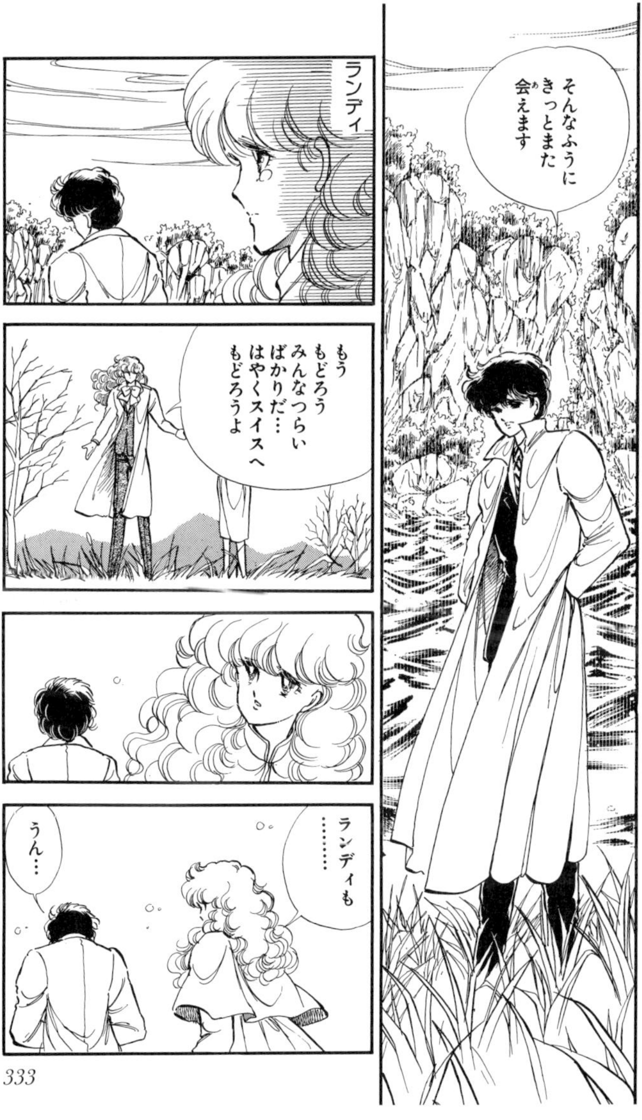
そんなふうに
きっとまた
会えます
ランディ
もう
もどろう
みんなつらい
ばかりだ…
はやくスイスへ
もどろうよ
ランディも
………
うん…

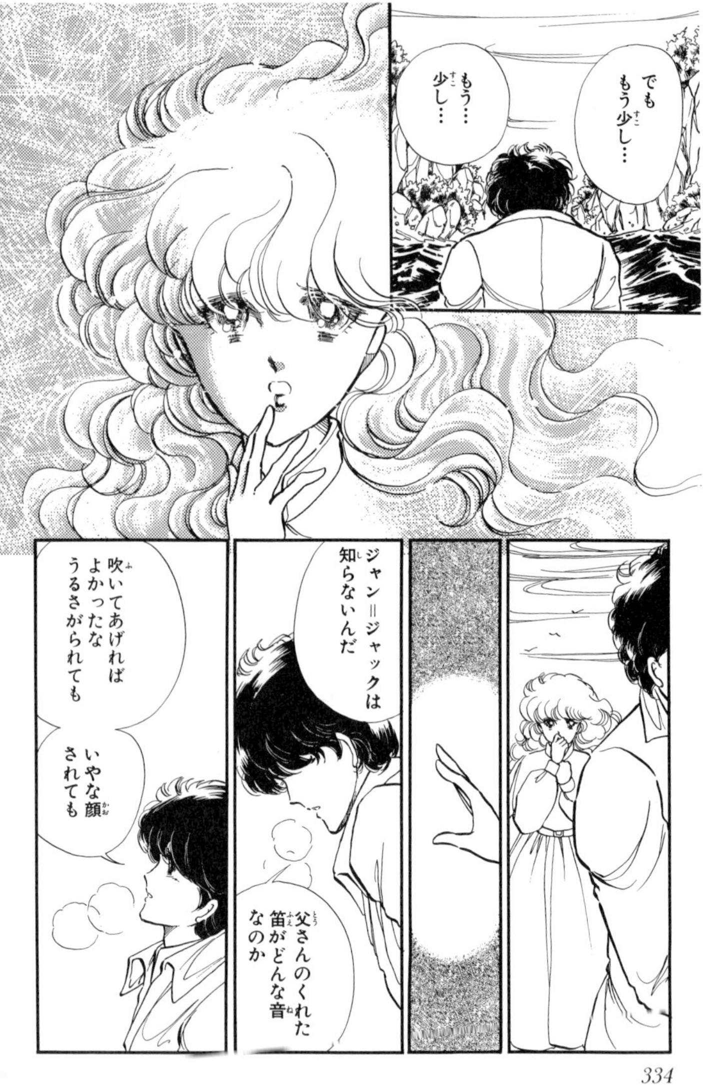
でも
もう少し…
もう…
少し…
ジャン=ジャックは
知らないんだ
父さんのくれた
笛がどんな音
なのか
吹いてあげれば
よかったな
うるさがられても
いやな顔
されても

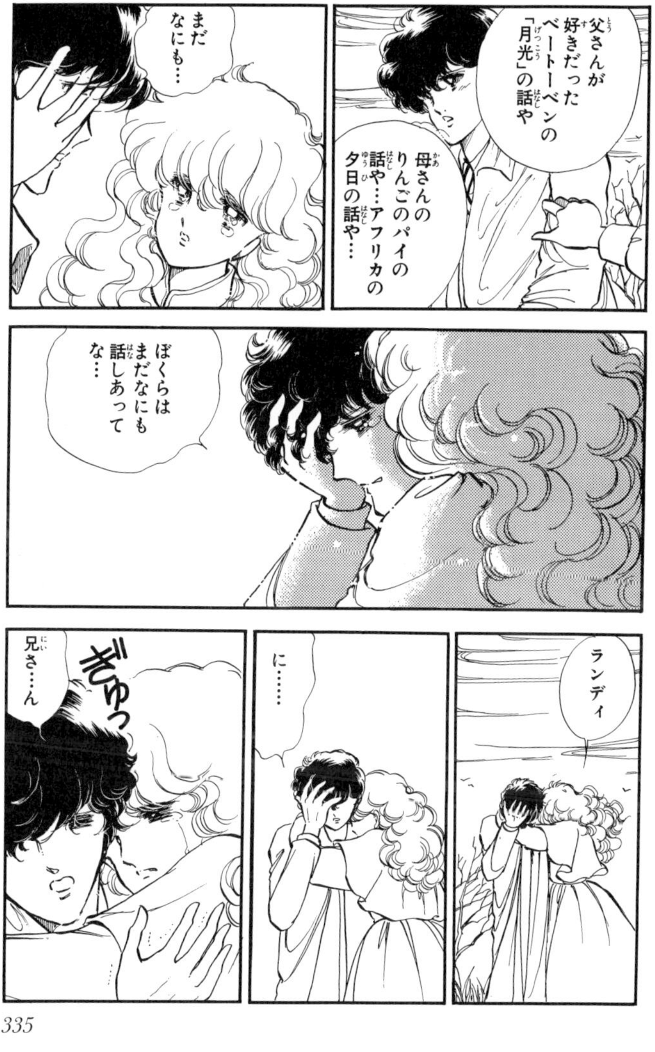
父さんが好きだったベートーベンの「月光」の話や
母さんのりんごのパイの話や…アフリカの夕日の話や…
まだなにも…
ぼくらはまだなにも話しあってな…
ランディ
に……
ぎゅっ
兄さ…ん

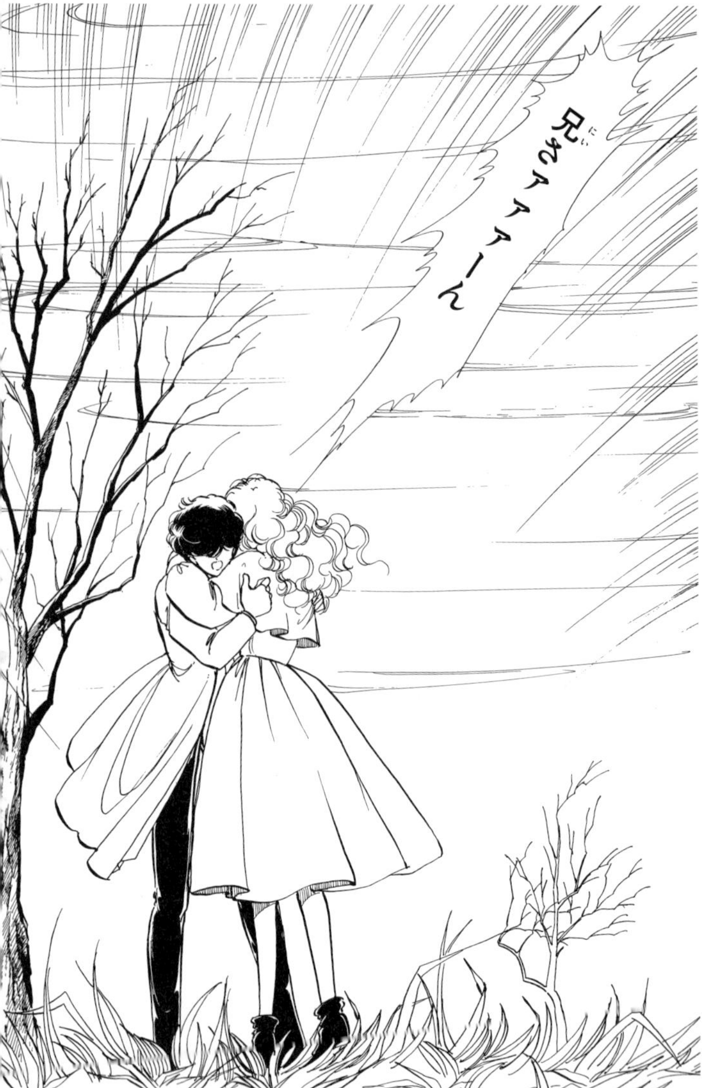
兄さアアアーん

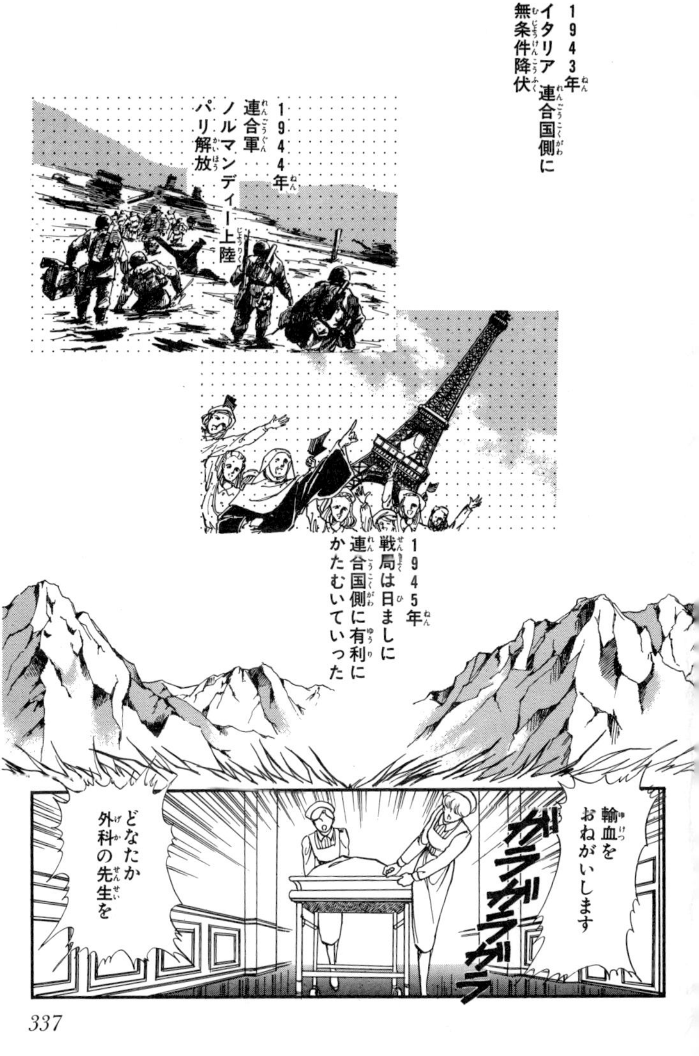
1943年
イタリア 連合国側に
無条件降伏
1944年
連合軍
ノルマンディー上陸
パリ解放
1945年
戦局は日ましに
連合国側に有利に
かたむいていった
輸血を
おねがいします
ガラガラガラガラ
どなたか
外科の先生を

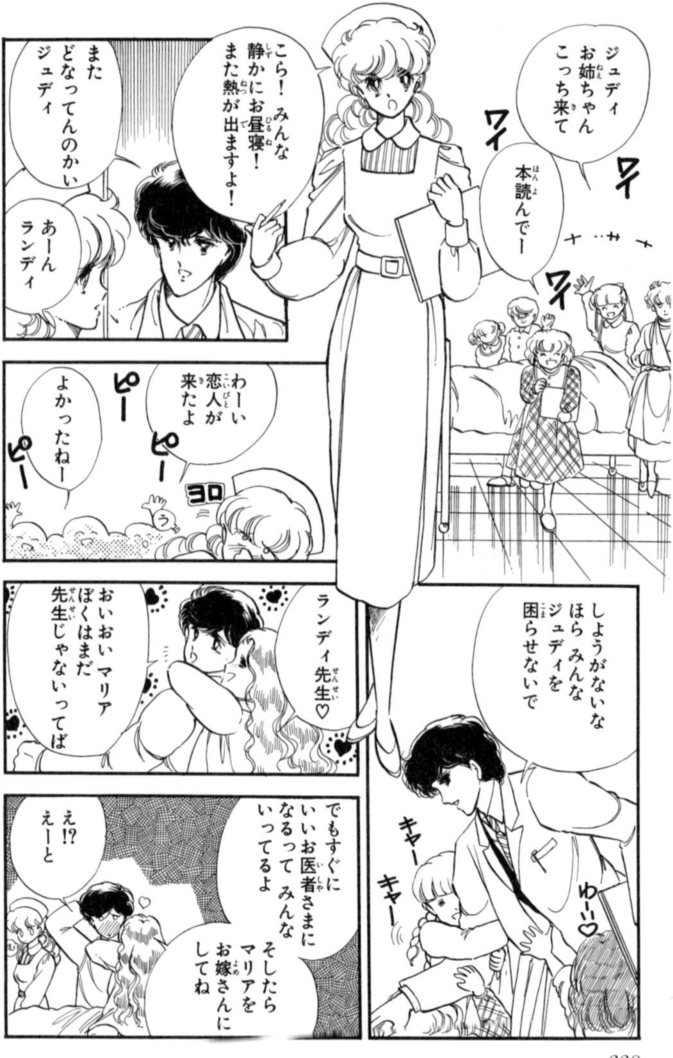
ジュディ お姉ちゃん こっち来て
ワイ
本読んでー
ワイ
ワイ
こら！ みんな 静かにお昼寝！ また熱が出ますよ！
また どなってんのかい ジュディ
あーん ランディ
しょうがないな ほら みんな ジュディを 困らせないで
わーい 恋人が 来たよ
ピー
ピー
よかったねー
ピー
ヨロ
う
キャー
キャー
ランディ先生♡
おいおい マリア ぼくはまだ 先生じゃないってば
でもすぐに いいお医者さまに なるって みんな いってるよ
そしたら マリアを お嫁さんに してね
え!? えーと

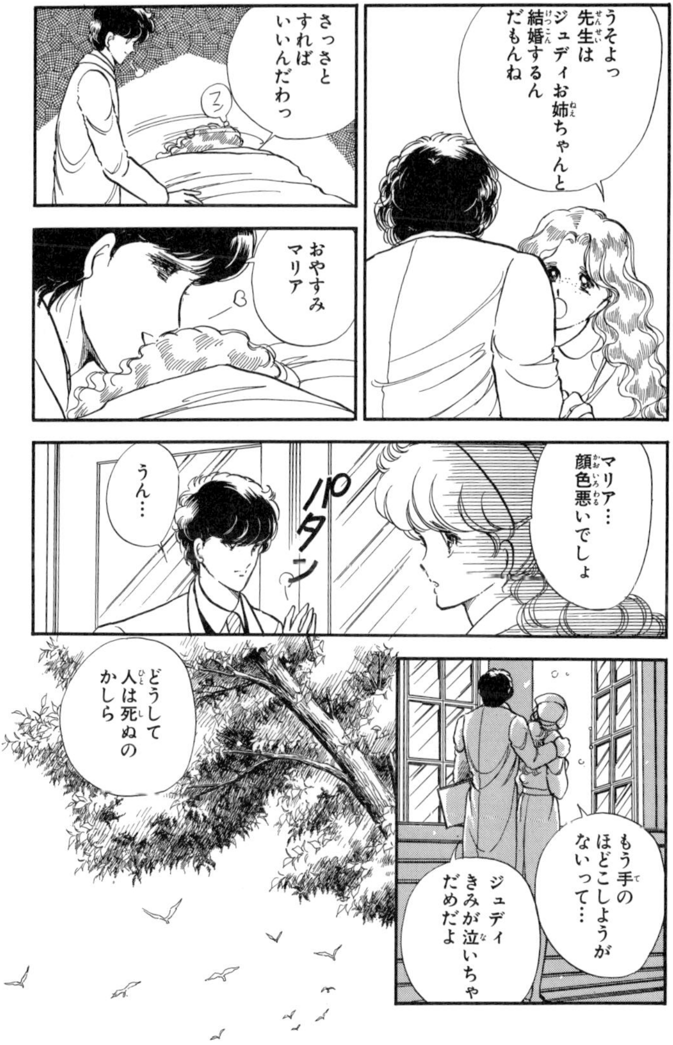
うそよっ先生はジュディお姉ちゃんと結婚するんだもんね
さっさとすればいいんだわっ
おやすみマリア
マリア…顔色悪いでしょ
パタン
うん…
もう手のほどこしようがないって…
ジュディきみが泣いちゃだめだよ
どうして人は死ぬのかしら

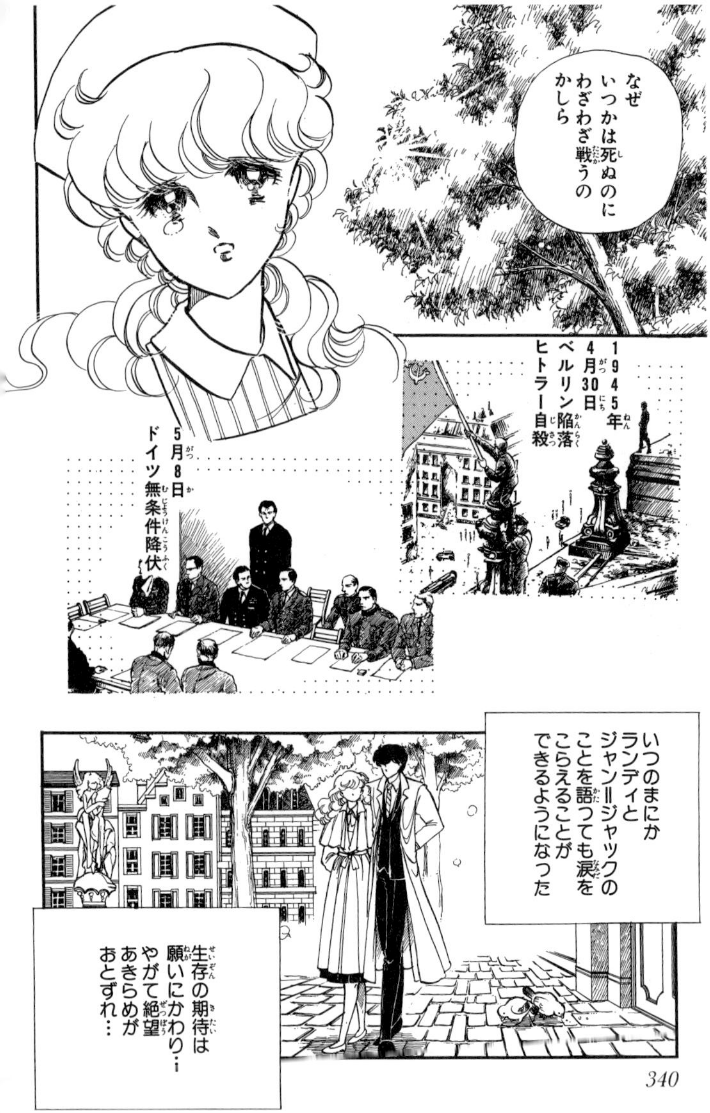

なぜ
いつかは死ぬのに
わざわざ戦うの
かしら
1945年
4月30日
ベルリン陥落
ヒトラー自殺
5月8日
ドイツ無条件降伏
いつのまにか
ランディと
ジャン＝ジャックの
ことを語っても涙を
こらえることが
できるようになった
生存の期待は
願いにかわり…
やがて絶望
あきらめが
おとずれ…

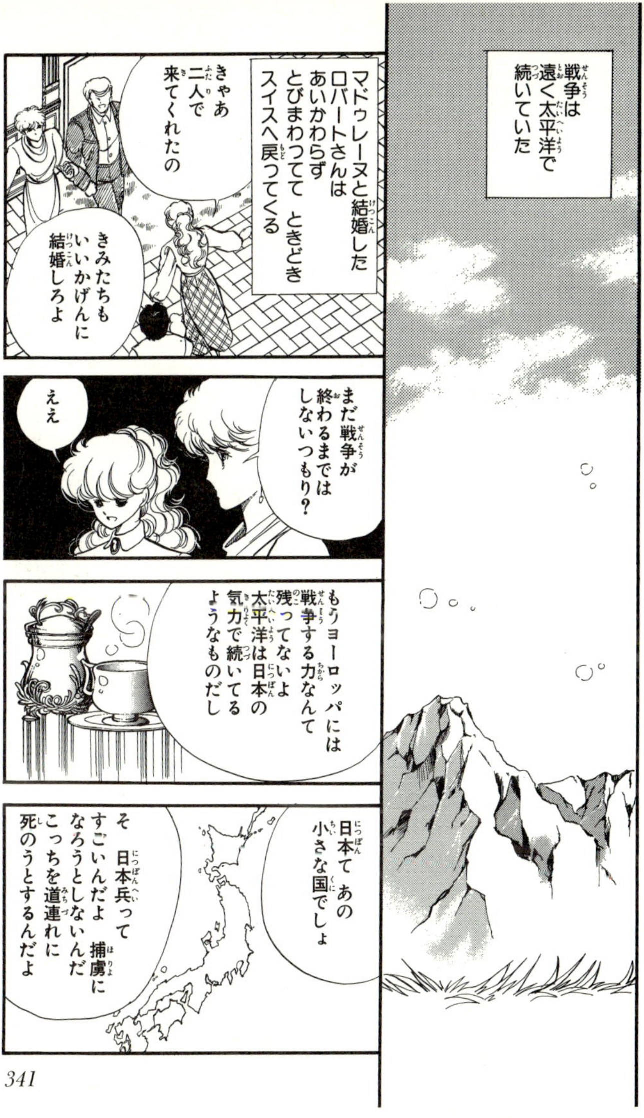
戦争は遠く太平洋で続いていた
マドゥレーヌと結婚したロバートさんはあいかわらずとびまわってて ときどきスイスへ戻ってくる
きゃあ二人で来てくれたの
きみたちもいいかげんに結婚しろよ
まだ戦争が終わるまではしないつもり?
ええ
もうヨーロッパには戦争する力なんて残ってないよ
太平洋は日本の気力で続いてるようなものだし
日本て あの小さな国でしょ
そ 日本兵ってすごいんだよ 捕虜になろうとしないんだ
こっちを道連れに死のうとするんだよ

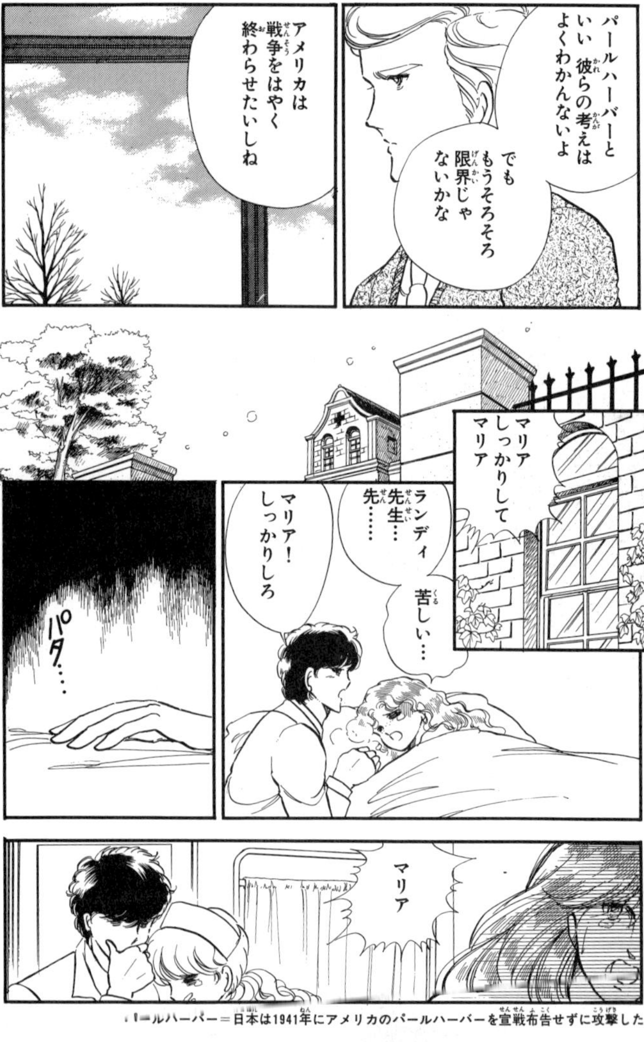

パールハーバー＝日本は1941年にアメリカのパールハーバーを宣戦布告せずに攻撃した

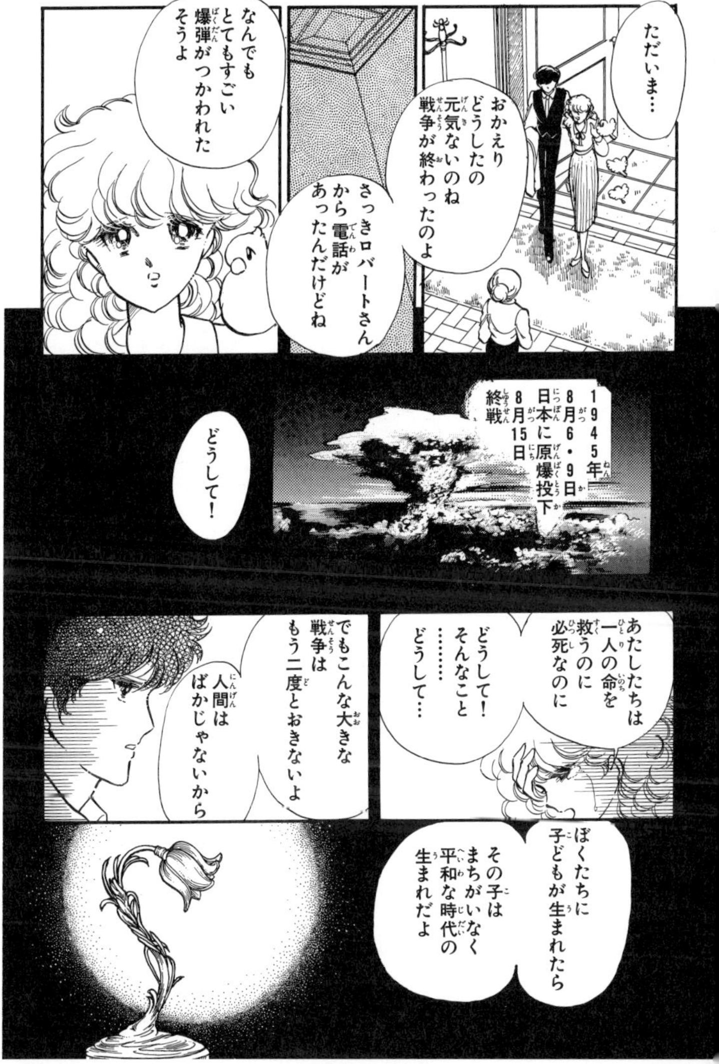
ただいま…
おかえり どうしたの 元気ないのね 戦争が終わったのよ
さっきロバートさんから電話があったんだけどね
なんでもとてもすごい爆弾がつかわれたそうよ
1945年8月6・9日 日本に原爆投下 8月15日 終戦
どうして!
あたしたちは一人の命を救うのに必死なのに
どうして! そんなこと………
どうして…
でもこんな大きな戦争はもう二度とおきないよ
人間はばかじゃないから
ぼくたちに子どもが生まれたら
その子はまちがいなく平和な時代の生まれだよ

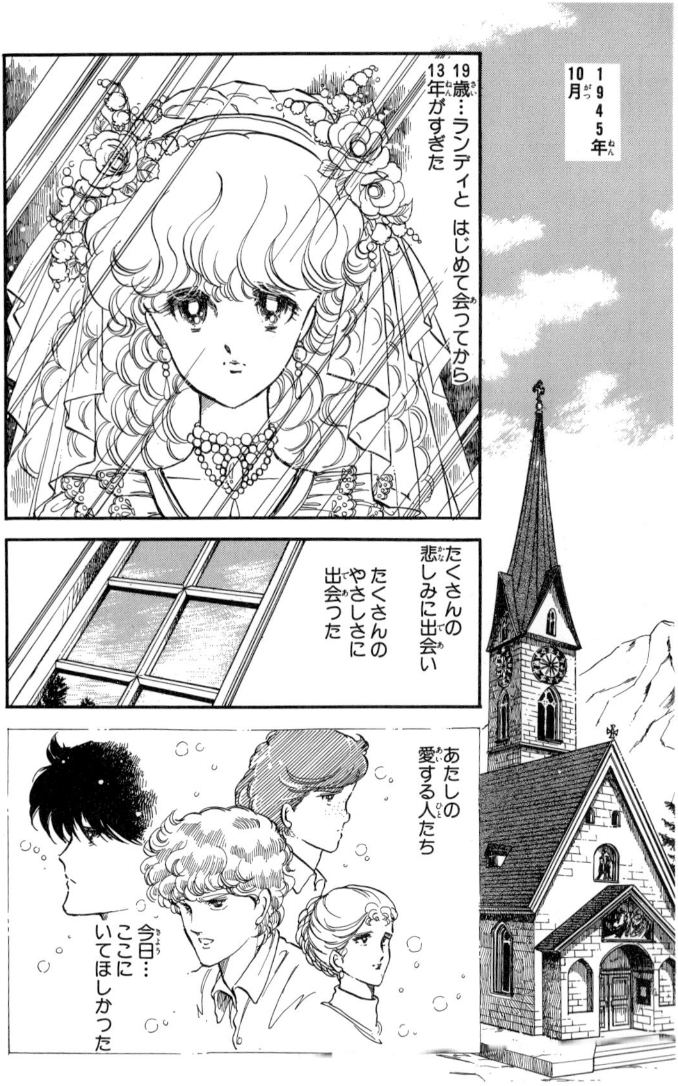
1945年10月
19歳…ランディと　はじめて会ってから13年がすぎた
たくさんの悲しみに出会い
たくさんのやさしさに出会った
あたしの愛する人たち
今日…ここにいてほしかった

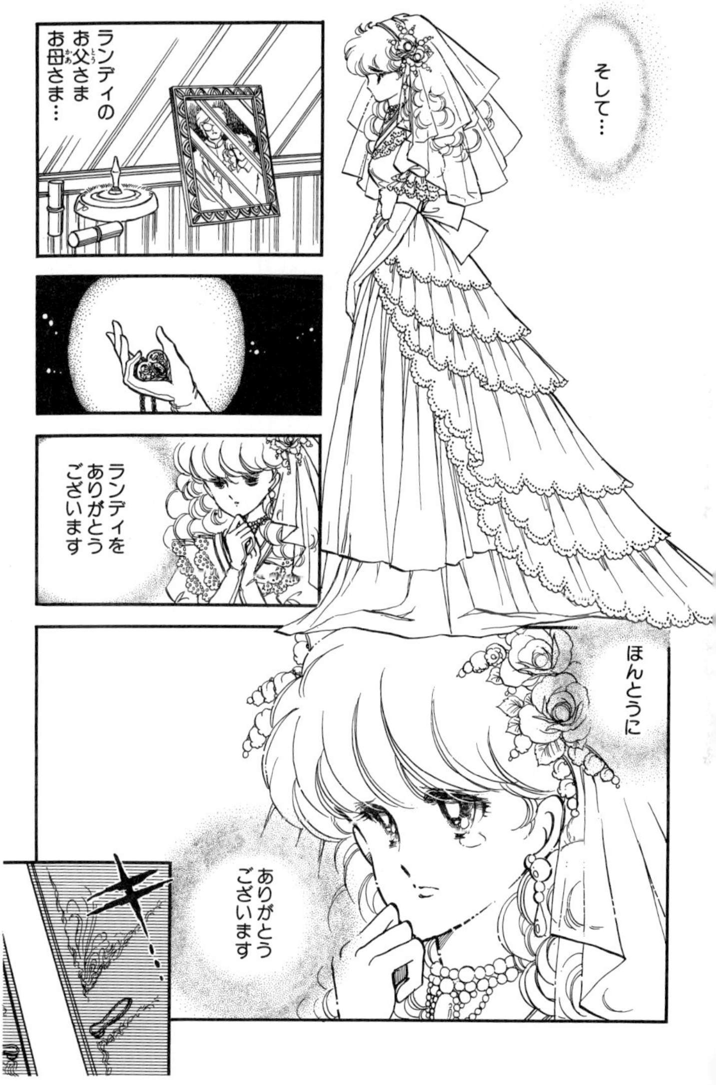
そして…
ランディのお父さまお母さま…
ランディをありがとうございます
ほんとうに
ありがとうございます

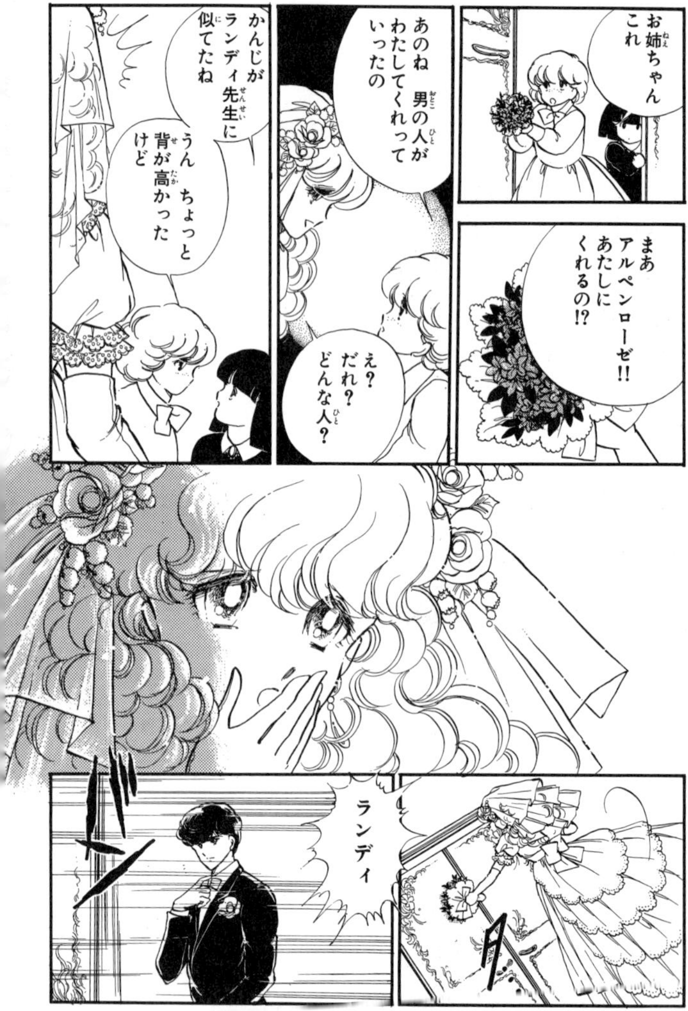
お姉ちゃん これ
まあ アルペンローゼ!! あたしに くれるの!?
あのね 男の人が わたしてくれって いったの
え? だれ? どんな人?
かんじが ランディ先生に 似てたね
うん ちょっと 背が高かった けど
ランディ

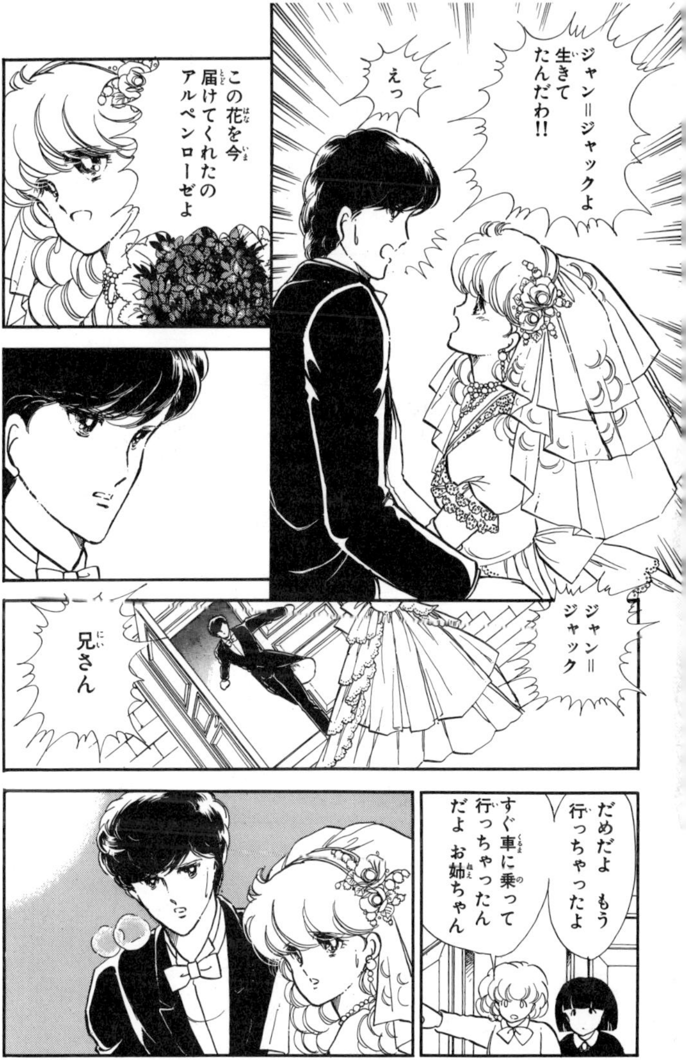
ジャン＝ジャックよ
生きてたんだわ!!
えっ
この花を今届けてくれたのアルペンローゼよ
ジャン＝ジャック
兄さん
だめだよ もう行っちゃったよ
すぐ車に乗って行っちゃったんだよ お姉ちゃん

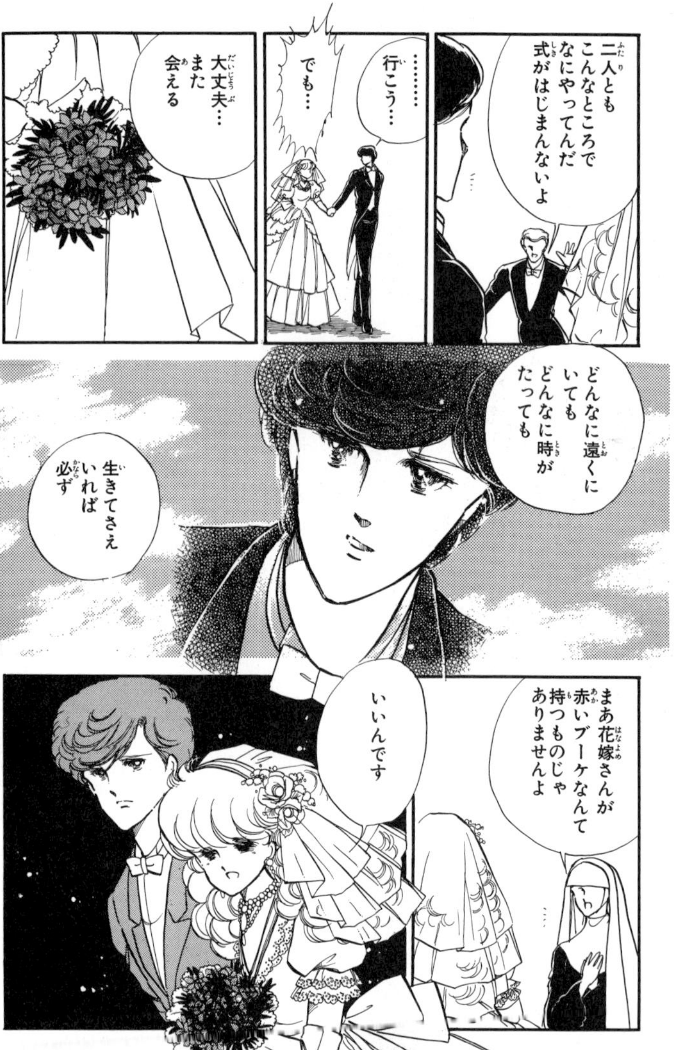
二人とも
こんなところで
なにやってんだ
式がはじまんないよ
………
行こう…
でも…
大丈夫…
また
会える
どんなに遠くに
いても
どんなに時が
たっても
生きてさえ
いれば
必ず
まあ花嫁さんが
赤いブーケなんて
持つものじゃ
ありませんよ
いいんです

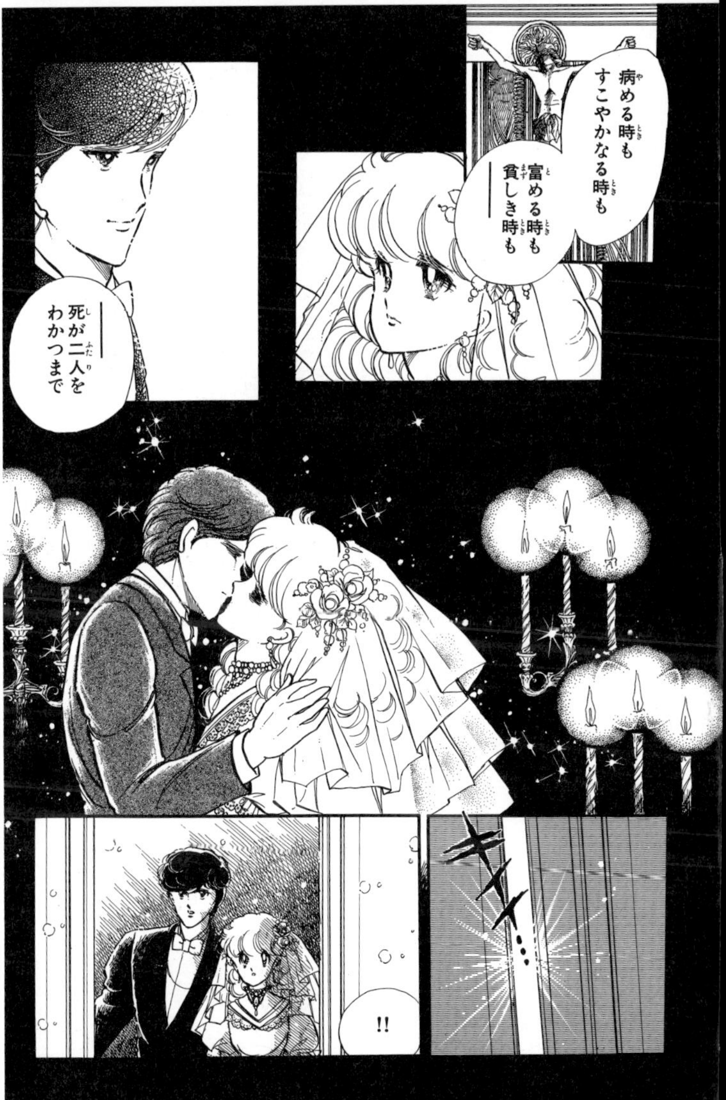
病める時も すこやかなる時も
富める時も 貧しき時も
――死が二人を わかつまで
!!

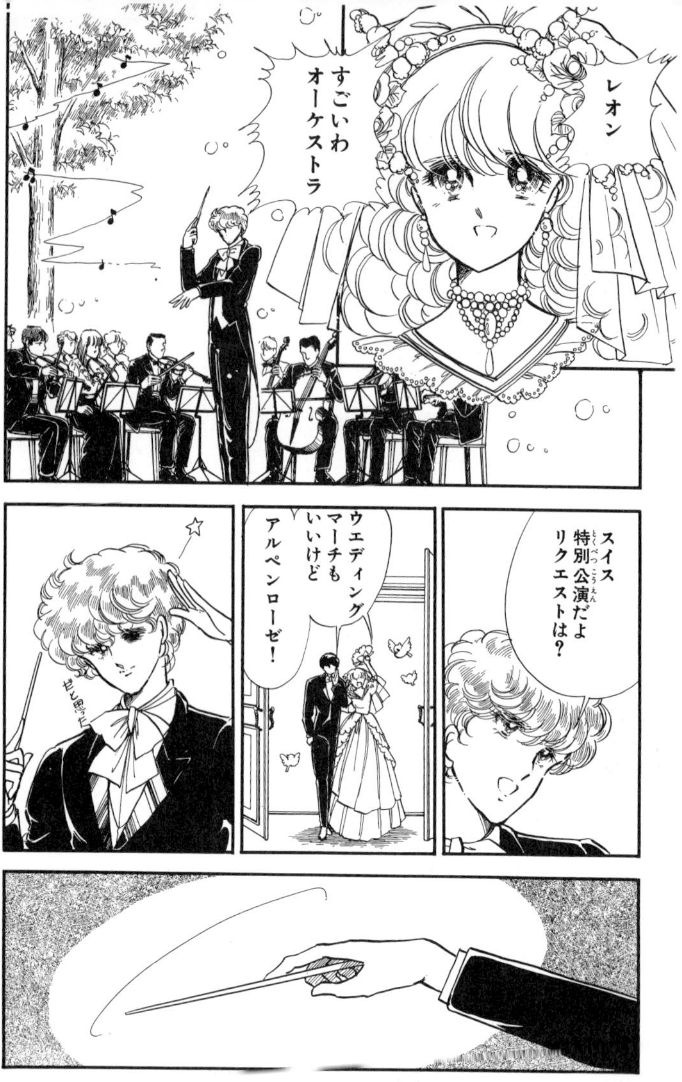
レオン
すごいわ オーケストラ
スイス 特別公演だよ リクエストは？
ウエディングマーチもいいけど アルペンローゼ！
だと思った

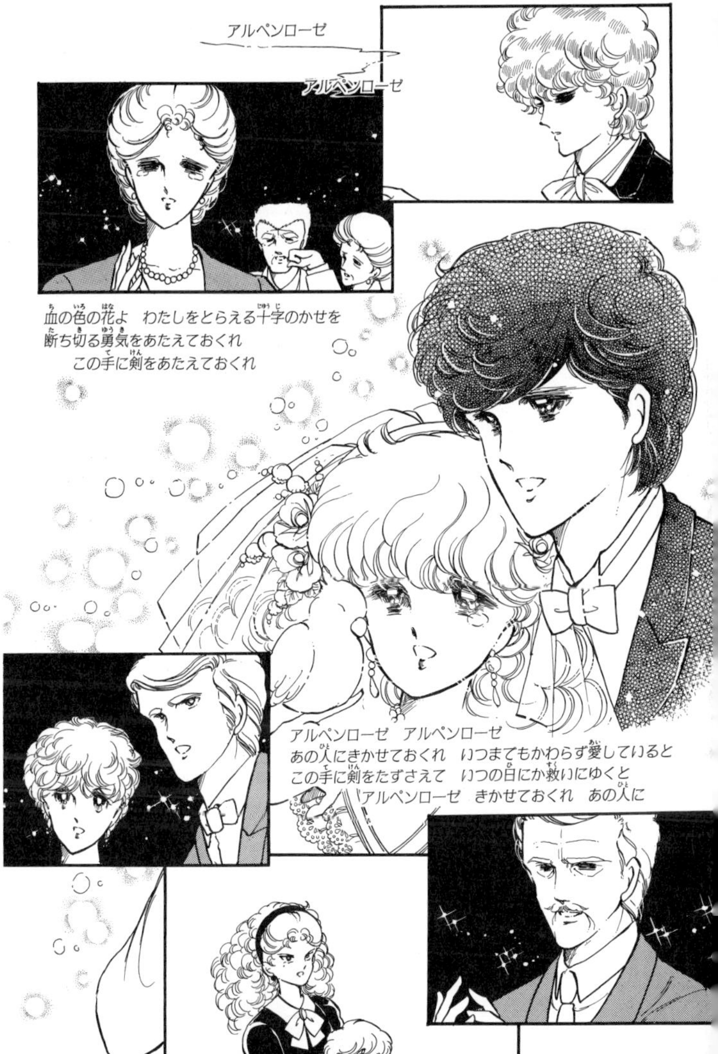
アルペンローゼ
アルペンローゼ
血の色の花よ　わたしをとらえる十字のかせを
断ち切る勇気をあたえておくれ
この手に剣をあたえておくれ
アルペンローゼ　アルペンローゼ
あの人にきかせておくれ　いつまでもかわらず愛していると
この手に剣をたずさえて　いつの日にか救いにゆくと
アルペンローゼ　きかせておくれ　あの人に

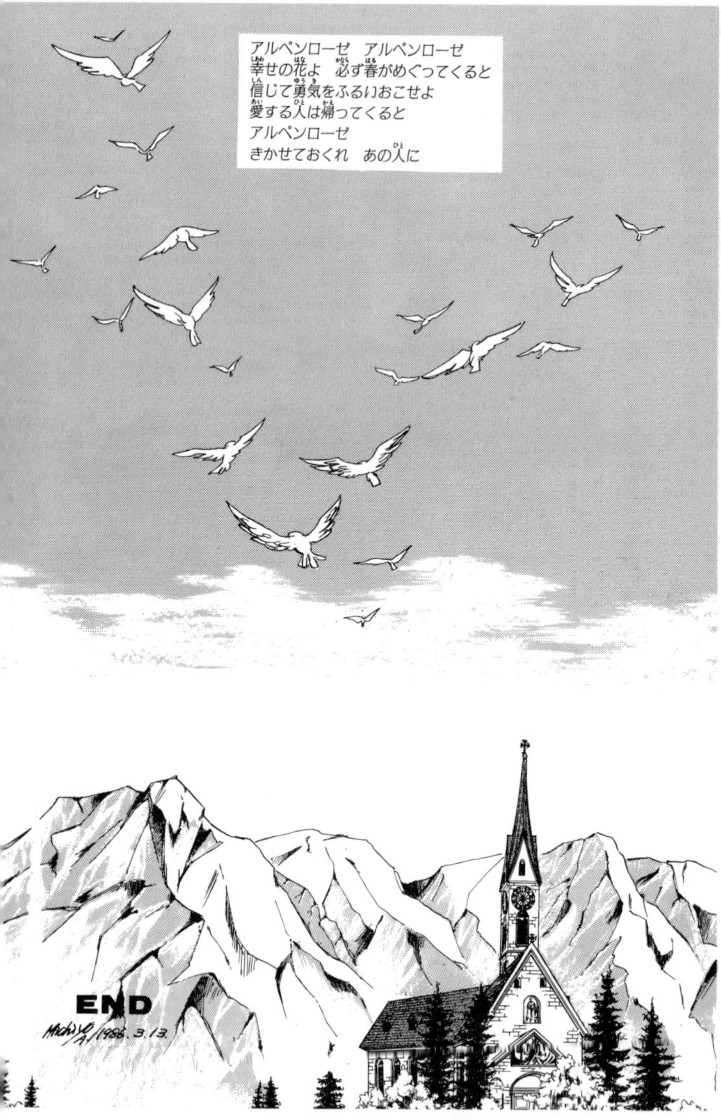
アルペンローゼ　アルペンローゼ
幸せの花よ　必ず春がめぐってくると
信じて勇気をふるいおこせよ
愛する人は帰ってくると
アルペンローゼ
きかせておくれ　あの人に
END
Michiyo A. 1986. 3. 13.

アルペンローゼアルバム

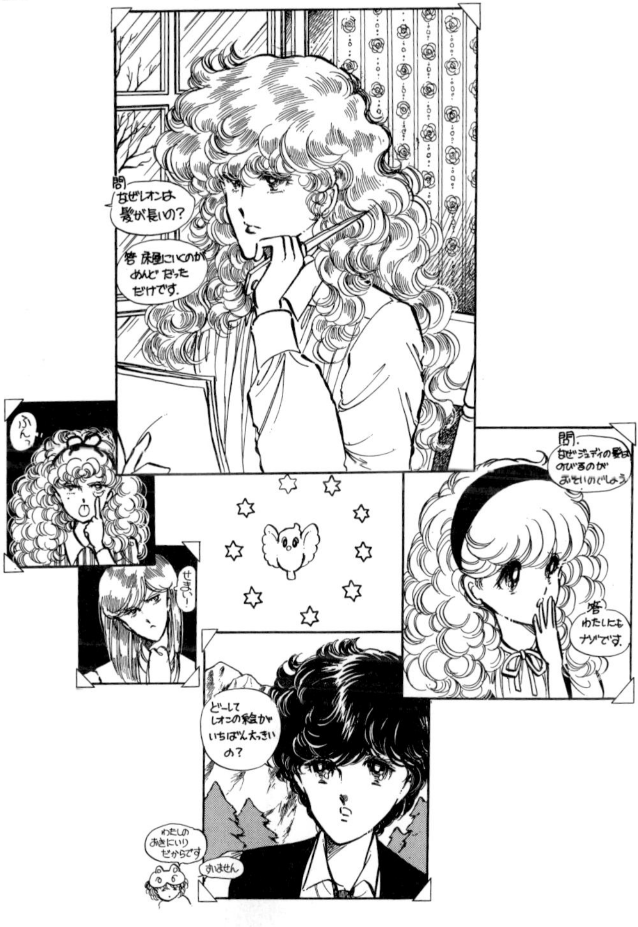

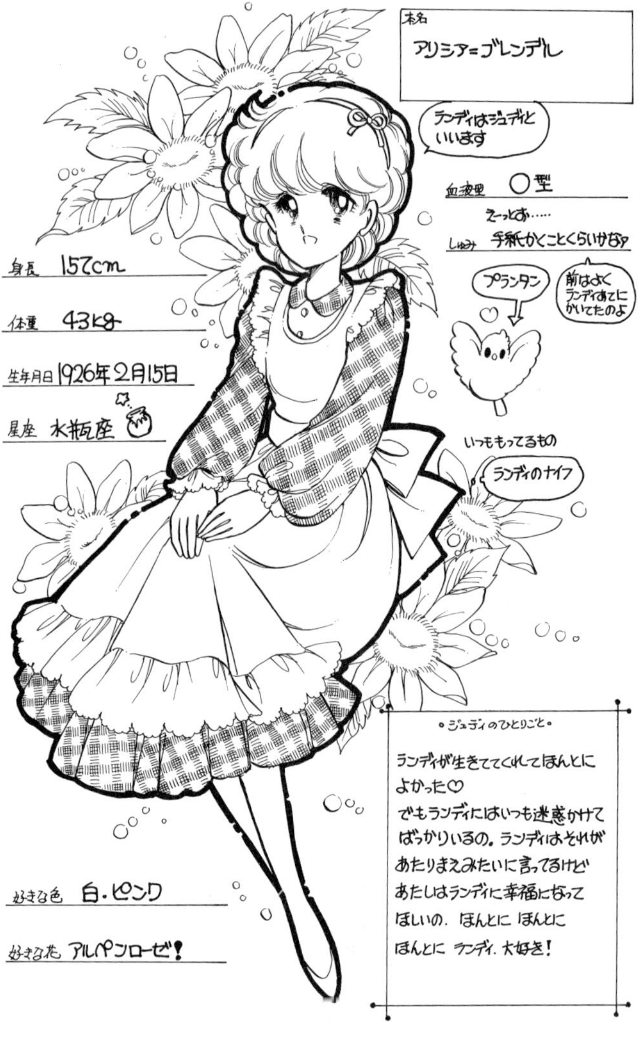
本名
アリシア=ブレンデル
ランディはジュディといいます
血液型 ○型
えーっとお……
しゅみ 手紙かくことくらいかなァ
プランタン
前はよくランディあてにかいてたのよ
身長 157cm
体重 43kg
生年月日 1926年2月15日
星座 水瓶座
いつももってるもの
ランディのナイフ
好きな色 白・ピンク
好きな花 アルペンローゼ!
・ジュディのひとりごと・
ランディが生きててくれてほんとに
よかった♡
でもランディにはいつも迷惑かけて
ばっかりいるの。ランディはそれが
あたりまえみたいに言ってるけど
あたしはランディに幸福になって
ほしいの. ほんとに ほんとに
ほんとに ランディ. 大好き!

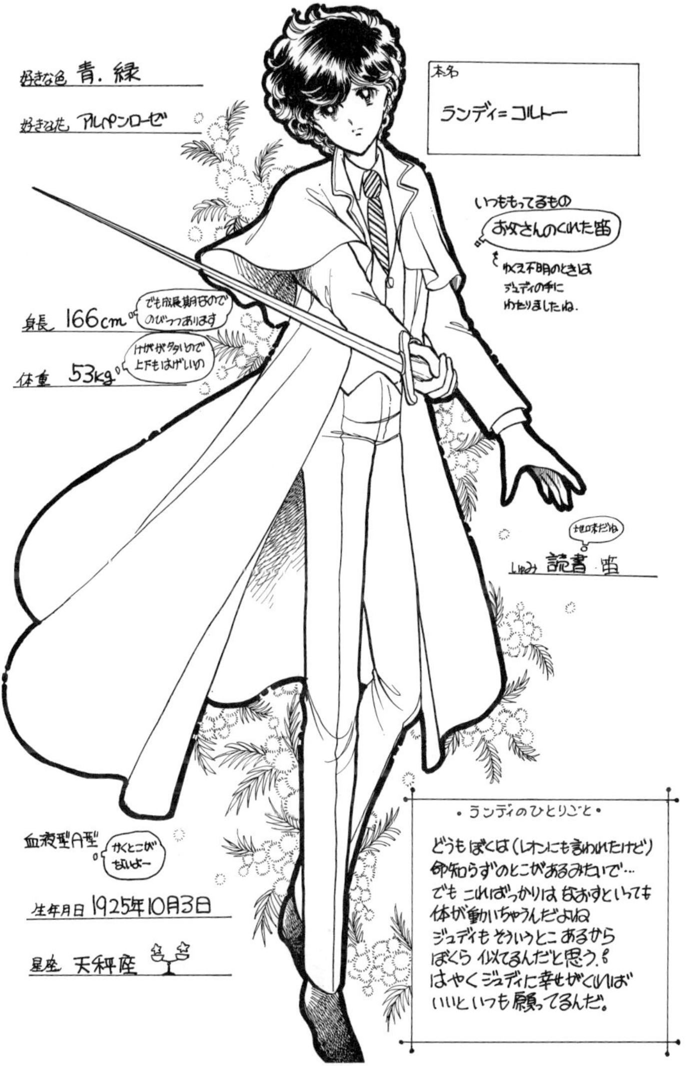
好きな色 青．緑
好きな花 アルペンローゼ
本名
ランディ＝コルトー
いつももってるもの
お父さんのくれた笛
ゆくえ不明のときは
ジュディの手に
わたりましたね．
身長 166cm
でも成長期なので
のびつつあります
体重 53kg
けがが多いので
上下もはげしいの
地味だね
しゅみ 読書．笛
血液型A型
かくとこがないよー
生年月日 1925年10月3日
星座 天秤座
・ランディのひとりごと・
どうもぼくは（レオンにも言われたけど）
命知らずのとこがあるみたいで…
でもこればっかりはなおすといっても
体が動いちゃうんだよね
ジュディもそういうとこあるから
ぼくら似てるんだと思う。
はやくジュディに幸せがくれば
いいといつも願ってるんだ。

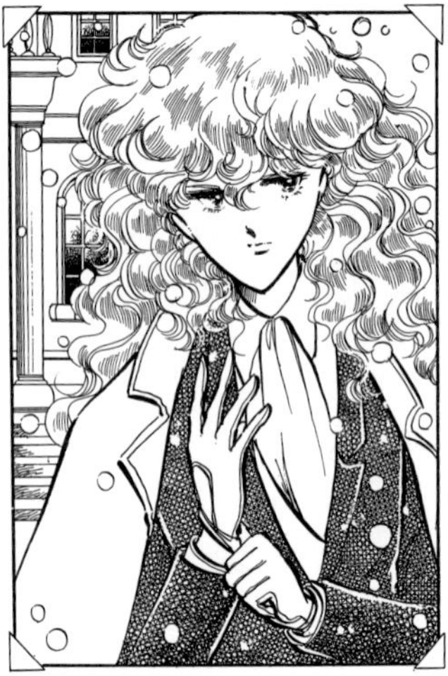

レオンハルト＝アッシェンバッハ

身重　170cm（のびつつあります）
体重　56kg

生年月日　1923年8月1日
星座　しし座
血液型　AB型

特技　作曲
感情を顔にあらわさないのが得意

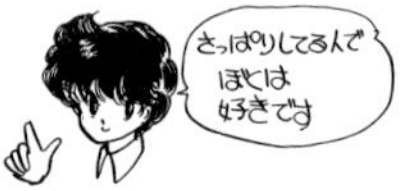

ジョルジュ＝ド＝グールモン

身長　181cm
体重　67kg

生年月日　1905年11月20日
星座　さそり座
血液型　A型

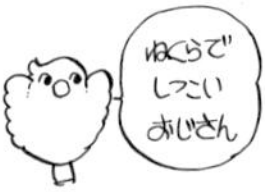

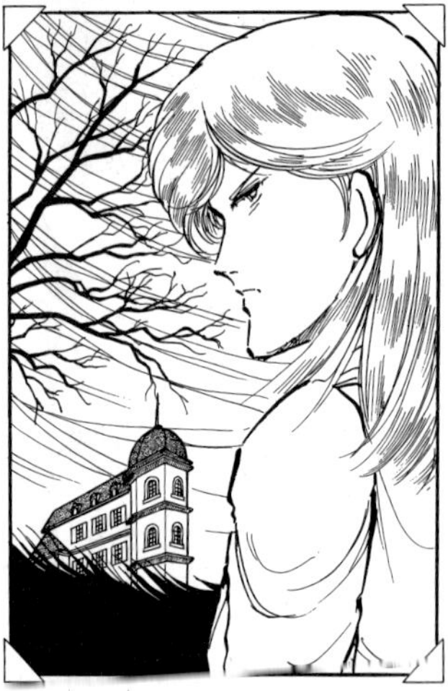

アルペンローゼの話は
まずキャラクターがきまって
さてどこの国の話にしようかな．
と考えたの．わりとかんたんに
少女のあこがれスイスにしようと決め
次は時代。スイスに逃げてくるという
状況はやっぱ戦争中…うん第2次大戦の
時がいいや．とこれもかんたんに決めました。
で．おや．2次大戦でスイスに逃げてくる…というと…
「サウンド・オブ・ミュージック」だなあ。（大好きな映画なの）
あれは逃げたとこでENDだったけど
そこからはじまる話をかいてみよう．と思ったわけです。
かくしてオーストリアからスイスに逃げてきたジュディ
たちは事故でばらばらにされてしまったのでした。

話に出てくる「アルペンローゼ」の曲は実際にはありません。
途中で作詞者自ら歌詞をまちがったりしてました．
（私のこと）うう…目をつぶってくだしゃんせ。

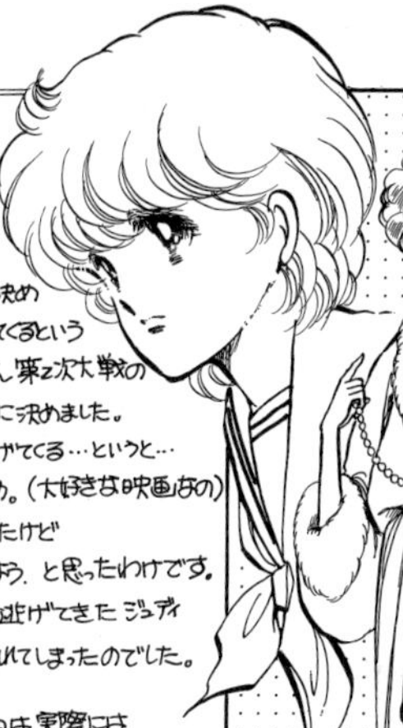

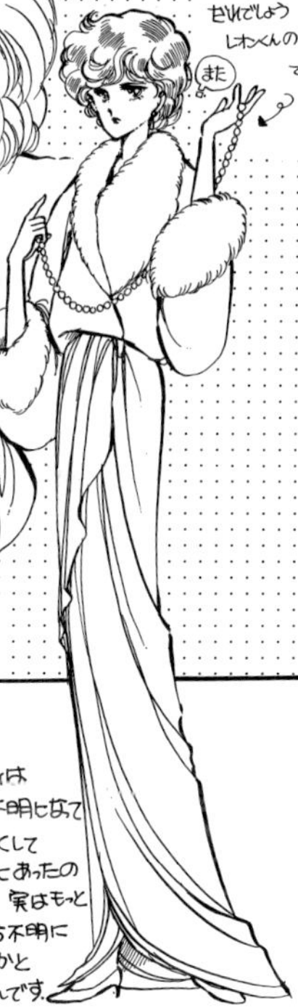

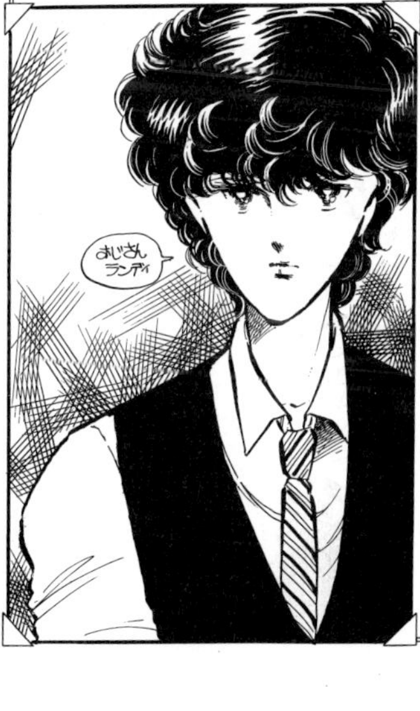

ランディは
行方不明になって
しばらくして
ジュディにあったの
ですが．実はもっと
長く行方不明に
しとこうかと
思ってたんです．
次にあらわれた時は別人のように大人っぽく
なってるというつもりだったの。
でもやめてかなりはやくに会わせてしまったので
別人のようになってるヒマがなかった。
少し服がかわりましたけどね．ネクタイしめたりして

★ ★

男性のベストの姿というのが好きです．なんでかな…
シャツをきた腕が色っぽくてどっかかわいさがあって。
シャツは白いYシャツね。もちろん長そで。
上着をきた腕はゴワゴワでこのみじゃないの。
ベストの似合う男性．腕にだきつきたくなります。（わぉ）

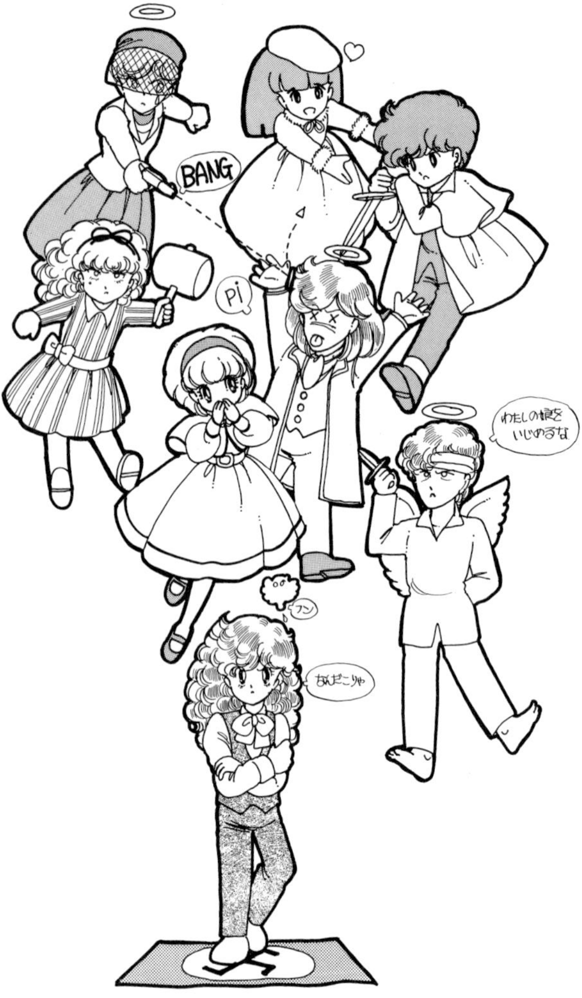
BANG
Pi
わたしの娘を
いじめるな
フン
なんだこりゃ

《初出》
「ちゃお」1983年4月号〜1985年1月号、1985年3月号〜1986年5月号

アルペンローゼ——完——

●エッセイ　私とランディ

難波　圭一

「私なんかで大丈夫なんですか？」
「君が良いと思ったから選ばれたんじゃないか、そんなに自信がないのならやめなさい！」

これは『アルペンローゼ』のアニメ化で、ジュディ役に選ばれた鷹森淑乃(たかもりよしの)ちゃんの弱気の発言に飛んだディレクターの愛のムチです。

が、今回この巻末エッセイの依頼を受け、『アルペンローゼ』を改めて読み返してみて私、本当に心からこう思っています。

私が「ランディで良かったの？」

ナチスドイツが台頭する第二次世界大戦下のヨーロッパを舞台に、ランディの無償の愛、博愛心に多くの人達が突き動かされるというストーリーは、実在した登場人物と相まって、まるで本当にあった話のような説得力があり、幾(いく)つになっても感動します。

そんなランディが私の中に少しでもいてくれれば良かったのですが…。

当時スタジオでのアフレコの後は、毎週必ずスタッフ・声優陣で反省会。
先輩からの厳しいダメ出しを肴に朝まで飲みました。
で、私酔っぱらうとお尻を出したり。
私が「ランディで良かったの？」

しかし『アルペンローゼ』は人間の尊厳を繰り返し説いています。哲学書の様に。
赤石先生はどんなに極悪非道な人物も美しく描かれました。たとえば私のような俗物でも。
その美徳な精神はランディに随所でこう唱えさせるのです。
「知ってしまえば心の底から憎める人間なんてそうそういない」（なんて優しいのでしょう）

そう、声優陣・スタッフ総出で海に行ったんですよ。
お酒飲んだり。カレー作ったり。お酒飲んだり。
で、レオン（井上和彦ちゃん）も一緒にお尻出したり。

そういえばレオンにこんなセリフがありましたね。
「優しい人を好きになると優しくなれるし、勇気のある人を好きになると勇気をもてる」

（やっぱりアレって私のせい）
私が「ランディで良かったの？」

そうだ、丁度『タッチ』のアフレコを隣のスタジオで収録していました。
それが理由でもないんでしょうが、『タッチ』組の声優の多くが『炎のアルペンローゼ』にも出演しています。
南役の日高のり子ちゃんとか。あっ私、上杉和也だったんですよ。
私が「ランディで良かったの？」

しかしランディはこう言ってくれました。
「連合国側もナチスドイツもイタリアもなく、人間を同じように救う側にいたいです」（なんて広い心でしょう）

次から次に訪れる難関。うずまく絶望の嵐にひるむことなく立ち向かうランディ達。
一難去ってまた一難のドラマ展開はこんな私の人生ともどこか重なります。ただ私に山積する問題はアルプスの城壁のようにたちはだかり、もうお尻を出すしかありません。
私が「ランディで良かったの？」

ランディはとうてい理解できない問題に対しても、立ち止まって苦しんだりせずこう言ってすぐに行動するのに。

「一人一人で戦わなきゃいけないんだよ、みんな」（なんて凛々しいのでしょう）

あれから二十数年が経ちました。

ご想像通り私はランディとは程遠い俗物を生き続けております。

そして私はこれからもこの十文字のカセを断ち切る事なく生きていくのでしょうか。

「ラ・ン・デ・ィ・で・良・か・っ・た・の？」

頑張れ私!!

（つづく？）

難波圭一（なんばけいいち）

島根県出身。俳優。声優。ナレーター。劇団薔薇座にて野沢那智氏に師事。ミュージカルなど様々な舞台に出演。現在、青二プロダクションに所属。主な代表作に『炎のアルペンローゼ』（ランディ・コルトー）、『タッチ』（上杉和也）、『機動戦士Zガンダム』（カツ・コバヤシ）、映画『ザ・ドラえもんズ』（ドラ・ザ・キッド）、『アバター』（パーカー・セルフリッジ）、『伊東家の食卓』（ナレーター）、TBSラジオ『ものはん』（パーソナリティ）ほか多数。シリアスな役からコメディまで幅広いフィールドで活躍している。

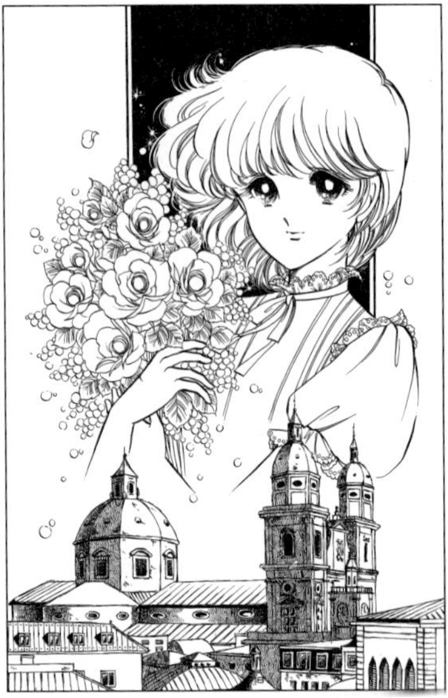

小学館文庫

アルペンローゼ 4

ISBN978-4-09-191190-2

2010年12月20日初版第1刷発行（検印廃止）

著　者 ―――――――― 赤石路代
©Michiyo Akaishi　2010

発行者 ―――――――― 都築伸一郎

印刷所 ―――――――― 凸版印刷株式会社

発行所 ―――――――― 株式会社　小学館
101-8001　東京都千代田区一ツ橋 2-3-1
TEL　販売 03-5281-3556
　　　編集 03-3230-5456

単行本編集／佐藤礼文　　編集協力／小学館クリエイティブ